Ulrike Amler · Gabriele Metz

Pferde

Reiten
Rassen
Haltung

KOSMOS

Basiswissen Pferd

Pferdepflege und Haltung

Reitweisen und Disziplinen

Ein Traum wird wahr

Outfit für Reiter und Pferde

Fit fürs Pferd

Grundkurs Reiten

Reiten für Fortgeschrittene

Abwechslung im Pferdealltag

Ein eigenes Pferd

So wird man Pferdekenner

Ponys

Warmblüter

Iberische Rassen

Barockpferde

Gangpferde

Amerikanische Rassen

Wildpferde

Vollblüter und Arabische Rassen

Kaltblüter

Service

Ulrike Amler

Alles über Pferde & Reiten

Faszination Pferd

Pferde verkörpern Energie, Kraft, Schnelligkeit und Anmut. Ihre Größe und Schönheit begeistern uns. Ihre Sanftheit, aber auch ihre Wildheit und Scheu, die sie sich über Jahrtausende der Domestikation bewahrt haben, ziehen uns immer wieder in ihren Bann. Kein Wunder, dass sich viele Menschen nicht länger mit der Rolle des Zuschauers begnügen, sondern selbst in den Sattel steigen.

Bunte Vielfalt

Die Faszination, die das Pferd auf den Menschen ausübt, ist groß. Zum Glück ist es schon lange keine Frage des gesellschaftlichen Status mehr, die Freizeit mit den stolzen Vierbeinern zu verbringen. Reiten ist heute ein sehr beliebter Breitensport, der weit über den Kreis pferdeverrückter Teenager und sportlich ambitionierter Turnierreiter hinausgeht. Immer häufiger teilen ganze Familien ihre Zeit, Liebe und das Budget mit einem Pferd.

Die Menschen, die sich für Pferde begeistern, sie reiten oder gar ein eigenes haben, sind so unterschiedlich wie die Pferde selbst. Die Entwicklung der vergangenen Jahrzehnte hat dazu beigetragen, dass neben der einst kleinen Auswahl von Rassen – Warmblütern, bodenständigen Kaltblütern und einigen Ponyrassen – eine farbenfrohe Multikulti-Vielfalt in die Ställe eingezogen ist. Mutige Idealisten haben spritzige Westernpferde, robuste Islandponys, imposante Iberer oder Exoten aus den hintersten Winkeln der Erde hierher gebracht und sowohl die Reiterei bereichert als auch die Entwicklung der artgerechten Haltung und den Umgang mit dem Pferd positiv beeinflusst.

Reitsportfans können aus einer Vielzahl von Reitweisen die für sie passende auswählen. Sportliche Reiter haben heute auch über den Dressur- und Springsport hinaus die

Ein guter Draht zwischen Reiter und Pferd ist das größte Glück für Mensch und Tier. Darauf bauen auch sportlicher Erfolg und Spaß in der Freizeit.

Möglichkeit, sich in verschiedenen Disziplinen – angefangen bei Trekkingwettbewerben und Distanzrennen für Ausdauerfreaks bis hin zu schnellen, artistisches Geschick erfordernden Mounted Games – mit der Konkurrenz zu messen. Auch für Gangpferdefreunde und Westernreiter gibt es eine aktive Turnierszene.

Die Ausbildung bis zum sicheren, selbstständigen Reiter verläuft schon lange nicht mehr in der autoritären Schule nach alter Kavallerieart. Da in keiner Reitweise Zweifel über die Notwendigkeit einer soliden reiterlichen Ausbildung herrschen, gibt es mittlerweile ein vielfältiges Angebot an alternativen Lehrmethoden. So kommt es, dass auch immer mehr Menschen jenseits des Teenageralters den Schritt aufs Pferd wagen. Gesellschaft unter Gleichgesinnten, gemeinsame, erlebnisreiche Ritte in der Natur oder einfach nur die stille Zweisamkeit mit dem Partner Pferd stehen dabei meist im Mittelpunkt ihres Interesses.

Pferde als Partner

Es verwundert nicht, dass in der Vergangenheit immer mehr Pferde aus dunklen Boxen und muffigen Ställen umgezogen sind in Lauf- und Offenställe. Dort genießen sie unter Artgenossen ein bisschen etwas von der Freiheit, die ihre Vorfahren über die Jahrmillionen der Entwicklung prägte.

Das Wissen um Haltungs- und Fütterungsfragen, die Pferdesprache und das Verhalten ist nicht mehr nur für das Betreuungspersonal in den Ställen und Reitschulen relevant. Pferdeliebhaber erkennen zunehmend, welche Chance das bessere Verständnis des Vierbeiners für die gemeinsam verbrachte Zeit bietet. Dabei profitieren beide Seiten: Das Pferd ist nicht mehr nur Sportgerät, Statussymbol oder Haustier, sondern als Individuum anerkannter und geliebter Freizeitpartner, ja für viele Menschen ein Familienmitglied.

Der Mensch, der sein Pferd aufmerksam beobachtet und sich auf seine ehrliche und klare Kommunikation einlässt, profitiert selbst davon - haben wir es doch vielfach verlernt, uns klar auszudrücken und das zu sagen, was wir meinen. Schauen wir uns das

Sanfte Augen und wildes Temperament: Die gegensätzlichen Eigenschaften, die Pferde in sich vereinen, faszinieren den Menschen.

Pferd an, mit dem wir umgehen, so sehen wir in einen Spiegel. Dieser Klarheit der Sprache verdankt das Pferd auch die Anerkennung als Persönlichkeitstrainer für Menschen jeden Alters und jeder sozialen Herkunft. Als Therapeut für kranke Kinder und Erwachsene ist das Pferd von unschätzbarem Wert.

Pferde schenken uns täglich mehr, als wir in einem ganzen Leben an sie zurückgeben können!

Einem jeden der sie reitet, naht sein Glücksstern sich im Raum, Leid verweht, das Leben gleitet leicht dahin, ein schöner Traum....

(PÁLL ÓLAFSSON)

Basiswissen
Pferd

Die ersten Pferde

Einem Wimpernschlag der Erdgeschichte gleicht die Zeit von rund 6.000 Jahren, seit Pferd und Mensch in enger Gemeinschaft zusammenleben und das Pferd Schicksal und Entwicklung der Menschheitsgeschichte mitbestimmt. Davor liegen jedoch rund 60 Miollionen Jahre, in denen sich Pferde den Umweltbedingungen angepasst und zu hoch spezialisierten Wesen entwickelt haben. Dabei haben sie auch die Fantasie der Menschen beflügelt.

Vom Fünfzeher zum Einhufer

Vor 60 Millionen Jahren lebten die ersten Vorfahren unserer Pferde in den Urwäldern Nordamerikas und Europas und ernährten sich hauptsächlich von Laub. Die fuchsgroßen Tiere hatten vorne fünf und hinten vier Zehen.

Vor rund 40 Millionen Jahren starb das Hyracotherium in Europa aus unbekannten Gründen aus. In Nordamerika passte sich Eohippus, das „Pferdchen der Morgenröte", jedoch den klimatischen Veränderungen an und entwickelte sich zum Steppenbewohner. Vor 25 – 15 Miollionen Jahren waren die Urpferdchen Einzeher und hatten die Größe heutiger Ponys.

Gewichtige Verwandtschaft

Die Gattung Equus ist eine der kleinsten Säugetiergattungen und gehört innerhalb des zoologischen Systems zur Ordnung der Unpaarhufer. Es existieren die Untergattungen Zebra, Grevy-Zebra, asiatische und afrikanische Wildesel sowie die Pferde. Sie alle zählen zur Familie der „Einhufer" und sind mit Tapir und Nashörnern verwandt.

In Nordamerika entwickelte sich vor etwa 12 Millionen Jahren Pliohippus. Er war bereits ein richtiges Pferd, ein ausdauerndes und schnelles Fluchttier, das sich mit einem kräftigen Gebiss von harten, dürren Steppengräsern ernährte. Pliohippus wanderte (ebenso wie seine später ausgestorbenen Verwandten aus dem stark verästelten Stammbaum der Pferde) in großen Herden über eine damals noch bestehende Landbrücke im Bereich der heutigen Behringstraße von Alaska nach Sibirien und kehrte auf diesem Weg nach Asien und Europa zurück. Allmählich entwickelte sich dort die Gattung Equidae, die Pferdeartigen, aus der Pferde, Esel und Zebras hervorgingen.

In Nordamerika starben die Pferde vermutlich während der letzten Eiszeit vor 10.000 Jahren aus und kamen erst mit den spanischen Eroberern zurück auf den Kontinent.

Das Pferd als Haustier

Mit dem Ende der letzten Eiszeit nahm die Bedeutung des Pferdes als Beutetier für die umherziehenden Steinzeitmenschen ab. Bis zur Haustierwerdung des Pferdes sollten jedoch noch einige Tausend Jahre vergehen. Die ältesten Funde domestizierter Pferde sind rund 6.000 Jahre alt und stammen aus China und der Ukraine.

Pferde –
die sagenhaften Wesen

Pferde haben ihren festen Platz in Mythen, Sagen, religiösen Überlieferungen und der Geschichte gefunden. Bekannt ist Sleipnir, das schnelle, achtbeinige Lieblingspferd des Gottes Odin, Held in der nordischen Mythologie. Auf ihm bestand Odin die kühnsten Abenteuer und soll der Sage nach sogar über Meere und durch die Luft galoppiert sein. Die Bauern ließen für Sleipnir die schönsten Ähren auf dem Feld stehen. Ein Bild Sleipnirs ist in den berühmten Stein von Tängvide (Schweden) eingeritzt.

Pegasus, das geflügelte Pferd

Das Flügelross Pegasus entspringt der griechischen Mythologie und gilt als Symbol der Unsterblichkeit. Überall, wo Pegasus mit seinen Hufen aufgestampft hat, sollen Quellen entstanden sein. Pegasus wurde geboren, als Perseus der Medusa den Kopf abschlug. Das schwierige Ross konnte erst von Bellerophon mit Hilfe der Göttin Athene gezähmt werden. Pegasus bestand mit seinem Herrn viele Abenteuer, doch dieser wurde durch den Besitz seines unsterblichen Pferde übermütig und beim Versuch, sich in die Götterwelt emporzuschwingen, abgeworfen.

Chiron – Symbol der Harmonie zwischen Mensch und Pferd

In der griechischen Mythologie ist Chiron ein heilkundiger Zentaur. Seine Gestalt, halb Mensch, halb Pferd, symbolisiert die Harmonie der beiden Wesen. Die Vernunft des Menschen ist vereint mit der Kraft und Güte des Pferdes. Doch seine Gutmütigkeit wird dem Zentauren zum Schicksal: An einem vergifteten Pfeil seines Schülers Herkules verletzt sich der unsterbliche Chiron. Seitdem ist er als Sternbild Schütze sichtbar. Hier zielt er bis zum Ende der Zeit mit Pfeil und Bogen auf den giftigen Skorpion.

Mohammeds Wunderstuten – Basis der ältesten Reinzucht

622 geriet der Prophet Mohammed auf seiner Flucht von Mekka nach Medina in einen schweren Sandsturm. Als die Karawane endlich einen Wüstenbrunnen erreichte, stürzten die durstigen Pferde los. Der Prophet rief sie zurück, doch nur fünf Stuten folgten ihm. Mohammed segnete die gehorsamen Stuten Abayyah, Saglaviya, Kuhaylah, Hamdaniyah und Hadbah und gründete mit ihnen seine arabische Zucht. Um sie zu zeichnen, legte er ihnen den Daumen in den Nacken, woraufhin sich kleine Haarwirbel bildeten. Die edelsten Linien der Araber sollen auf diese fünf Stuten zurückgehen.

„Als Allah das Pferd erschaffen hatte, sprach er zu dem prächtigen Geschöpf: Dich habe ich gemacht ohnegleichen. Alle Schätze dieser Erde liegen zwischen deinen Augen."
Sure aus dem Koran

Sagenhafte Pferde bieten heute Stoff für moderne Märchen und fantasievolle Musicals.

Die Geschichte des edlen Arabers ist sogar im Koran festgehalten.

Leben in Freiheit

Wildpferde sind heute beinahe so selten wie Einhörner und Zentauren. Während der Mensch sich der Kraft und Ausdauer des Pferdes bediente, hat er sie in freier Wildbahn fast vollständig ausgerottet. Noch vor 10.000 Jahren besiedelten Wildpferde nahezu die gesamte Nordhalbkugel der Erde. Sie waren vor allem eine begehrte Jagdbeute, bis der Mensch ihren Wert als Zug- und Reittier erkannte.

Przewalskipferde – die letzten Urpferde

Die bekanntesten echten Wildpferde sind die kurz vor dem Aussterben durch Nachzuchtprogramme in den Zoos geretteten Przewalskipferde. 1879 brachte Nikolaj Przewalski, Offizier des Zaren, ein falbfarbenes Fell mit einem gedrungenen Pferdeschädel von einer Erkundungsreise mit. Zoologen erkannten darin ein asiatisches Wildpferd. Rund 50 Fohlen der Mongolenpferdchen kamen Ende des 19. Jahrhunderts in europäische Tiergehege, wo sie sich über Generationen ohne Blutauffrischung vermehrten. Währenddessen wurde die letzte wildlebende Herde mit fünf Tieren 1968 im Altaigebirge gesichtet. Praktisch in letzter Minute starteten die Zoos ein weltweites Zuchtprogramm, 1992 wurden die ersten 16 Tiere in einem mongolischen Nationalpark ausgewildert. Heute leben dort wieder rund 100 wilde Przewalskipferde.

Die wilden Pferde Polens

Wirklich freilebende Wildpferdeherden gibt es heute auch in Europa nicht mehr. Die letzten Tarpane lebten in den waldreichen Gebieten Mittel- und Osteuropas. Ende des 18. Jahrhunderts wurden sie ausgerottet. Es waren meist Graufalben mit wildpferde-

▶ Verwilderte Ausreiser und behütete Wildlinge

Die meisten der wildlebenden Pferde heute sind Nachkommen von Hauspferden. Selbst die nordamerikanischen Mustangs stammen von entlaufenen Arabern und Berbern der spanischen Eroberer ab. Schließlich war der amerikanische Kontinent bei der Ankunft der europäischen Entdecker und Siedler pferdefrei. Doch auch heute sind die Herden bei Farmern nicht sehr beliebt und werden immer wieder in großen Aktionen erbittert gejagt.

Dank internationaler Zuchtprogramme grasen die einst wildlebenden Przewalskipferde sogar wieder in ihrer ursprünglichen Heimat, der Mongolei.

typischen Zebrastreifen an den Beinen, kurzen Schädeln, Mehlmaul und Stehmähne. Sie werden als mögliche Vorfahren unserer Hauspferde gehandelt. In den 30er Jahren versuchte Heinz Heck im Münchner Tierpark Hellabrunn den Tarpan aus der Anpaarung eines Przewalskihengstes mit isländischen und mit gotländischen Ponystuten zurückzuzüchten. Parallel versuchte man das gleiche in Polen mit Bauernpferden, in deren Blut noch Anteile der Waldtarpane flossen. Später wurden die Rückzüchtungen gekreuzt. Heute leben erneut Tarpan-Herden in Polen. Auch im emsländischen Naturschutzgebiet Wacholderhain grasen sie wieder.

Die Pferde der Herzöge – Dülmener Wildpferde

Bis zu Beginn des 19. Jahrhunderts gab es Wildgestüte, in die sich bereits im 10. bis 12. Jahrhundert die letzten Wildpferde vor der Bejagung zurückgezogen hatten. Von diesen überlebte lediglich die Wildbahn des Merfelder Bruchs nahe dem westfälischen Dülmen dank des Engagements der Herzöge von Croy, die das Gehege bis heute unterhalten. Das Dülmener Pferd gilt als älteste deutsche Pferderasse, wenn auch nicht als Wildpferd im zoologischen Sinn, denn in der Vergangenheit kreuzten immer wieder entlaufene Bauern- und Kriegspferde, aber auch Welsh-Hengste der Sektion A und B zur Blutauffrischung ein. Nach dem Zweiten Weltkrieg durften jedoch nur noch Hengste ursprünglicher Rassen wie Mongolen, Huzulen, Exmoor-Ponys oder Tarpane eingesetzt werden. Jedes Jahr werden beim traditionellen Wildpferdefang am letzten Maisonntag die einjährigen Hengste aus der rund 350 Köpfe zählenden Herde herausgefangen, um Inzucht zu vermeiden.

Die weißen Pferde im Rhone-Delta

Das Camargue-Pferd ist ein verwilderter Hauspferdeschlag, der im französischen Rhone-Delta zu Hause ist. Bereits Julius Cäsar begeisterte sich für die Rasse und unterhielt zwei Gestüte.

Camargue-Pferde sind eine auch in der Barockpferdeszene sehr beliebte kleinere Rasse.

Aus einstigen Wildlingen werden bei liebevoller Aufzucht umgängliche Freizeitpartner.

Die halbwilden Camarguais leben in Familienverbänden in einem unwirtlichen Gebiet aus Süßwassersümpfen, Grasland und Salzsteppen, das im Sommer von Mückenplagen heimgesucht wird, im Winter aber auch Kälteeinbrüche mit weit unter Null Grad aufweist. Fohlen lernen hier früh, den Gefahren der Natur zu trotzen.

Die „Crin blanc" (das heißt „weiße Mähne") werden wegen ihres natürlichen Cow-Sense für die Arbeit mit den schwarzen Stieren der Camargue geschätzt.

Die kleinen Ponys der Kelten

Im Exmoor-Nationalpark im britischen Somerset leben halbwilde Nachfahren bronzezeitlicher Keltenponys im urigen Typ, die Exmoor-Ponys. Das Gebiet war nicht von den Gletschern der Eiszeit bedeckt, weswegen die Wurzeln des Exmoor-Ponys sogar noch sehr viel weiter zurückreichen könnten.

Trotz aller Bemühungen ist das Exmoor-Pony heute vom Aussterben bedroht, da es als Kinder und Showpony nicht mit den anderen, sportlicher aussehenden Ponyrassen konkurrieren kann.

Körperbau und Reiteigenschaften

Die heutigen Pferderassen sind das Ergebnis gezielter Selektion verschiedener Eigenschaften für die jeweilige Verwendung. Während Reitpferde bis zum Frühmittelalter relativ handlich und meist ponygroß waren, wurden zur Zeit der Ritter schwerere und vor allem im Gleichschritt laufende dreigängige Pferde gefragt. Heute steht bei den meisten Rassen die sportliche Bestimmung und damit die Reiteignung im Vordergrund.

Ein altes Sprichwort sagt, ein gutes Pferd hat keine Farbe. Andere Merkmale wie Hals, Rücken oder die Stellung der Gliedmaßen dagegen sind manchmal entscheidend, ob ein Pferd für eine bestimmte Disziplin geeignet ist oder nicht.

Größe und Kaliber – das ist das Verhältnis von Gewicht zu Körpergröße – sind rasseabhängig. Das Stockmaß vom Boden bis zum Widerrist wird in Zentimetern angegeben. Seltener ist das Bandmaß.

Die Tragfähigkeit des Pferdes ist abhängig von der Stabilität der Knochen und der Gelenkstärke. Deshalb kann auch manch stämmiges Kleinpferd besser mit dem Gewicht eines schweren Reiters umgehen als ein zierliches Großpferd.

Kopf und Mähne eines Pferdes sind lediglich eine Frage des Geschmacks. Spätestens ab dem Genick aber bestimmt quasi jeder Zentimeter Pferd über die Frage der Reiteignung – im Allgemeinen und für spezielle Disziplinen.

Schon die Form des Halses, der „Balancierstange" des Pferdes, beeinflusst die Gebrauchsfähigkeit. Der Hals sollte ausreichend lang und hoch angesetzt sein, die Oberlinie dabei länger als die Unterlinie. Ein Schulpferd mit dickem Unterhals wird sich nur schwer durchs Genick reiten lassen. Wichtig ist deshalb die so genannte Ganaschenfreiheit an den „Backen".

Es gibt Pferde mit kurzem und langem Rücken. Quadratpferde lassen sich meist leichter versammeln, Rechtecktypen sind oft bequemer zu sitzen. Der Rücken soll immer gut geschwungen und in alle Richtungen beweglich sein.

Der „Antrieb" des Pferdes liegt in der Hinterhand. Form und Bemuskelung des Pferdepopos, der Kruppe, geben Aufschluss über das Maß an Tragkraft (Versammlung) oder Schubkraft des Pferdes.

Die Beine sind das Betriebskapital des (Schul-)Pferdes. Kleinere und größere Fehlstellungen müssen jedoch nicht zwingend auch zu langfristigen Gesundheitsbeeinträchtigungen führen. Die Fessel ist die Verbindung zwischen Röhrbein und Huf und dient als Stoßdämpfer der Pferdebeine. In Normalstellung bilden Vorderbeine einen Winkel von 45 Grad, Hinterbeine einen Winkel von 50 Grad. Der Fesselstand entscheidet auch

Nicht alle Pferde haben frei laufend so viel Ausstrahlung wie dieser Schimmel. Die meisten Pferde fangen aber unter guten Reitern zu „strahlen" an. Reiten ist Kunsthandwerk und ähnlich dem Schleifen roher Steine. Wer ein Händchen dafür hat, wird durch einen in jeder Hinsicht glänzenden Vierbeiner beschenkt – ein lohnendes Ausbildungsziel.

über die Bequemlichkeit eines Pferdes: Steile Fesseln haben einen harten Gang zur Folge, „weich" gefesselte Pferde sind angenehmer zu sitzen. Beide Typen neigen jedoch zu vorzeitigem Verschleiß.

In Verlängerung der Fessel sitzt der Huf, der aus einer sehr harten, aber dennoch elastischen Hornwand, der Sohle und dem weicheren Strahl an der Unterseite besteht. Er umgibt eine sehr lebendige Konstruktion aus Knochen, Sehnen und Blutgefäßen. Die Pferdehufe sind wie vier zusätzliche Herzen. Sie pumpen bei jeder Bewegung das Blut aus den Gliedmaßen zurück zum Herzen.

▶ Die Sattellage

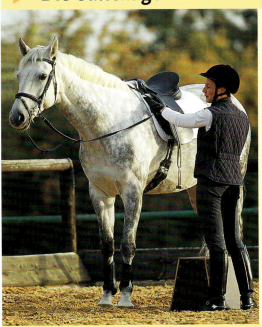

Die Qualität der Sattellage ist ausschlaggebend dafür, ob ein Sattel gut liegt oder trotz guter Anpassung hin und her rutscht. Als Sattellage bezeichnet man den Bereich des Rückens über den Rippen hinter Schulter und Widerrist. Für eine gute Sattellage sollte der Widerrist gut ausgeprägt und das Rippengewölbe im Verhältnis zur Brustbreite nicht zu breit sein. Auf tonnenförmigen Pferden mit geringem Widerrist – oft bei Ponys und Kaltblütern zu finden – rutscht der Sattel gerne seitlich hin und her oder nach vorne. Hier muss manchmal auch ein gut angepasster Sattel mittels Schweifriemen oder Vorgurt zusätzlich fixiert werden. Auch Pferde mit extrem geradem Rücken oder Karpfenrücken, aber auch Pferde mit Senkrücken haben eine problematische Sattellage.

Jedes Pferd hat nur eine Sattellage, auch wenn manchmal anderes behauptet wird. So ist das Satteln weit vorne auf der Schulter ebenso falsch wie das bewusste Zurücksetzen des Sattels, um damit die Hinterhand zu aktivieren. Damit drückt man dem Pferd lediglich mit dem gesamten Gewicht in die empfindliche Nierenpartie und auf den nicht tragfähigen Teil der Wirbelsäule. Die Sattellage ist dort, wo ein gut passender Sattel praktisch von alleine liegen bleibt!

Mit allen Sinnen

Pferde sind Fluchttiere, deren natürlicher Lebensraum in weiten, offenen Steppenlandschaften liegt. Dementsprechend sind die Sinne, die das rasche Erkennen von Gefahren gewährleisten, besonders gut entwickelt. Das Pferd nimmt feinste Veränderungen in seiner Umwelt wahr und registriert auch Stimmungsschwankungen oder Gemütszustand des Menschen.

Bei besonders spannenden und interessanten Düften flehmen Pferde. Sie saugen die Luft bei fast geschlossenen Nüstern in die Maulhöhle ein und analysieren den Geruch mit dem Jacobsonschen Organ, das an der Basis der Nasenscheidewand sitzt.

Sehen

Die seitlich am Kopf sitzenden Augen ermöglichen dem Pferd einen fast vollständigen Rundumblick. Lediglich direkt hinter ihm und vor der Stirn hat es einen toten Winkel, den es aber durch Drehen des Kopfes ausgleichen kann. Schwierigkeiten haben Pferde auch damit, zu sehen, was direkt vor ihren Füßen liegt. Deshalb müssen sie kleine Hindernisse mit viel Kopffreiheit oder aus einer größeren Entfernung taxieren können.

Das räumliche Sehen ist bei Pferden eher unterentwickelt, ebenso die Wahrnehmung von Farben. Die großen Fluchttiere sehen nur halb so scharf wie wir, und das nur in der Nähe. In der Ferne können sie aber kleinste Bewegungen registrieren, die den Fluchtreflex auslösen und den Reiter immer wieder mit einem vor „Gespenstern" scheuenden Pferd konfrontieren. Reiter, die sich der Sehfähigkeit ihres Pferdes bewusst sind, werden einem Pferd deshalb erlauben, den Kopf in Richtung des Unbekannten zu drehen, damit es dies einigermaßen klar erkennen kann.

Hören

Pferde haben eine sehr feines Gehör, mit dem sie vor allem Geräusche in der Ferne wahrnehmen. Es ist auch nicht ausgeschlossen, dass das Hörvermögen, das bis in den

Ultraschallbereich hineinreicht, auch der Orientierung im Raum dient. Selbst ruhende und schlafenden Pferde sondieren immer wieder mit ihren großen Tütenohren Geräusche der Umgebung. Die Ohren bewegen sie dabei unabhängig voneinander in alle Richtungen.

Neben dem Hören dienen die Ohren auch als wichtiges Kommunikationsmittel. Ob freundlich und aufmerksam gespitzt, entspannt zur Seite geklappt oder aggressiv nach hinten angelegt – Artgenossen und der aufmerksame Mensch registrieren gleich, wie das Pferd aufgelegt ist.

Riechen und Schmecken

Beim Geruchsinn sind uns Pferde überlegen, wenn er auch nicht an den eines Hundes heranreicht. Besonders interessante Gerüche nehmen sie durch das so genannte Flehmen auf. Dazu rollen sie die Oberlippe weit nach oben und ziehen die mit interessanten Düften gespickte Luft ein. Mit dem Jacobsonschen Organ, das uns Menschen im Laufe der Evolution abhanden gekommen ist, analysieren sie den Duft.

An Körperhaltung und Geruch erkennen Pferde die Verfassung ihrer Partner. Dabei entgeht ihnen auch der Angstschweiß von Menschen nicht. Bei Pferden geht Liebe und Zuneigung durch die Nase: Manche Artgenossen können sich riechen, andere dagegen überhaupt nicht.

Der Geschmacksinn des Pferdes hängt eng mit seinem Geruchssinn zusammen. Den Geschmack analysieren die Tiere in der Mundhöhle, vor allem auf den ersten zwei Dritteln der Zunge. Danach entscheiden die ausgeschütteten Botenstoffe, ob der Verdauungsapparat angekurbelt werden soll oder das Pferd sich mit Grausen abwendet.

Ob Pferde wie wir Menschen eine geschmackliche Differenzierung zwischen sauer, salzig, süß und bitter machen, ist nicht bekannt.

Tasten

Das wichtigste Tastorgan des Pferdes ist das Maul. Auf den Lippen sitzen mehr Nervenenden je Quadratzentimeter als in unseren Fingerspitzen. Mit den borstigen Tasthaaren erkundet das Pferd seine Umgebung und schätzt Entfernungen ab, wenn der Geruch vorher „keine Gefahr" signalisiert hat. Tasthaare dürfen deshalb nie geschnitten werden!

Auch die so robust wirkende Haut ist sehr empfindlich. Bereits eine kleine Fliege wird durch das Fell wahrgenommen und abgeschüttelt. Berührungen zwischen zweibeinigen und vierbeinigen Partnern haben eine wichtige Funktion. Sie dienen der Kontaktpflege und der Vertrauensbildung.

Pferde sehen nur in der Nähe scharf. Auge in Auge mit dem Unbekannten erschrecken sie nicht so leicht.

Der feine Tastsinn der Lippen macht den wohl dosierten Einsatz der Pferdezähne möglich.

Das Wesen des Pferdes

Eigentlich sind Pferde eher anspruchslose Tiere. In freier Wildbahn verbringen sie ihren Tag in der Geborgenheit einer Herde hauptsächlich mit fressen, schlafen und ein bisschen Bewegung. Damit sieht ihr Alltag natürlich ganz anders aus als der der meisten Sportpferde, die in der Enge einer Box den Tag verbringen und lediglich für eine kurze Zeit zur Arbeit herauskommen.

In der Gruppe fühlen Pferde sich wohl. Sie gibt Sicherheit und Geborgenheit, bietet Freundschaften und Abwechslung. Die hohe Sozialkompetenz hat den Pferden 60 Millionen Jahre Entwicklung und Überleben gesichert.

Tiere mit Familiensinn

Pferde sind Herdentiere und leben in freier Wildbahn in größeren Familienverbänden, die von einer erfahrenen Leitstute und dem Leithengst geführt werden. Die Stute führt die Herde zu Weidegründen, während der Hengst die Herde zusammenhält und gegen Konkurrenten verteidigt. Die Leittiere haben zwar Vortritt an Futter- und Wasserstellen, tragen aber die Verantwortung für die Sicherheit der Herde – und das bedeutet seltener fressen und ruhen.

Karriere in der Herde ist Tieren mit echten Führungsqualitäten vorbehalten, die Pferde übrigens auch von ihren Menschen fordern: Selbstsichere, berechenbare Menschen werden als „Leittier" eher akzeptiert als unsichere oder grobe Personen. Die meisten Pferde fühlen sich inmitten der Herde an einem sicheren Platz in der Rangordnung recht wohl. Auch bei einer Offenstallherde sollte der Mensch sich nicht in Rangordnungsfragen einmischen, aber darauf achten, seine eigene Leitstellung beispielsweise beim Betreten der Weide oder eines Laufstalles überzeugend rüberzubringen.

Pferde denken nicht über mögliche Gefahren nach. Sie suchen ihr Heil im vermeintlichen Krisenfall sofort in der Flucht und stellen damit häufig die Sattelfestigkeit ihrer Reiter auf die Probe. Pferde sind immer in Fluchtbereitschaft, auch im Schlaf. Deshalb schlafen und dösen sie auch meist im Stehen. Dazu stehen sie ganz entspannt da und stellen ein angewinkeltes Hinterbein auf die Hufspitze: sie „schildern". Nur wenn ein

Pferd sich ganz sicher fühlt, legt es sich kurze Zeit für eine Tiefschlafphase flach auf den Boden. Meist liegt es jedoch mit aufgestütztem Kopf. Die Schlafphasen sind über den Tag verteilt und betragen insgesamt nur rund vier Stunden, davon eine halbe Stunde Tiefschlaf.

Trotzdem brauchen Pferde ihre Ruhe, um zu regenerieren. Ein unausgeschlafenes Pferd in einem trubeligen Stall ist nervös und unkonzentriert bei der Arbeit. Grund genug, die häufig übliche Stallruhe einzuhalten. Etwa 18 Stunden des Tages verbringen Pferde mit der Futteraufnahme. Ihr verhältnismäßig kleiner Magen benötigt ständig Nachschub. Dabei würden sie in Freiheit fressend viele Kilometer zurücklegen.

Friedliebend, aber nicht harmoniesüchtig

Meinungsverschiedenheiten machen Pferde in heftigen Auseinandersetzungen mit schrillem Quieken und Keilereien der Hinterbeine untereinander aus. Die kurzen Kämpfe sehen meist gefährlicher aus, als sie sind. Häufig sind Rangordnungsfragen, im Stall aber auch Futterneid, die Ursache von Streitereien. Haben Pferde die Möglichkeit, pflegen sie intensiv ihre Freundschaften innerhalb der Herde. Dazu betreiben sie Fellpflege durch gegenseitiges Kraulen an schwer zugänglichen Stellen wie Widerrist, Mähnenkamm und Schweifrübe. Ist kein Kumpel vorhanden, wird Parasiten mit einem Staubbad zu Leibe gerückt und Stellen, die mit den eigenen Zähnen oder Hufen nicht erreicht werden, werden an einem Baum gescheuert.

Training durch Spiel

Pferde sind leidenschaftliche Spieler. Stuten messen sich eher in Rennspielen und legen immer wieder mal einen Spurt über die Weide hin. Hengste und Wallache stehen dagegen auf „Kampfsport" und rangeln oft stundenlang mit großer Hingabe. Die Scheinkämpfe wirken auf uns Menschen beeindruckend und manchmal beängstigend, denn die Gegner schenken sich nichts. Trotzdem ist die Verletzungsgefahr gering. Kratzer und Schrammen werden unter „Schönheitsfehler" verbucht...

Die pferdische Kampfkunst hat ein reiches Repertoire: Imponiertrab, Bisse in Hals und Ganaschen, Zwicken in die Vorderbeine, das den Gegner in die Knie oder besser aufs Karpalgelenk zwingt, aber auch Steigen und den Gegner niederdrücken gehören dazu. Gekämpft wird sozusagen mit angezogener Handbremse, um den Partner nicht zu verletzen.

Männliche Pferde spielen in jedem Alter mit großer Ausdauer, und hat einer keine Lust mehr, findet sich in einer Herde schnell Ersatz. Der Erfolg im Spiel zeigt Pferden auch, wo sie in der Rangordnung stehen. Geschickte und erfolgreiche Kämpfer haben größere Chancen auf Führungspositionen.

Als Mensch sollte man Pferden Rangeleien und die Aufforderung zum Spiel jedoch nicht durchgehen lassen. Zu leicht wird die Rangordnung Mensch – Pferd in Frage gestellt und der Mensch zieht den Kürzeren. Meist beginnt es harmlos mit Taschen-Grapschen und endet mit Zwicken und Beißen!

▶ Fluchtreaktionen erfolgreich verhindern

Der Fluchtinstinkt ist für Reiter besonders lästig. Deutlich reduzieren lassen sich Panikreaktionen durch ein tiefes Vertrauen des Pferdes zu seinem Menschen. Das erreicht man durch intensive Beschäftigung mit dem Pferd, Bodenarbeit und der gemeinsamen Konfrontation mit gefährlichen Situationen, zum Beispiel Angst machenden Maschinen, Straßenverkehr, spielenden Kindern usw. Reagiert das Pferd unter dem Sattel ängstlich, lässt man es die Ursache der Panik in Ruhe betrachten und reitet dann resolut daran vorbei. Anschließend viel loben! Wer solchen Situationen konsequent aus dem Weg geht, bestärkt das Pferd in seiner Ansicht, dass es sich um eine lebensgefährliche Situation handelt und Flucht das einzige Mittel ist.

Spiel, Spaß und Unterhaltung

Pferde sind gesellig. Bewegung liegt in der Natur dieser energiegeladenen Tiere und so gehört neben der gemeinsamen Fellpflege das Spielen mit Artgenossen zum natürlichen Verhaltensrepertoire. Pferde, die regelmäßig im Spiel ein Ventil für überschüssige Energie und Lebensfreude finden, sind dem Menschen gegenüber ausgeglichener und stehen der Arbeit meist offener gegenüber als einzeln auf engem Raum gehaltene Pferde.

Währen Stuten sich eher zu einem kleinen Spurt über die Weide hinreisen lassen, kann man bei Hengsten und Wallachen lange Spielphasen mit Scheinkämpfen beobachten. Diese sehen für uns Menschen grob und gefährlich aus. Die Verletzungsgefahr ist jedoch sehr gering für die Pferde. Meist tragen sie nur harmlose Kratzer und Schrammen der Kategorie „Schönheitsfehler" davon.

Männliche Pferde zeigen im Spiel das gesamte Programm „pferdischer Kampfkunst" und viele dieser Verhaltensmuster finden wir in Zirkuslektionen oder in der Hohen Schule wieder: Die Tiere traben in Imponierhaltung mit einem hochgewölbten Hals und gespitzten Ohren aufeinander zu und beißen sich gegenseitig in Hals oder Ganaschen. Besonders beliebt ist das Zwicken ins Röhrbein, bei dem der Gegner sich auf das Karpalgelenk stützt. Sie steigen aneinander hoch und versuchen den Gegner mit den Vorderfüßen über dem Hals in die Tiefe zu drücken. Mit den ausschlagenden Hinterbeinen wird der Gegner auf Abstand gebracht. Das geschieht jedoch nur drohend „mit angezogener Handbremse", denn schließlich soll der Spielkamerad nicht verletzt werden. Meist sind die ungestümen Wallache und Hengste mit gro-

Feste Verhaltensregeln auch beim Beschnuppern fremder Artgenossen senken die Aggression. Auch Stute und Hengst lernen sich auf diese Weise erst einmal näher kennen. Die gespannte Aufmerksamkeit ist beiden Pferden deutlich anzusehen.

ßer Ausdauer beschäftigt und in einer größeren Herde findet sich immer wieder ein anderer Kumpel, der einsteigt, wenn einem die Puste ausgeht. Das Alter spielt dabei keine Rolle.

Spiele sind Ausdruck von Wohlbefinden und Lebenslust. Sie sorgen für Bewegung, seelische Ausgeglichenheit und zeigen dem Pferd gleichzeitig, wo es in der Rangordnung steht. Hier zählt schließlich nicht nur Kraft, sondern auch Ausdauer und Geschick. Keine noch so ausgeklügelte Trainingsstunde hat so eine vielfältig gymnastizierende Wirkung wie das Spiel mit Artgenossen.

Aggression im Ernstfall

Pferde sind zwar friedliche Tiere, doch keineswegs harmoniesüchtig. Fällige Auseinandersetzungen werden deshalb meist kurz und heftig geführt.

Auch in der Herde gibt es neben Freundschaften Pferde, die sich nicht riechen können oder sich noch fremd sind. Neulingen begegnen Pferde mit Vorbehalt. Zuerst wird mit angelegten Ohren oder sogar gebleckten Zähnen gedroht. Ist der Kontakt nicht vermeidbar, beschnuppern sich die fremden

Pferde, um gleich darauf mit lautem Quieken mit den Vorderbeinen auszuschlagen.

Rangordnungskämpfe tragen Pferde meist mit den Hinterbeinen aus. Dabei versuchen sie sich gegenseitig mit aneinander geschobenen Hinterteilen wegzudrücken oder auszuschlagen. Der Unterlegene gibt schließlich nach, und wenn die Pferde ausreichend Platz haben, sich auszuweichen, ist die Verletzungsgefahr gering.

Noch darf das kleine Fohlen über die Strenge schlagen. In wenigen Wochen wird die Mutter es weniger nachsichtig in die Schranken weisen.

Grundwortschatz pferdisch

Anders als wir Menschen verständigen Pferde sich hauptsächlich durch Körpersprache. Es lohnt sich, diese zu erlernen, denn Pferde können uns damit eine Menge über ihre Befindlichkeit mitteilen. Andererseits fällt es uns selbst oftmals schwer, dem Pferd durch Körpersprache mitzuteilen, was wir wollen. Dies ist die häufigste Ursache für Missverständnisse zwischen Mensch und Tier.

Wiehern, Brummen, Quieken

Pferde wiehern selten und oft nur dann, wenn sie mit so genannten „Distanzrufen" Artgenossen in der Ferne auf sich aufmerksam machen wollen. Sehr viel häufiger ist ein tiefes Brummen zuhören. Damit ruft eine Stute nach ihrem Fohlen. Erwachsene Pferde begrüßen so ihnen bekannte Artgenossen oder ihre Menschenfreunde. Vor allem in der Herde hört man oft ein schrilles Quieken, das größten Ärger zum Ausdruck bringt. Sowohl Stuten als auch Wallache setzen dieses Kampfgeschrei ein, während sie sich Hintern an Hintern umherschieben oder mit den Hinterfüßen nacheinander ausschlagen. Rossige Stuten quieken auch, wenn sich ein Hengst oder Wallach interessiert nähert, sie jedoch zum Decken noch nicht bereit sind.

Ohren senden und empfangen Botschaften

Pferdeohren sind sehr beweglich und nach allen Richtungen drehbar. Sie sagen im Zusammenspiel mit anderen Elementen der Körpersprache sehr viel über das Befinden des Pferdes aus. Leicht zur Seite oder nach hinten geneigt, ist Entspannung angesagt. Gespitzte Ohren signalisieren Interesse. Mit aufgerichtetem Hals und Kopf, weit aufgerissenen Nüstern, gespanntem Rücken und er-

Wer die Grundbegriffe der Pferdesprache beherrscht, schafft die Voraussetzung für einen entspannten und freundschaftlichen Umgang.

hobenem Schweif signalisieren sie höchste Anspannung. Flach nach hinten angelegte Ohren, ein nach vorne gestreckter Hals und Kopf sowie verspannte Lippen sagen: „Nimm dich in Acht vor mir!"

Pferde können die Ohren unabhängig voneinander bewegen und so ihrem Reiter zuhören, während sie ihrer Umwelt gleichzeitig mindestens ebenso viel Aufmerksamkeit schenken. Das Ohrenspiel allein ist jedoch nur die halbe Botschaft. Erst in Verbindung mit Körperhaltung und der übrigen Gesichtsmimik wissen Artgenossen und Menschen dann wirklich, was das Pferd zum Ausdruck bringt.

Stimmungsbarometer Pferdemaul

Oft wenig beachtet, zeigt auch das Maul, in welcher Stimmung das Pferd ist. Während Schlaf- und Entspannungsphasen sind die Lippen dick und locker. Manche Pferde klappen die Unterlippe sogar herunter und das Pferd bekommt einen aus Menschensicht dümmlichen Gesichtsausdruck. Bei leichtem Unwillen spannt das Pferd auch mal die Unterlippe an und eine kleine Stufe entsteht. Fühlt ein Pferd sich überhaupt nicht wohl oder hat Schmerzen, kann man dünne, stark zusammengepresste Lippen beobachten. Meist zeigt das Pferd dazu scharfe Falten in den Maulwinkeln. Die Nüstern sind auch ohne Belastung deutlich geweitet, manchmal aber auch zusammengekniffen.

Fohlen und rangniedere Tiere zeigen häufig das so genannte Unterlegenheitskauen. Sie öffnen das Maul und ziehen dabei die Ober- und Unterlippe über die Zähne. Mit Kaubewegungen signalisieren sie dem Artgenossen, dass sie seinen höheren Rang vorbehaltlos akzeptieren.

Am schönsten ist das Spielgesicht. Das Pferd macht eine spitze Oberlippe und zieht diese weit über die Unterlippe vor. Auch zum Betteln oder bei freundschaftlicher Annäherung zeigen Pferde diese Mimik.

Der Schimmel (li.) macht ein kleines Nickerchen und blickt entspannt ins Leere. Der Palomino beobachtet dagegen sehr aufmerksam, was vorgeht.

Sprache durch Bewegung

Auch ihre Gliedmaßen setzen Pferde ein, um Botschaften über ihre Stimmungslage zu versenden. Mit dem Aufstampfen der Vorderbeine bringen sie Ärger und Ungeduld zum Ausdruck. Scharren kann Aufforderung und Betteln sein. Die erste Begegnung zwischen unbekannten Pferden wird meist von dem kräftigen Ausschlagen eines Vorderbeines begleitet. Das Anheben eines Hinterbeines bis unter den Bauch signalisiert: „Komm mir nicht zu nahe, sonst knallt es!" Ein leicht angezogenes und auf den Zehenspitzen abgestelltes Hinterbein dagegen zeigt: „Ich gönne mir eine Ruhepause und möchte nicht gestört werden."

Pferde kommunizieren auch, indem sie verschiedene Positionen zueinander einnehmen. Sind sie freundschaftlich gesonnen, nähern sie sich in ruhigem Tempo von der Seite und steuern die Schulter des Kameraden an. Kommen sie aber direkt von hinten, nehmen sie eine treibende Position ein und wirken aggressiv. Dabei fixieren sie das andere Pferd meist mit den Augen. Das Wissen um diese Positionen nutzen viele Ausbilder für ihre Arbeit mit Pferden.

Auch beim Imponiergehabe spielt der Bewegungsablauf des Pferdes eine große Rolle: Die Pferde zeigen einen kraftvollen, schwebenden Trab mit hohen, weiten Bewegungen. Dabei wölben sie den Hals auf und laufen in einer Beizäumung, wie es sich Dressurreiter nur wünschen können..

Das Fohlen macht „Mäulchen" und kaut. Es bittet so den Artgenossen: „Tu mir nichts!"

Sprich mit dem Pferd, plausche mit ihm wie mit einem kleinen Kinde, dann wird dich das Pferd verstehen, denn du wirst darauf achten, dass deine Gebärden verständlich seien.
RENÉ GUÉNON

Die Einteilung der Pferderassen

Pferde sind heute weltweit zu Hause, vom Polarkreis im Norden bis nach Feuerland im Süden. Einige Rassen blicken auf über Tausend Jahre Zuchtgeschichte zurück, andere entsprangen zufälligen Anpaarungen von Tieren, wieder andere durch gezielte Auswahl für einen bestimmten Verwendungszweck. Eine nachvollziehbare Ordnung in das Kunterbunt der Rassen zu bringen, ist deshalb gar nicht einfach.

Die vier Urtypen

Aus wissenschaftlicher Sicht werden die Pferderassen einem von vier Urtypen zugeordnet. Doch selbst Pferdekennern fällt dies auf den ersten Blick oftmals schwer.

Das Nordpony war ein mittelgroßes, kräftiges Pferdchen mit einem Stockmaß von etwa 120 cm, das in Nordeuropa und Ostasien lebte. Es war an feucht-kaltes Klima angepasst, mit glattem, festem Sommerfell und einem Winterfell mit dicker Unterwolle, das bestens gegen Wind, Nässe und Kälte schützte.

Das Tundrenpony lebte entlang des nördlichen von Pferden besiedelten Lebensraums mit sehr kaltem Klima. Es war deutlich größer, ca. 140 bis 170 cm, dazu gröber und massiger im Bau und ruhiger im Temperament. Die gute Futterverwertung des Tundrenponys kennen wir heute von Kaltblütern und vielen schweren Ponyrassen.

Das Ramskopfpferd lebte in wärmeren Regionen von Asien bis Nordafrika. Seine Größe lag bei 140 bis 160 cm Stockmaß, die Nachkommen waren eher großwüchsig.

Es gibt eine Vielzahl von Pferderassen, die sich nicht nur im Aussehen, sondern auch in ihrer Eignung für verschiedene Reitweisen unterscheiden.

Keine Frage der Bluttemperatur

Pferderassen werden in Vollblüter, Warm- und Kaltblüter und Ponys eingeteilt. Doch hat dies nichts mit der tatsächlichen Temperatur des Lebenssafts zu tun, sondern beschreibt das Temperament der Tiere: Kaltblüter sind meist ruhig und gelassen, während Warm- und Vollblüter leistungsbereit und energisch, manchmal sogar mit überschäumendem Temperament auftreten.

Aber auch das Exterieur der Pferde hat man bei dieser Einteilung im Blick. Zum einen gibt eher leicht gebaute Pferde und solche schweren Kalibers. Zum anderen entscheidet das Stockmaß über die Einteilung der Einhufer in Pferde und Ponys. Letztere dürfen 148 cm Stockmaß, das internationale Ponymaß, nicht überschreiten. Dabei kommen auch sie sehr uneinheitlich daher. Welsh- und Reitponys zum Beispiel sind leicht gebaute, spritzige Mini-Vollbluttypen, während Fjordpferde schwere, kalibrige Pferde sind, die noch deutlich die Merkmale ihrer wildlebenden Vorfahren tragen.

Diese Pferde lebten in lockeren Herdenverbänden und waren sehr wehrhaft. Zu den Nachkommen des Ramskopfpferdes zählen Berber und Sorraia-Pferde.

Das Steppenpferd ist mit etwa 120 cm Stockmaß die kleinere Ausgabe der Südpferde. Es lebte in den Subtropen zwischen Südasien und Ägypten. Das geringe Nahrungsangebot zwang es zu weiten Wanderungen, auf denen es sicher auch Steppenpferd und Nordpony begegnete und erste Kreuzungen entstanden.

Selektion und Pferdezucht

Die meisten Rassen sind heute weitgehend durchgezüchtet und homogen in ihren Eigenschaften. Das heißt, sie vererben die Merkmale, auf die gemäß ihrer ursprünglichen Verwendung selektiert wurde, mit hoher Wahrscheinlichkeit weiter. So kann man Pferde auch getrost nach ihrer Eignung einteilen. Es gibt Rassen mit Spring- und Dressurtalent, Fahrpferde, Westernpferde oder Gangpferde mit der Veranlagung für mehr als nur die Grundgangarten Schritt, Trab und Galopp.

Der massige Körper des Tundrenponys war über Jahrhunderte züchterische Basis für die Selektion schwerer Ritter-, Zug- und Arbeitspferde.

Dieses Kaltblut ist eindeutig ein kalibriger Typ.

So unterschiedlich sind Pferde.

Pferdepflege
und Haltung

Wohlfühlklima für Pferde

Pferde sind Bewegungsfanatiker, die in freier Wildbahn täglich viele Kilometer auf der Suche nach Futter zurücklegen. Diese Bewegung benötigen sie auch, damit die Verdauung und das Herz-Kreislauf-System funktionieren. Immer mehr Pferdehalter und Reitschulen steigen deshalb von der traditionellen Boxenhaltung auf Laufställe um, um den Bedürfnissen der Vierbeiner gerecht zu werden.

Fressen, laufen, schlafen, fortpflanzen. So sähe der Alltag wild lebender Pferde aus. Entsprechende körperliche Bedürfnisse hat auch das Reitpferd, und diese müssen in den Haltungsbedingungen berücksichtigt werden, damit Pferde gesund und lange reitbar bleiben.

Noch stehen viele Schulpferde in Boxen. Doch immer öfter ziehen auch sie in Pferde-WGs, also in geräumige Laufställe, um. Pferde lieben die Gesellschaft unter ihresgleichen und in einer gut aufeinander eingestellten Gruppe spielen Rangordnungskämpfe keine Rolle. Kleinere Auseinandersetzungen gibt es lediglich, wenn ein Neuer in die Gruppe kommt und seinen Platz in der Herde erst finden muss. Auch aufmüpfige Jungpferde bringen mal ein wenig Unruhe in eine Herde. Doch selbst ängstliche und unsichere Tiere fühlen sich in einer Gruppe sicherer aufgehoben als einsam in einer Box ohne Körperkontakt zu Artgenossen.

Ein Pferd aus einer Gruppe zu holen, ist für den Reitschüler gar nicht schwer, wenn er die wichtigsten Begriffe der Pferdesprache beherrscht und die Rangordnung berücksichtigt. Dabei sollte er sich aufrecht und resolut bewegen, wie ein echter Chef eben.

Bewegung und frische Luft im Laufstall

Getrennte Funktionsbereiche für Fressen, Trinken, Spielen und Ruhen sorgen dafür, dass Pferde sich im Laufstall den ganzen Tag an der frischen Luft bewegen. Die Bereiche sind am besten immer auf zwei Wegen (zum Beispiel durch beidseitig umgehbare Barrieren) erreichbar, so dass auch rangniedere Tiere überall unbehelligt hin- und wieder wegkommen. Gefüttert wird in Fressständern, die in der ersten Heißhungerphase verschlossen werden können.

Viele Reiter kostet es Überwindung, ein Pferd aus dem Laufstall zu holen. Hier hilft es, die Rangordnung zu kennen und den Herdenchef gebührend zu berücksichtigen. Schmusen, tüddeln und Leckerlis füttern ist im Laufstall tabu. Leicht kann es sonst zu eifersüchtigen Rangeleien kommen. Deshalb holt man sein Pferd zügig aus dem Stall, immer die Herdenkollegen im Blick. Zusätzliches Füttern und die Pflege erfolgen außerhalb. Halfter und Decken haben aufgrund der Verletzungsgefahr nichts im Laufstall verloren.

Paddockbox: Laufstall XS

Paddockboxen sind eine Kombination aus Einzelhaltung in der Box und einer kleinen Bewegungsfläche an der frischen Luft. Nicht alle Pferde lassen sich in eine Herde eingliedern, vor allem solche nicht, denen als Fohlen und Halbstarke die Sozialisierung in einer Herde verwehrt wurde. Solche Tiere können sich ebenso wenig auf „pferdisch" verständigen wie Menschen und reagieren selbst auf freundliche Kontakte von Artgenossen ängstlich oder aggressiv. Auch Hengste und Sportpferde, die man nicht der (geringen) Verletzungsgefahr der Herdenhaltung aussetzen will, sind in einer Paddockbox ordentlich untergebracht.

In einer Paddockbox kann der Reitschüler sich sicher bewegen. Meist reicht der Platz

Pferde, die ihr Leben lang gute Haltungsbedingungen genießen, können über 30 Jahre alt werden, Ponys oft noch älter.

▶ Krank durch Langeweile

Leben Pferde in dunklen, engen Boxen ohne direkten Kontakt zu Artgenossen und ohne Umweltreize, entwickeln sie oft krank machende Untugenden: Wenn Pferde weben, schwingen sie mit dem Körpergewicht stundenlang von einem Vorderbein auf das andere. Überlastung der Gelenke und vorzeitiger Verschleiß durch Arthrose sind die Folge. Koppt ein Pferd, schluckt es regelmäßig Luft ab. Das kann zu gefährlichen Koliken führen. Setzt das Tier dabei die Zähne auf die Boxentür oder die Krippe, nutzen sich die Schneidezähne so ab, dass das Pferd mit der Zeit große Probleme beim Fressen bekommen kann. Auch Aggression kann die Folge schlechter Haltungsbedingungen sein. Andere Pferde wiederum geben sich auf und machen nur noch freudlos das Notwendigste.

Pferde, die in Laufställen oder auf großzügigen Weiden gehalten werden, sind dagegen häufig viel ausgeglichener und Menschen gegenüber respektvoller als Boxenpferde. Meist arbeiten sie freudiger mit und durch die Möglichkeit, den ganzen Tag einem bunten Programm an Umweltreizen ausgesetzt zu sein, sind sie weniger schreckhaft und ängstlich.

auch, um das Pferd in der Box zu putzen, zu satteln und zu trensen. Allerdings sollte das Pferd hierzu angebunden werden.

Boxenhaltung

Die schlechteste aller Haltungsformen, aber leider immer noch weit verbreitet, ist die Box. Sie kommt den Pferdebedürfnissen am wenigsten entgegen. Die Berührung mit Artgenossen, mindestens aber Sichtkontakt sollte möglich sein, außerdem ausreichend Licht und frische Luft durch ein Fenster nach außen mit einem abwechslungsreichen „Fernsehprogramm" des Hofgeschehens. Boxennachbarn sollten sich verstehen und nicht unentwegt gegen die Wände schlagen. Das nervt Mensch und Tier.

Der Bewegungsdrang von Boxenpferden ist groß. Sie drängen meist von selbst aus der Box. Das sichere Arbeiten am Pferd ist in den meist engen Boxen nicht möglich und wird deshalb auf die Stallgasse oder den Anbindeplatz verlegt. Zu leicht steht man sonst im wahrsten Sinne mit dem „Rücken zur Wand", vor sich einen dicken Pferdehintern und harte Hufe.

Was Pferde fressen

Gutes Futter und reichlich Bewegung sind in der Pferdehaltung untrennbar verbunden: Pferde haben ein empfindliches Verdauungssystem, das sich im Laufe der Entwicklung dem Leben im weiten Grasland angepasst hat. Besonders wichtig ist die sorgfältige Auswahl eines qualitativ hochwertigen Futters, das über den Tag verteilt angeboten wird, um die sensible Verdauung in Schwung zu halten.

Pferde fressen ständig, denn sie haben im Verhältnis zu ihrer Körpergröße einen sehr kleinen Magen. Für ein Fluchttier wäre ein großer, voller Magen auch nur hinderlich. Deshalb sollten sie über den Tag verteilt kontinuierlich kleine Futtermengen aufnehmen und sich gleichzeitig bewegen können.

Die Pferdeverdauung ist ein sehr empfindliches System. Die Hauptarbeit verrichtet ein rund 40 Meter (!) langer Darm. Zu viel oder falsches Futter, aber auch kurzfristige Futterumstellungen verursachen schwere, schmerzhafte Verdauungsstörungen – so genannte Koliken – die auch tödlich ausgehen können. Zu eiweiß- und kohlenhydratreiches Futter kann eine Hufrehe auslösen.

Stundenlanges Fressen zusammen mit Bewegung kommt der Natur des Pferdes am nächsten.

Die Pferdeweide: fressen, schlafen, laufen

Eine große Weide kommt dem natürlichen Lebensraum der Pferde am nächsten. Auf ihr können sie fressen, im Schatten ruhen und soziale Kontakte pflegen.

Pferdeweiden benötigen eine fachkundige Pflege, da sie durch tiefen Verbiss und Tritt stark beansprucht werden. Pferdeäpfel müssen regelmäßig abgesammelt werden, damit sich die Tiere nicht mit ausgeschiedenen Darmparasiten neu infizieren. Bei regnerischem Wetter sollten Pferde sich auf einem befestigten Auslauf aufhalten, um die aufgeweichte Grasnarbe auf kleinen Flächen zu schonen. Ein si-

cherer Elektrozaun ist für Kleinpferde mindestens 130 cm, für Großpferde 150 cm hoch.

Rau- und Saftfutter

Im Sommer deckt frisches Gras den Grundbedarf des Pferdes an gutem Futter. Im Winter bekommen Pferde Heu und Futterstroh. Hochwertiges Futter ist staub- und schimmelfrei! Die Fütterung von Silage oder eingeweichten Grascops ist eine Alternative, besonders für Pferde mit Heustauballergie.

Möhren, Futterrüben oder Äpfel sind in Maßen verfüttert eine saftige Abwechslung auf dem sonst eher trockenen Speisezettel des Winters.

Der Futterbedarf zur Grunderhaltung des Pferdes liegt bei etwa 1 – 1,5 Kilogramm Heu pro Tag je 100 Kilogramm Lebendgewicht. Leichtfuttrige Pferde (wie zum Beispiel Ponys) bekommen etwas weniger, schwerfuttrige Pferde etwas mehr.

Kraft- und Zusatzfutter

Pferde, die durch viel Arbeit, Krankheit oder Trächtigkeit einen erhöhten Energie- und Eiweißbedarf haben, bekommen zusätzlich Kraftfutter. Das besteht meist aus fertigen Mischungen mit Getreidebestandteilen. Kraftfutter gibt es als fertiges Müsli oder Pellets. Vielerorts wird aber auch nur Hafer oder Gerste gefüttert, die frisch gequetscht gut verdaulich sind.

Mineralfutter in Form von Pellets oder Briketts soll Lücken bei der Mineralstoff- und Vitaminversorgung schließen. Auch ein Salz- und Mineralleckstein sollte Pferden ständig zur Verfügung stehen.

Kranken, sehr mageren, alten oder im Fellwechsel befindlichen Pferden kann man über längere Zeit gekochten Leinsamen, das so genannte Mash, füttern. Auch ein wenig Öl im Futter kann in solchen Fällen sinnvoll sein.

Das Absammeln der Pferdeäpfel gehört zur regelmäßigen Weidepflege – und kann Spaß machen!

Als Belohnungsfutter eignen sich Leckerlis, die man kaufen oder auch selber herstellen kann. Auch getrocknetes Brot (kein geschimmeltes!), Äpfel oder Karotten sind beliebt und gesund dazu. Zucker und Bonbons schaden den Zähnen und sollten nicht verfüttert werden!

▶ Fütterungstipps

▸ Grundfutter am Boden an einem sauberen Platz anbieten. Hohe Heuraufen bergen Verletzungsgefahren. Die Pferde können nicht in natürlicher Haltung fressen und atmen außerdem viel Staub ein. Der Trog für das Kraftfutter sollte sich maximal auf Brusthöhe befinden.

▸ Die passende Ration, abhängig von der Arbeitsleistung des Pferdes, kann man mit Rationsrechnern am Computer oder im Internet zusammenstellen.

▸ Ein Pferd ist ausreichend versorgt, wenn man die Rippen beim Überstreichen mit der Hand spüren, aber nicht sehen kann. Achtung: Viele Freizeitpferde sind zu dick. Das schadet der Gesundheit!

▸ Am besten sind mehrere kleine Mahlzeiten in ruhiger Atmosphäre. Im Offenstall bewähren sich Fressstände, die rangniederen Pferden zu einer ruhigen Mahlzeit verhelfen.

▸ Futterumstellungen müssen immer langsam und über mehrere Tage, beim Anweiden im Frühjahr auch über mehrere Wochen erfolgen.

▸ Gepresste Futtermittel wie Grascops oder Zuckerrübenschnitzel müssen immer über mehrere Stunden eingeweicht werden, um eine gefährliche Schlundverstopfung zu vermeiden.

Fellpflege

Pferde betreiben auch in freier Wildbahn ausgiebig Körperpflege. Diese entspricht jedoch so gar nicht der von uns Menschen: Am liebsten wälzen sich Pferde ausgiebig, um lose Haare oder unliebsame Fellbewohner loszuwerden. So sollten wir uns nicht wundern, wenn unser stundenlang sorgfältig geputzter Schützling die Aktion mit einem ausgiebigen Staub- oder Schlammbad auf der Koppel beendet.

Pferde , die nicht einzeln in der Box gehalten werden, wälzen sich gerne, schubbern sich an einem Baum oder lassen sich von Artgenossen das Fell kratzen. Wer sein Pferd eindeckt, um es sauber zu halten, nimmt ihm ein Stück Wohlfühlverhalten.

Fell mit Allwetterschutz

Pferde sind sehr beweglich und einfallsreich, wenn es um die Fellpflege geht. Am Bauch und hinter dem Kopf kratzen sie sich mit den Hinterhufen. Der Rest des Körpers wird, wenn erreichbar, mit den Zähnen bearbeitet. An Bäumen schubbern sie sich ausgiebig. Ein Besen in Laufstall oder Box angebracht, kommt dem Wohlfühlverhalten eines Pferdes deshalb sehr entgegen. Boxenpferde, die auf die Pflege ihrer Artgenossen verzichten müssen, sollten täglich geputzt werden.

Das Pferdefell bietet durch seinen Aufbau einen guten Wetterschutz. Die Haare leiten Regenwasser oberflächlich in kleinen Rinnsa-

len ab. Auch wenn besonders üppiges Langhaar eher eine Laune der Natur ist, so schützen Mähne und Schweif den Hals und die empfindliche Afterregion. Deshalb dürfen die seitlich wachsenden Haare im oberen Bereich der Schweifrübe bei Pferden, die sich im Freien aufhalten, keinesfalls geschnitten werden.

Direkt auf der Haut bilden Pferde eine dicke, wasserabweisende Talgschicht, die sie vor Nässe und Kälte schützt. Vor allem im Winter sind Pferde, die häufig im Freien sind, auf diesen natürlichen Schutz aus Talg, Unterwolle und Deckhaar angewiesen. Der Pferdekörper ist dann so gut isoliert, dass nicht mal Schnee durch die Körperwärme schmilzt.

▶ Die große Wäsche

Verschwitzte Pferde genießen im Sommer eine ausgiebige Dusche nach dem Reiten. Dabei reicht es aber völlig, das Pferd mit dem Schlauch abzuspritzen und das Wasser mit einem Schweißmesser abzuziehen. Man beginnt mit der langsamen Abkühlung an den Vorderbeinen und geht über die Hinterbeine zu Rumpf und Rücken. Die porentiefe Reinigung mit dem Shampoo sollte eine Ausnahme bleiben, denn dieses entzieht der Haut die schützende Fett- und Talgschicht. Besonders Offenstallpferde werden deshalb so wenig wie möglich gewaschen. Lässt es sich nicht umgehen, dann bitte nur bei warmem, stabilen Sommerwetter und mit einem milden Shampoo. Nach dem Waschen haben die meisten Pferde ein ausgiebiges Bedürfnis, sich zu wälzen. Wir sollten Sie gewähren lassen!

Freundschaftlich gepflegt

In erster Linie schützt das Putzen vor Scheuerstellen überall da, wo Sattel, Gurt oder Zaumzeug liegen. Außerdem regt es die Durchblutung an. Die Muskeln werden leicht vorgewärmt und das Pferd auf die Arbeit vorbereitet. Putzen bietet eine gute Gelegenheit, sein Pferd zu beobachten und eventuelle Krankheiten früh zu entdecken. Es stärkt die Bindung zwischen Pferd und Mensch. Auch nach dem Reiten bürstet man das Pferd noch einmal gründlich, um juckenden Schweiß und lose Haare zu entfernen.

Geputzt wird von vorne nach hinten und von oben nach unten, immer in Strichrichtung des Fells. Groben Schmutz entfernt man am besten mit einem Gummi- oder Massagestriegel mit dicken Gummi-Noppen. Danach kommt die Feinarbeit mit dem Striegel und einer Kardätsche aus Naturhaar. Am Kopf verwendet man eine kleinere, weiche Bürste. Die muskellosen Bereiche der Beine bürstet

und massiert man mit einer Wurzelbürste. Die Fesselbeugen dürfen dagegen nur mit einer feinen Bürste gereinigt werden, da die Haut hier empfindlich ist und Hautreizungen und eindringender Schmutz zu Mauke führen. Kötenbehang kann mit einer Wurzelbürste gereinigt und hin und wieder mit einem hautfreundlichen Shampoo gewaschen werden.

Dem Langhaar widmen viele Pferdebesitzer besondere Aufmerksamkeit. Mähne und Schweif werden mit einem groben Kamm oder einer einfachen Haarbürste aus weichem Kunststoff vorsichtig gebürstet. Stark verfilzte Haare können mit einem speziellen Mähnenpflegemittel entwirrt werden. Den Schweif kürzt man von Zeit zu Zeit auf der Höhe des Fesselgelenks. Sportpferden wird die Mähne „verzogen". Dabei werden gleichmäßig kleine Haarbüschel ausgezupft und die Mähne dann gerade und gleichmäßig abgeschnitten. Dressurpferden flicht man die Mähne bei Turnieren gerne ein. Norwegerpferde tragen häufig die typischen Stehmähnen.

▶ Wetterprofi

Das Pferd hat ein ausgeklügeltes Thermoregulationssystem, das bestens mit Temperaturschwankungen und schlechtem Wetter zurechtkommt, wenn die Tiere es gewöhnt sind. Man sollte lediglich verhindern, dass Pferde „von innen und außen" nass werden, sprich bei Regen und Kälte stark schwitzen. Scheren und Eindecken ist meist überflüssig und allenfalls bei Sportpferden, die ein intensives Wintertraining absolvieren, sinnvoll.

Einmaleins der Hufpflege

„Ohne gesunde Hufe kein gesundes Pferd, heißt ein altbekanntes Sprichwort. Neben der täglichen Kontrolle und Pflege müssen die Pferdehufe deshalb regelmäßig von ausgebildeten Fachleuten gekürzt, korrigiert und wenn nötig beschlagen werden, um zu starke Abnutzung oder einseitige Belastungen zu beheben.

Hufe richtig auskratzen

Zur täglichen Hufpflege gehört das Auskratzen der Hufe. Schmutz und Mistreste, die zu Strahlfäule führen können, werden dadurch ebenso entfernt wie Fremdkörper, die sich möglicherweise in der Strahlfurche oder unter dem Hufeisen festgesetzt haben. Beim Hufe auskratzen beginnt man mit der Strahlfurche vom Ballen Richtung Strahlspitze. Danach setzt man in den Ecken zwischen Eckstreben und Hufrand an und reinigt die Sohle, immer von den Trachten in Richtung Zehe.

Ist der Strahl und das Hufhorn kräftig und elastisch, sind weitere Maßnahmen überflüssig. Sind sie jedoch spröde und trocken, sollten die Hufe in einem Eimer gewässert werden. Einfetten dient mehr der Optik, als dass es eine Wirkung auf den Huf hat. Tut man es doch, sollte man den Strahl aussparen, denn nur über diesen kann der Huf wichtige Feuchtigkeit von außen aufnehmen und elastisch bleiben.

Zeigt der Huf starke Querrillen und -risse oder eine sehr dünne, instabile Hufwand, ist dies ein Hinweis auf Fütterungsprobleme oder Stoffwechselerkrankungen. Hier hält man am besten zunächst Rücksprache mit dem Tierarzt, der anhand einer Blutuntersuchung eventuelle Mängel abklären kann. Auch überstandene Infekte hinterlassen häufig Hufrillen. Längsrillen von der Zehe Richtung Kronensaum muss der Hufschmied behandeln.

Hufe werden gewässert, wenn der Boden sehr trocken ist und die Hufe dadurch spröde werden.

▶ Check für einen guten Beschlag

Ein gutes Eisen ist dem Huf des Pferdes angepasst und nicht umgekehrt, dabei weit genug, so dass der Huf ausreichend Platz zum Wachstum hat. Die hintersten Nägel sitzen maximal an der breitesten Stelle des Hufes, um dem Bewegungsmechanismus im Trachtenbereich ausreichend Platz zu geben. Die Eisenschenkel schließen in einer senkrechten Linie mit dem Ballen ab. An der Spitze ist die Zehenrichtung sorgfältig angeschmiedet, um das flüssige Abrollen zu ermöglichen. Der Strahl trägt mit.

Barfüßig, beschlagen oder beschuht?

In der Regel sind Pferde mit Hufeisen beschlagen. Da der Huf kontinuierlich wächst, passt der Schmied regelmäßig alle 6 – 10 Wochen (je nach Wachstumsgeschwindigkeit und Abnutzung) die Eisen neu an. Durch einen orthopädischen Beschlag kann er auch Fehlstellungen der Hufe korrigieren. Außerdem kann der Schmied mit unterschiedlich dicken Eisen an Vorder- und Hinterhufen den Takt bei Gangpferden korrigierend beeinflussen.

Das alte Eisen wird zunächst abgenommen, der Huf am Tragrand gekürzt und der Strahl ausgeschnitten. Danach werden neue oder die aufgearbeiteten alten Eisen wieder auf den Huf angepasst. Beim üblichen Heißbeschlag wird das noch glühende Eisen kurz auf die Sohle gedrückt, um eine ganz glatte Auflagefläche für das Eisen zu erhalten, unter die später keine Fremdkörper rutschen können. Nach dem Abkühlen nagelt der Schmied die Eisen auf, vernietet die Nägel und raspelt auf dem Bock überstehende Hornreste am Hufrand weg. Beim selteneren Kaltbeschlag wird das Eisen nicht aufgebrannt.

Bei Bedarf kann der Schmied unter den Eisen stoßdämpfende Leder- oder Kunststoffeinlagen anbringen. Hufgrip aus Gummi verhindern im Winter, dass sich Schnee in den Eisen festsetzt und „aufstollt".

Beschlagsarbeiten darf nur ein ausgebildeter Hufschmied durchführen. Andere Pflegearbeiten, Ausschneiden und die Anpassung eines alternativen Hufschutzes können auch Hufpfleger übernehmen.

Alternativ zum starren Hufeisen gibt es mittlerweile eine Vielzahl von relativ elastischen Kunststoffbeschlägen. Eine weitere Möglichkeit, um die Hufe zu schützen, sind Hufschuhe, die nur zum Reiten angebracht werden. Vor dem „Anziehen" müssen die Hufe jedoch gründlich gereinigt werden, damit nichts drückt und scheuert.

Pferde mit guten Hufen, die überwiegend auf abriebarmen Wegen geritten werden, können auch barfuß, also ohne zusätzlichen Hufschutz, laufen. Bei ihnen muss regelmäßig der Hufrand geraspelt werden, um ein Ausbrechen zu vermeiden. Alle paar Wochen sollte dies von einem Fachmann vorgenommen werden, um auch rechtzeitig Fehlstellungen und ungleiche Abnutzung zu erkennen und zu beheben. Schiefgelaufene Hufe können ebenso wie ausgetretene Schuhe bei uns Menschen langfristig zu Gelenkproblemen führen.

Beim Barfußhuf ist es wichtig, auf eine regelmäßige Pflege und Korrektur zu achten.

Das gesunde Pferd

Gesundheit und Wohlbefinden sind die wichtigsten Voraussetzungen für die Leistungsfähigkeit eines Pferdes. Routinearbeiten im Stall oder das Putzen sind für Besitzer und Pfleger die beste Gelegenheit, das Verhalten des Pferdes zu beobachten. Pferde sind Individuen mit unverwechselbaren Eigenheiten und Vorlieben. Der vertraute Mensch stellt deshalb schnell fest, ob das Tier sich wohl fühlt.

So sieht ein gesundes Pferd aus

Gesunde Pferde zeigen mit aufmerksam gespitzten Ohren Interesse an ihrer Umwelt. Wenn sie ruhen, hängen die Ohren entspannt zur Seite. Die Pferde blicken freundlich aus wachen Augen und zeigen ein ausgeglichenes Verhalten. Sie haben einen guten Appetit und trinken regelmäßig kleinere Portionen Wasser. Der Futterzustand gibt einen Hinweis auf Fütterungs- oder Stoffwechselprobleme. Die Rippen sollten zu spüren, nicht jedoch zu sehen sein. Das Fell hat einen seidigen Glanz. Die Beine sind trocken und klar, die Hufe ohne Rillen und Risse. Das Pferd läuft taktrein und belastet alle vier Füße gleichmäßig. Die Nüstern sind sauber und trocken.

Wer sich täglich mit seinem Pferd beschäftigt, wird auf den ersten Blick feststellen, ob es ihm gut geht. Erst ein weiterer Blick gibt aber Aufschluss darüber, ob es nur einen schlechten Tag hat oder wirklich etwas ausbrütet. Ist das Pferd anhaltend lustlos, sollte ein Tierarzt nach dem Rechten sehen. Im Zweifel können die so genannten PAT-Werte für Puls, Atmung und Temperatur einen Aufschluss über den Gesundheitszustand des Pferdes liefern. Den Puls kann man in der Kinngrube, unter der Schweifrübe, am Ellbogen oder am Vorderfußwurzelgelenk messen. Zur Ermittlung der Atemfrequenz beobachtet man die Nüstern oder den Bauch. Fieber misst man im After. Dazu hebt

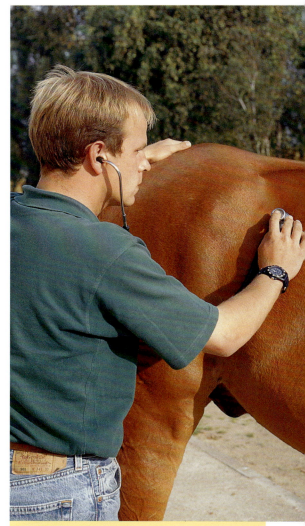

Einer Behandlung durch den Tierarzt geht immer eine gründliche Untersuchung des Pferdes voraus.

Die Stallapotheke

Um im Notfall schnell eingreifen zu können, ist es ratsam, sich eine gut sortierte Stallapotheke anzulegen und diese griffbereit, aber kühl zu lagern. Hinein gehören sterile Wundabdeckungen, Polster- und Verbandswatte, selbsthaftende Binden und Bandagen, kräftiges Klebeband für Hufverbände, saubere Tücher und eine scharfe Schere mit stumpfer Spitze. Wichtig sind außerdem ein Fieberthermometer, eine Pinzette, eine Zeckenzange, farbloses Desinfektionsspray, Wund- und Kühlsalben sowie griffbereite Akkus mit Kühlgel. Bachblüten-Notfalltropfen helfen dem verletzten Tier und einem aufgeregten Menschen über den ersten Schrecken weg. Im Stall sollte für alle gut sichtbar die Telefonnummer von Tierarzt und Schmied angebracht sein, ebenso die Telefonnummer des Pferdebesitzers und von Personen, die in seiner Abwesenheit wissen, was zu tun ist.

man die Schweifrübe an und hält das Fieberthermometer unbedingt während der Messung fest oder befestigt es mit einem Bindfaden und einer Wäscheklammer am Schweif.

Gesundheitsvorsorge

Einmal im Jahr sollte der Tierarzt dem Pferd ins Maul sehen und die Zähne kontrollieren. Zahnhaken, die sich durch ungleichen Abrieb der Backenzähne bilden, können dem Pferd beim Fressen Schmerzen bereiten und sogar eine Kolik verursachen. Auch Widersetzlichkeiten gegen das Gebiss können auf Zahnprobleme hinweisen.

Welche Impfungen sinnvoll sind, bespricht man am besten mit dem Tierarzt. Gegen Tetanus und Tollwut sollte jedes Pferd geimpft sein. Pferde, die an Wettbewerben oder organisierten Ritten teilnehmen, müssen über einen ausreichenden Impfschutz gegen Influenza verfügen. In manchen Regionen empfiehlt sich auch eine Impfung gegen Druse.

Nicht weniger wichtig als Impfungen sind Wurmkuren. Pferde sollten viermal im Jahr entwurmt werden, am besten der gesamte Pferdebestand gleichzeitig. Idealerweise geschieht dies im Frühjahr vor dem Weideauftrieb, während der Weidesaison, am Ende der Weidesaison und noch einmal im Winter (gegen Dassellarven).

Bis der Tierarzt kommt

Hat sich ein Pferd verletzt oder zeigt es Anzeichen einer ernsten Erkrankung, heißt es in allererster Linie: Nerven bewahren. Werden die Symptome bereits am Telefon möglichst genau beschrieben, kann der Tierarzt Anweisungen zur ersten Hilfe geben.

Während Bewegung bei einer Kolik zur Linderung der Beschwerden beitragen kann, richtet sie bei Kreuzverschlag und Hufrehe Schaden an. Wer mit Pferden umgeht, ist deshalb gut beraten, sich mit den Anzeichen der wichtigsten Krankheiten vertraut zu machen, um richtig und besonnen zu handeln.

Kleinere Kratzer und Schürfwunden müssen meist nicht tierärztlich versorgt werden. Sie können nach gründlicher Reinigung mit einer desinfizierenden Wundsalbe behandelt werden. An den Gliedmaßen entstehen jedoch leicht Infektionen, hier holt man besser gleich den Tierarzt.

Blutungen können durch vorübergehenden Druck auf die Wunde gestillt werden. Offene Wunden, die möglicherweise genäht oder geklammert werden müssen, sollten auf keinen Fall vorab mit Wundsalbe behandelt werden. Dem Tierarzt ist es sonst nahezu unmöglich, noch Fremdkörper in der Wunde zu finden.

Infektionskrankheiten dürfen nicht verschleppt werden, denn schnell ist der gesamte Pferdebestand krank. Das ärgert nicht nur die betroffenen Besitzer, sondern beeinträchtigt auch jedes einzelnen Pferd in seiner Gesundheit. Bei den ersten Anzeichen von Leistungsschwäche und Appetitmangel sollte deshalb das Fieberthermometer für Klarheit sorgen. Anhaltender Husten und Nasenausfluss ist ein Grund, sofort den Tierarzt zu holen. Atemwegserkrankungen sind für das Lauftier Pferd eine ernst zu nehmende Gesundheitsgefahr.

PAT-Werte eines erwachsenen Pferdes

▸ **Puls**
28 – 40 Schläge pro Minute

▸ **Atemfrequenz**
8 – 16 Atemzüge pro Minute

▸ **Körpertemperatur**
37,0 bis 38,0°C

Reitweisen und Disziplinen

Die Klassische Reitkunst

Vor ca. 4.000 Jahren begann der Mensch, das Pferd als Reittier zu nutzen. Fast alle heute in Freizeit und Profisport ausgeübten Reitweisen haben sich im Laufe der Jahrhunderte aus dem Einsatz in Heeren oder der Arbeit mit Pferden im Alltag entwickelt. Der Reitsport ist mittlerweile so bunt und facettenreich wie die Pferdewelt, die längst nicht mehr an Ländergrenzen Halt macht.

Das Pferd im Dienst des Menschen

Als der Mensch begann, das Pferd als Zug- und Reittier zu nutzen, waren Tagesleistungen von 60 Kilometern plötzlich kein Problem mehr. So war es nur eine Frage der Zeit, bis durch die zunehmende Beweglichkeit die Grenzen zu Nachbarn überschritten und neben ausgedehntem Handel auch kriegerische Konflikte entstanden. Die Überlegenheit von Völkern maß sich nun an deren Geschick, Pferde für sich nutzbar zu machen.

Bereits in früher Zeit wurde daher das friedliche Pferd bei kriegerischen Auseinandersetzungen als Reittier eingesetzt. Die ersten schriftlichen Belege hierüber stammen vom Athener Sokratesschüler Xenophon. Die Gedanken, die er rund 400 Jahre vor Christus zur Pferdehaltung und zur Reiterei niederschrieb, sind auch heute noch verblüffend aktuell und die Grundlage der Klassischen Reiterei. Der berühmteste Führer eines berittenen Kriegerheeres war übrigens Dschinghis Khan, der im 13. Jahrhundert mit seinen Kriegern aus Zentralasien bis zum Kaspischen Meer vordrang.

Neben der Hohen Schule, der Alta Escuela, existieren noch die Reitweise der Hirten (Doma Vaquera) und die der Stierkämpfer (Rejoneo).

Jahrelange Ausdauer und Disziplin erfordert die Ausbildung von Reiter und Pferd für die Hohe Schule, die Kunst der Könige.

Reiten war über viele Jahrhunderte nur reichen und adligen Herrschaften oder dem berittenem Militär vorbehalten. Erst in der Mitte des vorigen Jahrhunderts, als die Kavallerie ausgedient und Kraftfahrzeuge das Pferd abgelöst hatten, entdeckte man Reiten als Sport und Freizeitbeschäftigung.

Klassisch-Barockes Reiten

In der Blütezeit des Barock im 17. und 18. Jahrhundert übte der Adel die Reiterei erstmals nur zum Selbstzweck aus. Damit wurde die Klassische Reitkunst zum Inbegriff der „Freizeitreiterei", dem Reiten aus Spaß an der Freude. Das Pferd war ein Statussymbol und die Anforderungen, die an Mensch und Tier gestellt wurden, lagen auf höchstem Niveau. Es war die Blütezeit der Hohen Schule zu Pferde.

Die Ursprünge der Klassisch-Barocken Reitweise liegen tatsächlich bei Xenophon, der in seinen berühmten Werken „Über die Reitkunst" und „Der Reitoberst" zur Verständigung mit dem faszinierenden Wesen Pferd einen gerechten und selbstbeherrschten Umgang forderte. Anschließend vergingen jedoch rund 2.000 Jahre ohne jegliche schriftliche Überlieferungen zur Reiterei, ehe die geschickten maurischen Reiterheere ihren Einfluss auf der iberischen Halbinsel geltend machten.

Antoine de Pluvinel (1555–1620), Stallmeister und Reitlehrer von Ludwig XIII., entwickelte schließlich die Klassische Reitlehre Xenophons weiter. Er war schon in jener Zeit der Ansicht, dass das Pferd durch Verständnis für seinen Charakter, Lob und Geduld auch ohne Gewalt zur Mitarbeit gebracht werden könne. Pluvinel gilt als Erfinder der Pilaren und Vorreiter der Bodenarbeit.

Francois Robichon de la Guérinière (1688–1751) hinterließ mit seiner „Ecole de Cavallerie" ebenfalls eine Reitlehre, die noch heute ihre Gültigkeit in der Klassischen Schulreiterei hat. Doch setzte sie sich zunächst nicht durch und wurde bereits bei Erscheinen von der zweckorientierten militärischen Reitentwicklung überholt.

In der Blütezeit der Klassisch-Barocken Reiterei wurden verschiedene Reitschulen in Europa gründet, die diese Tradition bis heute pflegen: die Spanische Hofreitschule in Wien, die Cadre Noir im französischen Saumur und die Spanische Hofreitschule in Jerez de la Frontera.

Heute erlebt die Klassische Reitkunst eine Renaissance, und wieder ist es die Freude an der Ausbildung, die Anhänger dieser Reitweise begeistert. Es ist ein gemeinsamer Weg, den Reiter und Pferd über lange Zeit gemeinsam gehen, denn bis ein Pferd die Hohe Schule beherrscht, benötigt es bei sanfter und verständnisvoller Ausbildung oft sechs bis acht Jahre.

Klassische Reiterei: Reiten als vollendetes Kunsthandwerk und alles just for fun für Reiter und Pferd.

▶ Schule auf und über der Erde

Als **Piaffe** bezeichnet man den den erhabenen Trab auf der Stelle mit untertretender Hinterhand.

Die **Passage** ist der „Schwebetrab" mit minimaler Vorwärtsbewegung.

Bei der **Levade** trägt die tief gebogene Hinterhand des Pferdes die gesamte Last, die Vorderbeine erheben sich angewinkelt über die Erde.

Die **Courbette** zählt zu den Schulsprüngen: Das Pferd erhebt sich auf die Hinterbeine und springt auf diesen vorwärts, ohne mit der Vorhand zu landen.

Der schwerste Schulsprung ist die **Capriole**: Das Pferd springt mit allen Vieren gleichzeitig in die Höhe, schlägt in der Luft nach hinten aus und landet wieder zeitgleich mit allen vier Beinen auf dem Boden.

Dressur, Springen und Vielseitigkeit

Wenn von der „deutschen" oder „englischen" Reitweise die Rede ist, so ist in der Regel der gängige Dressur- und Springsport gemeint, der im Gegensatz zur Klassischen Reiterei eher schnörkellos erscheint. Auch das Equipment wird als „englisch" bezeichnet. In den Reitweisen gibt es jedoch kleine, feine Unterschiede.

Reiten nach Norm

Auch die Wurzeln der deutschen Reiterei liegen bei Xenophon und de la Guérinière. Ihr Ziel ist die zwanglose Harmonie zwischen Reiter und Pferd. Dabei soll das Pferd in absolutem Gleichgewicht und Losgelassenheit an kaum wahrnehmbaren Hilfen in sicherer Anlehnung stehen.

Die deutsche Reitweise entstand aus der Notwendigkeit, junge Pferde und Reiter in kurzer Zeit für die Kavallerie auszubilden. Vorreiter waren die Kavallerieschulen in Saumur und Hannover. Aus den Stilrichtungen beider Schulen entstanden die heutigen Ansprüche an die Dressurreiterei: gelassen, vorwärts, abwärts.

Von Dressurpferden werden raumgreifende, schwebende Tritte gefordert. Die Klassik setzt dagegen eher auf erhabene Bewegungen.

Harmonie ist Sensibilität, Einfühlungsvermögen, Beständigkeit und Einklang. Dressur in Harmonie bedeutet also, eine Aufgabe gemeinsam so zu lösen, dass Reiter und Pferd Freude bei der Arbeit haben.
EGON VON NEINDORFF

Die englische Reitweise hat ihre Heimat in der Gelände- und Jagdreiterei der britischen Inseln. Dementsprechend salopper erscheint sie in der Ausführung. Auch der Sitz des Reiters ist individueller und zweckmäßig.

Der Springsport ist die beliebteste Disziplin bei sportlich ambitionierten Reitern und Zuschauern.

▶ Wie Schule: Reiten in Klassen für Noten

Dressur- und Springprüfungen werden je nach Schwierigkeitsgrad in die Klassen E=Eingangsstufe, A=Anfänger, L=leicht, M=mittelschwer und S=schwer eingeteilt.

Die Wertnoten sind in der Leistungsprüfungsordnung festgelegt: 10=ausgezeichnet, 9=sehr gut, 8=gut, 7=ziemlich gut, 6=befriedigend, 5=genügend, 4=mangelhaft, 3=ziemlich schlecht, 2= schlecht, 1=sehr schlecht, 0=nicht ausgeführt.

Springen und Vielseitigkeit für Mutige und Könner

Der Springsport ist Faszination und Publikumsmagnet auch für nichtreitende Pferdefans. Die Pferde sind wahre Spezialisten: meist großrahmige Tiere mit gut bemuskelter Schulter und Hinterhand und kräftigem Fundament.

Die eigentlichen Wurzeln des Springreitens liegen in den Reitjagden des 18. Jahrhunderts. Im Gelände konnten Zuschauer dem Spektakel jedoch nur eingeschränkt beiwohnen, so dass das Geschehen zunehmend auf überschaubare, künstlich angelegte Plätze verlegt wurde.

Noch bis Ende des 19. Jahrhunderts belegen alte Stiche den vom Engländer James Fillis propagierten Springstil: Beim Anreiten auf das Hindernis wurde der Oberkörper vorgeneigt, beim Landen dagegen stark zurückgenommen. Einzelne englische Jagdreiter

▶ ## Springwertung: Wenn die Stangen fallen

Hindernisfehler	4 Strafpunkte
Erster Ungehorsam	3 Strafpunkte
Zweiter Ungehorsam	6 Strafpunkte
Dritter Ungehorsam	Disqualifikation
Sturz von Reiter und/ oder Pferd	8 Strafpunkte
Zweiter Sturz	Disqualifikation
Zeitüberschreitung	$1/4$ Strafpunkt je Sekunde/ Stechen: 1 Strafpunkt
Überschreitung Höchstzeit	Disqualifikation

Kraft, Ausdauer, Mut und Rittigkeit erfordert der Vielseitigkeitssport vom Pferd – ein feines Gespür für die Verfassung des Pferdes, Verantwortungsbewusstsein und körperliche Fitness vom Reiter.

Eine solide Dressurausbildung ist ein Muss für jedes Sport- und Freizeitpferd, egal welcher Disziplin sich Reiter und Pferd verschrieben haben.

Hohe konditionelle und technische Anforderungen stellt das Vielseitigkeitsreiten an Mensch und Tier. Hier sind mutige Allrounder gefordert.

hängen diesem „old english hunting seat" bis heute an. Als Schöpfer eines modernen, pferdefreundlichen Springstils gilt dagegen der italienische Kavallerieoffizier Federico Caprilli. Statt dem Anreiten der Hindernisse in starker Versammlung förderte er den natürlichen Vorwärtsdrang des Pferdes. Die Steigbügel der Reiter wurden verkürzt und das Gewicht nach vorne verlagert, um Rücken und Hinterhand zu entlasten. Caprilli ritt im leichten Sitz, wie er auch heute noch im modernen Springsport zu finden ist.

Die Vielseitigkeit besteht aus drei Prüfungsteilen: einer Dressurprüfung zur Beurteilung der Rittigkeit des Pferdes, dem meist spektakulären und Kräfte zehrenden Geländeritt über feste Hindernisse und Gräben sowie einem abschließenden Jagdspringen. Dazwischen werden die Pferde von Tierärzten auf ihre Verfassung hin untersucht.

Trotz oftmals schwerer Stürze hat diese Sportart nichts von ihrer Anziehungskraft eingebüßt. Der Nabel der Vielseitigkeitswelt liegt in Großbritannien.

Western- und Gangpferdereiten

Nicht allen Pferdefreunden liegt die traditionelle deutsche Reitweise. Auf der Suche nach anderen Möglichkeiten wuchs in den vergangenen Jahrzehnten die Schar der Freunde alternativer Reitweisen und Pferderassen. Zunächst als Spinnerei belächelt, gibt es bei Western- und Gangpferdefreunden heute neben einer Vielzahl von Freizeitreitern auch sehr professionelle Turnierszenen.

Best Western: Altkalifornische Reitweise und Texas Style

Das Westernreiten ist ursprünglich eine Gebrauchsreitweise, entstanden aus der Rancharbeit mit großen Rinderherden in Amerika. Dabei unterscheidet man zwei Richtungen: Die Altkalifornische Reitweise entwickelten die spanischen Vaqueros, die an der kalifornischen Westküste die Rinderherden der Missionsstationen hüteten. Ihre Wur-

Westernreiten ist mehr als nur eine Cowboyshow. In Europa hat sich in den letzten Jahrzehnten eine professionelle Turnierszene etabliert.

zeln liegen in der Klassisch-iberischen Reitkunst, die die spanischen Einwanderer auf den amerikanischen Kontinent mitbrachten. Die Reitweise wirkt eleganter und aufwändiger als der auf Zweckmäßigkeit ausgerichtete Texas Style, den die Rinderhirten und Siedler pflegten, die den amerikanischen Kontinent von Osten her erschlossen. Der saloppere Texas Style steht unter dem Einfluss der englischen Reitweise.

Stilechtes Equipment: Cowboyhut und Fransenhemd

Wie in allen Reitsportszenen haben auch Westernreiter ihre „Kleiderordnung", man setzt hier auf praktisch und bequem: Reitjeans, Chaps, bequeme Schuhe und Cowboyhut, am besten mit Sicherheitsschale.

Die Pferde tragen den typischen Westernsattel mit breiter Auflage, mit und ohne Horn. Das Horn dient beim Cutting, der Arbeit am Rind, zum raschen Fixieren des Lassos am Pferd. Die kräftigen Rinder würden den Reiter sonst aus dem Sattel ziehen.

Die Zäume sind aufwändig oder ganz schlicht. Fortgeschrittene Westernreiter zäumen auf Kandare, so genannte „Bits", die einhändig geritten wird. Weniger routinierte Pferde und Reiter greifen zum Snaffle Bit, das ähnlich wirkt wie eine Wassertrense. Auch gebisslose Zäume wie das Bosal sind häufig anzutreffen.

Für Liebhaber: Tölt und Pass erfordern Einfühlungsvermögen und Reitkenntnisse. Dann aber ist es bequem oder atemberaubend schnell.

▶ **Turnierdisziplinen im Westernsport**

Disziplin	Anforderung
Halterprüfung	Exterieur und Ausdruck, interessant für Züchter
Western Trail	natürliche in der Rancharbeit vorkommende Hindernisse
Western Horsemanship	vergleichbar mit Dressurprüfungen; Präzision/Sitz und Einwirkung
Western Pleasure	Schwerpunkt Grundgangarten – Walk, Jog und Canter in niedrigem Grundtempo
Reining	festgelegte Lektionen nach Plan, Rittigkeit
Cutting	Arbeit am Rind

▶ **Reiten wie auf Wolken**

Der Tölt ist ein erschütterungsarmer Viertakt, die Fußfolge identisch mit dem Schritt. Das Tempo variiert von langsam bis sehr schnell. Einige wenige Rassen zeigen auch die laterale Gangart Pass, ein zum Zweitakt verschobener Viertakt, bei dem sich die Beinpaare einer Seite gleichzeitig nach vorne bewegen. Er wird nur in Rennen auf kurzen Distanzen geritten.

Gangpferde – mehr als nur drei Gänge

Bereits zu Beginn des 20. Jahrhunderts kamen Islandpferde als leichte Arbeitstiere auf den Kontinent. Doch erst in den 50er-Jahren eroberten sie als robust zu haltende Reitpferdealternative die Pferdewelt außerhalb Islands. In den folgenden Jahrzehnten wuchs die Fangemeinde weiterer Gangpferderassen, vor allem jener vom amerikanischen Kontinent, die die Gangveranlagung ihrer iberischen Vorfahren erhalten haben.

Gangpferde verfügen neben den Grundgangarten Schritt, Trab und Galopp noch über Tölt oder über – je nach Rasse und spezieller Veranlagung – zu Pass oder Trab verschobene Taktvarianten. Die zusätzlichen Gangarten dieser Pferde sind genetisch angelegt und, anders als oft spekuliert, nicht erlernt. Die meisten Pferde sind Naturtölter mit reichlich „Gangveranlagung", einige finden den Tölt erst durch ein spezielles Training, das Eintölten.

Gangpferdereiter sind vielfach Freizeitreiter, die die Bequemlichkeit ihrer Pferde im Gelände auf langen Ausritten und Wanderritten genießen. Daneben hat sich sowohl bei den quirligen Islandpferden als auch bei den meist großwüchsigeren nord- und südamerikanischen Gangpferderassen eine sehr professionelle Turnierszene etabliert, die sich in speziellen Gangprüfungen nationaler und internationaler Konkurrenz stellt.

Beim sportlichen Gangpferdereiten steht das Herausreiten der rassetypischen Gänge im Vordergrund. Die Prüfungen werden auf Ovalbahnen geritten. Spezielle Passrennen laufen über kurze, gerade Distanzen zwischen 150 und 250 Metern Länge.

Gesellschaft, Wett-kampf und Akrobatik

Der Reitsport ist einerseits eine Individualsportart, anderer-seits aber doch sehr gesellig. Ganz abgesehen von Ausritten mit Freunden werden auch einige Wettbewerbsdisziplinen nicht nur von Einzelkämpfern ausgeübt. Ganze Mannschafts-spiele können auf und mit dem Pferd bestritten werden. Hier spielen Gesellschaft, Teamgeist und die Freude am gemein-samen Hobby die Hauptrolle.

Jagdreiten

Reitjagden haben eine lange Tradition und waren schon vor vielen hundert Jahren ein beliebte Beschäftigung adliger Kreise. Heute ist die Jagd auf lebendes Wild vom Pferd aus verboten und die geselligen Fuchs-jagden, die vor allem im Herbst stattfinden, haben symbolischen Charakter. Trotzdem haben die Teilnehmer eine Menge Spaß, wenn sie den „Fuchs" über mehrere Kilome-ter lange landschaftlich reizvolle Gelände-strecken mit einfachen Hindernissen verfol-gen. Geführt werden die Reiter vom „Master" an der Spitze, begleitet von seinen „Pikeu-ren", die das Jagdfeld zusammenhalten.

Mounted Games

Spielerisch und akrobatisch geht es bei den Mounted Games zu, einer noch jungen Reitsportdisziplin auf dem europäischen Kontinent. Ihren Ursprung haben die schnel-len Geschicklichkeitswettbewerbe auf dem Pferd in Großbritannien, wo vor allem Kin-der über einen sehr vielseitigen Ponysport ans Reiten herangeführt werden. Mut, Ge-schicklichkeit, Körpergefühl und akrobati-sche Fähigkeiten sind bei vielen Prüfungen in Mannschafts-, Paar- und Einzelwettbewer-ben gefragt. Wendige, schnelle Ponys sind die Hauptakteure der Mounted Games.

Der Reitsport bietet auch jede Menge Spiel und Spaß mit dem Pferd, in dem gegenseitiges Vertrau-en und Geschick zum Erfolg führen.

Polo

Härte, Schnelligkeit und Wendigkeit sind die Markenzeichen von Poloponys. Doch auch den Reitern fordert der schnelle Mann-schaftsport einiges ab, schließlich kassieren ihre Knochen so manchen Schlag mit dem Stick aus Weiden- oder Bambusholz.

Jede Mannschaft tritt mit vier Spielern an. Das Feld ist 270 x 180 Meter groß, in vier bis acht Spielabschnitten zu je siebeneinhalb Minuten wird auf das rund 7 Meter breite Tor gespielt. In einer kurzen Pause werden die Pferde gewechselt, die maximal zwei Spielabschnitte (sogenannte Chukker) pro Tag spielen dürfen.

Polo ist das älteste Spiel mit Stock und Ball auf dem Pferd und hat seinen Namen vom tibetischen „Pulu", was Ball bedeutet. Es wurde bereits im 6. Jahrhundert v. Chr. nach persischen Überlieferungen gespielt und gilt als Vorläufer moderner Sportarten wie Cricket, Golf und Hockey.

Heute ist Polo vor allem in Großbritannien und anderen Commonwealth Ländern zu Hause. Poloponys stammen häufig aus argentinischer Zucht, einer weiteren Hochburg des Polosports.

Polo ist sehr aufwändig und hierzulande weniger verbreitet.

Voltigieren

Historische Aufzeichnungen belegen, dass schon in der Antike das Voltigieren ein fester Ausbildungsbestandteil junger Römer der Oberschicht war. Die Ritter des Mittelalters übten sich in voller Rüstung kunstvoll auf dem Pferd. Noch im 17. Jahrhundert gehörte Voltigieren zur Ausbildung an Ritterakademien. Aus dieser Zeit stammt auch der Begriff „La voltige", was so viel wie Rossspringen heißen soll. Damit werden die turnerischen Übungen am sich bewegenden Pferd umschrieben.

Voltigieren ist heute ein Klassiker unter den Einstiegsdisziplinen für Kinder in den Pferdesport. Beim Voltigieren lernen die Jüngsten spielerisch Balance, Koordination und Körpergefühl.

▶ Voltigieren als Leistungssport

Voltigierwettbewerbe werden in Gruppen- oder Einzelwettbewerben durchgeführt. Eine Wettkampfgruppe besteht aus acht Voltigierern und einem Ersatzmann oder einer Ersatzfrau, einem gut ausgebildeten Voltigierpferd und dem Longenführer. Ab 14 Jahren dürfen Jugendliche auch in Einzelwettbewerben antreten.

Das Voltigierpferd trägt einen speziellen Gurt mit Haltegriffen und Schlaufen. Die Übungen gliedern sich in einen Pflicht- und Kürteil und werden im Galopp geturnt. Das Pferd wird dabei vom Longenführer auf dem Zirkel bewegt.

Im Gruppenwettbewerb dürfen maximal drei Turner gleichzeitig auf dem Pferd sein. Die korrekte Ausführung der Übungen, Körperspannung, Schwierigkeit, Gestaltung der Kür und die Harmonie mit dem Pferd fließen in die Bewertung ein. In Gruppenwettbewerben sind das Gruppenverhalten, die Arbeit des Longenführers und der Gehorsam des Pferdes weitere wichtige Kriterien.

Voltigierwettbewerbe finden auf regionaler Ebene bis hin zu Weltmeisterschaften statt.

Ein Traum
wird wahr

Reiten lernen – keine Frage des Alters

Ob Dreikäsehoch oder rüstiger Rentner: Der Einstieg in den Reitsport ist in beinahe jedem Alter möglich. Reiten ist deshalb in den letzten Jahrzehnten ein richtiger Familiensport geworden, an dem alle Generationen Spaß finden. Dazu beigetragen haben auch die verschiedensten Rassen unterschiedlicher Größe, Kaliber und Gangausstattung, die seit Mitte des vorigen Jahrhunderts in die Ställe eingezogen sind.

Reiten ist eine Lifetime-Sportart und darüber hinaus auch ausgesprochen gesund für Körper und Geist. Schließlich bewegen sich Reiter – wenn sie sich nicht gerade ausschließlich mit einer Reithalle begnügen – viel an der frischen Luft, und so mancher Pferdefreund hat nach einiger Zeit erfreut festgestellt, dass er sich im Winter deutlich seltener einen Infekt einfängt als die nichtreitenden Freunde.

Schon lange leistet der Reitsport bei der Therapie körperlicher und seelischer Beschwerden gute Dienste. Der Umgang mit Pferden wirkt auf nervöse Zeitgenossen beruhigend, verzagten Geistern macht er Mut und Managern zeigt er neue Wege auf. Reittherapie ist eine anerkannte Heilmethode für verschiedene Beschwerden. Sogar viele Rückengeschädigte finden im Reitsport – man mag es kaum glauben – Linderung.

Reitkarrieren verlaufen selten geradlinig. Nach einem heftigen Pferdefieber als Kinder und Teenies wenden sich viele Reiter(innen) in der Pubertät anderen Interessen zu. Nach dem Berufseinstieg oder einer Familienpause kehren sie (oft mit den eigenen Kindern) zum Reitsport zurück. Manche finden auch erst als Erwachsene den Weg aufs Pferd.

Kinder gehen sehr unbedarft mit dem Pferd um. Ihre Ungezwungenheit ist auch der Grund für schnelle Lernfortschritte. Anleitung und Aufsicht sind aber lange Zeit notwendig, ehe Kinder allein gefahrlos mit Pferden umgehen können.

Was Hänschen lernt...

Für Kinder und Jugendliche ist der Einstieg in den Reitsport denkbar einfach. Sie sind unbedarft und in der Regel sehr beweglich. In jungen Jahren lernen sie meist mit Leichtigkeit, dem Bewegungsmuster des Pferdes zu folgen und sitzen rasch sicher auf den Vierbeinern.

Ferienreitkurse oder einige Jahre Voltigieren sind der klassische Einstieg des Reiternachwuchses. Ein Mindestalter gibt es nicht, doch sollten die Beine lang genug sein, damit das Kind auch aktiv reiten und selbst die Hilfen geben kann. Dazu bedarf es aber auch gut gerittener und regelmäßig von einem erfahrenen Reiter korrigierter Schulponys.

Empfehlenswert ist ein Alter von etwa acht Jahren. Vorher ist es meist schwierig, ein passendes Schulpferd zu finden. Miniponys, die mit den Kindern machen, was sie wollen, sind zwar putzig anzusehen, aber der Umgang ist gefährlich und zu viele Stürze von einem schlecht ausgebildeten Zwerg verderben rasch den Spaß am Reitsport. Außerdem benötigen Kinder zum Reiten lernen ein Mindestmaß an Konzentrationsfähigkeit. Sie ermüdet der Reitunterricht eher geistig als körperlich.

Kinder genießen nicht nur das Reiten an sich, ihnen ist der Umgang mit den geliebten Vierbeinern und das Putzen, Streicheln und Umsorgen mindestens ebenso wichtig. Außerdem finden sie auf dem Reiterhof oft gleichgesinnte Freunde, mit denen sie auch außerhalb des Reitunterrichts gerne ihre Freizeit verbringen.

Ein kindgerechter Hof, freundliche Pferde und verantwortungsvolles Personal, das rechtzeitig eingreift, wenn die Kleinen es zu bunt auf dem Hof treiben, bieten die ideale Freizeitumgebung für Kinder und Jugendliche. Häufig sieht man sie auch in Reiterstübchen gemeinsam Hausaufgaben machen und zusammen lernen.

Erwachsene gehen meist sehr kopfbetont an den Reitsport heran und wollen es im Turniersport oft noch wissen.

...lernt auch Hans noch!

Viele Erwachsene erfüllen sich mit dem Einstieg in den Reitsport einen lang gehegten Traum, dessen Verwirklichung in der Kindheit vielleicht am mangelnden Budget und der Zustimmung der Eltern, später durch Beruf oder Familie immer wieder aufgeschoben wurde. Sie gehen kopfbetonter an die Sache und suchen statt sportlicher Herausforderung meist Entspannung und den Kontakt zu Gleichgesinnten.

Für den Einstieg in den Reitsport gibt es kein Höchstalter, und so finden oft auch Ruheständler noch aufs Pferd. Späteinsteiger kämpfen aber anders als Kinder häufig mit körperlichen Problemen: Verspannungen, Unbeweglichkeit oder mangelnde Fitness machen ihnen vergleichsweise mehr zu schaffen als jungen Reitern. Dafür haben sie in der Regel eine höhere Konzentrationsfähigkeit und ergänzen ihr Wissen aus dem praktischen Reitunterricht durch die intensi-

ve Lektüre von zahlreichen Büchern zu speziellen Reit- und Pferdethemen.

Für Erwachsene ist Angst in vielen Fällen ein zentrales Thema. Schließlich mag man sich nicht im Dreck des Reitplatzes blamieren. Auch hätte ein Sturz möglicherweise weit reichende Folgen für den Beruf und die Familie. Späteinsteiger sollten auch aus diesem Grund spezielle Angebote nutzen und sich nicht in Reitstunden mit jungen und ehrgeizigen Reitern, die scheinbar spielend lernen, frustrieren lassen.

Das Lerntempo sollte den körperlichen Fähigkeiten der älteren Schüler angepasst sein. Ideal sind deshalb auch einige Einzelstunden zur Ergänzung des Gruppenunterrichts, in denen auf individuelle Probleme eingegangen wird.

Viele Späteinsteiger wagen – finanziell unabhängig – schon nach vergleichsweise kurzer Zeit den Schritt zum eigenen Pferd, das im Idealfall kräftig, ausgeglichen und ruhig ist. Mit ihm versprechen sie sich unbegrenzte Freiheit, die sie mit Engagement und der ständigen Bereitschaft zur Weiterbildung auch in einer fortgeschrittenen Lebensphase finden.

Die „jungen Alten" auf dem Pferd sehen es wieder lockerer und suchen eher Gesellschaft und Naturerlebnis.

Unterricht mit Schülern gleichen Alters und Ausbildungsstandes macht Sinn, denn Fähigkeiten und Probleme sind ähnlich. Kinder sind körperlich fit, aber weniger konzentrationsfähig. Erwachsene Reiter erfassen dagegen leicht auch theoretischen Background, sind aber meist weniger beweglich und vom einen oder anderen Zipperlein geplagt.

▶ Einsteigerkurse für Erwachsene

Viele Reiterhöfe haben in ihrem (Urlaubs-)-Angebot Einsteigerkurse für Erwachsene. Hier findet man sich unter Gleichgesinnten wieder, die ebenso viel Lust auf, aber genauso wenig Ahnung von Pferden haben. Blamieren kann man sich bei so einem Kurs nicht. Am Anfang stehen dann wichtige Aspekte des Umgangs mit dem Pferd auf dem Lehrplan: Aufhalftern, Anbinden, Führen und Putzen. Erst danach steigt man aufs Pferd – schön einzeln und an der Longe. Am Ende eines solchen Kurses liegt oft schon ein kleiner Ausritt im Schritt und Trab.

Das kostet der Reitsport

Der Reitsport war noch bis vor wenigen Jahrzehnten fast ausschließlich wohlhabenden Menschen vorbehalten. Lediglich in ländlichen Gegenden, wo Pferde auch preiswert hinter dem Haus gehalten wurden oder gar in der Landwirtschaft ihren Hafer verdienten, konnte auch Otto Normalverdiener diesem Hobby frönen. Heute ist Reiten ein Familien- und Breitensport für alle Altersstufen und auch Einkommensschichten.

Wer mit dem Reiten beginnt, hat meist nur vage Vorstellungen, wohin seine Entwicklung geht. Während der eine das eigene Pferd in ferner Zukunft sicher im Auge hat, begnügt sich ein anderer mit regelmäßigen Reitstunden und gelegentlichen Reiturlauben. Für beides braucht man Zeit und Geld, doch in ganz unterschiedlichem Umfang. Dabei ist der Reitsport aber nicht teurer als andere Sportarten.

Eine Frage der Zeit

Der Zeitaufwand für den wöchentlichen Reitunterricht ist überschaubar: Von der Anfahrt zum Stall abgesehen hat man in rund zwei Stunden ein Pferd geputzt und gesattelt, ist eine Stunde geritten und hat das Tier anschließend versorgt.

Wer aber fortgeschrittener ist und endlich selbstständig und unabhängig reiten will, hat die Wahl zwischen einer Reitbeteiligung oder gar einem eigenen Pferd. Ein Reitbeteiligungspferd hat man je nach Absprache zwei- bis dreimal wöchentlich gegen eine Beteiligung an den monatlichen Unterhaltskosten zur Verfügung. Neben ausgiebigen Ritten fallen hier oft noch Pflegearbeiten rund ums Pferd an, wie ausmisten, zur Koppel bringen oder Hufschmiedtermine. Da wird aus zwei Stunden schnell ein ganzer Nachmittag oder Abend.

Mit einem eigenen Pferd steht man je nach Haltungsform in Box oder Laufstall schnell täglich in der Pflicht, angefangen von ausreichend Arbeit und Bewegung, Pflege- und Stallarbeiten über Turniere und Lehrgänge an den Wochenenden bis zu geplanten und überraschenden Tierarztterminen. Der Sportpartner wird zum Familienmitglied und sollte von dieser auch uneingeschränkt mitgetragen werden, sonst gibt es schnell Ärger in der Beziehung oder der Familie.

Mit der Selbstständigkeit fallen weitere aufwändige Tätigkeiten ums Pferd an, die im Zeitbudget berücksichtigt werden müssen.

Sparversion oder Luxusvariante?

„Früher hatten wir Zeit und Geld. Heute haben wir Pferde." Ganz unrecht haben Pferdebesitzer damit nicht. Doch keine Bange. Guter Reitunterricht ist heute für fast jeden Geldbeutel erschwinglich. Schließlich braucht man dazu auch kein eigenes Pferd.

Die Höhe der Ausbildungskosten hängt davon ab, ob man Gruppen- oder Einzelunterricht bevorzugt oder vielleicht zahlreiche Longenstunden nimmt. Spezialunterricht wie Tölt- oder Cuttingstunden kosten mehr als

sollte ein Helm konsequent ausgetauscht werden, egal, wie teuer er war.

Modebewusste Reiter können den halbjährlichen Kollektionswechseln der Reitsporthersteller frönen und für die aktuellen Modetrends tief in die Tasche greifen. Reitbekleidung findet man mit guter Beratung im Fachgeschäft oder im Versandhandel. Auf Flohmärkten, bei Internetauktionen, in Secondhand-Läden, an schwarzen Brettern der Reitschulen und auch bei der Aktionsware im Discounter kann man Schnäppchen machen, sollte aber genau wissen, was man in welcher Größe braucht und auch die Qualität des Produkts beurteilen können.

Beim Pferdekauf gilt: Die Anschaffung ist der geringste Posten. Über Jahre summieren sich aber die Beträge für Unterhalt, Pflege und Ausbildung.

Angezogen vom Flair einer Szene entscheiden sich viele Reitschüler bewusst für eine bestimmte Reitweise.

der übliche Dressurunterricht. Später kommen unter Umständen Wochenendkurse, Abzeichenlehrgänge oder Nenngelder für Turniere dazu. Reitunterricht in Reitschulen und auf Reiterhöfen kostet meist mehr als im Verein. Dort bezahlt man allerdings oft eine saftige Aufnahmegebühr und jährliche Vereinsbeiträge. Außerdem sind in der Regel noch Arbeitsstunden auf der Anlage gefordert.

Wer bei seiner Ausrüstung auf gute und robuste Qualität achtet, kann in den Folgejahren eine Menge Geld sparen. Mit einer Reitweste, einer Allwetterjacke, einer guten Reithose und solidem, dem Stall angepasstem Schuhwerk ist man gut ausgestattet.

Beim Reithelm sollte man auf keinen Fall sparen. Doch auch hier gilt: Das teuerste Produkt muss nicht das beste sein. Tests von Fachzeitschriften oder der Stiftung Warentest geben Orientierungshilfe. Nach einem Sturz

▶ Unterricht und Ausrüstung

Unterricht	€	Ausrüstung	€
Longenstunde (30 Min)	15 – 20	Reithose	70 – 200
Gruppenunterricht (45 Min)	12 – 15	Weste	35 – 70
Einzelunterricht (30 Min)	15 – 30	Jacke	ab 40
		Sicherheitsweste	ab 70
Spezialunterricht (Töltstunde)	15 – 30	Gummistiefel	ab 20
		Lederstiefel	150 – 400
geführte Ausritte (1 Stunde)	10 – 15	Chaps (Neopren)	ab 30
		Helm	30 – 200
Halbtagesritt	25 – 30	Handschuhe	10 – 35
Tagesritt	40 – 60	Gerte	10 – 25
Aufnahmegebühr Reitverein	50 – 300		
Jahresbeitrag Reitverein	50 – 100		

Diese Preise dienen nur der Orientierung.

Reiten lernen – aber wie?

Richtig reiten lernen ist ein langer und manchmal holpriger Weg. Umso wichtiger es, dass das Umfeld stimmt. Unmotivierte Pferde, muffelige Reitlehrer und ein ungepflegter Reiterhof haben schon manchen Reitschüler dazu veranlasst, die Stiefel recht schnell wieder an den Nagel zu hängen. Doch das muss nicht sein. Die Angebote für guten Reitunterricht sind heute vielfältig. Orientierung geben auch die Plaketten der FN.

Welche Reitweise soll es denn sein?

Meist hat der Reitanfänger eine konkrete Reitweise oder Disziplin vor Augen, wenn er den Entschluss fasst, Reitunterricht zu nehmen. Manchmal ist es aber auch reiner Zufall, in welcher Szene der Einsteiger landet. Die einzelnen Reitweisen unterscheiden sich in der Basisausbildung des Reiters eigentlich nur unwesentlich. Letztendlich gehen sie alle auf die Grundsätze der klassischen Reitlehre zurück, die seit einigen hundert Jahren die Ausbildung von Reitern lenkt. Die spezifischen Anforderungen und Feinheiten der

Auch mit dem Ausbildungs-ziel „Feld-Wald-Wiesen-Reiter" sind grundlegende Reitkenntnisse um der Gesundheit der Vierbeiner willen notwendig. Sich erfolgreich auf dem Pferderücken zu halten, ist langfristig zu wenig.

speziellen Reitweisen werden erst an den fortgeschrittenen Reiter gestellt.

Adressen von Reitschulen und Informationen erhält man über die Reitsportverbände und Interessengemeinschaften. Auch das Internet liefert viele Links und Anschriften. Je präziser die Vorstellungen und Anfragen sind, umso erfolgreicher wird die Beratung sein.

Sportler oder Genießer?

Wer den Entschluss fasst, reiten zu lernen, hat den Ehrgeiz, sich später im sportlichen Wettkampf zu messen, seine Freizeit gemütlich auf dem Pferderücken in der Natur zu genießen oder einfach nur aus Spaß an der Freude zu reiten.

Während der sportlich ambitionierte Reiter später wahrscheinlich in der Dressur-, Spring- oder Vielseitigkeitsszene aktiv ist, fühlen sich die Genießertypen häufig vom Western- oder Gangpferdereiten angezogen. Aber auch diese Reitweisen bieten eine professionelle Turnierszene.

Oft ist der Unterschied zwischen dem sportlich ambitionierten Freizeitreiter und Berufsreitern nur gering. Beide investieren viel Zeit und meist auch Geld in ihren Sport.

Der „Reiter um des Reitens willen" findet dagegen seine Heimat bei der klassischen Reiterei. Hier steht der gemeinsame Ausbildungsweg von Reiter und Pferd bis zur Hohen Schule im Vordergrund.

▶ Ziele jeder guten Grundausbildung

- ▶ Ausbalancierter Sitz des Reiters
- ▶ Zügelführung mit feiner Hand
- ▶ Sichere und aktive Hilfen durch Gewicht, Schenkel und Zügel
- ▶ Sicheres und selbstständiges Anreiten, Durchparieren und Lenken in der Gruppe
- ▶ Überwinden kleiner Hindernisse
- ▶ Angstfreies Reiten unter Anleitung im Gelände
- ▶ Kenntnisse über den sicheren Umgang mit Pferden
- ▶ Wissen über Pferdehaltung, -pflege, -fütterung und Ausrüstung

Wenn der Reitschüler diese Fähigkeiten sicher beherrscht, kann er nach einigen Schnupperstunden in verschiedenen Reitschulen beurteilen, in welcher Reitweise er glücklich wird. Dies ist meist eine Entscheidung aus dem Bauch heraus, und das ist bei einer so schönen Freizeitbeschäftigung wie dem Reiten nicht verkehrt.

Die passende Reitschule

Wer mit dem Reiten beginnt, hat meist eine konkrete Reitweise oder Disziplin vor Augen. Den Anstoß hat vielleicht eine Show, eine Pferdemesse, die Aufführung einer Hofreitschule oder der Besuch auf dem Reitturnier gegeben. Oft ist es aber auch einfach nur Zufall, bei welcher Reitweise man landet: der Reitstall in der Nähe, eine Reitbeteiligung, ein Reiterstammtisch oder Freunde mit Pferden.

Sportlich oder just for fun

Wir haben fast vergessen, was für eine seltsame Sache es ist, dass ein Tier, so groß, so kraftvoll und so intelligent wie ein Pferd, einem anderen, weit schwächeren Wesen erlaubt, auf seinem Rücken zu reiten.
PETER GRAY

Ehrgeizige Typen, die sich gerne in Wettbewerben messen, interessieren sich meist für den Spring- oder Dressursport. Ganz Unerschrockene landen vielleicht bei der trainingsintensiven Vielseitigkeitsreiterei. Aber auch Western- und Gangpferde bieten heute eine professionelle Turnierszene.

Andere Reiter suchen eher das ruhige Naturerlebnis und reiten stundenlang allein oder in Gesellschaft durch Wald und Flur. Sie wollen keine sportliche Herausforderung, sondern genießen ihr Hobby auf Wander- und Orientierungsritten, wo Geschicklichkeit und das partnerschaftliche Miteinander von Mensch und Tier im Vordergrund stehen. Auch sie sollten sich und ihrem Pferd, unabhängig von ihren geringen Wettkampfambitionen, eine gute Ausbildung und regelmäßige Korrekturen gönnen.

Das harmonische Bild von Reiter, Pferd, Outfit und Umfeld ist oft ausschlaggebend für die Faszination, die eine Reitweise auf uns ausstrahlt: Schwarze Friesen piaffieren zu klassischer Musik, ein kunstvoll eingeflochtener Lusitano tanzt um die Garocha, der Westernreiter trennt geschickt Kälber von der Herde. „Kostüm" und ein passendes Pferd machen aber noch keinen guten Reiter. Hinter all diesen Demonstrationen stehen meist Jahre eiserner Disziplin und eine gründliche Ausbildung.

Reiten lernen – aber wo?

Reiten lernen soll Spaß machen. Deshalb entscheidet auch die Wahl der richtigen Reitschule maßgeblich darüber, ob ein Reitschüler sich langfristig für das neue Hobby begeistert, neue Freunde, Spaß und Erfolgserlebnisse auf dem Weg zum guten Reiter findet. Die Reitweise spielt dabei zunächst eine untergeordnete Rolle.

Bis ein Pferd die Hohe Schule beherrscht, vergehen sechs bis acht Jahre systematischer Ausbildung. Die meisten Reiter benötigen für dieses Niveau noch viel länger.

▶ Das bieten Reitweisen und Disziplinen

	Dressur/ Springen	Vielseitig- keit	Jagdreiten	Klassik/ Barock	Western	Gang- pferde	Distanz- rennen	Distanz- u. Orientie- rungsritte	Wander- reiten
Geselligkeit	x	x	x	x	x	x	x	x	x
Naturerlebnis		x	x		x	x	x	x	x
Show				x	x	x			
Kunsthandwerk Reitsport	x/-			x					
Geschicklichkeit	x	x	x	x	x	x		x	x
Sportliche Konkurrenz	x	x			x	x	x		x

Wichtig ist die Vermittlung eines guten, zügelunabhängigen Sitzes und einer präzisen Hilfengebung. In einer guten Reitschule lernt der Schüler jedoch nicht nur die Reittechnik, sondern auch viel Wichtiges und Wissenswertes rund um Pferdehaltung und -pflege, die richtige Ausrüstung und den partnerschaftlichen Umgang mit dem Pferd. Schließlich ist das Pferd kein lebloses Sportgerät, sondern ein Individuum mit Gefühlen und charakteristischen Eigenheiten.

Ein guter Ausbilder kann dem Reitschüler die manchmal komplizierten Abläufe beim Reiten verständlich erklären, ohne sich hinter abstrakten Fachbegriffen, Kommandos oder dem beliebten „das wurde schon immer so gemacht" zu verstecken.

In einer guten Reitschule stehen die Pferde in hellen, luftigen Ställen mit Kontakt zu Artgenossen und bekommen zu jeder Jahreszeit ausreichend Weidegang oder Auslauf. Man merkt das am freundlichen und ausgeglichenen Verhalten der Pferde.

Die Sattelkammer sollte ordentlich aufgeräumt sein und jedes Pferd einen eigenen Sattel und eine eigene Trense haben. Das Putzzeug ist sauber und aufgeräumt. Schön, wenn auch hier jedes Pferd sein eigenes hat.

Reitplatz oder Halle werden nach jeder Unterrichtsstunde abgeäpfelt. Auch der Hufschlag sieht nach regelmäßiger Pflege aus. Der Umgangston zwischen Reitlehrer und Schülern, aber auch gegenüber den Pferden, ist freundlich und höflich.

▶ Ausbilder mit Qualifikationsnachweis

„Reitlehrer" ist keine geschützte Berufsbezeichnung. Zur besseren Qualitätseinschätzung gibt es im Amateurbereich, abhängig von der Qualifikation, die Einteilung in Trainer A, B und C – vom semiprofessionellen Amateurreitlehrer bis zum Übungsleiter. Diese Staffelung gilt für die Amateurausbilder im Englisch- und Westernreiten, Islandpferde- und Gangpferdereiten sowie dem Voltigieren. Die Berufsreitlehrer haben in der Regel eine Ausbildung zum Bereiter, Pferdewirt oder zum Pferdewirtschaftsmeister.

Die Qualität des Reitunterrichts hängt aber weniger von der Ausbildung des Reitlehrers als von seinem pädagogischen Geschick ab. Wer sich nicht sicher ist, ob die Chemie stimmt, macht einfach im Reitstall seiner Wahl eine Schnupperstunde.

Reitschul-Check

Reiterhöfe und Reitvereine gibt es viele. Mit ein wenig Glück und offenen Augen und Ohren findet der Reitschüler den passenden Ausbildungsbetrieb mit gutem und qualifiziertem Anfängerunterricht auf erstklassigen Schulpferden. Viele Topadressen von Reitlehrern und Trainern setzen leider ein eigenes Pferd und gute Grundkenntnisse voraus. Diese Möglichkeit haben nur wenige Anfänger. Schnupperstunden gewähren aber einen guten Einblick in den gewählten Betrieb.

Preis-Leistungs-Verhältnis

Als Neueinsteiger sollte man sich umhören und Pferdefreunde bei Reiterstammtischen, in Reitvereinen oder in Internetforen nach ihren Erfahrungen fragen.

Der Weg zur Reitschule und die Kosten für eine Unterrichtsstunde sind nicht die wichtigsten Kriterien für die Auswahl. Vielmehr muss das Preis-Leistungs-Verhältnis stimmen. Oftmals sind Reitstunden im Reitverein deutlich günstiger als in einer privaten Reitschule. Doch muss man auch die eventuell fällige Aufnahmegebühr, die regelmäßigen Jahresgebühren und Arbeitsstunden, die abgeleistet werden müssen, berücksichtigen. Hier gilt es zu rechnen.

▶ Qualitätsprüfung

- ▸ Gibt es Longenstunden und Einzelstunden?
- ▸ Wie groß sind die Gruppen?
- ▸ Bietet die Reitschule Geländeritte an?
- ▸ Gibt es theoretischen Unterricht?
- ▸ Bietet die Reitschule Abzeichenlehrgänge an?
- ▸ Ist die spätere Turnierteilnahme auf Schulpferden möglich?
- ▸ Welche Größe und welchen Ausbildungsstand haben die Schulpferde?

Neben gutem Unterricht ist vor allem das „Drumherum" entscheidend, ob man in der Reitschule oder gar beim Reitsport bleibt.

Oft lohnt es sich, für richtig guten Unterricht auch einen weiteren Weg in Kauf zu nehmen. Der rasche Lernfortschritt entschädigt für die investierte Zeit und die höheren Kosten.

Übrigens, Reitunterricht sollte nicht nur auf dem Pferd stattfinden. Ebenso wichtig ist das Wissen über Pferdeverhalten, Haltungs- und Gesundheitsfragen, aber auch Pflege und rechtliche Aspekte rund um den Reitsport.

Freundlich und interessiert verfolgen sie ihre Umgebung. Keinesfalls stehen sie teilnahmslos in einer Ecke.

Im Idealfall leben Schulpferde während ihrer „Freizeit" in Gruppenlaufställen an frischer Luft und haben reichlich Auslauf oder Koppelgang. Pferde, die in hellen luftigen Ställen mit Bewegungsmöglichkeiten und viel Kontakt zu Artgenossen leben dürfen, zeigen ein ausgeglichenes, freundliches Wesen und sind häufig lockerer und leichter zu reiten als in einer Box untergebrachte Schulpferde.

Eine aufgeräumte Sattelkammer und für jedes Pferd ein eigener passender Sattel, eine eigene Trense und sauberes Putzzeug sprechen für einen gut geführten Schulbetrieb.

Oft ist der erste Eindruck beim Betreten eines Hofes schon ausschlaggebend, ob man

Fortgeschrittene Reiter ohne eigenes Pferd haben es oft schwer, guten Unterricht auf topp ausgebildeten Schulpferden zu finden. Klar, dass die wenigen Anbieter ihren Preis haben. Es lohnt sich trotzdem.

▶ Geiz ist nicht geil

Wer sich bei der Wahl der Reitschule für einen billigen Jakob entscheidet, sollte genau hinsehen, denn auch der Unterhalt einer guten Reitschule hat seinen Preis, und die Einnahmen aus wenigen Reitstunden pro Tag müssen viele Einzelposten entlohnen: Die Ausbildung des Reitlehrers oder Trainers, regelmäßige Fortbildungen und die Löhne für gutes Personal oder Auszubildende verschlingen hohe Beträge. Dazu kommen die Unterhaltskosten für die Schulpferde für Futter, regelmäßige Hufpflege, tierärztliche Versorgung und passende Ausrüstung, zusätzlich Kosten für Pacht oder die Instandhaltung der Reitanlage, der Stallungen und Weiden.

Wer seine Leistungen zu Dumpingpreisen anbietet, muss irgendwo sparen. Hoffentlich aber nicht an Schulpferden, Unterrichtsqualität und Sicherheit!

First class für Schüler, Lehrer und Pferde

In einer guten Reitschule sind die Ställe und die Reitanlage in einem gepflegten Zustand. Ein schönes Ausreitgelände gehört ebenso dazu. Reitplatz und Halle werden möglichst nach jeder Unterrichtsstunde abgeäpfelt und der Hufschlag täglich geebnet. Die Pferde haben saubere, große Boxen und machen einen gut genährten Eindruck.

sich wohl fühlt oder nicht. Bei der Wahl der Reitschule darf das Gefühl ruhig mit entscheiden, denn man möchte sich in seiner Freizeit schließlich gerne hier aufhalten. Gehen Reitschüler und Einsteller freundlich auf neue Interessenten zu und geben bereitwillig Auskunft, wird man sich schnell zurechtfinden und einleben. Fühlt man sich dagegen abgewiesen und ausgeschlossen, wird aus dem neuen Hobby allzu leicht ein Stressfaktor. Das muss nicht sein! Reiten soll Freude machen und Entspannung bieten.

Reitlehrer, zwei- und vierbeinig

Reiten zu lernen besteht aus Sehen, Fühlen, Erfahren und Selbermachen. Hierfür stehen dem Einsteiger zwei wichtige Partner zur Seite: ein guter Lehrer und ein ebensolches Pferd. Bei beiden muss die Chemie stimmen, damit alle Beteiligten erfolgreich und zufrieden sind. Wenig gute Schulpferde und die Vielzahl an Reitlehrern und Trainern erschweren die Suche ebenso wie die Entscheidung für eine Ausbildungsmethode oder gar Reitweise.

Was den guten Reitlehrer ausmacht

Ein guter Reitlehrer hat im Normalfall eine langjährige Berufsausbildung als Bereiter, Pferdewirt oder Pferdewirtschaftsmeister absolviert. Alternativ können Reitlehrer auch eine Amateurausbildung machen und je nach Leistungsstand eine Prüfung als Trainer C, B oder A ablegen.

Ein guter Reitlehrer unterrichtet nicht nur nach Schema F, sondern wird – egal ob in der Gruppe oder beim Einzelunterricht – individuelle Probleme ernst nehmen und nach passenden Lösungen suchen.

Reitlehrer ist keine geschützte Berufsbezeichnung, und so tummeln sich auch viele selbst ernannte Reitlehrer ohne jegliche Ausbildung in der Szene. Doch auch unter ihnen gibt es viele fähige Leute mit einem feinen Händchen für Reiter und Pferde. Letztendlich kommt es auf Aufbau, Methode und Inhalte des Unterrichts an.

Erfolgreiche Sportreiter sind oft gute Reitlehrer, die aus einem reichen Erfahrungsschatz schöpfen können. Unter ihnen gibt es aber auch einige, die zwar Pferde zu Höchstleistungen fördern können, im Umgang mit Reitschülern – vor allem mit Anfängern – aber das nötige Geschick vermissen lassen.

Der Reitlehrer sollte sich bei der ersten Begegnung Zeit nehmen und den Reitschüler nach dessen Grundkenntnissen und Zielen fragen. Er muss auch in der Lage sein, die körperlichen Fähigkeiten, Motivation und Selbstvertrauen des Reitschülers einzuschätzen und ein passendes Pferd auszuwählen. Besonders zu Beginn oder wenn es mal nicht so vorwärts geht, ist hier weniger ein „technischer Instruktor" als ein sensibler Pädagoge gefragt.

Zum Unterricht gehört vor allem in den ersten Stunden das Putzen, Satteln und Trensen des Pferdes und Theorie rund ums Pferd. Hierbei wird der Reitlehrer auch den sicheren Umgang mit dem Pferd am Boden vermitteln und auf Fragen zum Pferdeverhalten eingehen.

Während der Reitstunde lässt der Reitlehrer auch theoretische Hintergründe in den Unterricht einfließen. Er erklärt komplizierte Abläufe verständlich und versteckt sich nicht hinter abstrakten Fachbegriffen und Kommandos. Der Umgangston zwischen dem Reitlehrer und seinen Schülern, aber auch gegenüber den Pferden ist höflich und freundlich.

Hinsichtlich sicherer und praktischer Reitkleidung sollte der Reitlehrer seinen Schülern ein Vorbild sein und jederzeit aufs Pferd steigen können. Reitschulen, in denen der Reitlehrer sich während der Stunde überwiegend seinem Handy oder den Zuschauern hinter der Bande widmet, sollte man schleunigst den Rücken kehren.

Gute Schulpferde sind rar

„Der Hauptlehrmeister für den jungen Reiter ist nicht sein Reitlehrer, sondern sein richtig gehendes Pferd. Der Reitlehrer, der auf schlecht gerittenen Pferden seinen Schülern etwas beibringen soll, ist ebenso bedauernswert wie der Klavierlehrer, der auf einem verstimmten Instrument unterrichten muss."

Der Reitpädagoge Oberst Waldemar Seuning beschreibt treffend die Achillesferse vieler Reitschulen. Ausbilder beklagen, dass das gute Schulpferd eine vom Aussterben bedrohte Tierart ist. Schließlich soll es gesund, aufmerksam, menschenfreundlich und tolerant gegenüber Anfängerfehlern sein, den Hilfen fortgeschrittener Schüler jedoch willig folgen. Auch nach vielen Stunden Unterricht soll es noch fein reagieren, sicher im Takt sein und zur Losgelassenheit finden.

Gute Schulpferde haben einen freundlichen Charakter und zeigen keine Unarten wie Beißen und Schlagen. Sie lassen sich willig satteln und trensen. Damit erfüllen sie eigentlich höhere Anforderungen als teure Sportpferde. Ideal sind Schulpferde, die eine gute Ausbildung haben, aus dem Flegelalter heraus sind, sportlich erfolgreich waren, aber noch fit genug sind, um ihren Reitschülern ein zufriedener Partner zu sein. Gute Schulpferde bekommen regelmäßig einen Korrekturberitt vom Profi und dürfen zur Entspannung auf gemütliche Ausritte ins Gelände oder auf die Koppel.

Schulpferde mit hohem Ausbildungsstand sind rar. In ihnen stecken lange Jahre geduldiger Ausbildung. Wer an einen solchen „Professor" gerät, darf sich glücklich schätzen.

Das Pferd ist kein lebloses Sportgerät und so ist die Vermittlung eines sicheren und partnerschaftlichen Umgangs mit dem Pferd, das so genannte „Horsemanship", durch den Reitlehrer selbstverständlich.

Ein guter Reitlehrer konzentriert sich während des Unterrichts auf seine Schüler. Er widmet sich möglichst allen Schülern gleichmäßig. Lob und Kritik sind sachlich und ausgewogen. Eine kurze Zusammenfassung am Ende der Stunde mit einem Ausblick auf die Inhalte der nächsten Unterrichtseinheit zeichnet Spitzenreitlehrer aus.

Individuell oder gesellig?

So unterschiedlich wie wir Menschen sind, so individuell sind auch unsere Ansprüche an den Reitunterricht. Während der eine sich gerne mal in einer Gruppe versteckt, genießt ein anderer die volle Aufmerksamkeit des Reitlehrers und will in kurzer Zeit möglichst weit kommen. Für alle gibt es passende Angebote – Einzelstunden und Unterricht in Kleingruppen oder in der Abteilung.

Einzelunterricht

Meist sind es eher ehrgeizige Reitanfänger, die in relativ kurzer Zeit Erfolge sehen und erleben wollen. Sie belegen Einzelstunden, die genau auf ihr Niveau abgestimmt sind. Der Reitlehrer kann auf die individuellen Probleme des Schülers leicht eingehen und der Fortschritt richtet sich ganz nach dessen Lerntempo. Allerdings sind die Anforderungen von Anfang an viel höher als beim Unterricht in einer größeren Gruppe. Der Schüler muss die gesamte Unterrichtseinheit konzentriert und aktiv reiten. Schwächeln ist da nicht drin, denn das Pferd würde sofort seine eigenen Wege gehen.

Vor allem am Anfang sind 45 oder gar 60 Minuten Einzelunterricht für den ungeübten Reiter eine große physische und psychische Anstrengung. 30 Minuten sind da völlig ausreichend!

Wer sich im Einzelunterricht durchbeißt, wird bald mit dem Gefühl, das Pferd gut unter Kontrolle zu haben, belohnt. Spätestens wenn der Sitz sicher und gut ausbalanciert ist, darf der Schüler auch schwierigere Aufgaben reiten, was natürlich enorm motiviert.

Einzelstunden sind deutlich teurer als Gruppenstunden. Man erreicht mit ihnen aber schneller einen neuen Lernabschnitt. Empfehlenswert sind Einzelstunden für Erwachsene, die flott vorwärts kommen wollen, aber auch für Reiter, die aufgrund eines kör-

Einzelunterricht ist eine sinnvolle Ergänzung zum meist günstigeren Gruppenunterricht. Hier können Schwächen individuell beseitigt werden.

perlichen Handicaps, Verspannungen oder Angst eine intensivere Betreuung wollen und erstmal freie Bahn in der Reithalle brauchen.

Kleingruppen

Unterricht in Kleingruppen mit zwei bis drei Reitern ist intensiv und vereint die Vorteile aus Einzel- und Gruppenunterricht. Der Reitlehrer kann jedem Schüler viel Aufmerksamkeit schenken. Der Reiter hat aber auch die Gelegenheit, zwischendrin in Ruhe das Gehörte umzusetzen und für sich zu üben.

Nicht zu groß sollten die Gruppen im Anfängerunterricht sein, damit der Reitlehrer sich ausreichend um jeden Einzelnen bemühen kann.

Gruppenstunden

Anfängerunterricht findet vor allem bei Kindern und Jugendlichen in Gruppen von sechs bis acht Reitern statt. Mehr als acht Reiter kann aber auch ein guter, routinierter Reitlehrer nicht mehr ausreichend individuell betreuen. Halle oder Reitbahn werden zu voll und Aufgaben können nur noch einzeln geritten und beurteilt werden. In der Zeit müssen die anderen Reitschüler im Schritt ihre Runden drehen. Auch wenn vor allem bei Kindern der Spaß mit anderen pferdeverrückten Gleichaltrigen und das Zusammensein mit ihren Pferden im Vordergrund steht, wollen sie sich dennoch in der Reitstunde nicht langweilen.

Der Gruppenunterricht in der Abteilung bietet dem Anfänger zwischendurch immer wieder die Möglichkeit, sich auf seinen Sitz zu konzentrieren und die Pferdebewegung zu erfühlen. Das Pferd wird in der Gruppe brav seine Runden drehen und keinen Unsinn anstellen. Leider hat der Reiter aber auch nicht so viel Gelegenheit, das Gelernte zu überprüfen und zu sehen, ob sein reitbarer Untersatz seinen Hilfen oder nur den Artgenossen folgt. Gruppenunterricht ist ideal für Reiter, die Vertrauen zum Pferd gewinnen möchten.

Auch im Gruppenunterricht gilt: Das Leistungsniveau der Schüler sollte gleich hoch sein. Die Pferdegrößen dürfen dabei auch nicht allzu stark variieren. Warmblüter und Shetty passen nicht in eine Stunde, denn spätestens im Trab laufen die Großen den Kleinen davon und die Pferde behindern sich gegenseitig.

Der Unterricht in Kleingruppen kann in der Abteilung erfolgen, fortgeschrittene Reitschüler können aber auch auf einer Hand durcheinander reiten. So üben die Schüler auch hier unabhängig zu reiten. In der Kleingruppe bleibt ausreichend Platz, damit alle gleichzeitig Aufgaben wie zum Beispiel Schenkelweichen reiten können, ohne sich gegenseitig zu behindern. Die Reiter sollten auf dem gleichen Leistungsstand sein, damit niemand über- oder unterfordert wird.

Der Preis für den Unterricht in einer Kleingruppe liegt meist deutlich unter dem für eine Einzelstunde. Vielen macht das Reiten in Gesellschaft auch mehr Spaß. Diese Unterrichtsform eignet sich für all diejenigen besonders, die neben Lernfortschritt auch ein bisschen Unterhaltung unter Gleichgesinnten suchen und denen die Intensität (oder der Preis) einer Einzelstunde zu hoch ist.

▶ Wie sinnvoll ist Abteilungsreiten?

Abteilungsreiten hat heute oft einen negativen Beigeschmack. Die Pferde laufen hintereinander her und der erste Reiter, der Têtereiter, setzt die Anweisungen des Reitlehrers um. Der Rest der Herdentiere folgt mit dem Reiter mehr oder weniger von selbst. Gute Reitlehrer fordern aber regelmäßig auch die Reiter der „zweiten Reihe". Außerdem lassen sie in verschiedenen Übungen die Reihenfolge der Abteilung auflösen und jeden Schüler mal selbstständig vorausreiten.

Outfit für Reiter und Pferd

Kleider machen Reiter

Modetrends bestimmen im Reitsport schon lange Form und Farbe der Bekleidung und sind oft Ton in Ton auf Saisonfarben von Halftern, Schabracken und Pferdedecken abgestimmt. Schick ist schön, doch auch mit erheblichem finanziellem Aufwand verbunden. Reitklamotten müssen vor allem eines sein: praktisch und bequem! Während in verschiedenen Reitweisen auf Veranstaltungen ein „Kostümzwang" zu beobachten ist, geht beim Reiten im Alltag in jeder Szene Funktionalität vor.

Die Reithose

Wem die Unversehrtheit seines Allerwertesten lieb ist, der gönnt seinem Po eine bequeme Reithose. Diese gibt es in verschiedenen Schnittformen und ebenso vielen Materialien. Bewährt haben sich Baumwoll-Mischfasern mit Elastan.

Auch wenn hauteng schick ist, sollte im Winter noch lange Skiunterwäsche darunter passen. Sonst sitzt man bei niedrigen Temperaturen schnell als verspannter, schlotternder Eisblock auf dem Pferd. Gerade in der kalten Jahreszeit ist Cord angenehm zu tragen. Für Geländereiter gibt es auch gefütterte, wasserabweisende Thermohosen oder Overalls mit Besatz. Ob Stoffbesatz, Knie- oder Volllederbesatz hängt vom Geschmack und vom Geldbeutel ab. Der moderne Kunstfaserbesatz wäscht sich leichter als echtes Leder, das mit der Zeit hart wird und schrumpft.

Jodphurhosen sind gerade geschnitten und haben einen Steg unter dem Fuß, der das Hochrutschen verhindert. Sie sind ideale Reithosen für den Alltag. Gelände- und Wanderreiter tragen zum Reiten oder bei der täglichen Stallarbeit robuste Wanderschuhe. Für „bessere Anlässe" trägt man Stiefeletten. Auch die Barock- und Gangpferdeszene steht auf Jodphurhosen.

Bei Westernreitern gehören Reitjeans und Lederchaps zum Originaloutfit. Die Jeans

Praktisches Freizeitreiter-Outfit: Reithose mit Ganzlederbesatz, Stiefeletten und Chaps. Doch auch beim kurzen gemütlichen Ausritt um den Hof sollte der Helm nicht fehlen. Sicher ist sicher.

haben eine einfache Innennaht und drücken nicht. Für ganz sensible Reiterpopos gibt es spezielle Reitunterwäsche, die an den empfindlichsten Stellen gepolstert und nahtlos ist.

Es gibt kein schlechtes Wetter, nur schlechte Kleidung. Diese Weisheit gilt auch für den Reitsport. Wer keine Halle hat und im Regen reitet, kann sogar auf wasserdichte Regenhosen mit rutschfestem Kunststoffbesatz zurückgreifen.

Reitjacken und Westen

Westen oder Jacken sollten vor allem für den Unterricht eher figurbetont geschnitten sein, damit der Reitlehrer Haltungsfehler im Oberkörper leichter erkennen und korrigieren kann. Auch im Gelände sollten Jacken und Westen nicht zu weit sein und einen leichtgängigen Reißverschluss für die einhändige Bedienung haben. Flatterjacken machen sensible Pferde scheu.

Für Reiter, die viel ins Gelände gehen, sind Westen und Jacken aus dem Outdoorbereich erste Wahl. Sie haben ausreichend Taschen für Handy, Hufkratzer, Taschenmesser und andere Kleinigkeiten. Findet der Reitunterricht bei Wind und Wetter im Freien statt, ist diese Bekleidung ebenfalls empfehlenswert.

Moderne Materialien sind meist wind- und wasserabweisend und für die Arbeiten rund ums Pferd bestens geeignet. Sie sind unempfindlich gegen Staub und Schmutz und müssen seltener gewaschen werden.

Reithandschuhe haben meist einen guten Grip, der das Durchrutschen der Zügel vor allem in der Anfängerhand und damit Blasen zwischen den Fingern verhindert.

Für Reithosen mit Lederbesatz gibt es spezielle Waschmittel, die reinigen und das Leder rückfetten. (Sie sind auch für Pferdeequipment mit Lammfell geeignet.) Solche Hosen werden am besten im Wollwaschgang bei 30°C gewaschen und sanft geschleudert. Im Trockner können sie in einem Schonprogramm leicht angetrocknet werden. Allerdings übernimmt kein Hersteller eine Garantie hierfür. Im feuchten Zustand muss das Leder anschließend gezogen werden, damit es sich beim Trocknen nicht so stark zusammenzieht.

Handschuhe

Reithandschuhe schützen die empfindliche Haut zwischen den Fingern vor dem Aufreiben. Dies kommt in der Folge auch dem Pferdemaul zugute.

Hat man erst mal Blasen – vor allem mit schwitzenden Händen im Sommer passiert das schnell – verkrampft sich die Reiterhand. Die Zügelhilfen kommen hart und unpräzise im Pferdemaul an.

Gute Reithandschuhe gibt es für alle Jahreszeiten aus verschiedensten Materialien: Leder, Wolle, Kunstfaser. Sie haben abriebfeste Verstärkungen an den zügelführenden Fingern. Dünne Baumwollhandschuhe dagegen haben die geringste Lebensdauer. Sie bekommen vor allem beim Nachgurten schnell Löcher.

Farbenfrohe Reitmode

Auch wenn der Reitsportfachhandel für jede Saison neue Farbtrends bereithält, sind gedeckte Farben für Waschmuffel am besten. Auf zu hellen, aber auch auf sehr dunklen Stoffen sieht man schnell den Dreck vom Putzen oder das beim Schmusen am Ärmel abgeschmierte Pferdemaul mit Futterresten. Reitbekleidung sollte robust und mit der Waschmaschine wenigstens bei 40°C waschbar sein.

Sicherheit von Kopf bis Fuß

Der Reitsport gilt als Risikosportart, selbst wenn er in den Unfallstatistiken nicht auffälliger sein mag als andere Trendsportarten. Doch die Erfahrung lehrt, wenn etwas passiert, dann richtig. Der Reitsportfachhandel bietet einiges an Equipment für die Sicherheit: Helme und Sicherheitswesten verhindern keine Unfälle, helfen aber, große und kleine Blessuren zu vermeiden.

Der Reithelm

Reiten ohne Helm ist wie Autofahren ohne Gurt. Auch wenn es im Reitsport keine ausdrückliche Helmpflicht gibt, hat dieses „Kleidungsstück" schon vielen das Leben, vor allem aber den Verstand gerettet.

Deshalb gilt auch für erwachsene Reiter: Wer was im Kopf hat, trägt einen Helm. Für Kinder und Jugendliche unter 18 Jahren gilt in den Reitschulen in der Regel sowieso Helmpflicht. Und ein heiler Kopf – zehn Prozent aller Verletzungen sind Kopfverletzungen, bei Kindern ist der Anteil sogar noch höher – ist unverzichtbar.

Moderne Helme gibt es ab einem geringen Gewicht von etwa 300 Gramm. Sie sind gut klimatisiert und sehr sicher. Außerdem haben sie ein ansprechendes Design. Verstellbare Innenpolsterungen wachsen bei Kindern über mehrere Jahre mit und ermöglichen auch bei Erwachsenen im Winter das Tragen eines Stirnbandes oder einer Mütze darunter. Helme mit Klimaschlitzen sind im Sommer sogar ein angenehmer Sonnenschutz.

Den Kopfschutz gibt es in verschiedenen Formen und Oberflächen. Farblich bieten einige Hersteller eine bunte Palette zur Abstimmung auf die restliche Reitkleidung.

Für Fahrradhelme gelten grundsätzlich andere Anforderungen als für Reithelme. Sie sind kein gleichwertiger Ersatz, auch wenn gerade Kinder gerne damit aufs Pferd gesetzt werden!

▶ Das muss ein guter Helm haben

Mit der Dreipunktbefestigung des Kinnriemens lässt sich der Helm individuell auf den Kopf des Reiters einstellen. Gute Helme haben ausreichend Nackenfreiheit und verursachen – beispielsweise bei einem Zusammenstoß mit einem Ast – keine Genickverletzungen. Entscheidend für einen guten Helm ist die Art des Materials, nicht die Dicke. Die besten Helme sind nicht zwingend die teuersten. Für Reithelme gilt die Europanorm EN 1384. Der Reitsportfachhandel und Hersteller können hierüber Auskunft geben.

Hat ein Helm einen kräftigen Schlag oder Sturz abbekommen, muss er ausgewechselt werden, auch wenn keine sichtbaren Schäden erkennbar sind.

Sicherheitswesten

Der Reitsportfachhandel bietet mittlerweile auch Sicherheitswesten mit Rückenprotektoren an, wie man sie aus dem Motorradsport

Die Body-Protectoren guter Sicherheitswesten lassen sich seitlich mit Klettverschlüssen verstellen. So kann man unterschiedlich dicke Kleidung darunter tragen. Bei Kindern wächst die Weste auf diese Weise eine Zeit lang mit.

kennt. Sie sind im Vielseitigkeitssport sogar Pflicht auf den Geländeritten.

Für Anfänger sind sie eine sinnvolle Investition. Natürlich bieten sie keinen vollständigen Schutz vor Rückenverletzungen bei einem Sturz, aber sie vermitteln ein Gefühl von Sicherheit. Unter Umständen schränken sie die Beweglichkeit ein wenig ein, man sollte ausprobieren, in welchem Modell man sich wohl fühlt.

Für Kinder, die unbedarfter und auch leichtsinniger mit Pferden umgehen, sind Sicherheitswesten eine lohnende Anschaffung. Rückenverletzungen im Wachstum bergen schließlich die Gefahr von Spätschäden.

Reiters Schuhwerk

Wer was auf sich hält, trägt natürlich Lederstiefel. Bevor man aber losgeht und ein paar hundert Euro in solch teures Beinkleid investiert, sollte man wirklich sicher sein, dass man beim Reitsport bleibt und die Lederstiefel auch den Alltagsanforderungen gerecht werden.

Das feine Schuhwerk eignet sich nicht, wenn man Pferde von matschigen Koppeln holt oder regelmäßig Stallarbeit verrichtet. Dafür gibt es Gummistiefel, denen man erst auf den zweiten Blick das Material ansieht. Ihr Nachteil: im Sommer Schweißfüße, im Winter Eisbeine.

Die Alternative sind robuste Reitschuhe und Stiefeletten in Kombination mit Chaps aus Leder oder pflegeleichtem Neopren. Leichte Trekkingschuhe eignen sich für Reiter, die häufig im Stall oder auf der Koppel werkeln, aber auch mal im Gelände mit einem unfreiwilligen Fußmarsch rechnen müssen. Unempfindlich sind auch die Cowboystiefel von Westernreitern.

Grundsätzlich müssen alle Schuhe zum Reiten einen Absatz haben, damit man nicht durch die Bügel rutscht und sich im Fall eines Sturzes darin verfängt. Schuhbändel müssen so kurz sein, dass sie nicht an Sattelzeug oder an Sträuchern im Gelände hängen bleiben können.

Auch beim Umgang mit Pferden am Boden sollte der Reiter „trittfestes" Schuhwerk tragen.

Zeigt her eure Schuhe: Wer neben dem Reiten auch auf Stall und Weide aktiv ist, braucht robustes, leicht zu reinigendes Schuhwerk. Ob Stiefel, Stiefelette oder Trekkingschuh – auf jeden Fall immer ein Modell mit Absatz.

In allen Sätteln zu Hause

Sättel gibt es mittlerweile in zahllosen Varianten. Die meisten Schulpferde tragen einen Vielseitigkeitssattel auf ihrem Rücken, der – wie der Name schon sagt – vielseitig und in allen Disziplinen des Reitsports zu gebrauchen ist. Zur großen Auswahl an Sätteln gesellen sich auch noch verschiedene baumlose „Sitzmöbel", bequeme Sattelkissen und unterschiedliche Satteldecken.

Sattelvielfalt

Am häufigsten findet man so genannte englische Sättel auf Schulpferden. Sie werden unterteilt in Dressur-, Spring- und Vielseitigkeitssättel, die sich in Form und Funktionalität voneinander unterscheiden.

Dressursättel haben ein langes, gerade geschnittenes Sattelblatt und einen tiefen Sitz, der den Reiter zwar korrekt setzt, aber wenig Spielraum bietet. Ganz anders dagegen der Springsattel. Er hat ein sehr kurzes, nach vorne ausfallendes Sattelblatt mit dicken Pau-

schen, die den Knien beim Sprung Halt geben. Der Sitz ist deutlich flacher als beim Dressursattel. Der Vielseitigkeitssattel vereint die Eigenschaften beider Typen und bietet mit gut gepolsterten Pauschen Halt im Gelände und über dem Sprung, lässt den Reiter aber auch mit langem Bein Dressurlektionen reiten. Der Sitz ist nicht ganz so tief und bietet dem Reiter Spielraum.

Reitbetriebe, die auch längere Geländeritte anbieten, haben ihre Pferde oft mit Trachtensätteln ausgerüstet. Bei ihnen sollen der verlängerte Baum und die in die Trachten über das hintere Sitzende hinauslaufenden Sattelkissen das Reitergewicht auf eine größere Fläche verteilen. Sie eignen sich aber nur für Pferde mit ausreichend langem Rücken. Zum Dressurreiten sind sie weniger geeignet, da sie über dem aufgewölbten Rücken „Brücken" bilden und dadurch Druck verursachen.

Je nach Reitweise trifft der Reitschüler auch auf Westernsättel oder iberische Sättel. Westernsättel gibt es mit und ohne Horn, das sich für Anfänger zum Halten bei Unsicherheiten anbietet, eigentlich aber zum Festzurren des Lassos bei der Arbeit mit Rindern vorgesehen ist.

Gangpferdesättel haben meist eine sehr flache Sitzfläche, die einen variablen Sitz erlaubt, aber auch in Versuchung führt, zu weit hinten auf der Nierenpartie des Pferdes zu sitzen, anstatt zum Töltreiten mit Kreuz und Schenkeln zu treiben.

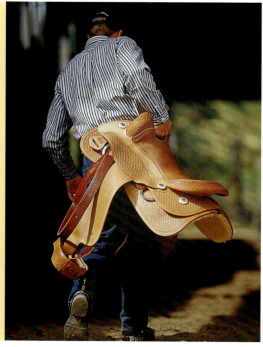

Westernsättel gibt es als schlichte Arbeitssättel oder mit kunstvollen und aufwändigen Lederverzierungen. Markant sind die massiven Steigbügel und das Horn zum Befestigen des Lassos bei der Rinderarbeit, dem Cutting.

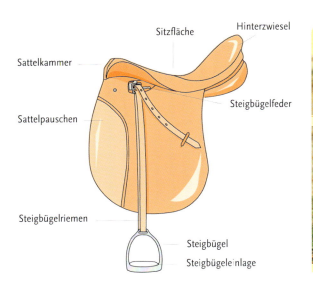

Sitzfläche

Hinterzwiesel

Sattelkammer

Steigbügelfeder

Sattelpauschen

Steigbügelriemen

Steigbügel

Steigbügeleinlage

▶ Regelmäßig zum Sattel-Check

Um Unfälle zu vermeiden, muss der Sattel regelmäßig gecheckt werden. Die Bügelschlösser müssen sich leicht öffnen lassen und hin und wieder geölt werden. Steigbügelriemen werden auf Schäden kontrolliert, ebenso die Gurtstrupfen. Hier sollte man einen kritischen Blick auf alle Nähte werfen und bei Auflösungserscheinungen rechtzeitig einen Sattler holen.

Sattelunterlagen

Satteldecken und Schabracken gibt es aus verschiedenen Materialien. Sie dienen nicht dazu, einem schlecht sitzenden Sattel mehr Halt zu geben oder Druckstellen abzupolstern, sondern um den Sattel vor Schweiß und Schmutz zu schützen. Ein gepflegter Sattel kann auch bei regelmäßiger Benutzung mehr als 20 Jahre gute Dienste leisten.

Sattelunterlagen sollten den Schweiß gut aufnehmen und ableiten. Am besten sind solche, die sich in der Waschmaschine leicht

reinigen lassen. Die Dicke von üppigen Unterlagen wie Lammfellpads oder -decken sollten bei der Sattelanpassung berücksichtigt werden. Schnell drückt sonst der gut gemeinte Flausch. Sie werden regelmäßig ausgebürstet und mit rückfettendem Spezialwaschmittel hin und wieder auch in der Waschmaschine gereinigt.

Gelunterlagen eignen sich nicht für den dauerhaften Einsatz. Das sich verschiebende Gel kann zu Druckstellen führen. Außerdem stauen sich unter der für Luft und Feuchtigkeit undurchlässigen Unterlage unangenehm Wärme und Schweiß.

▶ So passt der Sattel richtig

Schulpferde verdienen sich ihr Futter täglich mit ihrer Gesundheit. Deshalb brauchen auch sie individuell angepasste Sättel. Ein gut passender Sattel hat eine ausreichend weite Kammer, was man daran erkennt, dass die Sattelblätter hinter der Schulter parallel zum Rumpf aus dem Sitz herauslaufen. Der Sattel muss am Widerrist ausreichend weit ausgeschnitten sein! Breite, weich gepolsterte Sattelkissen liegen gleichmäßig auf dem bemuskelten Teil des Rückens. Die Sattelkissen folgen in ihrer Form der Rückenlinie des Pferdes. Der Kissenkanal muss der Wirbelsäule ausreichend Platz lassen. Der Sattelschwerpunkt liegt in der Mitte, so dass sich das Reitergewicht gleichmäßig auf die Auflage verteilt. Egal um welchen Typ Sattel es sich handelt – englisch, western, iberisch, ein Wanderreit- oder Gangpferdesattel – er darf nur so lang sein, dass er nicht in der Nierenpartie drückt. Der Gurt muss gerade über das Brustbein laufen und mit der Gurtstrupfe eine Gerade bilden.

Gebisse und Zaumzeug

Zur Vermittlung von Signalen ist die Zäumung das Sprachrohr beim Reiten. Sie besteht aus Zügeln, Kopfstück und meist einem Gebiss. Die Art der Zäumung hängt dabei vom Ausbildungsstand und der Anatomie des Pferdes, dem Können des Reiters und der Reitweise ab. Manche Pferde kommen mit einer spartanischen Ausrüstung aus den notwendigsten Teilen aus, andere brauchen aufwändigere Zäume mit verschiedenen Wirkungspunkten.

Gebisse

Das gängigste Gebiss im Schulbetrieb ist eine einfach gebrochene Wassertrense. Ihren Namen hat sie übrigens daher, dass Pferde mit ihr besonders einfach trinken können. Auch doppelt gebrochene Wassertrensen, so genannte Ausbildungsgebisse, kommen häufig zum Einsatz. Sie wirken ohne Hebel und gelten (abhängig von der Reiterhand) als weiche Gebisse. Wassertrensen wirken vor allem auf die Zunge, die bei starkem Zügelzug schmerzhaft gequetscht wird.

Einfache Gebisse ohne verstärkende Hebelwirkung sind Olivenkopftrensen sowie Knebel- und Schenkeltrensen, die ein Durchziehen des Gebisses verhindern. Eine Trense mit Hebelwirkung auf das Genick ist das Pessoa mit jeweils einem weiteren Ring oberhalb und unterhalb des Trensenringes. In den oberen wird das Backenstück, in den unteren die Zügel eingeschnallt.

Stangengebisse sind das Pelham und die Kandare. Beide haben so genannte Anzüge, die abhängig von der Länge des Oberbaums auf das Genick einwirken. Sie werden mit vier Zügeln (zwei links, zwei rechts) geritten. Beim Pelham sind alle Zügel ins Gebiss eingeschnallt. Zur Kandare wird zusätzlich eine dünne Unterlegtrense verwendet. Beide Gebisse haben eine Kinnkette, die bei Zügelzug auf den Unterkiefer einwirkt.

Der Kandarenzaum besteht aus dem Kandarengebiss (unterer Zügel) mit Kinnkette und der 18 bis 22 mm dicken Unterlegtrense. Die Länge des Ober- und Unterbaums der Kandare entscheidet über die Stärke der Einwirkung auf Genick und Unterkiefer.

Stangengebisse haben bei vergleichsweise geringem Aufwand eine viel größere Wirkung auf das Pferdemaul, Genick und Kinn, so dass sie nur in Hände von fortgeschrittenen Reitern mit einem sicheren, zügelunabhängigen Sitz gehören. Keinesfalls dürfen sie auf unrittigen Pferden als Notbremse für Anfänger verwendet werden.

Fit fürs Pferd

Der richtige Umgang mit dem Pferd

Während sich die Ausbildung des Reiters früher fast ausschließlich auf das Reiten beschränkte, weiß man heute wieder, dass Kenntnisse über die Eigenheiten und den richtigen Umgang mit dem Pferd mindestens ebenso wichtig sind. Unfälle mit Pferden geschehen oftmals gar nicht beim Reiten, sondern sind die Folge von Fehlern beim Anbinden, Führen oder Verladen.

Wichtig!
Unfälle mit Pferden passieren nicht, sie haben eine Ursache.

Viele gefährliche Situationen im Umgang mit Pferden entstehen, weil Menschen nicht daran denken, dass sie es mit einem Fluchttier zu tun haben oder ihr natürliches Verhalten, aber auch Stimmungen nicht richtig einschätzen können. Pferde haben zwar ein großes Blickfeld, trotzdem aber viele tote Winkel, in denen sie nicht erkennen, was unmittelbar vor, hinter oder unter ihnen passiert. Dadurch erschrecken sie leicht. Dem Menschen folgen Pferde nur dann gehorsam, wenn dieser auf sie den Eindruck eines verlässlichen, berechenbaren und mit Führungsqualitäten ausgerüsteten Partners macht, der ihnen Sicherheit bietet. Launisches, hektisches und grobes Verhalten oder gestenreiches Gefuchtel können Pferde ebenso wenig leiden wie Unsicherheit und Angstschweiß in der Nase.

Aber auch Pferde, die das Einmaleins des guten Benehmens nicht gelernt haben, kann der Mensch nur mit Intelligenz und pferdeverständlicher Körpersprache, nie aber mit Kraft überzeugen.

Einfangen, Aufhalftern und Führen

Zum Einfangen geht man ruhig, aber entschlossen von der Seite auf das Pferd zu, ohne ihm direkt in die Augen zu sehen. Bleibt es stehen, lobt man und zieht das Halfter über. Dazu steht man in Blickrichtung parallel zum Pferd und lässt es ins offene Stallhalfter schlüpfen. Nimmt es den Kopf hoch, hält man das Halfter in der linken Hand und holt den Kopf mit der rechten Hand langsam herunter. Anschließend zieht man den Nackenriemen vorsichtig über die Ohren. Dann schließt man die Schnalle.

Fängt man das Pferd aus einer Gruppe, gibt es erst außerhalb der Reichweite von Herdenkollegen ein Leckerli. Schnell findet man sich sonst in einer Meute rauflustiger Naschmäuler wieder, die sich rücksichtslos Zugang zu den Leckereien verschaffen wollen.

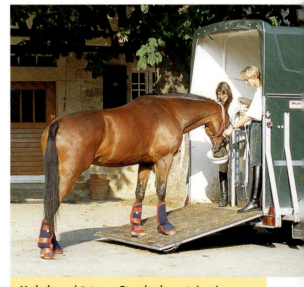

Verladen gehört zum Standardrepertoire eines Pferdes und sollte auch im Notfall jederzeit reibungslos funktionieren.

So geht ein Sicherheitsknoten: Der Strick wird um den Ring geschlauft. Dann knüpft man mehrere Luftmaschen wie beim Häkeln. Zum Schluss das lose Strickende locker durch die letzte Schlaufe ziehen. Der Strick kann sich so nicht festziehen und jederzeit mit einem Handgriff wieder gelöst werden.

Beim Führen soll das Pferd am lockeren Strick gleichmäßig nebenher laufen. Das Ziehen zu jedem Futtereimer oder Grasbüschel ist ebenso eine Unart wie Betteln und Scharren. Der Führende muss auf Kopf- oder Schulterhöhe des Pferdes zielstrebig vorwärts gehen und sollte ein zögerliches Tier nicht ansehen. Mit der Stimme oder einer Gerte aufmuntern oder bei einem eiligen Pferd an der Schulter bremsen, hilft. Zerrende Pferde werden durch einen kurzen Ruck auf die Nase zurückgepfiffen. Besonders schwierige oder stürmische Pferde können auch mit einer Führkette geführt werden.

Besondere Vorsicht ist beim Führen zur Koppel angesagt. In Erwartung frischen Futters und Bewegung sind Pferde oft sehr ungeduldig. Man stellt das Pferd mit ausreichend Abstand zum Koppelzaun in Richtung Ausgang und löst erst dann den Strick. So kann man sich gefahrlos entfernen, während das Pferd erst wenden muss, um freudig buckelnd davonzuschießen.

Richtig anbinden

Das Pferd wird an einem sicheren Platz an einer festen Stange oder einem Ring in der Mauer – keinesfalls aber an einem beweglichen Gegenstand – auf Brusthöhe angebunden. Ist es nervös, sollte es die Angst machenden Gegenstände oder Vorgänge in seiner Umgebung beobachten können. Meist hilft es, dem Pferd die furchterregenden Dinge aus der Nähe zu zeigen.

Am Anbindeplatz sollte nichts herumliegen, was das Pferd herunterwerfen oder kaputt machen kann oder woran es sich verletzen könnte. Der Anbindestrick ist so kurz, dass das Pferd nicht darüber steigt, den Kopf aber ausreichend bewegen kann. Ein Sicherheitsknoten verhindert, dass das Pferd sich selbst befreit. Der Strick kann im Notfall aber leicht gelöst werden. Anbindestricke mit Panikhaken lassen sich bei Bedarf mit einem Handgriff öffnen.

▶ Aufgepasst beim Führen

Beim Führen darf der Strick nie um einzelne Finger oder die Hand gewickelt werden: Reißt das Pferd sich los, könnte es nämlich Finger brechen oder gar abtrennen. Auch hinterlassen durchgezogene Stricke unter Umständen böse Brandverletzungen in der Hand. Handschuhe bieten einen guten Schutz!

Die Gerte wird beim Führen auf der pferdeabgewandten Seite getragen.

Sicherheit geht vor

Pferde sind friedliebende Tiere und suchen ihr Heil in der Flucht, wenn sie sich bedrängt fühlen, eine Situation als bedrohlich empfinden oder mit den Führungsqualitäten ihrer Menschen unzufrieden sind. Gibt es keinen Ausweg aus der Misere bedienen sie sich auch mal ihrer Zähne und Hufe. So sollte jeder, der mit Pferden umgeht, immer vorausdenken und die Pferdestimmung im Blick behalten.

Vorsicht, Pferd von hinten! Beim Umgang mit Pferden ist es wichtig, Stimmung des Tieres und Situation richtig einzuschätzen. Doch auch ein gut gelauntes Pferd kann Menschen verletzen – indem es auf der Koppel zum Beispiel fröhlich auskeilend und buckelnd davonrennt.

Regeln für den sicheren Umgang

Unfälle mit Pferden passieren nicht einfach. Meist vergisst der Mensch, dass er mit einem Fluchttier arbeitet. Damit Pferde auch in ihnen gefährlich erscheinenden Situationen die Nerven bewahren und ruhig bleiben, bedarf es einer großen Portion Vertrauen zu ihren Menschen.

Nun haben aber gerade Schulpferde wenig Zeit und Gelegenheit, Vertrauen zu jedem einzelnen Reitschüler aufzubauen, der mit ihnen umgeht. Deshalb ist es mindestens so wichtig wie das Reiten lernen, dass wir Menschen einen Blick für die Stimmung des Pferdes entwickeln und Abwehrreaktionen der Vierbeiner voraussehen oder intelligent verhindern lernen.

Im Umgang mit Pferden gilt auch, dass man aus Fehlern anderer lernen sollte. Denn der falsche Umgang mit den stattlichen Tieren kann sehr schmerzhaft sein. Besonders Kinder sind auf Grund ihrer geringen Körpergröße schnell im „Schussfeld" von auskeilenden Pferdehufen oder werden im Davonrennen einfach vom Pferd übersehen. Es ist nicht übertrieben, wenn gerade sie bereits bei der Pflege und Vorbereitung zum Reiten einen Helm tragen.

Einem Pferd nähert man sich nie von hinten, denn dann befindet man sich in einer treibenden Position im toten Winkel. Das

Pferd wird mit großer Wahrscheinlichkeit davonlaufen. Frontal von vorne mögen es Pferde ebenso wenig. Man läuft auch hier direkt in ihren toten Winkel. Am besten ist die langsame Annäherung aus einem 45-Grad-Winkel, ohne das Pferd direkt anzusehen. Es sollte dabei immer ruhig angesprochen werden, so dass es sich rechtzeitig auf die Begegnung mit dem Menschen einstellen kann. Zur Begrüßung lässt man es kurz schnuppern, nicht jedoch an Ärmeln zupfen.

Pferde riechen die Stimmung ihrer Menschen. Angstschweiß macht sie unwillig und unsicher. Will ein Pferd keine Liebkosungen, sollte man das akzeptieren.

Fütterungsverbote in Ställen und auf Weiden sind verbindlich und sinnvoll. Zu viel gut gemeinte kulinarische Zuwendung macht

Beim Führen sollte man immer Handschuhe anziehen. Ein durchgezogener Strick oder Zügel hinterlässt schmerzhafte Brandblasen an den Händen. Die Zügel werden beim Führen so aufgenommen, dass weder Mensch noch Pferd in die herabhängende Schlaufe steigen können.

Pferde dick, krank und aggressiv. Vor allem in Pferdegruppen auf der Weide und im Laufstall sind Leckerlis tabu. Schnell entstehen nämlich futterneidische Rangeleien unter den Tieren, die für Pferde und Menschen mit Verletzungen ausgehen können. Viele Besitzer möchten das Füttern aus der Hand nicht, um lästige Betteleien zu unterbinden.

Geführt wird grundsätzlich mit Strick oder Zügel, nie aber am Halfter, denn Sicherheitsabstand muss sein! Zum einen stürzt man nicht unter das Pferd, wenn es erschrickt und einen anrempelt. Zum anderen schlagen Pferde mit dem Schweif vor allem im Sommer nach Fliegen. Auf nackten Armen und Beinen sind Schweifhaare wie Peitschenhiebe. Pferde schütteln häufig auch Fliegen aus den Ohren. Dabei kann der Mensch schon mal eine schmerzhafte Kopfnuss abbekommen.

Wer mit offenen oder leichten Schuhen zu den Pferden geht, muss damit rechnen, dass viel Pferd auf den Knochen steht. Pferdehufe sind (beschlagen noch mehr) schwer und scharf und man handelt sich schnell einen ordentlichen Bluterguss ein.

Die Pflege der Pferdebeine und Hufe sollte man immer mit gebeugtem Rücken (und somit entgegen den Empfehlungen der Rückenschule) erledigen, um notfalls schneller vom Pferd wegzukommen, als das aus der Hocke möglich ist.

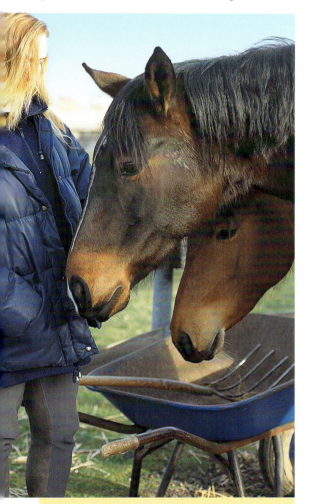

Ein freundschaftliches Verhältnis mit „seinen" Pferden zu pflegen ist schön. Immer sollte aber die Rangordnung in der Reihenfolge Mensch-Pferd auch von den Vierbeinern unangetastet sein.

Das Einmaleins am Boden

Pferde fangen, führen und anbinden gehört zu den täglichen Arbeiten von Stallpersonal und Reitschülern. Doch gerade Nachlässigkeit und Routine sind die größten Feinde des sicheren Umgangs mit dem Pferd. Menschen sollten für Pferde außerdem ruhige, berechenbare und mit Führungsqualitäten ausgestattete Partner sein. Hektik, schlechte Laune, Jähzorn oder grobes Verhalten quittieren sie ebenso wie Unsicherheit mit Angst und Ungehorsam.

Pferdefang mit Köpfchen

Die meisten Reitschüler richten ihr Pferd heute selber für die Reitstunde. Beide haben dabei Gelegenheit, sich zu „beschnuppern". So bleibt es nicht aus, dass Pferde nicht nur aus einer überschaubaren Box geholt werden, sondern auch aus größeren Gruppen von Artgenossen. Dazu geht man ruhig und entschlossen von der Seite auf das Pferd zu,

Um ein Pferd sicher von der Weide zu holen, muss der Mensch wissen, wie er sich ihm richtig nähert, um es nicht wegzutreiben. Wichtig sind ruhige Bewegungen und eine Körperhaltung, die dem Pferd deutlich macht, dass man weiß, was man will. In einer Gruppe von mehreren Pferden ist es gut, die Rangordnung zu kennen und zu berücksichtigen.

ohne es direkt anzusehen. Bleibt es stehen, lobt man es. Der Führende steht in Blickrichtung Pferd. Dann wird der Führstrick über den Hals gelegt und das offene Stallhalfter vorsichtig über Nase und Ohren gezogen. Nimmt das Pferd den Kopf hoch, schiebt man mit einer Hand die Nase zu sich her, mit der anderen zieht man das Halfter über. Zum Führen muss die Schnalle geschlossen sein, sonst könnte das Pferd mit einem Ruck herausschlüpfen.

Ein Leckerli gibt es frühestens außerhalb der Reichweite von Artgenossen. Schnell findet man sich sonst mit einem Pferd am Strick in einer Meute eifersüchtiger und vernaschter Raufbolde wieder – das ist nicht nur unangenehm, sondern auch gefährlich!

Pferde richtig führen

Pferde werden außerhalb des Stalles grundsätzlich mit Stallhalfter und Strick oder Trense und Zügeln geführt. Das Pferd läuft mit dem Kopf auf Schulterhöhe des zügig voranschreitenden Menschen, der das Pferd dabei nicht ansieht. Der Strick sollte locker sein. Aus dieser Position kann der Mensch treibend einwirken, aber auch nach vorne begrenzen. Erschrickt das Pferd, springt es hinter dem Führer zur Seite. Läuft das Pferd zu weit vorne, kann der Führende nicht an Kopf oder Brust bremsend einwirken und wird vielleicht sogar das Ziel auskeilender Hufe, sollte das Pferd davonstürmen. Läuft das Pferd direkt hinter dem Menschen, kann er einerseits nicht sehen, ob es beunruhigt ist oder Quatsch macht, andererseits befindet er sich im toten Winkel und wird womöglich vom Pferd überrannt, falls es sich vor etwas erschrickt.

Zögerliche oder trödelnde Pferde muntert man mit Stimme und Gerte auf. Vorausziehende Pferde bremst man ebenfalls mit der Stimme und durch ein Antippen mit der Gerte auf der Brust. Die Gerte wird beim Führen immer auf der pferdeabgewandten Seite getragen. Schwierige oder stürmische Pferde führt man besser mit einer Führkette, die jedoch nicht dauerhaft Druck auf die Nase ausüben darf.

Bei fremden Pferden zieht man zum Führen am besten Handschuhe an. Ein durch die Hand gezogener schmutziger Nylonstrick hinterlässt böse Brandblasen mit schmerzhaften Infektionen. Der Führstrick darf außerdem nie um einzelne Finger gewickelt werden. Reißt das Pferd sich los, würde es die Finger brechen oder abtrennen. Ist der Strick um die ganze Hand gewickelt, schleift das Pferd womöglich den Führenden mit.

Der Weg zur Koppel birgt die größten Gefahren. In Verlockung frischen Futters und Bewegung können es Pferde kaum erwarten, los zu kommen. Hier ist Konsequenz gefordert. Man stellt das Pferd ein paar Meter vom Koppelzaun in Blickrichtung Ausgang und löst erst dann den Strick. So kann man sich gefahrlos entfernen, während das Pferd sich umdreht und dann ausgelassen davonbuckelt.

Pferde anbinden

Um das Pferd anzubinden, sucht man sich einen sicheren Platz an einer Anbindestange oder einem Ring in der Mauer. Der Strick wird in Brusthöhe des Pferdes festgemacht. Er soll nur so lang sein, dass das Pferd seinen Kopf wenden und seine Umwelt beobachten kann, aber kurz genug, dass es nicht darüber steigt. Ein Sicherheitsknoten verhindert, dass das Pferd sich selbst befreit. Im Notfall kann er schnell gelöst werden. Ideal sind Stricke mit Panikhaken, die sich selbst öffnen, bevor sich das Pferd verletzt.

Bewegliche Gegenstände sind nicht zum Anbinden geeignet. Ein flüchtendes Pferd hat viel Kraft und würde den Gegenstand mitschleifen, was die Panik noch erhöht. Der Anbindeplatz sollte aufgeräumt sein, so dass das Pferd sich nicht verletzen oder etwas kaputt machen kann.

Zu gutem Unterricht gehört auch die Bodenarbeit mit Pferden. Hier lernt man den sicheren Umgang mit dem Vierbeiner. Das Vertrauen zwischen Pferd und Mensch wächst und erleichtert auch die Zusammenarbeit unter dem Sattel.

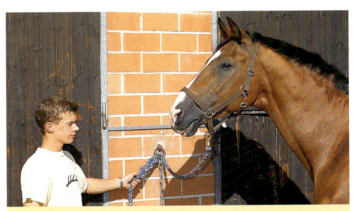

Selbst geschickte Pferde schaffen es nicht, einen guten Sicherheitsknoten zu lösen. Der Mensch öffnet ihn im Notfall dagegen mit einem Handgriff.

▶ Der Sicherheitsknoten

Der Führstrick wird um einen Anbindebalken oder durch einen Ring in der Wand gezogen und eine Schlaufe gelegt. Mit dem losen Ende knüpft man einige Luftmaschen und steckt das Strickende locker durch die letzte Schlaufe. So kann sich der Strick nicht festziehen und lässt sich notfalls mit einem Handgriff wieder lösen.

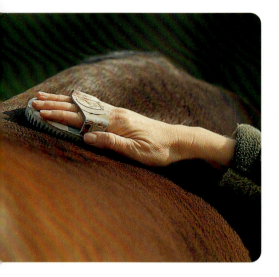

Blitzblank geputzt

Wir kommen dem Satteln näher. Doch bevor der Sattel aufs Pferd darf, wird es gründlich geputzt. Wo die Natur und vierbeinige Kumpel zur Körperpflege fehlen, muss erst mal der Mensch ran – auch wenn Pferde in freier Wildbahn ganz andere Vorstellungen von Sauberkeit haben. Putzen ist für den Reiter jedoch eine gute Gelegenheit, Freundschaft mit seinem Reittier zu schließen.

Reitpferde leiden selten an Ungeziefer. Vor dem Reiten müssen ihnen aber Staub und Stroh, Mistflecken und Schweißreste aus dem Fell gebürstet werden. Dabei kann man schon einmal die Stimmung checken oder nach Anzeichen von Krankheiten und Verletzungen sehen.

Putzen regt die Durchblutung an und bereitet die Muskulatur auf die Arbeit vor. Es schützt außerdem vor Scheuerstellen überall dort, wo Sattel, Gurt und Zaumzeug liegen.

Hufcheck

Geputzt wird stets vor dem Reiten. Man beginnt mit dem Hufe auskratzen. So sieht man gleich, ob das „Schuhwerk" in Ordnung ist, Hufe ausgebrochen sind oder ein Eisen wackelt. Dann muss erst der Schmied ran und das Pferd kann in der Reitstunde nicht mitlaufen.

Zum Auskratzen hebt man nacheinander Vorder- und Hinterhufe an. Man steht seitlich am Pferd mit Blickrichtung zum Pferdepopo. Der Hufkratzer holt zuerst Schmutz und Steinchen aus der Strahlfurche, vom Ballen Richtung Spitze. Danach fährt man am Eisen oder am Hufrand entlang. Außen können die Hufe mit einer groben (Wasch-)Bürste und Wasser gereinigt werden. Nach dem Reiten werden die Hufe erneut ausgekratzt, um möglicherweise drückende Holzschnitzel oder Steine unter den Eisen zu entfernen.

Beim täglichen Hufe auskratzen werden Steine und Einstreureste entfernt. So hat Huffäule keine Chance. Außerdem werden Fremdkörper unter den Eisenschenkeln und in der Strahlfurche entdeckt, bevor sie Druckprobleme machen.

Glänzendes Fell

Die Pflege des Fells erfolgt von vorne (hinter dem Genick) nach hinten immer in Strichrichtung. Grobem Schmutz rückt man an allen bemuskelten Körperteilen mit einem

Gummi- oder Massagestriegel mit dicken Gumminoppen zu Leibe. Danach wird der feine Staub mit dem Striegel und einer Kardätsche aus dem Fell gebürstet. Die Kardätsche wird am Striegel gereinigt, indem man sie vom Körper weg über den Striegel reibt. So hat man hinterher nicht den Staub aus dem Fell in den eigenen Kleidern hängen.

Für den Kopf verwendet man eine kleinere, weiche Bürste. Die muskellosen Teile der Beine werden mit einer Wurzelbürste gereinigt und massiert. Für die empfindlichen Fesselbeugen nimmt man dagegen eine weiche Bürste.

Nach dem Reiten wird das Fell wenigstens in der Sattellage mit einer Bürste geglättet und der Schweiß ausgebürstet. Dabei kann man das Pferd gut auf Druckstellen und Verletzungen untersuchen. An warmen Tagen kann das Pferd (sofern es das gewöhnt ist) auch abgespritzt werden: zuerst die Beine, dann Bauch, Rücken und Hals. Anschließend wird das Wasser mit einem Schweißmesser aus dem Fell gezogen.

Mähne und Schweif

Ein gepflegter Schweif wird mit einer groben Bürste Strähne für Strähne gebürstet. Ist er verfilzt, wird er Haar für Haar verlesen. Ein Mähnenspray kann helfen, die feinen Knötchen und verwirbelten Strähnen zu lösen. Vor allem Pferde, die draußen stehen und mit dem Schweif nach Fliegen schlagen, haben solch verfilzte Schweife. Zu lange Schweifhaare kürzt man in Höhe des Fesselgelenks, damit das Pferd beim Rückwärtslau-

Tägliche Schweifpflege ist nicht notwendig. Das „Schweif verlesen" Haar für Haar benötigt nämlich je nach Fülle des Langhaars ordentlich Zeit. Am besten wird der Schweif davor mit Pferdeshampoo gewaschen oder mit „Pferde-Schnellreiniger" eingesprüht.

fen nicht darauf tritt. Vorher aber bitte den Pferdebesitzer fragen! Die Mähne der meisten Pferde wird „verzogen". Dabei werden gleichmäßig einzelne Haarbüschel ausgezupft und die Mähne gleichmäßig lang abgeschnitten. Auf Turnieren ist eine eingeflochtene Mähne in Dressurprüfungen Pflicht. Springpferde tragen einen sportlichen Kurzhaarschnitt.

Andere Rassen, andere Sitten: Bei Isländern, Friesen und vielen anderen Rassen gehört üppiges Langhaar zum Rassestandard. Hier gilt: Je länger, je schöner. Der Griff zur Schere gilt in diesen Kreisen schon beinahe als „Körperverletzung"…

▶ Das muss in die Putzbox

- ▶ **Striegel** – aus Plastik und Metall (zum Reinigen der Kardätsche)
- ▶ **Kardätsche** – groß und klein aus Naturhaar (nimmt den Schmutz auf und wirbelt ihn nicht nur herum)
- ▶ **Wurzelbürste** – aus Kunststoff für Mähne und Schweif
- ▶ **Waschbürste** – aus Kunststoff für die Hufe
- ▶ **Mähnenkamm** – aus Metall. Hier tut es auch eine Haarbürste.
- ▶ **Schwamm** – zum Abwaschen von Schweiß
- ▶ **Tuch** – für Maul und Nüstern
- ▶ **Hufauskratzer** – aus Metall mit oder ohne Bürstchen
- ▶ **Huffett und Pinsel** – für gelegentliche Pflege

Jedes Pferd sollte eine eigene Putzbox haben, damit Parasiten und Hauterkrankungen nicht im Stall die Runde machen.

Satteln –
Schritt für Schritt

Vor dem Start in die Reitstunde muss ein Pferd gesattelt und gezäumt werden. Dabei haben Reitschüler und vierbeiniger Lehrer noch einmal Gelegenheit, sich zu beschnuppern. Beim Satteln zeigt sich, ob das Pferd Lust auf Arbeit hat. „Full Service-Ställe", die ihren Schülern den Partner für die Reitstunde fertig hinstellen, nehmen Reiter und Pferd die wichtige Möglichkeit zu checken, ob die Chemie stimmt.

Besondere Sorgfalt

Zum Putzen, spätestens aber zum Satteln, wird das Pferd in der Box, Stallgasse oder an einem Sattelplatz mit dem Stallhalfter angebunden, so dass es nicht weglaufen, herumhampeln oder nach seinem Reiter schlagen und beißen kann. Das kommt bei frustrierten Schulpferden leider auch mal vor. Dabei hält man auch zu anderen Pferden ausreichend Abstand.

Das Pferd wird immer zuerst gesattelt und danach aufgetrenst. Andernfalls könnte es mit den Trensenriemen oder Zügeln hängen bleiben, vor allem, wenn es kurze Zeit unbeaufsichtigt ist, während der Reitschüler weitere Ausrüstungsteile aus der Sattelkammer holt. Manche Pferde scheuern sich mit der Trense auch gerne an Wänden, Türen und Balken. Das teure Lederzeug geht dabei schnell kaputt.

Am besten sortiert man bereits in der Sattelkammer die Decke ordentlich und faltenfrei unter den Sattel. Die Bügel und der Sattelgurt werden sorgfältig hoch geschlagen. So baumeln sie beim Tragen nicht schmerzhaft gegen die Reiterbeine oder schleifen auf dem Boden.

Der Sattel liegt auf dem linken Arm. Der Vorderzwiesel zeigt zum Ellbogen. Nun zieht man die Decke sauber in die Kammer.

Beim Satteln legt der Reiter das geordnete Sattelzeug zuerst vorsichtig auf dem Widerrist ab und zieht es anschließend nach hinten, bis es in der richtigen Position liegt. Anschließend wird der Gurt so weit geschlossen, dass der Sattel nicht mehr herumrutschen kann. Wer ihn gleich ins letzte Loch zieht, provoziert Sattelzwang beim Pferd.

▶ Das Problem mit der Sattellage

Kaltblüter und viele Ponyrassen haben eine schwierige Sattellage, sprich einen sehr runden Rippenbogen mit ordentlich Wohlstandsspeck und wenig Widerrist. Auf ihnen rutschen Sättel gerne nach vorne, auf die Seite oder nach hinten.

Jetzt kann der Sattel aufs Pferd – aber bitte nicht werfen, auch wenn der zugeteilte Reitstundenpartner groß ist.

Über dem Widerrist legt man den Sattel langsam ab und schiebt ihn zusammen mit der Decke zurück. An der tiefsten Stelle des Pferderückens (etwa zwei Finger breit hinter dem Schulterblatt) liegt er richtig. Nun lässt man den Gurt langsam am Pferdebauch hinabgleiten und schließt die Schnallen. Das aber erst mal nur so fest, dass der Sattel nicht herunter rutscht. Wer gleich mit der Tür ins Haus fällt bzw. mit dem Gurt ins letzte Loch will, riskiert Gurtzwang und Verspannungen bei seinem vierbeinigen Partner. Vor dem Aufsteigen wird ein weiteres Mal nachgegurtet, ein letztes Mal dann nach den ersten Runden im Schritt.

Nun bleibt noch Zeit, die Bügel auf die richtige Länge einzustellen. Hierzu streckt man Arm und Hand und legt die Finger ans Steigbügelschloss. Liegt der lang gezogene Bügel unter der Achsel, ist es richtig. Zur Springstunde oder ins Gelände dürfen die Bügel ein paar Löcher kürzer sein. Dressur- und Gangpferdereiter machen sie für ein „langes Bein" dagegen zwei bis drei Löcher länger.

Hilfsmittel gegen rutschende Sättel

Schweifriemen

Der Schweifriemen ist am Hinterzwiesel des Sattels befestigt. Wenn der Sattel in der richtigen Position liegt und der Gurt angezogen ist, hebt man mit einer Hand vorsichtig die Schweifrübe an, legt den Schweifriemen darunter herum und schließt dann die Schnalle.

Der Schweifriemen sitzt richtig, wenn eine Hand unter dem Schweifriemen aufrecht Platz hat. Vorsicht, dass keine Schweifhaare eingeklemmt sind!

Beim Absatteln öffnet man zuerst den Schweifriemen, dann den Sattelgurt.

Vorgurt

Der Vorgurt ist ein extra Gurt aus dickem Leder mit kleinen Bügeln, die das Vorrutschen des Sattels abbremsen sollen. Er wird vor dem Satteln hinter dem Widerrist fixiert. Dazu legt man eine Satteldecke oder ein Pad zum Abpolstern darunter. Hinter dem Vorgurt wird der Sattel abgelegt. Alternativ gibt es Vorgurte, die vor dem Sattelgurt in die so genannten Vorgurtstrupfen eingeschnallt werden.

Vorderzeug

Seltener rutscht ein Sattel im Gelände oder beim Springen nach hinten. Dann hilft ein Vorderzeug, das den Sattel mit y-förmigen Lederriemen über der Pferdebrust fixiert.

Alle Hilfsmittel sind jedoch keine Alternative zu einem gut angepassten Sattel.

▶ Von links ist's recht!

Viele Reitschüler fragen sich, warum am Pferd alles von links gemacht wird. Hier gibt es die Antwort: Die „Linksbewegung" stammt noch aus der Zeit der Kavallerie. Die Offiziere trugen links den Säbel, damit sie ihn mit der rechten Hand im Kampf ziehen konnten. Deshalb konnten sie auch nur von links aufsteigen. Die linke Hand blieb für andere Arbeiten frei.

Nun sind (Schul-)Pferde Gewohnheitstiere, die auf Veränderungen wie das Satteln und Auftrensen von rechts irritiert und unwillig reagieren. Sie lässt man besser bei links, während allen anderen Pferden ein bisschen Kopfarbeit und Abwechslung gut tut, um etwas gegen pferdische Einseitigkeit zu tun. Aber Achtung! Auch Menschen leben gerne mit eingefahrenen Bewegungsmustern. Beim Aufsteigen von rechts wird schnell klar, wer wirklich flexibel ist. Übrigens, andere Länder, andere Sitten: In Island wurde früher immer von rechts aufgestiegen, in der Mongolei hält man es heute noch so.

Auftrensen – Schritt für Schritt

Während man zum Reiten auf einen Sattel auch mal verzichten kann, ist das Zaumzeug beinahe unentbehrliches Zubehör. Gebiss, Halfter und Zügel stellen eine wichtige Verbindung dar, um sich mit dem Pferd zu verständigen. Jedes Pferd sollte sein eigenes Zaumzeug haben, das gut angepasst ist und nirgends drückt. Auch das Gebiss muss auf das Pferd individuell abgestimmt sein, damit die Hilfen ohne Missverständnis ankommen.

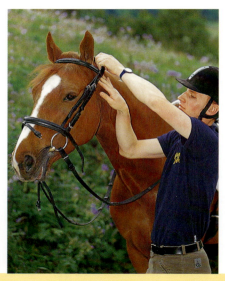

Empfindliche Pferde lassen sich ungern an den Ohren anfassen. Die Trense sollte dann ausreichend weit eingestellt sein, damit die Ohren nicht unter dem Nackenriemen „durchgestopft" werden müssen. Anschließend zieht man vor allem bei üppig mit Langhaar ausgestatteten Pferden den Schopf hindurch. Die Riemen werden in der Reihenfolge Kehlriemen, Nasenriemen, Sperrriemen geschlossen. Zuletzt prüft man von vorne, ob die Trense gerade sitzt.

Wichtig ist beim Auftrensen die Vorbereitung: Als erstes sollte man Ordnung im Riemensalat machen. Am besten ist es, wenn immer alle Teile bereits beim Abtrensen geordnet auf den Trensenhalter in der Sattelkammer gehängt werden.

Zum Auftrensen steht man links vom Pferdekopf und schaut nach vorne. Das geöffnete Stallhalfter zieht man über den Pferdehals. So stört es nicht, der Kopf ist frei und das Pferd bleibt angebunden.

Nun legt man die Zügel über den Pferdehals. In der rechten Hand fasst man die geordnete Trense an den Backenriemen unterhalb des Genickstücks und Stirnriemens. Diese Hand wird auf die Pferdenase gelegt und hindert den Kopf am Wegziehen. Der Arm wird dazu unter dem Pferdekopf durchgeführt. Gefügige Pferde öffnen bei leichtem Druck auf die Lippen das Maul. Mit der linken Hand schiebt man dann sanft das Gebiss hinein.

Die Trense wird soweit nach oben gezogen, dass das Gebiss nicht mehr aus dem Maul rutschen kann, und das Genickstück vorsichtig über die Ohren gestreift. Der Schopf wird ordentlich über das Stirnband sortiert. Zuletzt schließt man die Riemen. Ist das Pferd fertig, kann auch das Stallhalfter abgenommen werden.

Niemals darf das Pferd an den Zügeln direkt angebunden werden. Würde es sich losreißen, könnte es sich sonst schwer im Maul verletzen.

Vor dem Abtrensen öffnet man erst alle Riemen, insbesondere auch den Nasenriemen und den Sperrriemen. Steigt ein Pferd hektisch aus dem Zaumzeug, könnte es das Maul sonst nicht weit genug öffnen, um das Gebiss loszulassen. Zieht es in Panik nach hinten weg, schlägt es sich mit dem Gebiss womöglich die Schneidezähne aus. Am besten wird das Gebiss gleich unter fließendem Wasser von Speichelresten befreit.

Nun wird das Zaumzeug geordnet in der Sattelkammer am Trensenhalter des Pferdes aufgehängt, damit das verschwitzte Leder trocknen kann.

Auftrensen – problemlos und pferdegerecht

Nicht alle Pferde schlüpfen gerne ins Zaumzeug. Einige nutzen das Ritual für kleine Spielchen und Neckereien mit dem Menschen, andere haben aber schlechte Erfahrungen mit dem Gebiss gemacht und sind

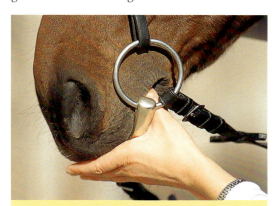

Den Daumen ins Pferdemaul zu legen kostet vor allem Reitanfänger Überwindung. Legt man die andere Hand jedoch von unten auf den Nasenrücken des Pferdes, hindert man es am Wegziehen des Kopfes. Das Auftrensen kann in aller Ruhe erfolgen.

Reithalfter richtig verschnallt

▸ **Englisches Reithalfter**
Der Nasenriemen läuft unter den Backenstücken durch und liegt zwei Finger breit unter dem Jochbein. Ist er geschlossen, passen zwei Finger darunter. Unter dem Kehlriemen findet eine aufrechte Hand Platz.

▸ **Kombiniertes Reithalfter**
Das Englische Reithalfter ist durch einen dünnen Riemen ergänzt, der an einer Schlaufe am Nasenriemen fixiert ist und das Aufsperren verhindern soll. Er muss geschlossen einem Finger Platz bieten.

▸ **Hannoversches Reithalfter**
Hier läuft der Nasenriemen über die Trensenringe. Er liegt gut zwei Fingerbreit oberhalb des Endes vom Nasenbein, damit er das Pferd nicht beim Atmen behindert. Zwei Finger sollten darunter passen.

deswegen vorsichtig oder vielleicht auch besonders empfindlich. Man sollte beim Zäumen deshalb immer sehr behutsam sein.

Manche Pferde strecken den Kopf in die Höhe. Bei ihnen steht man links vorne am Kopf und nimmt das Zaumzeug an den Backenriemen in die rechte Hand. Dann legt man diese auf den Nasenrücken des Pferdes. Nun zieht man den Kopf langsam zu sich her und schiebt mit der Linken das Gebiss vorsichtig ins Maul. Mit beiden Händen kann man nun das Zaumzeug über das Genick ziehen und die Schnallen verschließen.

Will das Pferd das Maul nicht öffnen, greift man mit dem Daumen der Hand, in der das Gebiss liegt, in den Maulwinkel. Der Daumen schiebt sich auf dem Unterkiefer in die Lücke zwischen Schneide- und Backenzähnen und übt leichten Druck auf die Laden aus. Das Pferd wird das Maul nun öffnen und die Hand schiebt das Gebiss sanft hinein. Solche Pferde sind oft besonders empfindlich im Maul. All das geschieht in Ruhe und mit freundlichen Worten.

Warm-up für Reiter

Gleich geht es endlich aufs Pferd. Ehrenwort! Doch vorher darf sich auch der Reiter ein paar Gedanken zu seiner körperlichen Fitness machen. Reiten fordert ziemlich ausgewogen eine Vielzahl verschiedener Muskeln, auch solche, die im Alltag häufig zu kurz kommen (und kurz werden). Daher zwickt es immer mal wieder am einen oder anderen Ende nach dem Absteigen, der Muskelkater fällt zuweilen heftig aus. Dem kann man abhelfen.

Was dem vierbeinigen Sportler recht ist, sollte dem Reiter billig sein: die körperliche Fitness. Einseitige Büro- und Maschinenarbeit oder lange Schultage lassen uns mit hängenden Schultern und müdem Rücken in die Reitstunde gehen. Kein Wunder, dass die „Arbeit" im Sattel da ebenso anstrengend und ermüdend ist. Muskelkater durch Verspannungen sind die schmerzhafte Folge. Wichtig ist

deshalb für alle Reiter die Fähigkeit, die Muskulatur aktiv zu entspannen.

Gute Reiter haben ein ausgeprägtes Körpergefühl und eine gute Körperbeherrschung. Sie sind bewusst in der Lage, einzelne Muskeln während des Reitens zu lockern. Hilfreich, nicht nur für den Reitsport, sind Entspannungstechniken wie autogenes Training, Tai Chi oder die Muskelentspannung nach

Verspannungen im Schulter- und im Lenden-/Beckenbereich sind häufig die Quellen für Sitzfehler. Durch gymnastische Übungen kann vor allem die durch Büro oder Schule verkürzte Brustmuskulatur gedehnt werden, die auch zu einem Rundrücken, verdeckten Händen und Stuhlsitz beiträgt. Manche Reitschulen, aber auch Volkshochschulen bieten spezielle Gymnastikprogramme für Reiter an.

Jacobsen. Wer sie beherrscht, kann meist jederzeit einzelne Verspannungen (mit Bildern im Kopf) lösen.

Das richtige Training für Reitermuskeln

Vor allem Anfänger leiden zu Beginn unter höllischem Muskelkater und können am Tag nach der Reitstunde kaum mehr Treppen steigen. Das liegt jedoch nicht nur an der anfänglich aufgeregten An- und Verspannung, sondern meist auch an der mangelnden Vorbereitung der Muskulatur. Kalte und völlig untrainierte Muskeln sind schnell überlastet und quittieren ihren Dienst. Aufwärmtraining vor dem Aufsitzen ist deshalb kein Luxus: Ein kurzer Lauf um den Hof, Seilspringen (natürlich außer Reichweite der Pferde) oder Sprünge auf eine stabile (!) Putzbox lassen die Muskeln schnell Betriebstemperatur erreichen. Danach empfehlen sich ein paar Stretchingübungen und dem Reitvergnügen ohne schmerzhaften Muskelkater steht nichts mehr entgegen.

Obwohl Reiten viele Muskeln fordert, fördert auch diese Sportart einzelne Muskelgruppen mehr als ihre Gegenspieler. Zusammen mit der Arbeit des Alltags entstehen da leicht Defizite, die wiederum Probleme beim Reiten machen. Trainingsbedarf haben meist die Muskeln im Schulterbereich. Rundrücken sind heute typisch für Büromenschen und geplagte Schüler. Ebenso trainiert werden müssen die Bauchmuskeln, die einer durchs Reiten erstarkten Lendenmuskulatur entgegen wirken sollen, um beim „Kreuzanspannen" wertvolle Dienste zu leisten.

Wer schon immer wissen wollte, wo die sagenhaften gezerrten Adduktoren von Profi-Fußballern eigentlich sitzen, wird es mit dem Muskelkater nach der ersten Reitstunde sicher wissen. Sie kann man im Sitz am Boden auf ihre Aufgabe (treibende Schenkelhilfen) vorbereiten: Fußsohlen aneinander stellen, die Füße mit den Händen zum Gesäß ziehen und halten.

Die Rücken- und Gesäßmuskulatur trainiert man am einfachsten in Rückenlage. Beine leicht anziehen, die Hände locker neben dem Po ablegen und das Becken anheben, bis der Oberkörper zwischen Schultern und Knien eine Gerade bildet. Die Bauchmuskulatur stärkt man effektiv durch Sit-ups oder das Anheben und Ablegen der gestreckten Beine.

Eine gedehnte Waden- und Unterschenkelmuskulatur erleichtert den tiefen Absatz, der ja nicht aktiv heruntergedrückt werden soll und an anderer Stelle zu einem wackeligen Sitz und Verspannungen führen würde.

Wer nur ein- oder zweimal wöchentlich auf dem Pferd sitzt, sollte seine Zeit nutzen und mit täglichen Fitnessübungen, regelmäßigen Waldläufen oder Nordic Walking, aber auch durch Schwimmen oder Ballsportarten den notwendigen Ausgleich zur Reiterei suchen. Wer öfter reitet oder gar ein Pferd sein Eigen nennt, scheitert meist an der fehlenden Zeit. Doch auch Menschen mit engem Zeitplan haben viele Möglichkeiten, mit kleinen Pausen und Übungen im Alltag ihre Bewegungsfähigkeit und Körperbeherrschung zu verbessern.

Grundkurs Reiten

Auf- und Absitzen

Aufs Pferd kommt man auf vielen Wegen, runter meist schneller... Für das Auf- und Absteigen gibt es zahlreiche Methoden: sportlich forsch, grazil und elegant, mit und ohne Hilfsmittel, geklettert oder hochgezogen, hinabgeglitten oder abgesprungen. Hinter korrektem Auf- und Absteigen steckt Methode: Schließlich soll beides pferdefreundlich und sicher für den Reiter sein.

In den Bauch gerammte Stiefelspitzen, verzogene Sättel, in den Sattel plumpsen oder der Tritt eines abstürzenden Reiterbeins auf der Kruppe nerven auch ein gutmütiges Schulpferd schon vor Beginn der Reitstunde. Wer aber weiß, wie es geht, kommt auch ohne Kletterkurs auf das Pferd.

Aufstieg auf der klassischen Route

Viele vierbeinige Reitlehrer sind nicht gerade klein und fordern von ihren Schülern neben ordentlicher Sprungkraft auch die richtige Technik.

Aufgesessen wird traditionell von links. Der Reiter steht mit dem Gesicht Richtung Schweif. In der linken Hand hat er beide Zügel und die Gerte. Damit greift er unter den Vorderzwiesel des Sattels. Nun dreht er den Steigbügel nach rechts zu sich her und steigt mit dem linken Fuß in Schweifrichtung hinein. Mit dem Fuß im Bügel greift er nun mit der rechten Hand an den hinteren Sattelrand, holt Schwung und stößt sich kräftig nach oben ab. Ohne die Kruppe zu berühren schwingt er das rechte Bein in einem Bogen über das Pferd und setzt sich vorsichtig in den Sattel.

Nun werden die Zügel gleich aufgenommen, damit das Pferd nicht wegläuft, während der Reiter sich vorsichtig auch den rechten Bügel angelt.

Der Nachteil dieser Methode ist die stark seitlich auf den Pferderücken einwirkende Kraft, die sogar zu Wirbelblockaden beim Pferd führen kann. Mit der Zeit verzieht sich dadurch aber auch der Sattel und beginnt zu drücken.

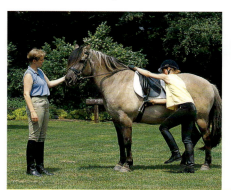

Pferd und Sattel danken dem Reiter einen sanften Aufstieg. Wer seinem Schulpferd plump in den Rücken fällt oder den Sattel stark auf die Seite zieht, hat schon vor Beginn der Stunde beim Vierbeiner alle Sympathien verspielt. Wer selber steif ist, lässt sich am besten helfen – durch Festhalten des Pferdes, Gegenhalten des Sattels oder mit einer Aufstiegshilfe.

Die Kavallerie-Methode

Früher stiegen Kavalleristen mit der folgenden Methode aufs Pferd. Ihnen blieb nichts anderes übrig, denn das Marschgepäck hinter dem Sattel ließ keinen Platz für die Hand. Heute nutzen auch Gangpferde-, Western- und Wanderreiter (mit ähnlich viel Gepäck) diese Aufstiegsvariante. Bei schlechter Sattellage des Pferdes ist diese Methode auch erste Wahl.

Der Reiter steht in derselben Blickrichtung wie das Pferd. Mit der linken Hand greift er oben an die linke Sattelpausche, mit der rechten Hand über das Pferd auf die gegenüberliegende Seite. Links hält er auch Gerte und Zügel. So kann er dem Pferd beim Aufsteigen nicht versehentlich die Gerte in die Flanke klatschen und den Vierbeiner unkontrolliert in Gang setzen.

Ist der linke Fuß im Steigbügel heißt es, sich mit kräftigem Schwung nach oben abzustoßen – und das ohne gegen den Pferdebauch zu knallen. Im Schwung nimmt der Reiter den Oberkörper nach vorne und lässt das rechte Bein wiederum ohne Berührung über die Kruppe gleiten. Langsam setzt er sich in den Sattel, fasst die Zügel nach und stellt anschließend auch den rechten Fuß in den Bügel.

Liegt der Sattel noch richtig, kann es nach dem Nachgurten gleich losgehen. Ist der Sattel dagegen beim Aufsteigen deutlich auf die Seite gerutscht, führt kein Weg daran vorbei, abzusteigen, neu zu satteln (dabei den Sattelgurt etwas fester anziehen) und es noch einmal zu versuchen.

Die Aufstiegshilfe

Die Aufstiegshilfe ist nicht nur für Unbewegliche, Kinder, Rentner und kleinwüchsige Ponyreiter, sondern einfach nurpferde- und sattelfreundlich. Hierbei wirken nämlich keine Riesenkräfte auf Pferdewirbel und Equipment. Ein Tritthocker, ein Stuhl, eine stabile Putzbox oder zur Not ein Baumstamm im Gelände reichen zum Aufsteigen aus. Schnell lernen alle Pferde, an solchen Aufstiegshilfen still zu stehen.

Sicher absitzen

Unkomplizierter als der Aufstieg ist das Absitzen: Der Reiter geht mit beiden Beinen aus den Bügeln und nimmt die angenommenen Zügel sowie die Gerte in die linke Hand. Nun schwingt er das rechte Bein vorsichtig über die Kruppe auf die linke Seite. Der Oberkörper kippt dazu leicht nach vorne. Nun lässt sich der Reiter langsam auf den Boden herab. Dabei hält er die Zügel fest.

Bevor es zurück in den Stall geht, werden Hilfszügel ausgeschnallt, der Gurt wird um zwei Löcher gelockert und die Bügel werden übergeschlagen oder an der unteren Riemenhälfte nach oben geschoben und die Riemen anschließend durch die Steigbügel geschlauft. Hufe auskratzen vor dem Verlassen der Bahn nicht vergessen, damit der Belag nicht über den gesamten Hof verteilt wird!

Abwärts geht es meist leichter: beide Beine aus den Bügeln und mit Schwung das Bein über den Sattel. Anschließend langsam abspringen. Wer am Sattelblatt entlang rutscht, riskiert Schäden am Leder durch Reißverschlüsse oder Hosenknöpfe. Nach dem Absteigen kann der Sattelgurt noch leicht gelockert und der Sperrriemen geöffnet werden.

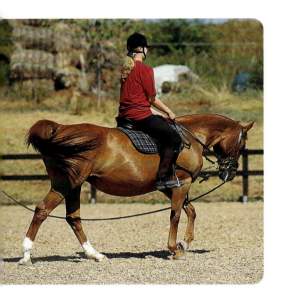

Erste Übungen an der Longe

Ob vor dem Unterricht in der Abteilung Longenstunden sinnvoll sind oder nicht, hängt neben dem Selbstvertrauen des Schülers auch von seinen körperlichen Voraussetzungen ab. Kinder sind unerschrocken und lernen schnell spielerisch die neuen Bewegungsabläufe. Erwachsene Reitanfänger tun sich meist schwerer. Ihnen fehlt die kindliche Ungezwungenheit – im Kopf und im Gesäß. Hinzu kommt die Angst vor dem Fallen.

Neue Bewegungen lernen

Die Frage nach der Notwendigkeit von Longenunterricht ist schnell beantwortet. Nirgendwo sonst als beim Longieren hat der Reitanfänger eine bessere Gelegenheit, die Bewegung des Pferdes ebenso wie die eigene Balance in entspannter Atmosphäre zu erfahren. Er kann sich ausschließlich auf das eigene Gefühl und das Pferd konzentrieren. Im individuellen Tempo und abhängig von der eigenen Körperkontrolle lernt er sich auch in schnelleren Gangarten rasch wohl zu fühlen und ruhig zu atmen. Die Hilfen übernimmt der Longenführer, der das Pferd sicher unter

Der eine braucht die lange Leine, der andere will gleich sein eigener Herr sein. Reitanfänger sollten in dieser Hinsicht auf ihr Gefühl hören.

▶ Der Weg zum sicheren Reiter

- ▸ Vertrauen zum Pferd fassen und angstfrei reiten
- ▸ Losgelassenheit erleben: emotionale und körperliche Lockerheit bei guter Körperkontrolle
- ▸ Gleichgewicht und Rhythmus in der Bewegung finden
- ▸ Schulung des Sitzes
- ▸ Förderung des Bewegungsgefühls
- ▸ Hilfen und Einwirkung lernen

Die ersten fünf Schritte können an der Longe vergleichsweise schnell erlernt und umgesetzt werden. Der sechste Schritt steht am Übergang zum selbstständigen Reiten.

Kontrolle hat. Der Reitschüler muss so auch nicht auf Mitreiter in der Stunde Rücksicht nehmen, das Tempo der Abteilung mitgehen, obwohl der Sitz gerade wackelt, der Bügel verloren ging oder ihn ein Anfall von Selbstzweifeln momentan fest in den Klauen hält. Außerdem genießt er die volle Aufmerksamkeit des Reitlehrers – auch wenn das meist mehr kostet als eine normale Reitstunde in der Gruppe.

Wer es sich zutraut und ein gutes Körpergefühl hat, kann aber auch ohne Longenstunden auskommen.

Ein bisschen Zirkusfeeling

Am Beginn der Karriere stehen erste Übungen im Schritt. Mit geschlossenen Augen kann der Reitschüler sich von der Bewegung des Pferdes mitnehmen lassen. Er lernt zu fühlen, wann das innere Hinterbein abfußt, der richtige Moment, um korrekt zu treiben. Über verschiedene Sitzpositionen – den Oberkörper auf den Hals gelegt oder deutlich nach hinten gelehnt – lernt der Anfänger die Mittelpositur zu finden. Raus aus den Bügeln: Die Beine werden dann abwechselnd angezogen und die Fußspitzen bewusst weit nach außen und nach innen gedreht. Die Arme können im Wechsel nach vorne oder hinten kreisen. Komplizierter wird die „gegenläufige Acht": Der Schüler dreht den Oberkörper weit nach links und rechts – eine erste Übung für den Drehsitz zum Durchreiten von Ecken und gebogenen Linien.

Die Grenzen der von der Pferdebewegung unabhängigen Bewegung des Körpers erfährt, wer einen Ball um seinen Rumpf rollt. Auch das Jonglieren von Tennisbällen hilft, den Sitz zu festigen und die anfangs zwanghaft auf den Halt suchenden Reiterpo fixierten Gedanken abzulenken.

Später kommt das „Notfall-Training": Die Steigbügel werden losgelassen und mit den Füßen wieder geangelt. Außerdem kann man bereits üben, die Zügel aufzunehmen und wieder aus der Hand zu geben.

Reiten macht Spaß. Wer krampfhaft die Zähne zusammenbeißt, verspannt automatisch im Gesäß und hat einen instabilen Sitz. Wer dagegen lächelt und den Kiefer leicht öffnet, gibt seine Verspannung auf. Ähnliche Übungen werden auch im Trab gemacht.

Erste Runden im Galopp, bei denen sich der Anfänger getrost am „Maria-hilf-Riemen" oder in der Mähne festhalten darf, lassen einen Vorgeschmack auf schaukelndes Vorwärtskommen zu.

▶ Longenstunden – nur für Anfänger?

Was nach Spezialprogramm für Anfänger aussieht, hat auch für fortgeschrittene Reiter einen großen Nutzen: An der Longe können mit gezielten Übungen eingeschlichene Sitzfehler effektiv korrigiert werden. Auch die Lehrlinge der Wiener Hofreitschule dürfen im ersten Jahr ausschließlich an der Longe reiten, bevor sie auf die sensiblen vierbeinigen Profis losgelassen werden.

Die Sache mit der Angst

„Das größte Glück der Pferde ist der Reiter auf der Erde." Dieser Spruch wird von fortgeschrittenen Reitern, aber auch von Menschen, die sich selbst nie auf ein Pferd trauen würden, im Beisein von Reitanfängern gerne strapaziert. Doch für kaum ein Pferd ist es das wichtigste Interesse, seinen Reiter so schnell wie möglich in den Reitplatzsand zu befördern. Und trotzdem ist sie bewusst oder unbewusst häufiger Begleiter – die Angst.

Angst gilt bei vielen Reitanfängern als lästig oder peinlich. Das ist sie aber ganz und gar nicht. Ohne Angst gäbe es uns Menschen nämlich nicht: Wir wären bereits vor Urzeiten von Säbelzahntigern gefressen worden. Und damit sind wir den Pferden schon mal recht ähnlich. Auch ihnen diente diese „Primäremotion" zum Überleben, solange sie nicht in sicheren Ställen zu Hause waren.

Die Angst ist ein in die Zukunft gerichtetes Warnsignal und wird immer dann aktiv,

Respekt schützt, Angst lähmt. Respekt vor den großen Tieren schützt vor Leichtsinn. Die Angst des Menschen verunsichert dagegen auch die Tiere und macht sie unberechenbar.

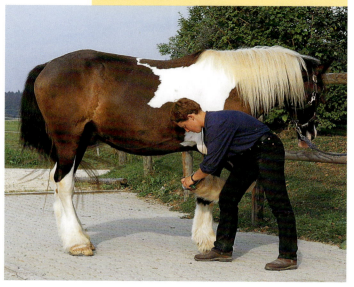

wenn wir (unbewusst) glauben, eine Situation nicht kontrollieren zu können. Der Reitanfänger ist damit reichlich oft konfrontiert. Ein Pferd würde an dieser Stelle sofort die Flucht antreten, während wir Menschen nach einem Ausweg suchen können.

Angst vor unbekannten Situationen sind vor allem am Anfang völlig normal. Schließlich sieht der Einsteiger auf Grund mangelnder Erfahrung mit dem Pferd die Reaktion seines Tieres am Boden oder im Sattel nur schwer voraus. Die Körperbeherrschung muss noch geschult werden. Da kann schon mal ein kleiner Hüpfer reichen, um den Reiter in „Wohnungsnot" zu bringen.

Die Angst im Griff

Angst ist also ein gesundes Gefühl, das der Selbsterhaltung dient. Trotzdem wird sie manchmal übermächtig. Dann wirkt sie lähmend. Meist ist es der Gedanke an einen möglichen Sturz, der – autsch – den ganzen Körper in Alarmbereitschaft versetzt: Adrenalin fließt durch die Adern, die Wahrnehmung wird feiner und der Reiter hört die Flöhe husten. Die Muskelanspannung nimmt zu, Herzfrequenz und Blutdruck steigen, die Atmung wird flach, der Mund trocken und dem Pferd steigt der Angstschweiß in die Nase.

Doch so weit muss es nicht kommen. Aus anfänglicher Angst sollte Respekt vor dem

Pferd und seinem sensiblen Wesen erwachsen. Diesen braucht es, um nicht leichtsinnig im Umgang mit den großen Vierbeinern zu werden. Dominiert die Angst aber über das Vertrauen, ist Lernen nicht möglich. Reiten schon gar nicht, denn dazu bedarf es der Losgelassenheit des Reiters.

Angst überwinden

Wer sich seiner Angst bewusst ist, ist auf dem besten Weg, sie zu beherrschen.

Anfängern hilft es in der Regel, sich bereits vor den ersten Reitstunden intensiv mit den Pferden zu beschäftigen. Putzen, streicheln und Pflegearbeiten in Pferdenähe bieten die Möglichkeit, die Tiere und ihr Verhalten in Ruhe zu studieren und Vertrauen zu gewinnen. Dabei sollte ein erfahrener Pferdemensch zur Seite stehen und das Pferdeverhalten deuten.

Die ersten Reitstunden sollten eher ängstliche Einsteiger an der sicheren Longe machen. Hier können sie sich in vertrauensvoller Atmosphäre ganz auf ihr Körpergefühl und die Bewegungen des Pferdes konzentrieren, während der Reitlehrer die Kontrolle des Pferdes übernimmt. Schnell wird der Reitschüler sich entspannen können und sein neues Hobby genießen.

Der angstfreie Umgang mit Pferden setzt Vertrauen von beiden Seiten voraus. Dieses zu entwickeln bedarf aber Zeit und ist nicht in wenigen Reitstunden erlernbar.

Negative Erlebnisse hinterlassen manchmal tiefe Furchen in der Reiterseele. Dann heißt es, ein paar Gänge zurückzuschalten und sich mit Erfolgserlebnissen wieder an den alten Level heran zu arbeiten.

Aber Achtung! Zweibeinige Reitlehrer können die Angst ihrer Schüler im Gegensatz zu ihren vierbeinigen Assistenten nicht riechen, und manche Reiter versuchen gekonnt, sie zu überspielen. Besser ist es, darüber zu sprechen, denn Angst führt zu Verspannungen und diese sind Gift für einen ausbalancierten und sicheren Sitz. Schnell wird der Schüler an seine Grenzen stoßen und der Lernfortschritt ausbleiben.

Schüler und Lehrer sollten die Ursachen der Angst analysieren und abstellen. Ursachen von Angst können Überforderung, aber auch Misstrauen gegenüber einem bestimmten Pferd sein. Dann hilft ein Pferdetausch.

Kleine Hilfsmittel erleichtern das Reiten: Fühlt sich der Reiter unsicher, darf der Mariahilf-Riemen am Sattel ruhig in Anspruch genommen werden. Das ist sinnvoller als die Angstbewältigung vieler fortgeschrittener Reiter (die natürlich keine Angst haben ...), die sich mit Gerte, Sporen und scharfen Gebissen bewaffnen und jede Regung ihres Vierbeiners mit schmerzhaften Strafmaßnahmen beantworten.

Die Grundvoraussetzung für Freude am Reiten ist Vertrauen, das des Reiters und das des Pferdes. Dann hat die Angst keine Chance.

Der Reitersitz

Der korrekte Sitz ist in allen Reitweisen die wichtigste Voraussetzung für gutes, sicheres, balanciertes Reiten und Garant für ein angenehmes Miteinander von Reiter und Pferd. Zu Beginn einer Reitkarriere gilt der Sitzschulung des Reiters deshalb auch die größte Aufmerksamkeit. Doch auch fortgeschrittene Reiter lassen den Einsatz ihres Allerwertesten immer wieder kritisch an der Longe unter die Lupe nehmen und korrigieren.

Der erfolgreiche Weg zum guten Sitz

Zahlreiche Bücher wurden schon mit Abhandlungen zum Sitz des Reiters gefüllt. Bereits die alten Reitmeister legten besonderen Wert auf den korrekten Sitz, der Grundvoraussetzung für Balance und feine Hilfengebung. Das Erlernen und Erfühlen des richtigen Sitzes erfordert viel Zeit und Übung und mancher Reiter arbeitet Jahre, bis er das erste Mal das Gefühl absoluter Einheit mit dem Pferd erlebt. Sich erfolgreich auf dem Pferd zu halten, lernen mit der Zeit viele, doch die höheren Weihen der Reitkunst erlangen nur die, die mit einem guten Sitz wirklich reiten lernen.

Während in früheren Jahren der korrekte Sitz durch unermüdliche Korrekturen fehlerhaft gehaltener Fußspitzen oder eingesunkener Schultern trainiert wurde, gehen Reitlehrer heute individuellere Wege, die die „Lebensgeschichte und Bauart" von Skelett und Muskulatur ihrer Reitschüler berücksichtigen. Während Kinder ohne große Vorbelastungen aufs Pferd steigen, meist intuitiv richtig auf die Pferdebewegung reagieren und schnell zum richtigen, gut ausbalancierten Sitz finden, fällt das erwachsenen Reitanfängern viel schwerer. Sie kommen häufig mit Verspannungen durch einseitige Bürotätigkeiten, Blockaden, Fehlhaltungen, einem eingeschränkten Körpergefühl oder der Angst vor einen Sturz im Nacken in die ersten Reitstunden und müssen aus ihrer in der Kindheit erlernten Bewegungserfahrung schöpfen. Ihr Lernverhalten ist kopfbetont. Mit Sitzübungen an der Longe oder ergänzender Aufbaugymnastik am Boden lassen sich die meisten Probleme aber leicht beheben.

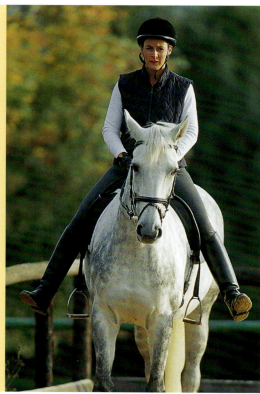

Manches Naturtalent sitzt schon beim ersten Mal wie angegossen auf dem Pferd und behält den Sitz ein Reiterleben lang bei. Viele, vor allem erwachsene Reitanfänger müssen Körpergefühl, Körperbeherrschung und die Balance erst mühsam schulen. Von diesem Training profitieren sie jedoch auch im Alltag.

Sitzübungen auf dem Pferd helfen die richtige Sitz-
position zu erfühlen und die Körperteile bewusst zu
spüren, die Kontakt mit Sattel und Pferd haben.

Der Dressursitz

Der Sitz des Reiters ist keine statische
Haltung, sondern ein dynamisches System,
in dem die Körperteile unterschiedliche Aufgaben ausführen und durch kleinste Bewegungen zu einem Gleichgewicht auf dem
Pferd führen.

Beim Dressursitz, auch Vollsitz genannt,
bilden Kopf, Gesäß und Ferse eine gedachte
senkrechte Linie. Man kann sich den Reiter
wie eine Marionette mit leicht gespannten
Fäden vorstellen: Der Kopf wird aufrecht getragen. Der Rumpf ist ebenfalls aufrecht
(auch am Brustbein ist ein Faden befestigt).
Der Brustkorb ist gedehnt und die Schultern
locker. Die Arme hängen seitlich vom Rumpf
locker herab. Dabei liegen die Ellbogen am
Körper. Der Unterarm bildet in der Verlängerung durch den Zügel zwischen Ellbogen
und Pferdemaul eine gerade Linie. Das Becken ist aufrecht und die Hüfte geht locker
in der Bewegung des Pferdes mit.

Der Reiter belastet gleichmäßig beide
Sitzbeinhöcker. Die Oberschenkel fallen ohne
aktive Anspannung aus der Hüfte und liegen
wie die Knie flach am Sattel. Die Innenseiten
der Unterschenkel berühren sanft den Pferdebauch. Die Füße liegen mit den Ballen auf
den Steigbügeln. Dabei bilden die Fersen den
tiefsten Punkt, werden jedoch nicht aktiv

nach unten gedrückt, sondern schwingen in
der Pferdebewegung leicht mit. Die Hände
trägt der Reiter aufrecht vor dem Bauch. Der
Zügel läuft von unten zwischen kleinem Finger und Ringfinger in die Hand und verlässt
sie zwischen Daumen und Zeigefinger. Der
Daumen bildet ein Dach und wirkt wie eine
Bremse gegen das Durchgleiten der Zügel.

Der Drehsitz

Zum korrekten Reiten auf gebogenen
Linien nimmt der Reiter den so genannten
Drehsitz ein. Er entsteht aus der Notwendigkeit, dem Pferd eine einseitige Gewichtshilfe
durch den inneren Gesäßknochen zu geben,
ohne mit der Hüfte einzuknicken.

Basis für den Drehsitz ist der Vollsitz.
Beim Reiten von gebogenen Linien wird das
äußere Reiterbein leicht zurückgelegt, bis der
Unterschenkel eine Handbreit verwahrend
hinter dem Gurt liegt. Die äußere Schulter
nimmt der Reiter vor. Somit bilden Schultern
und Becken von Reiter und Pferd jeweils Pa-
rallelen.

Der Reiter sieht dabei immer dorthin,
wohin er reiten will.

Beim Drehsitz
legt der Reiter
das äußere ver-
wahrende Bein
eine Handbreit
hinter den
Gurt. So
kommt das
Gesäß des Rei-
ters automa-
tisch in die
richtige Positi-
on und der in-
nere Sitzbein-
höcker wird
stärker belas-
tet. Beim kor-
rekten Drehsitz
sind Pferde-
und Reiter-
schulter sowie
Pferde- und
Reiterbecken
parallel. Jetzt
können auch
Biegungen
korrekt geritten
werden.

— Reiter
— Pferd

Sitzfehler erkennen und beheben

Sitzfehler haben verschiedene Ursachen: Mangelnde Balance, Angst vor Stürzen, unregelmäßige und gepresste Atmung oder eine falsch ausgeprägte Muskulatur stehen dem korrekten Reitersitz oft im Weg. Viele Reiter halten sich damit zwar über Jahre und Jahrzehnte erfolgreich auf dem Pferd. Eine feine Hilfengebung, die Voraussetzung für die Kommunikation mit dem Pferd, ist so aber kaum möglich.

Nur ein gelöster Reiter, der über eine gleichmäßig ausgebildete Muskulatur verfügt, kann losgelassen sitzen. Der gute Reiter lässt sich weitgehend passiv in der Pferdebewegung mitnehmen. Die aktive Muskelbewegung spielt eine untergeordnete Rolle.

▶ Muskelprobleme des Reiters als Ursache für Sitzfehler

Eine stark ausgebildete Hüftmuskulatur und ein starker, gerader Oberschenkelstrecker lassen zusammen mit einer kräftigen und durch das Reiten deutlich verkürzten Rückenmuskulatur im Lendenbereich das Becken nach vorne kippen und bewirken ein Hochziehen der Knie. Die Gewichtshilfe (Aufrichten des Beckens) erfolgt so nur mit hohem Aufwand durch die Bauchmuskulatur! Gesäß und Bauchmuskulatur sind aber meist ebenso schwach ausgebildet wie der Oberschenkelbeuger. Zu starke Wadenmuskulatur führt zum Hochziehen der Ferse. Sitzende Tätigkeiten vor allem am Computer führen zu einer verkürzten Brustmuskulatur, die das Vornüberfallen des Reiters, mindestens aber einen ordentlichen Rundrücken verursacht. Die Nackenmuskulatur ist ein häufiger Schwachpunkt und beim Reiten durch den eigentlich zu schweren Kopf noch stärker gefordert.

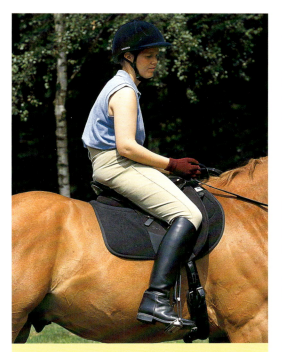

Beim Stuhlsitz sitzt der Reiter meist zu weit hinten im Sattel, praktisch auf den Gesäßtaschen seiner Reithose. Die Beine liegen zu weit vorne oder werden sogar bewusst nach vorne gestreckt.

Beim Spaltsitz sitzt der Reiter statt auf den Sitzbeinhöckern auf dem Schambein. Mit einem steifen Hohlkreuz versucht er, den Oberkörper durch Vorwärtstendenz zu stabilisieren.

Stuhlsitz und Spaltsitz

Im Stuhlsitz sitzt der Reiter hinter den Sitzbeinhöckern und zieht die Knie hoch. Sättel mit nach hinten verlegtem Schwerpunkt, aber auch das ausschließliche Reiten auf Springsätteln, das Reiten mit zu kurzen Bügeln oder Bequemlichkeit führen zum Stuhlsitz. Korrekturen am Equipment und Reiten ohne Steigbügel können diesen Sitzfehler beheben.

Beim Spaltsitz sitzt der Reiter auf den Oberschenkeln, die weit nach hinten gelegt sind. Der Oberkörper fällt nach vorne. Gewichtshilfen sind praktisch unmöglich. Zu lange Steigbügel, ein Sattel mit weit vorne liegendem Schwerpunkt oder ein Festklemmen mit den Oberschenkeln sind die Ursachen.

Anatomisch bedingte Sitzprobleme

Reiter mit Flachrücken täuschen einen korrekten Sitz vor, können aber die Bewegungen des Pferderückens in Gangarten mit Schwungphase durch die mangelhaft geschwungene Wirbelsäule nicht ausreichend puffern. Der Reiter mit Hohlkreuz mag korrekt sitzen, ist aber verspannt und kommt leicht vor die Bewegung.

Auch der Reiter mit Rundrücken hat Schwierigkeiten mit Gewichtshilfen. Er kommt hinter die Bewegung.

Besondere Probleme haben Reiter mit einer seitlichen Wirbelsäulenverkrümmung, einer Skoliose. Sie haben ständig das Gefühl, schief zu sitzen und müssen über spezielle Gymnastik trainiert und in ihrem Körpergefühl geschult werden.

▶ Sitzkiller Angst

Die unbewusste Angst vor Stürzen lässt viele Reiter vergessen, gleichmäßig zu atmen. Dadurch verspannt sich die Muskulatur vor allem im Rumpf und Gesäß, den wichtigsten Muskeln für einen stabilen und losgelassenen Sitz. Der Reiterpopo verliert langsam den Sattelkontakt, was der Reiter meist durch Klemmen mit den Knien auszugleichen versucht. Er kann der Pferdebewegung nicht mehr folgen und verliert – wenn er nicht erst mal tief ausatmet und gleichmäßig weiteratmet – das Gleichgewicht.

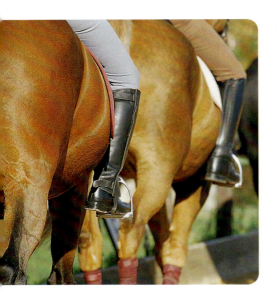

Hilfe, die Hilfen!

Geht es um die Hilfen, treibt es manchem Reitschüler den Schweiß auf die Stirn. Sitzt er doch meist auf einem ausgebufften vierbeinigen Profi und bräuchte selbst nichts dringender als Hilfe! Die Rettung naht, denn Reiterhilfen sind schließlch nichts anderes als Kommandos, die das Pferd antreiben, bremsen und lenken – und das weniger mit dem Mundwerk als im feinen Zusammenwirken von Händen, Beinen und dem Allerwertesten.

Kommunikation mit dem Pferd

Als wäre die Balance auf dem Pferderücken nicht schon Aufgabe genug, fordert der Reitlehrer nun noch den dosierten Einsatz von Körperteilen, die der Schüler lieber der Unterstützung seines Gleichgewichts zur Verfügung stellen würde. Spätestens jetzt ist Körperbeherrschung gefragt.

Als Hilfen werden alle Formen der Kommunikation mit dem Pferd zusammengefasst. Sitzt der Reiter erst mal im Sattel, macht er sich mit Händen und Füßen verständlich. Dazu kommen Gewichtshilfen, aber auch unterstützende Hilfen wie Stimme, Sporen und Gerte. Die Hilfen geben dem Pferd einen Rahmen, der sich mal treibend erweitert oder verwahrend verkürzt. Diese Hilfen öffnen oder verschließen dem Pferd den Weg nach vorne, hinten oder seitwärts.

Die Reiterhilfen sind einfach und logisch. Sie basieren vor allem auf einem Spiel mit dem Gleichgewicht zweier Körper, nämlich dem des Pferdes und dem des Menschen. Ziel ist es, in dem vorgesteckten Rahmen die Schwerpunkte der beiden so unterschiedlichen Körper übereinander zu finden. Die Hilfen werden niemals isoliert eingesetzt, sondern spielen immer zusammen. Kompliziert?! Eigentlich nicht, denn ein lockerer Reiter macht vieles automatisch richtig.

Der Reiter gibt vor, das Pferd folgt: Becken und Schulter von Reiter und Pferd sind dann stets parallel.

Der korrekte Reitersitz ist keine Frage der Ästhetik. Er ermöglicht Reitern ohne großen Aufwand, in der Pferdebewegung korrekte Gewichts-, Schenkel- und Zügelhilfen einzusetzen.

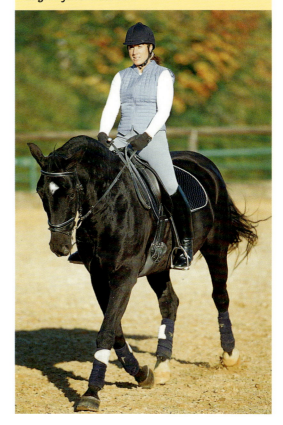

Nicht frustrieren lassen soll sich der Anfänger, wenn es mit den Hilfen nicht gleich klappt. Das ist normal. Für eine feine Hilfengebung braucht man einen ausbalancierten, gefestigten Sitz und Balance in der Bewegung. Je nach Talent dauert der unsichere Zustand länger oder kürzer.

Auf guten Schulpferden, die sich auch vom Anfänger noch weich sitzen lassen, ist das einfacher zu erlernen als auf verspannten Pferden mit harten Bewegungen. Die fehlende Balance lässt sich aber auch ohne Pferd schulen – auf Baumstämmen, Gymnastikbällen, dem Trampolin, Wackelbrettern oder beim freihändigen Fahrradfahren.

Die Sache mit dem Kreuz – Gewichtshilfen

Ob nun von Gewichtshilfen die Rede ist oder der Reitlehrer seinen Schüler zum „Kreuz anspannen" auffordert – beide in der

Durch Verlagerung des Gewichts auf einen Sitzbeinhöcker gibt man einseitige Gewichtshilfen. Das Einknicken der Hüfte ist falsch. Beidseitige Gewichtshilfen gibt man durch Aufrichten des Beckens.

▶ Dem Pferd einen Rahmen geben

Die Hilfen sind Kommunikationsmittel zwischen Reiter und Pferd und rahmen es ein: Kreuz und Becken des Reiters kontrollieren das Becken des Pferdes. Das Gewicht wirkt unmittelbar auf das Gleichgewicht, vorwärts oder seitwärts treibend. Die Schenkel des Reiters sorgen für den Vorwärtsschub und kontrollieren die Seitwärtsbewegung der Hinterbeine. Die Zügel sind die „Handbremse" und fangen über das Gebiss den Vorwärtsschub aus der Hinterhand ab. Sie kontrollieren die Seitwärtsbewegungen der Schulter und Vorhand.

Reiterei verhafteten Begriffe bringen nicht wirklich auf den Punkt, was gemeint ist. Und so manchem Reiter bleibt diese Hilfe zeit seines Lebens ein böhmisches Dorf. Das Kreuz ist schließlich die knöcherne Konstruktion aus Wirbelsäule und Becken und somit ein Gelenk, aber kein Muskel, der sich anspannen lässt. Sitzt man erst mal auf dem Pferd, ändert sich auch das Gewicht für das Pferd nicht mehr. Schließlich wirft man während der Reitstunden keinen Ballast ab.

Vielmehr ist hier der Einfluss des Reiterpopos auf das Gleichgewicht des Pferdes gemeint. Der Reiter richtet sein Becken auf – so, als wolle man einen Hocker zum Kippeln bringen. Sitzt der Reiter gerade, wirkt sein Gewicht gleichmäßig auf beide Sitzbeinhöcker, die „Schnittstellen" bei der Kommunikation mit dem Allerwertesten.

Dreht man den Oberkörper, zum Beispiel beim Durchreiten einer Ecke, und legt den äußeren Schenkel noch zurück, wird bei weiter aufrechter Wirbelsäule der innere Gesäßknochen stärker belastet. Die (Gewichts-) Hilfe wirkt nun einseitig. Einseitige Gewichtshilfen braucht man beim Reiten von Biegungen, Seitengängen und zum Galoppieren. Beidseitige Gewichtshilfen wirken im Zusammenspiel mit Schenkel- und Zügelhilfen treibend, verwahrend oder entlastend.

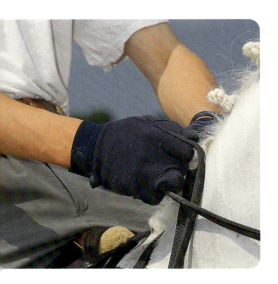

Mit Händen und Füßen

Sprechen Individuen nicht dieselbe Sprache, bedienen sie sich auf der ganzen Welt ihrer Hände und Füße. So ergeht es auch dem Reiter mit dem Pferd. Schenkel- und Zügelhilfen sind deshalb neben den Gewichtshilfen als Basishilfen zum Beschleunigen, Bremsen und zum Richtungswechsel in jeder Reitweise präsent. Sie müssen aber korrekt und wohl dosiert sein, um richtig verstanden zu werden.

Schenkelhilfen

Die Reiterbeine dürfen sich nicht am Pferd festklammern. Wer es mal bewusst ausprobiert, stellt schnell fest, dass er einerseits mit dem Po den Kontakt zum Sattel verliert und andererseits die Beine willentlich nicht mehr bewegen kann. Also: Beine immer locker, aber nicht wackeln lassen wie einen Kuhschwanz!

So ist es richtig: Das Bein fällt locker aus der Hüfte und der Oberschenkel liegt mit der Innenseite flach am Sattel. Ein Geldschein würde dazwischen liegen bleiben! Wer auf der Unterseite sitzt, macht die Knie auf. Der Sitz wird dadurch ebenso wackelig wie beim falschen Versuch, mit hochgezogenen Fersen zu treiben. Schenkelhilfen erfolgen immer impulsartig über die Innenseite der Unterschenkel. Mit dem Schenkel treibt der Reiter vorwärts, seitwärts oder wirkt verwahrend auf das Pferd.

Am Gurt liegt der vorwärtstreibende Schenkel, der seitwärtstreibende Schenkel liegt am oder knapp hinter dem Gurt. Der verwahrende Schenkel liegt eine Handbreit hinter dem Gurt und weist die Hinterhand in ihre Grenzen, um auch auf gebogenen Linien in der Spur zu bleiben.

Beidseitige Schenkelhilfen gibt der Reiter zum Vorwärts- und Rückwärtsreiten, einseitige Hilfen, um das Pferd zum Seitwärtstreten aufzufordern.

Ignoriert das Pferd beharrlich die Schenkelhilfen, hilft man besser mit einem Gertenklaps nach, als ständig den Pferdebauch „mit Füßen zu treten".

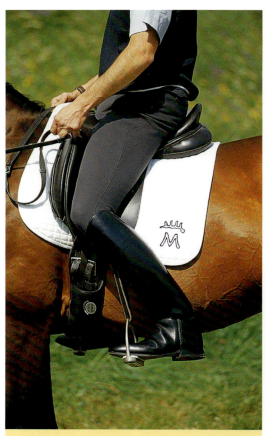

Der verwahrende Schenkel (vorne) liegt eine Handbreit hinter dem Gurt, der treibende Schenkel (hinten) liegt am Gurt.

Hoher Zügel zäumt, tiefer Zügel bäumt, langer Zügel zieht

Zügelhilfen

Mit den Zügeln rahmt der Reiter sein Pferd am Kopf und Hals ein und fängt damit den Schwung aus der Vorwärtsbewegung ab. Zügelhilfen entstehen aus einer gefühlvollen Verbindung mit dem Pferdemaul.

Bei halben und ganzen Paraden oder zum Wechsel in eine langsamere Gangart gibt man durch Eindrehen der aufrecht vor dem Bauch getragenen Hände annehmende Zügelhilfen. Nachgebende Zügelhilfen sind beim Anreiten oder beim Wechsel in eine schnellere Gangart angesagt. Der Reiter geht mit der Hand dann leicht nach vorne und reduziert den Druck auf den Zügel. Das Pferd kann dem treibenden Impuls von Kreuz und Schenkel nach vorne folgen.

Bei durchhaltenden Zügelhilfen bleiben die Hände „stehen", während der Reiter mit Kreuz und Schenkeln treibt.

Immer die richtige Zügellänge

Der anstehende Zügel ist verkürzt und bildet eine konstante, weiche Verbindung zwischen Pferdemaul und Reiterhand. Das Pferd läuft „in Anlehnung". Diese Zügelführung wird in Arbeitsphasen gefordert.

Am hingegebenen Zügel ist dem Pferd die maximale Streckung des Halses erlaubt, ohne dass eine Verbindung zur Reiterhand besteht. Dies empfiehlt sich aber nur für erfahrene Reiter, die mit einem Handgriff die Zügel aufnehmen können, falls das erforderlich ist.

Am langen Zügel reitet man zu Beginn und am Ende einer Stunde, aber auch auf langen Geländeritten. Dies entspricht der freien Kopf- und Halshaltung des Pferdes in der jeweiligen Gangart. Die Hand hält leichten Kontakt zum Pferdemaul.

Auch der durchhängende Zügel entspricht der natürlichen Kopf- und Halshaltung des Pferdes in der entsprechenden Gangart, jedoch ohne Kontakt zum Maul. Er findet sich bei Westernreitern in der Gebrauchshaltung.

▶ Zügel richtig im Griff

Gefühlvoll kann der Reiter den Zügel nur mit aufrecht getragenen Händen annehmen. Trägt er die Hände verdeckt – im so genannten „Kinderwagenschiebegriff" – blockiert er sich in der Schulter. Die Zügel sollten stets auch korrekt in der Hand liegen: Sie laufen vom Pferdemaul aus zwischen kleinem Finger und Ringfinger in die Handfläche und über den Zeigefinger aus der Hand hinaus. Der Daumen steht aufrecht wie ein kleines Dach auf dem Zügel. Nur so wirkt er (auch ohne Lederstege) wie eine Seilbremse und verhindert, dass das Pferd dem Reiter den Zügel aus der Hand klaut. Wäre dies der Fall, hieße es bei jeder notwendigen Zügelhilfe für den Kapitän sonst „Leinen einholen"!

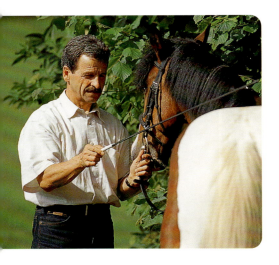

Stimme und verlängerte Arme

Dem Reiter stehen neben den Gewichts-, Schenkel- und Zügelhilfen auch Möglichkeiten zur Verfügung, um diese Hilfen zu verstärken. Während die Gerte vor allem Anfängern nützliche Dienste leisten kann, gehören Sporen an die Stiefel von Könnern. Die Stimme ist ein häufig vergessenes Hilfsmittel, das jeder immer und überall einsetzen kann.

Stimme

Die Stimme des Reiters ist die am einfachsten einzusetzende Hilfe. Auch wenn Pferde selbst vorwiegend nonverbal kommunizieren, lassen sie sich mit der Stimme gut beeinflussen. Die Kommandos sollten aber kurz und klar und dem Pferd bekannt sein. Wer dem Pferd während der Reitstunde seine Lebensgeschichte erzählt oder in ausführlichen Monologen begründet, weshalb er auf der Stelle sofort seine Mitarbeit erwartet, hat kaum Aussicht auf Erfolg. Pferde, denen regelmäßig „das Ohr abgequatscht" wird, stumpfen durch solche „Stimmhilfen" ebenso ab wie durch ständig klopfende Schenkel.

Stimmhilfen können aufmunternd und treibend wirken. Dazu kann der Reiter auch mal mit der Zunge schnalzen oder mit hohen, kurzen Lauten motivieren. Eine tiefe Stimmlage mit lang gezogenen Tönen wie „Hoooh" wirkt beruhigend und verwahrend. Die Stimme kann ebenso loben und strafen. Ein tiefes, lang gezogenes „Braaav" motiviert ebenso wie ein Leckerli. Ein kurz und scharf ausgesprochenes „Nein" dagegen signalisiert dem Pferd: Es reicht!

Pferde sollten immer mit ihnen vertrauten Stimmkommandos konfrontiert werden. Auch bei ihnen gilt: „Der Ton macht die Musik!" Er kann Vertrauen schaffen oder verängstigen.

Ein Lob mit der Hand zwischendurch motiviert Pferde. Die Tiere haben feine Sensoren auf der Haut, die landende Mücken aufspüren, und genießen es deshalb auch, sanft gestreichelt zu werden. Kräftiges Draufklatschen ist unnötig.

Gerte

Die Gerte ist der verlängerte Arm des Reiters und dient zur Unterstützung von treibenden Schenkel- und Gewichtshilfen, falls das Pferd nur unwillig vorwärts oder seitwärts tritt. Kindern kann die Gerte das Treiben erleichtern, da sie oft auf Grund ihrer noch kurzen Beine Probleme haben, mit den Schenkelhilfen durchzukommen. Der Gerteneinsatz erfolgt zum gleichen Zeitpunkt

▶ Die richtige Gertenlänge

Dressurgerten sind lang (ca. 120 cm), dünn und mit einem kurzen locker baumelnden „Schlag" ausgestattet. Je weicher die Gerte ist, umso unpräziser ist die Einwirkung. Solche „Schlabber-Gerten" können auch unkontrolliert gegen die Flanken wippen.

Eine Springgerte ist zur Vermeidung von Verletzungen im Fall eines Sturzes nur etwa halb so lang und hat eine Lederklatsche an ihrem Ende. Sie kommt an der Schulter zum Einsatz.

Kinder werden gerne mit putzigen Stummelgerten in die Reitstunde geschickt. Was auf den ersten Blick so kindgerecht aussieht, ist es aber nicht. Die Kleinen können damit nicht auf das Pferd einwirken, ohne den Zügel aus der Gertenhand zu geben. Andernfalls würden sie dem Pferd unkontrolliert im Maul reißen. Je kleiner ein Kind ist, desto länger sollte deshalb die Gerte sein. So kann sie ohne großen Aufwand hinter dem Schenkel zum Einsatz kommen.

Schlaufen am Griff sind gefährlich und auch überflüssig. Erschrickt ein Pferd und schießt los, muss der Reiter eine Gerte auch mal schnell loslassen können. Deshalb weg damit!

wie die Schenkelhilfe, nämlich dann, wenn das innere Hinterbein abfußt. Die Gerte wird in der Bahn auf der Innenseite getragen. Bei Bedarf wird sie jedoch auf die Seite gewechselt, wo ihr Einsatz gefragt ist.

Der beste Touchierpunkt ist direkt hinter dem Unterschenkel. Bei Berührung an der Flanke oder hinter dem Sattel reagiert das Pferd mit Hochziehen der Kruppe, nicht aber mit einem verstärkten Untertreten der Hinterhand. Die Gerte kann auch an der Schulter eingesetzt werden, um seitwärts treibende Hilfen zu unterstützen oder ein Über-die-Schulter-Laufen zu vermeiden. Die kurze Springgerte wird ausschließlich an der Schulter eingesetzt – um ein Ausbrechen der Schulter vor dem Sprung zu verhindern und den Absprung zu signalisieren.

Normalerweise wird die Gerte aus dem Handgelenk heraus bewegt. Bei einem aufwändigeren Einsatz müssen die Zügel vorher in eine Hand genommen werden, um ein Reißen im Maul zu vermeiden.

Sporen

Die teils kurz und dezent, teils martialisch aussehenden Sporen sind durchaus kein szenespezifischer Schuhschmuck, sondern sie

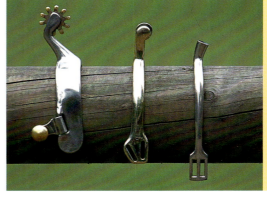

Sporen sind nur für fortgeschrittene Reiter, die ihre Beine unter Kontrolle haben. Die Hilfsmittel gibt es je nach Reitweise in Ausführungen zwischen schlicht und kunstvoll gearbeitet.

sollen in erster Linie feinere Schenkelhilfen ermöglichen (weniger jedoch deren Wirkung erhöhen!). Fein heißt aber auch, dass Sporen nur etwas an Reiterbeinen zu suchen haben, die ruhig und kontrolliert am Pferdebauch liegen.

Bei mangelnder Gehfreude sollte der Reiter ruhig mal in sich gehen und checken, ob er nicht selbst der Grund ist. Reiter, die sich passiv auf dem Pferd umherschleppen lassen und Schenkelhilfen lasch oder gar nicht geben, können kaum ein freudig vorwärts laufendes Pferd erwarten. Hier helfen weder Sporen noch Gerte. Treibende Hilfen haben ihren Ursprung im Reiterkopf. Die dort vorhandene Motivation und der Spaß an der Arbeit übertragen sich meist auf das Pferd.

Die Gangarten

Die Gangarten und ihre Verteilung sind bei den heutigen Pferderassen das Ergebnis jahrhundertelanger Zucht. Ursprünglich hatten alle Wildpferde das gesamte Gangrepertoire in ihren Genen. Kutsche und Kavallerie forderten aber in gleichem Tempo laufende Pferde. So wurden in Europa Dreigänger gezüchtet. In Asien und Südamerika schätzt man dagegen die bequemen Gänge von Tölt und Pass.

Schritt

Der Schritt ist die langsamste Gangart und ein gleichmäßiger Viertakt, bei dem immer zwei oder drei Beine gleichzeitig Bodenkontakt haben. Zuerst fußen das Hinterbein, danach das Vorderbein einer Seite ab, anschließend in gleicher Reihenfolge die Beine der anderen Seite. Im Schritt sucht das Pferd Nahrung.

Während Schritt die beliebteste Gangart bei Reitanfängern ist, weil das Pferd sie dabei ruhig durch die Bahn trägt, fürchten erfahrene Turnierreiter ihn. Es nämlich gar nicht so einfach, ihn vor kritischen Richteraugen im richtigen Tempo, in guter Haltung und mit Ausdruck zu reiten. Das Anreiten im Schritt erfolgt, indem der Reiter sein „Kreuz anspannt" und mit den Unterschenkeln einen kurzen Impuls gibt. Die Hand gibt nach. Das Pferd setzt sich mit einer fließenden Rücken-

In keiner Gangart werden fehlerhafte Reiterhilfen schneller sichtbar als im Schritt. Allzu- leicht wird das Pferd hier im Bewegungs- fluss gestört: Der Schritt wird eilig oder schleppend, mit Taktfehlern zum Pass oder Trab. Deshalb fürchten auch Dressur- profis den Schritt in Prüfungen.

bewegung in Gang. Die Reiterbeine berühren den Pferdebauch abwechselnd links und rechts, abhängig davon, welches Hinterbein gerade abfußt. Läuft das Pferd fleißig, wird nicht aktiv weitergetrieben. Hände und Unterarme gehen bei konstanter Zügellänge in der leichten Nickbewegung des Pferdes mit.

Ein guter Schritt ist fleißig. Die Hinterbeine treten über die Spur der Vorderbeine nach vorne. Das Pferd gibt im Genick nach und trägt den Kopf in der Senkrechten. Schlurft das Pferd träge, muntert man es durch Treiben mit Kreuz, Schenkeln und einem Impuls mit der Gerte auf. Das ist besser als ständiges Klopfen am Bauch. Eilt das Pferd im Schritt, bremst man es durch halbe Paraden.

Schritt wird zu Beginn und Ende einer Reitstunde mit langem Zügel geritten, um das Pferd aufzuwärmen oder zu entspannen. Während der Stunde dient der Schritt dem Reiten verschiedener Lektionen, aber auch als Entspannungsphase zwischendurch. Im Gelände ist der Schritt die Hauptgangart, vor allem auf längeren Strecken.

Schritttempi: Versammelter Schritt, Mittelschritt.

Tölt und Pass

Tölt ist ein Viertakt mit derselben Fußfolge wie der Schritt. Es haben jeweils nur ein oder zwei Beine gleichzeitig Bodenkontakt.

Ohne Schwebephase ist er für den Reiter sehr bequem. Der Tölt kann vom langsamen Tempo bis zum Renntölt geritten werden. Dabei kann es zu (unerwünschten) Taktverschiebungen in Richtung der Zweitakte Trab und Pass, aber auch in Richtung zum Dreitakt (Galopp) kommen. Nur wenige Gangpferde gehen in allen Tempi wirklich taktklaren Viertakttölt.

So vielfältig wie die Gangveranlagung der Pferde, so variantenreich sind auch die Taktstörungen. Schon deshalb gibt es „die" Tölthilfe wie in den Grundgangarten nicht. Da im Tölt jedoch die Tragkraft eine größere Bedeutung spielt als die Schubkraft im freien Trab und Galopp, zielen alle Hilfen zum taktklaren Tölt immer auf eine verstärkte Lastaufnahme der Hinterhand ab.

Nur das Islandpferd und amerikanische Passer gehen Rennpass. Der Pass ist ein deutlich zum Zweitakt verschobener Viertakt mit Schwebephase. Dabei bewegen sich die Beinpaare einer Seite gleichzeitig, also lateral, nach vorne. Das Hinterbein fußt Sekundenbruchteile vor dem Vorderbein auf. Die Pferde werden in der Regel aus dem Galopp in den Pass „gelegt".

Rennpass ist etwas für Profis. Die Pferde müssen dazu eine gute Ausbildung haben, außerdem die nötige körperliche und geistige Reife, denn die Anforderungen sind hoch. Der Weltrekord auf 250 Meter Distanz liegt bei 21,10 Sekunden!

Im Trab bewegt sich immer das diagonale Beinpaar nach vorne (li.). Dazwischen liegt eine Schwebephase (re.). Pferde zeigen in dieser Gangart auch mal Imponiergehabe, was nicht nur für Pferdegenossen ein äußerst beeindruckender Anblick ist.

Leichttraben ist Entspannung für den Rücken. Der Oberkörper bleibt aufrecht, um nicht vor oder hinter die Pferdebewegung zu geraten.

Der Trab bildet den Galopp aus und bereitet den Schritt vor. (GRUNDSATZ DES DRESSURREITENS)

Trab

Der Trab ist eine Gangart im mittleren Tempo und ein Zweitakt mit Schwebephase. Die diagonalen Beinpaare fußen dabei abwechselnd ab. Dazwischen liegt die Schwebephase. Der Dressurreiter variiert im Trab zwischen Piaffe und starkem Trab. Traben ist meist die erste Bewährungsprobe für die Sattelfestigkeit des Reitanfängers. Durch die Schwebephase und das gleichzeitige Auffußen zweier Beine wird der ungeübte Reiter aus dem Sattel gehoben und fällt unsanft

wieder zurück. Wer schnell lernt, im Auf und Ab des Trabs auch in die leichte Vorwärtsbewegung hineinzusitzen, wird schon bald viel Spaß dabei haben.

Angetrabt wird meist aus dem Schritt, später auch aus dem Stand. Mit einer halben Parade macht der Reiter das Pferd auf die bevorstehende Aufgabe aufmerksam. Er spannt das Kreuz an und treibt gleichseitig mit den Schenkeln am Gurt. Die Hand gibt leicht nach. Sind Reiter und Pferd entspannt, sind die Bewegungen für beide schwungvoll und angenehm. Besonders Anfängern fällt es aber schwer, die Muskulatur loszulassen. Das Pferd reagiert mit Anspannen der Rückenmuskulatur und wird unbequem. Was hilft: immer wieder tief ausatmen. Das löst die Reitermuskulatur, vor allem im Gesäß.

▶ Leichttraben

Um den Pferderücken zu entlasten, kann man leichttraben. Der Reiter lässt sich im Takt leicht aus dem Sattel heben. Das erfolgt in der Bahn immer, wenn das innere Hinterbein abfußt. Wer's noch nicht spürt, kann sich auch an der äußeren Schulter orientieren, die sich zeitgleich nach vorne bewegt. Der Oberkörper bleibt aufrecht und der Bauch schiebt sich im Takt zwischen den Händen durch.

Trabtempi: Versammelter Trab, Arbeitstrab, Mitteltrab, starker Trab.

Leichtraben ist in der Lösephase zu Beginn einer Reitstunde, aber auch zwischendurch zum Lockern der Pferdemuskulatur angesagt. Auch im Gelände wird der Reiter meist leichttraben. Auf langen, geraden Strecken sollte er dabei immer wieder den „Fuß wechseln", das heißt zwischendurch einen Schritt aussitzen. So wird eine einseitige Belastung des Pferdes vermieden.

Galopp

Der Galopp ist ein gesprungener Dreitakt mit schaukelnder Bewegung. Abhängig davon, welches diagonale Beinpaar sich bewegt und welches Vorderbein weiter ausgreift, unterscheidet man zwischen Rechts- und Linksgalopp. Pferde, die fliehen, galoppieren.

Mit Spannung und Kribbeln im Bauch erwarten viele Reitschüler ihren ersten Galopp. Doch meist dauert es nicht lange und sie freuen sich auf die schnellste und nach dem Schritt bequemste Gangart.

In der Bahn reitet man Handgalopp, das heißt auf der „rechten Hand" (im Uhrzeigersinn) einen Rechtsgalopp, auf der „linken Hand" den Linksgalopp. Dazu muss das Pferd leicht nach innen gestellt sein: Der Reiter sieht das innere Auge und den Nüsternrand. Geht das Pferd im „Außengalopp", also genau andersherum als erwünscht, pariert man durch und versucht es erneut.

Zum Angaloppieren treibt der innere Schenkel. Der äußere liegt verwahrend eine Hand breit hinter dem Gurt und sorgt dafür, dass das Pferd dem Druck des treibenden Schenkels nicht nach außen hin weicht, sondern nach vorne anspringt. Durch die korrekte Haltung der Beine findet das Gesäß automatisch die richtige Lage und das Gewicht verlagert sich leicht auf den inneren Gesäßknochen. Die innere Hand gibt weich nach und macht dem Pferd die innere Schulter zum korrekten Angaloppieren frei.

Geschafft! Das innere Bein treibt und der Reiter geht entspannt mit dem Becken in der schaukelnden Pferdebewegung mit.

Galopptempi: Versammelter Galopp, Arbeitsgalopp, Mittelgalopp, starker Galopp, Renngalopp.

Flucht, Lebensfreude oder Rennen: Der Galopp ist die schnellste Gangart. Pferde können dabei gut 60 km/h, auf kurzen Distanzen auch schneller werden.

▶ Der leichte Sitz

Im Gelände oder zum Springen reitet man Galopp im leichten Sitz. Die Steigbügel sind dazu kürzer eingestellt. Im leichten Sitz hebt der Reiter den Po ein wenig nach hinten aus dem Sattel und neigt den Oberkörper leicht nach vorne. Die Steigbügel übernehmen das Reitergewicht, Knie und Oberschenkel stabilisieren den Reiter. Die Hände kann man leicht am Mähnenkamm aufstützen. Der innere Schenkel treibt weiterhin am Gurt, der äußere verwahrt. Mit einem so entlasteten Rücken kann das Pferd locker springen, während der Reiter kaum Erschütterungen spürt.

Reiten im Schritt

Was der Anfängers leicht findet, ist für Dressurreiter eine echte Herausforderung – der Schritt. Während der Reitschüler die sanft schaukelnden Bewegungen eher genießt, fürchten Profis die langsamste Gangart des Pferdes. Nirgendwo haben fehlerhafte Reiterhilfen nämlich mehr sichtbare Folgen für Takt, Tempo, Haltung und Ausdruck als im Schritt.

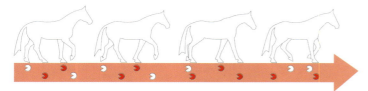

Im Schritt fußt das Pferd gleichmäßig im Viertakt ab und wieder auf: zuerst das Hinterbein, danach das Vorderbein einer Seite, danach in gleicher Reihenfolge die Beine der anderen Seite. Es berühren jeweils zwei oder drei Beine gleichzeitig den Boden.

Da dem Schritt eine Schwebephase wie den gesprungenen Gangarten Trab und Galopp fehlt, wirft er den Reiter nicht und ist sehr bequem. Der Reiter spürt die Bewegung in ruhigen Wellen durch das ganze Pferd fließen. In freier Wildbahn sucht das Pferd im Schritt Futter und bewegt sich langsam grasend vorwärts.

Schritt reitet man vor allem zu Beginn und am Ende einer Reitstunde am langen Zügel, um das Pferd aufzuwärmen oder langsam verschnaufen zu lassen. Auch während der Reitstunde dient der Schritt den Entspannungsphasen zwischendurch oder zum Reiten verschiedener Lektionen. Im Gelände ist der Schritt die hauptsächlich gerittene Gangart, vor allem auf längeren Ritten.

Schritttempi

Der versammelte Schritt wird in der intensivsten Phase einer Reit- oder Trainingsstunde geritten. Die Schritte wirken wie das gesamte Pferd verkürzt. Das Pferd muss dazu gut am Zügel stehen. Die Bewegungen sind erhaben.

Der Mittelschritt ist das Tempo der Arbeitsphase im Schritt. Das Pferd geht energisch vorwärts, ohne zu eilen. Dabei tritt es gut unter – es „siegelt". Das heißt, es tritt mit der Hinterhand in die Spur des abfußenden Vorderbeines oder sogar darüber hinaus.

Hilfen zum Schritt

Der Reiter „spannt das Kreuz an" zum Anreiten und gibt mit den Unterschenkeln wechselseitig leichte Impulse. Die Hand gibt

Im Schritt werden körperliche Mängel und Unwohlsein des Pferdes am leichtesten sichtbar. Schlägt das Pferd ständig mit dem Kopf, sollte das Gebiss und das Reithalfter auf seinen Sitz überprüft werden.

nach und das Pferd setzt sich mit einer fließenden Rückenbewegung in Gang. Der Pferdebauch berührt durch die seitliche Rumpfbewegung abwechselnd das linke und rechte
Reiterbein, abhängig davon, welches Hinterbein abfußt. Läuft das Pferd fleißig vorwärts,
erfolgt das Treiben mit dem Schenkel passiv
in der Rumpfbewegung. Das Kreuz des Reiters schwingt in der Pferdebewegung mit.
Die Hände und Unterarme folgen bei konstanter Zügellänge der leichten Nickbewegung des Pferdekopfes.

Ein guter Schritt soll fleißig sein. Die
Hinterbeine treten gut unter, das heißt, sie
treten deutlich über den Abdruck des Vorderbeines hinaus nach vorne. Im Genick gibt das
Pferd nach, es trägt den Kopf in der Senkrechten.

Schlurft das Pferde müde oder lustlos vor
sich hin, muntert der Reiter es durch Treiben
mit Kreuz, Schenkel und einem kurzen Impuls mit der Gerte auf. Ständiges Klopfen mit
den Schenkeln am Bauch stumpft ein Pferd
ab. Beim Reitanfänger kann dieser Fehler
auch dazu führen, dass er bei ausbleibendem

Erfolg anfängt die Fersen hochzuziehen.
Ist das Pferde im Schritt dagegen zu eilig,
bremst man es durch halbe Paraden.

▶ Fehler im Schritt erkennen und abstellen

Fehler ...	... erkennen ...	... und abstellen
Passgang Die Vorderbeine fußen zu schnell nach den Hinterbeinen ab. Es kommt zu einer Ver- schiebung zum lateralbetonten Zweitakt. Der Reiter spürt ein Wippen in der Hüfte.	Starke Passveranlagung (bei Gangpferden und häufiger bei Dressurpferden), zu viel Zügel- einwirkung, innere Unruhe.	Zügel verlängern und Pferd strecken lassen. Zum Lösen den Trab wählen. Ruhiger reiten.
Zackeln Die Hinterbeine fußen zu schnell nach den gegenüberliegenden Vorderbeinen ab. Es kommt zu einer Verschiebung zum diago- nalbetonten Zweitakt Richtung Trab.	Zu viel Treiben, zu viel Zügelein- wirkung bei starkem Vorwärts- drang des Pferdes. Pferde mit viel Temperament und Energie.	Lösen im flotten Trab oder Galopp, um „Dampf" abzulassen. Vorsichtig treiben und in korrekter Anlehnung reiten.
Zügellahm Die Hinterbeine treten ungleich.	Das passiert bei zu viel Zügelein- wirkung.	Ein Fehler, der sich nur mühsam wieder abstellen lässt: viel mit lan- gem Zügel reiten, durch Bodenar- beit und Gymnastizierung an der Longe.
Eilen Schnelle, hastige, verkürzte Schritte im Takt.	Kommt bei hektischen und unsi- cheren Pferden vor.	Ruhig und gelassen sitzen, Ruhe auf das Pferd ausstrahlen und langsa- mer reiten.
Schleppender Schritt Energielose, schleifende Schritte.	Häufig bei bahnmüden, faulen Pferden und passiven Reitern.	Energisch treiben, flottere Gangart zum Aufwecken wählen. Ein bahn- saures Pferd sollte öfter ins Gelände kommen.

Reiten im Trab

Im Trab darf der Reitschüler zum ersten Mal seine Sattelfestigkeit beweisen. Während sich die Gangart für den Anfänger zunächst recht wackelig anfühlt, kann der fortgeschrittene Reiter im Trab beeindruckende Lektionen reiten. Seitengänge wie Traversalen oder der versammelt gerittene Trab bei Passage und Piaffe lassen auch beim Zuschauen das Herz höher schlagen. Die Tempobreite reicht vom „Tanz auf der Stelle" bis zum starken Trab.

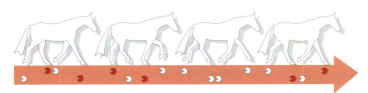

Der Trab ist ein gelaufener Zweitakt mit Schwebephase. Die diagonalen Beinpaare fußen abwechselnd ab. Dazwischen liegt eine Schwebephase, in der kein Fuß Bodenkontakt hat. Eigentlich ist der Trab eine Gangart im mittleren Tempo. Ein guter Dressurreiter kann das Tempo jedoch von der Piaffe mit kaum sichtbarer Vorwärtsbewegung bis zum starken Trab, der Galopptempo erreichen kann, variieren. In der Natur läuft das Pferd im Trab, um längere Strecken ohne Eile zurückzulegen. Im Trab imponieren auch männliche Pferde ihren Artgenossen.

Durch die Schwebephase und das gleichzeitige Auffußen zweier Beine empfindet vor allem der Anfänger den Trab als holprig und unbequem. Schließlich wird man bei jedem Schritt ein wenig aus dem Sattel geworfen. Hier heißt es locker bleiben und die Stöße nicht noch durch eine verspannte Rückenmuskulatur zu verstärken. Dann wird nämlich auch das Pferd den Rücken verspannen und ein lockerer Sitz ist nicht mehr möglich.

Im Trab wärmt man das Pferd zu Beginn einer Reitstunde auf, um die Muskulatur zu lösen und es auf die Arbeit vorzubereiten. Dazu wird leichtgetrabt. Auch zwischendurch lockert man die Pferdemuskeln im Trab und lässt das Pferd sich strecken.

Im Gelände wird man in der Regel leichttraben. Um aus der Entlastung für das Pferd

▶ Tipp zum lockeren Aussitzen

Der Trab beschert dem Reiter nicht nur eine Auf- und Abbewegung, die es zu sitzen gilt. Lässt der Reitschüler sich auch in der leichten Vorwärtsbewegung mitnehmen, lernt er schnell, geschmeidig der Trabbewegung zu folgen. Vor allem am Anfang sollte die Konzentration immer wieder auf die Atmung gelenkt werden. Ist der Reitschüler stark konzentriert, hält er oft die Luft an und verspannt sich. Hier gilt es, tief auszuatmen. Das lässt die Reitermuskulatur vor allem im Gesäß wieder locker werden.

▶ Fehler im Trab erkennen und abstellen

Fehler ...	...erkennen...	...und abstellen
Eilen Kurze und hastige Bewegungen, ...	...bei denen der Takt verloren geht.	Tempo verringern und das Pferd dabei vorsichtig an den Zügel treiben. Das Pferd auf gebogenen Linien verlangsamen.
Schleppender Trab Energielose „schlurfende" Bewegungen.	Pferde mit mangelndem Gehwillen und geringem Temperament. Die Schwebephase ist wenig ausgeprägt.	Energisch vorwärts und Tempovariationen reiten. Den Gehwillen durch Ausritte in der Gruppe fördern.
Schmieden Die Eisen klappern. Die Hinterhand tritt in die Vordereisen, weil eine deutliche Schwebephase fehlt.	Das Pferd ist müde oder hat Gleichgewichtsprobleme.	Energischer reiten und Beschlag korrigieren.

keine einseitige Belastung zu machen, sollte der Reiter auf langen, geraden Trabstrecken immer wieder den „Fuß wechseln". Hierzu sitzt er einen Schritt aus, das heißt, er bleibt einmal sitzen, wo er eigentlich im Sattel aufstehen müsste.

Trabtempi

Den **versammelten Trab** reiten fortgeschrittene Reiter und Profis in der intensivsten Phase einer Reit- oder Trainingsstunde. Die Schritte wirken (wie das gesamte Pferd) verkürzt. Das Pferd muss dazu gut am Zügel stehen. Die Bewegungen sind erhaben. Den höchsten Versammlungsgrad erreicht das Pferd bei Piaffe und Passage.

Im **Arbeitstrab** wird das Pferd im ruhigen, gleichmäßigen Tempo bei geringem Kraftaufwand gelöst. Das Tempo ist dann richtig, wenn man noch eine Volte reiten kann.

Im **Mitteltrab** wirkt das Pferd wie in einem erweiterten Rahmen. Die Hinterhand schiebt kräftig an, die Vorhand greift weit aus. Es zeigt bei gleichbleibendem Takt eine akzentuierte Sprungphase, die so genannte Kadenz.

Der **starke Trab** hat für den Reiter kaum eine Bedeutung, denn er ist wirklich unbequem bzw. eigentlich gar nicht mehr zu sitzen. Dann lieber galoppieren! Starken Trab oder Renntrab gehen Trabrennpferde vor dem Sulky.

Hilfen zum Trab

Der Reiter trabt meist aus dem Schritt an. Das Pferd wird durch eine halbe Parade auf die neue Aufgabe aufmerksam gemacht. Der Reiter spannt das Kreuz an und treibt mit den Schenkeln am Gurt, die Hand gibt nach.

Ganz leicht – das Leichttraben

Beim Leichttraben entlastet der Reiter den Pferderücken. Er lässt sich dazu im Takt leicht aus dem Sattel heben, ohne aktiv mitzuwirken. In der Bahn erfolgt dies immer, wenn das innere Hinterbein abfußt. Wer es nicht spürt, orientiert sich an der äußeren Schulter, die sich zeitgleich nach vorne bewegt. Der Oberkörper bleibt aufrecht, der Bauch schiebt sich im Takt nach vorne.

Beim Leichttraben reicht es völlig, das Gesäß nur leicht aus dem Sattel zu heben. Aktives Aufstehen weit aus dem Sattel heraus stört das Pferd im Takt und ist anstrengend für den Reiter.

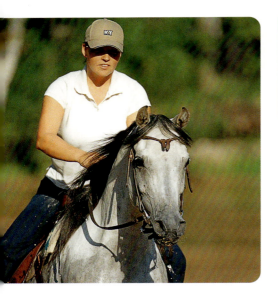

Reiten im Galopp

Ein spannungsvolles Kribbeln haben Reitanfänger im Bauch, wenn sie an den Galopp denken. Doch wer die Angst überwunden hat und erst einmal im schnellen Tempo dieser flotten, aber bequemen Gangart im Gelände unterwegs war, wird den schaukelnden Dreitakt bald zu seiner Lieblingsfortbewegung erklären. Doch auch im Springparcours, beim Jagdreiten, Polo oder Voltigieren ist der Galopp die Gangart Nummer eins.

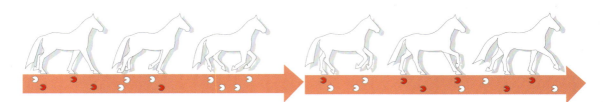

Im Galopp springt das Pferd einen Dreitakt, den man (je nachdem, welches Vorderbein weiter ausgreift) in Rechts- und Linksgalopp unterscheidet.

Welchen Galopp korrekt ist, entscheidet in der Bahn die Hand, auf der man reitet. Im Uhrzeigersinn auf der „rechten Hand" ist Rechtsgalopp angesagt, auf der „linken Hand", gegen den Uhrzeigersinn geritten, wählt man den Linksgalopp.

Nicht immer kommen die Galopphilfen korrekt durch und es gelingt sofort, auf der richtigen Hand anzugaloppieren. Manche Pferde wählen auch eigenmächtig ihren „Lieblingsgalopp". Dann heißt es durchparieren und neu versuchen, am besten aus der nächsten Ecke heraus. Erst in höheren Klassen ist der „Außengalopp" Teil von Dressurprüfungen.

Galopp reitet man in der Lösephase einer Trainingsstunde, sobald das Pferd warm ist. Außerdem kann ein Pferd mit viel überschüssiger Energie im Galopp auch mal Dampf ablassen.

Fortgeschrittene reiten im Galopp anspruchsvolle Lektionen wie fliegende Wechsel, Seitengänge oder gar Pirouetten.

Galopptempi

Den **versammelten Galopp** reiten fortgeschrittene Reiter in verschiedenen Lektionen. Das Pferd springt in einem sichtbar verkürzten Rahmen und mit erhabenen Bewegungen in langsamem Tempo.

Der **Arbeitsgalopp** ist geregelt und taktklar. Das Tempo ist regulierbar und Volten sind fortgeschrittenen Reitern leicht möglich. Das Pferd springt in runden Bewegungen gut „bergauf".

Im **Mittelgalopp** zeigt das Pferd bei gleichbleibendem Takt schwungvollere und raumgreifendere Bewegungen. Die Hinterhand tritt stärker unter und der Rahmen des Pferdes erweitert sich.

Im **starken Galopp** und im **Renngalopp** steigert das Pferd deutlich sein Tempo und erweitert noch einmal sichtlich den Rahmen: Es wird „flacher" und „länger".

Bei Spring- und Vielseitigkeitspferde wünschen sich Reiter eine gute Galoppade. Das heißt, das Pferd soll mit raumgreifenden Bewegungen vorwärts laufen, sich aber gut und im Gleichgewicht zurücknehmen lassen.

Hilfen zum Galopp

Zum Angaloppieren gibt der Reiter eine halbe Parade. Das Pferd wird leicht nach innen gestellt, so dass der Reiter das innere Auge und den Nüsternrand sehen kann.

Der innere Schenkel treibt nun energisch am Gurt, während das äußere Bein aus der Hüfte heraus eine Handbreit verwahrend hinter den Gurt gelegt wird. So weicht das Pferd dem treibenden inneren Schenkel nicht nach außen aus, sondern springt nach vorne an. Dazu muss auch die innere Hand weich nachgeben und dem Pferd die innere Schulter zum Angaloppieren auf der richtigen Hand freigeben. Durch die korrekte Haltung der Beine wirkt der Reiter automatisch verstärkt über den inneren Gesäßknochen mit seinem Gewicht richtig auf das Pferd ein. Das Pferd springt an, und nun heißt es genießen… Das innere Bein treibt dabei weiter und der Reiter folgt entspannt mit dem Becken der schaukelnden Pferdebewegung.

Gerade Schulpferde mogeln gerne und lassen sich durch eine zu zaghafte oder unkorrekte Galopphilfe lieber in einen hektischen Trab hineinjagen. Aus diesem heraus gelingt es kaum noch, richtig anzugaloppieren. Da hilft nur: Tempo drosseln und an einer geeigneten Stelle energisch (mit einem Gertenklaps) erneut anzugaloppieren.

Ein kontrolliert galoppierendes Pferd ist angenehm zu sitzen. Deswegen sollte man im Galopp nur so schnell reiten, dass man das Pferd noch sicher an den Hilfen hat. Am Anfang muss ein Zirkel, später eine Volte noch machbar sein.

Der leichte Sitz

Im Gelände oder im Springparcours reitet man den Galopp im leichten Sitz. Die Steigbügel werden um einige Löcher gekürzt. Der Reiter hebt seinen Po ein wenig nach hinten aus dem Sattel und neigt den Oberkörper leicht nach vorne. Das Reitergewicht liegt jetzt hauptsächlich auf den Steigbügeln. Die Knie und Oberschenkel stabilisieren den Reiter, ohne zu klemmen. An der Mähne festhalten, ist durchaus erlaubt. Auch hier treibt der innere Schenkel, während der äußere Schenkel verwahrt. So kann das Pferd mit einem entlasteten Rücken locker springen und der Reiter fühlt kaum Erschütterungen.

▶ Fehler im Galopp erkennen und abstellen

Fehler…	…erkennen…	…und abstellen
Außengalopp Das äußere Vorderbein greift weiter vor, …	…weil das Pferd für den Galopp auf der richtigen Hand schlecht vorbereitet wurde (fehlende Parade und Stellung, zu hohes Tempo), eine ungünstige Stelle gewählt wurde oder das Pferd einseitig und steif ist.	Sofort durchparieren und in einer Ecke erneut angaloppieren. Längere Zeit auf der richtigen Hand galoppieren.
Kreuzgalopp Das Pferd galoppiert auf der Vorhand im Linksgalopp, auf der Hinterhand im Rechtsgalopp und umgekehrt.	Der Reiter fühlt statt einer fließenden Schaukelbewegung bei jedem Sprung ein unbequemes Rucken.	Galopphilfen ruhig und energisch, aber nicht überfallartig geben. Dabei ruhig sitzen und das Gleichgewicht des Pferdes nicht stören.
Vierschlaggalopp Die diagonale Sprungphase wird in zwei Schritte aufgelöst: Das Hinterbein fußt kurz vor dem Vorderbein auf.	Der Reiter hört einen Viertakt. Der Galopp fühlt sich bequem und wenig gesprungen an.	Energisch angaloppieren und häufige Trab-Galopp-Übergänge reiten, um die diagonale Phase zu fördern.

Reiten im Tölt und Pass

Über Jahrhunderte geritten und ebenso lange vergessen, schwören viele Reiter heute wieder auf das sanfte Vorwärtskommen im Tölt. In der Blüte der Klassischen Reiterei geriet die weit verbreitete Gangart in Vergessenheit und wurde auf dem europäischen Kontinent züchterisch ausgemerzt. Viele Pferde des amerikanischen Kontinents – alles Nachkommen töltender Pferde der spanischen Eroberer – aber auch das Islandpferd tragen die Gangveranlagung zu Tölt und Pass.

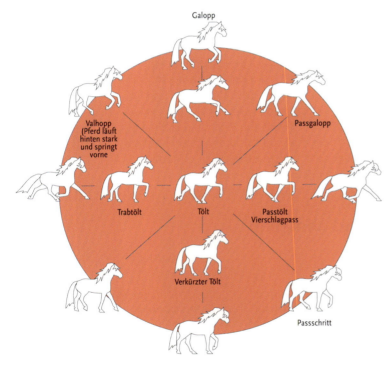

Tölt

Der Tölt ist ein gleichmäßiger Viertakt mit derselben Fußfolge wie der Schritt. Allerdings haben nur noch jeweils ein oder zwei Beine Bodenkontakt. Diagonale und laterale Zweibeinstützen wechseln sich ab. Der Reiter scheint mit dem Pferd erschütterungsfrei über den Boden zu schweben. Tölt kann vom langsamen Arbeitstempo bis ins hohe Galopptempo geritten werden, ohne dass es für den Reiter unbequem wird.

Nur wenige Pferde gehen von Natur aus taktklaren Viertakt-Tölt. Die meisten zeigen individuelle oder rassetypische Verschiebungen in Richtung Trab und Pass oder aber Galopp. Die Gangveranlagung eines Pferdes erkennt man häufig auch an der Qualität des Galopps, der dann zum Vierschlag hin verschoben und gelaufen statt gesprungen ist.

▶ Viertaktvarianten mit klangvollen Namen

Im Turniersport für Gangpferde ist in Prüfungen für gemischte Rassen der taktklare Tölt das Maß aller Dinge. Die verschiedenen Gangpferde zeigen aber auch individuelle, rassetypische Taktverschiebungen in Richtung Trab oder Pass oder entsprechende Gangverschiebungen aus dem Schritt mit Zwei- und Dreibeinstütze. Töltvarianten sind beispielsweise Paso Llano, Sobreandando, Fino, Trocha, Trote, Marcha Picada, Marcha Batida, Flat Foot Walk, Running Walk, Rack, Foxtrott,... Für sie gibt es spezielle Prüfungen, in der die Richter den Takt sogar blind, nur nach Gehör, auf dem so genannten Fino Strip bewerten.

Ein feines Gespür für den Takt braucht der Reiter beim Tölt reiten. Gangpferde variieren je nach Veranlagung gerne mal Richtung Pass, Trab oder Galopp. Da heißt es, rechtzeitig mit den richtigen, individuellen Hilfen zu reagieren.

Der Tölt und seine Verwandten sind in den Herkunftsländern der Gangpferderassen erste Wahl für die Reiter, um im flotten Tempo längere Strecken zurückzulegen. Dabei läuft er in einer fließenden Bewegung durch das ganze Pferd – typisch dabei die wellenfömige Bewegung des Schweifes.

Um Tölt richtig zu reiten, braucht ein Reiter viel Gefühl im Hintern und eine feine Hand. Eine gute Grundausbildung in den drei Grundgangarten sollte ersten Schnupperstunden im Töltreiten immer vorausgehen.

Tölttempi

Arbeitstempo Tölt fordert die Tragkraft der Hinterhand und damit auch eine hohe Versammlungsfähigkeit des Pferdes. Bei maximal 200 Metern pro Minute tritt das Pferd bei stolzer, aufrechter Haltung gut unter den Schwerpunkt.

Im **Mitteltempo Tölt** ist das Tempo höher und der Rahmen des Pferdes weiter. Die Bewegung fließt durch das ganze Pferd und die Aktion der Vorhand wird aus der Schulter heraus höher.

Das **starke Tempo Tölt** ist die Krönung der Töltreiterei (Achtung, unkontrollierbare Glücksgefühle!). Die Pferde werden so über kürzere Distanzen geritten. Das Tempo erreicht Galoppgeschwindigkeit.

Das Pferd hat eine geringere Aufrichtung und trägt den Kopf frei bei guter Anlehnung. Die Bewegungen der Vorhand werden hoch und weit. Jetzt heißt es Takt und Tempo souverän beherrschen.

Hilfen zum Tölt

So vielfältig wie die Gangveranlagungen der Pferde, so verschieden sind „die Tölthilfen". Richtig gelesen: Die Standard-Tölthilfe gibt es nämlich nicht.

Trabbetonte Pferde bereitet man durch versammelnde Übungen auf den Tölt vor und treibt mit Kreuz und Schenkel gegen einen erst anstehenden, später nachgebenden Zügel.

„Naturtölter" werden bei einer Aufforderung, die der Trabhilfe gleichkommt (Kreuz anspannen, Impuls mit den Schenkeln, nachgebende Hand) den Tölt finden.

Pferde mit starker Passveranlagung benötigen oft sogar eine leichte Entlastung des Rückens, um den Takt im Tölt zu finden. Töltet das Pferd, geht das Becken des Reiters bei leichter Anspannung des Kreuzes locker in der Bewegung des Pferderückens mit. Die Schenkel treiben mit Impulsen die Hinterhand heran. Droht das Pferd auseinander zu fallen (dann kommt Trab oder Galopp über die sogenannte „Rolle"), wirkt der Reiter mit halben Paraden dagegen.

Rennpass

Richtig Rennpass gehen lediglich Islandpferde und amerikanische Passer. Der Rennpass ist ein zum Viertakt verschobener Zweitakt mit einer Schwebephase, bei dem sich die Beinpaare einer Seite nach vorne bewegen. Die Hinterbeine fußen Sekundenbruchteile vor den Vorderbeinen auf. Rennpass wird nur in speziellen Wettbewerben geritten und die Pferde aus dem Galopp in den Pass „gelegt".

Zum Pass reiten müssen Reiter und Pferd weit ausgebildet sein, denn er stellt vor allem an das Pferd hohe körperliche und geistige Anforderungen. „Freizeitspaß im Schweinepass", die langsame und als fehlerhaft geltende Passvariante, ist dagegen verpönt.

Wissen, wo's langgeht

Die Gesetze der Reitbahn sind auf allen Reit- und Turnierplätzen der Welt gleich. Sie regeln das Miteinander von Reitern und Pferden auf engem Raum und sollen dabei Behinderungen und Zusammenstöße vermeiden. Wem die Regeln wie die Straßenverkehrsordnung in Fleisch und Blut übergegangen sind, der kann auch im größten Getümmel stressfrei reiten.

Die erste Hürde auf dem Weg in die (bevölkerte) Reitbahn ist das Tor. Meist geht es nach innen auf, damit kein Pferd selbstständig ausbüxen kann, und blockiert deshalb beim Öffnen den ersten Hufschlag. Jetzt heißt es, sein Kommen bei den Mitreitern anzumelden: Mit „Tür frei!" kündigt man sich an. Nach der Antwort „Tür ist frei!" betritt man zügig mit seinem Pferd die Halle.

Vor der Reitstunde stellen sich alle Reitschüler auf der Mittellinie in gleicher Blickrichtung auf, gurten nach und stellen wo nötig noch die Bügel ein. Hier wird auch aufgestiegen. Der einzelne Reiter sucht sich ebenfalls einen Punkt auf der Mittellinie, nicht jedoch bei X in der Bahnmitte oder auf den anderen Zirkelpunkten, um Mitreiter nicht zu behindern. Überhaupt sollte man zügig aufsteigen und die nötigen „Wartungsarbeiten" schon vor der Halle oder Bahn erledigen.

Reiten auf Händen

Geritten wird auf Händen – nicht auf dem Hintern. Und Reiter geben sogar der

Bahnregeln gelten immer und überall da, wo mehr als ein Pferd unterwegs ist. Sie erleichtern neben Vorsicht und Rücksicht die gemeinsame Arbeit mit Pferden. Doch auch hier gilt es, nicht auf sein Recht zu beharren, sondern vorausschauend zu reiten und auch mal rechtzeitig den Weg frei zu machen.

▶ So schätzt man den Abstand richtig ein

Eine Pferdelänge Abstand zum Vorderpferd hat ein Reiter dann, wenn er zwischen den Ohren seines Pferdes durchblickt und die Hufeisen oder die Hufsohle des vorauslaufenden Pferdes sieht. In schnelleren Gangarten ist der Bremsweg länger, ein Sicherheitszuschlag allemal sinnvoll. Schlagende Pferde werden stets mit einem roten Schleifchen im Schweif gekennzeichnet. Von ihnen hält man sich besser fern. Sie sollten stets am Ende einer Abteilung gehen. Der seitliche Abstand beim Überholen oder Gegenverkehr beträgt etwa zwei Pferdebreiten, damit die innen getragene Gerte das Pferd nicht streift.

linken Hand stets den Vorrang. Das heißt, die linke Hand des Reiters zeigt zur Bahnmitte. Er bewegt sich mit dem Pferd gegen den Uhrzeigersinn und darf bei Gegenverkehr seine Spur auf dem ersten Hufschlag ganz an der Bande behalten. Reiter auf der rechten Hand sind dagegen im Uhrzeigersinn unterwegs und weichen auf den zweiten Hufschlag, etwa zwei Pferdebreiten nach innen, aus. Auch Reiter im Schritt weichen schnelleren auf den zweiten oder dritten Hufschlag aus. Dabei sollen auch die Zirkel für flotte Mitreiter frei bleiben und langsame Reiter sich auf den zweiten Hufschlag des Zirkels zurückziehen.

Beim Reiten gilt: mindestens eine Pferdelänge Abstand halten, in schnelleren Gangarten mehr. So bleibt ausreichend Bremsweg, wenn das vordere Pferd unerwartet stoppt.

Bei Reitstunden auf Ovalbahnen wird üblicherweise am äußeren Rand geritten. Auch hier weicht die rechte Hand der linken Hand in der Bahnmitte oder innen aus. Die Hand wird immer durch eine Wendung nach außen gewechselt.

Rücksicht ist Trumpf

In der Reitbahn ist erzwungene Vorfahrt so wenig angesagt wie im Straßenverkehr. Wird es doch mal eng, sind gerade Anfänger schnell damit überfordert, ihr eigenes Pferd kontrolliert zu reiten, auf viele andere Reiter zu achten und deren Weg vorauszuahnen. Jetzt heißt es für die Cracks um der Reiter und Pferde Gesundheit willen auf unsichere Mitreiter Rücksicht zu nehmen. Der klügere – und in diesem Fall der erfahrenere Reiter – gibt nach.

Ein Reitplatz oder die Halle ist zwar kein Ort der absoluten Stille, doch sollten laute Unterhaltungen, Gekicher und Geschrei aus Rücksicht auf Mitreiter, die konzentriert mit ihrem Pferd arbeiten wollen, bitte unterbleiben oder wenigstens an den Putzplatz verlegt werden.

Auch lautstarke Kommentare, Gefuchtel und Hin-und-her-Gerenne besserwissender Zuschauer an der Bande stören Reit- und Trainingsstunden.

Ganze Bahn und Kreisverkehr

Aus dem Zirkel, durch den Zirkel oder auf dem Zirkel herum? Mit den verschiedenen Hufschlagfiguren kann der Reiter seine Fähigkeiten in Sitz und Einwirkung verfeinern und das Pferd gut gymnastizieren. Bei der Vielzahl der verschiedenen Routen darf sich glücklich schätzen, wer den rechten Weg zum Kommando des Reitlehrers findet. Sauber gerittene Hufschlagfiguren helfen Reitern, die Wege der Mitreiter vorauszusehen und diesen unfallfrei zu begegnen.

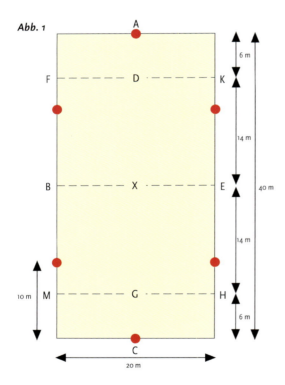

Abb. 1

A
F D K
6 m
14 m
B X E 40 m
14 m
M G H
10 m
6 m
C
20 m

Der Standardreitplatz misst 20 Meter mal 40 Meter. Dressurplätze mit Turniermaß für schwere Prüfungen sind häufig 20 Meter mal 60 Meter groß. An der Bande sind Bahnpunkte angebracht, die dem Reiter zur Orientierung dienen (Abb. 1). Die Eselsbrücke für die Punkte einer kleinen Bahn lautet: **A**lte **K**ühe **E**ssen **H**eu, **C**älber **M**ögen **B**esseres **F**utter. Der Reitlehrer verbindet die Kommandos ebenfalls mit Bahnpunkten, so dass alle Reiter wissen, wohin sie reiten sollen.

Hufschlagfiguren

Die Hufschlagfiguren sollten in der Reitstunde und im freien Training stets korrekt geritten werden. So herrscht auf dem Reitplatz unter den Mitreitern Klarheit über die gewählten Wege und der gymnastizierende Effekt für das Pferd ist gewährleistet.

„Ganze Bahn" (**Abb. 2**) reitet man entlang der Bande auf dem ersten, zweiten oder dritten Hufschlag, jeweils zwei Pferdebreiten nach innen versetzt (je langsamer desto weiter innen). Beim Kommando „**Halbe Bahn**" (**Abb. 2**) wird entlang der Bande geritten, an den Punkten B oder E zum gegenüberliegenden Bahnpunkt abgezweigt und auf der gleichen Hand weiter geritten.

Handwechsel (**Abb. 2**) können auf vielerlei Wegen erfolgen: Durch die „**Halbe Bahn wechseln**" und durch die „**Ganze Bahn wechseln**" wird jeweils durch Abwenden nach der zweiten Ecke der kurzen Seite eingeleitet und über die Diagonalen an der Mitte oder dem Bahnpunkt vor der gegenüberliegenden Ecke beendet. Durch die „**Länge der Bahn wechseln**" erfolgt von der Mitte der kurzen Seite bis zur Mitte der gegenüberliegenden kurzen Seite.

„**Auf dem Zirkel geritten**" (**Abb. 3**) bietet vielerlei Möglichkeiten, auf gebogenen Linien das Pferd zu gymnastizieren. Die Kreise mit einem Durchmesser der Hälfte der kurzen Seite werden von den Zirkelpunkten einge-

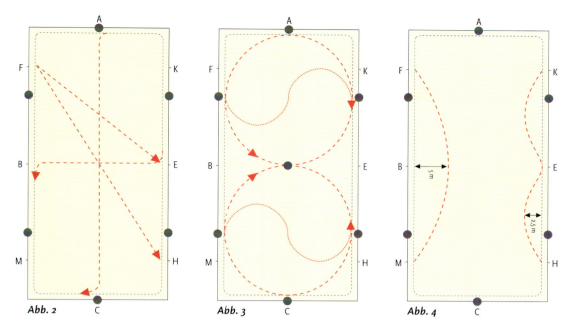

Abb. 2

Abb. 3

Abb. 4

rahmt. An diesen muss das Pferd jeweils für eine Länge parallel zur Bande stehen. „**Durch den Zirkel gewechselt**" folgt nach dem Zirkelpunkt der langen Seite einer geschwungenen Linie in die Zirkelmitte (hier soll das Pferd eine Länge parallel zur langen Seite stehen), auf der die Hand schließlich gewechselt wird. Einfacher ist „**Aus dem Zirkel gewechselt**". Hier reitet man auf dem einen Zirkel bis X (auch hier soll das Pferd eine Länge parallel zur kurzen Seite stehen) und wechselt dort auf den anderen Zirkel (**Abb. 3**).

Schlangenlinien gibt es in einfachen und komplizierten Varianten: Die „**Einfache Schlangenlinie**" (**Abb. 4**) wird an der langen Seite zwischen den Zirkelpunkten geritten – bei B oder E fünf Meter weit ins Innere der Bahn. Die „**Doppelte Schlangenlinie**" (**Abb. 4**) verläuft zwischen den Zirkelpunkten und dem Bahnmittelpunkt auf zwei gleichmäßigen Bögen, die jeweils 2,5 Meter ins Bahninnere ragen. Werden „**Schlangenlinien in drei/fünf Bögen**" (**Abb. 5**) gleichmäßig auf die Bahnlänge verteilt, kommt der Reiter auf der anderen Hand an.

„**Volten**" (**Abb. 6**) reitet man je nach Pferdegröße und gymnastischer Fitness in weiteren oder engeren (6 bis 10 Meter) Radien. Sie kann man an den Bahnpunkten, Zirkelpunkten oder in den Ecken einleiten. Ebenso verfährt man beim Handwechsel „**Aus der Ecke kehrt**" (**Abb. 6**), was am Ende einer langen Seite durch Abwenden auf einem voltengleichen Radius erfolgt.

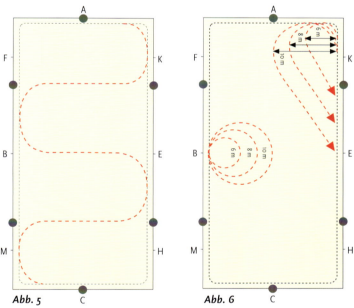

Abb. 5

Abb. 6

So findet man die richtige Spur

Bei Abzweigungen mit 90°-Winkeln (z. B. „Durch die Länge der Bahn wechseln" oder „Schlangenlinien in fünf Bögen") wendet man bereits etwa eine Pferdelänge vor dem Bahnpunkt ab, kommt aber direkt am Bahnpunkt an. Bei Abzweigungen mit 45°-Winkel oder kleiner (z. B. „Durch die ganze/halbe Bahn wechseln") wendet man ab, sobald der Reiter sich auf Höhe des Bahnpunktes befindet. Auf der gegenüberliegenden Seite sollte man etwa eine Pferdelänge vor dem Bahnpunkt die Bande erreichen, damit das Pferd am Punkt wieder parallel zur Bande steht.

Die richtige Krümmung

Der Unterschied von Stellung und Biegung ist für den Anfänger nur insofern von Bedeutung, als dass er um die Kurve kommen will. Doch relativ schnell benötigt er die Kenntnisse und das Geschick für lösende Übungen und die Vorbereitung auf die Seitengänge. Biegende Lektionen fordern und fördern das Pferd und helfen, die Einhändigkeit von Pferden zu überwinden und die tragende Muskulatur gleichmäßig auf beiden Seiten zu trainieren.

Pferde sind wie wir Menschen einseitig veranlagt, was wie bei uns Zweibeinern bei schwerer Arbeit zu einseitiger Belastung von Muskeln und Gelenken führt, wenn man das Training nicht ausgeglichen gestaltet und die schwache Seite fördert.

Während wir Menschen eine Hand bevorzugen und ein Lieblingsbein für Sprünge haben, zeigt sich die Einhändigkeit beim Pferd durch die „natürliche Schiefe". Man sieht sie gut, wenn man mal hinter dem Vierbeiner her läuft: Die Hufe beider Körperseiten fußen nicht sauber hintereinander in

zwei Spuren, sondern nach der einen oder anderen Seite versetzt in drei Spuren. Die Rückenmuskulatur des Pferdes ist naturgemäß auf einer Seite leicht verkürzt, auf der anderen dafür gedehnt. Werden Pferde auf der „schlechten Seite" nicht gefördert, bekommen sie Verspannungen, die zu Rückenschmerzen und frühem Gelenkverschleiß führen. Sie werden unwillig und unrittig.

Stellung

Mit der Stellung wird das Pferd im Genick gelockert. Es wendet seitlich seinen Kopf durch gleichmäßige Biegung der Gelenke zwischen Genick und Schulter. Die Wirbelbrücke zwischen Widerrist und Lende bleibt gerade. Meist wird es dabei „vorwärts-abwärts" den Kontakt zum Zügel suchen und kauen. Diese Haltung wirkt entspannend auf die Rückenmuskulatur, aber auch auf den Geist.

Für die Stellung bleibt der Reiter gerade im Vollsitz und nimmt die Zügel einer Seite nur soweit auf, dass er den Schimmer des Augapfels und den äußeren Nüsternrand sehen kann. Der andere Zügel gibt dabei um dieselbe Länge nach, ohne die Anlehnung aufzugeben. Fehlt das Nachgeben oder ist es nicht ausreichend, muss sich das Pferd im Genick verwerfen. Es wird das Maul nach außen drehen und den Kopf schief halten.

Flexen ist eine Übung im Stehen, bei der der Hals des Pferdes durch Annehmen eines Zügels stark gedehnt und das Genick gelockert wird. Es muss dazu aber schon aufgewärmt sein, um Zerrungen zu vermeiden. Das Pferd darf nicht durch Wegtreten ausweichen.

Man sieht es an den Ohren auf unterschiedlicher Höhe.

Egal, auf welcher Hand Reiter und Pferd sich bewegen, ist die Seite, nach der das Pferd gestellt ist, nun „innen", die andere „außen". Fehlerhaft ist der Versuch, das Pferd stärker zu stellen: Das führt meist dazu, dass es über die äußere Schulter wegläuft und der Takt unrein wird.

Ändert man die Stellung, soll das Pferd für ein bis zwei Längen geradeaus gestellt werden, um sich neu zu sortieren.

Biegung

Bei der Biegung ist die gesamte Längsachse entsprechend der Beweglichkeit der einzelnen Gelenke zwischen Genick und Schweifwurzel gebogen. Jetzt muss der Reiter beweisen, dass er den Drehsitz beherrscht und die diagonalen Hilfen gut aufeinander abstimmen kann: Schulter und Becken von Reiter und Pferd sind parallel, so dass der innere Gesäßknochen verstärkt zusammen mit dem inneren Schenkel am Gurt das innere Hinterbein zum Untertreten veranlasst. Der äußere Schenkel liegt in verwahrender Position eine Handbreit hinter dem Gurt und verhindert ein Ausfallen der Hinterhand. Die Zügelhilfen erfolgen wie bei der Stellung –

Ein kleiner Pylonenparcours hilft mit optischen Anreizen beim Reiten korrekter Biegungen. Schon im Schritt ist es gar nicht so einfach, das Pferd rechtzeitig und sanft auf die andere Seite umzustellen.

innen nimmt weich an, außen gibt nach, ohne die Anlehnung aufzugeben. Der äußere Zügel begrenzt auch die Schulter.

Bei der Stellung wird das Pferd sozusagen um den Finger gewickelt, bei der Biegung um den Schenkel…

▶ Sauber um die Ecke reiten

Kann der Reiter die korrekten Hilfen für Stellung und Biegung einsetzen, ist er sauber auf gebogenen Linien unterwegs und kommt gut durch die Ecken. Das Pferd soll durch vermehrtes Stützen des Hinterbeins Körperlast aufnehmen. Vorderbeine und Hinterbeine beider Seiten sollen sich auf einer Linie befinden. Das ist gar nicht einfach und auf der sechsstufigen Ausbildungsskala des Pferdes immerhin an fünfter Stelle!

Die Wendung wird vor der Ecke durch eine halbe Parade eingeleitet und das Pferd nach innen gestellt. Mit Beginn der Ecke oder Kurve gibt der Reiter dem Pferd mit den diagonalen Hilfen die Längsbiegung, die nie stärker als der Kreisbogen sein soll. Dabei schaut er um die Ecke. Auch Volten und Zirkel gelingen schön rund, wenn man seinen Blick auf den Kreismittelpunkt oder den jeweils nächsten Zirkelpunkt fokussiert.

Halbe und ganze Paraden

Viele Begriffe der Reiterei stammen aus dem Militär, auch die der Paraden. Doch mit Kampfkunst haben sie ganz und gar nichts zu tun. Die Paraden dienen der Verständigung und erfordern Gefühl vom Reiter in Händen, Beinen und im Po. Mit Paraden sagt man dem Pferd „Hallo, wir ändern demnächst das Programm". Sie sind auch das Instrument zum gefühlvollen Bremsen.

Jederzeit „ganz Ohr" ist das Pferd. Halbe Paraden kündigen eine neue Aufgabe an. So kann auch das Pferd sich mental darauf vorbereiten. Halbe Paraden dienen außerdem der Temporeduzierung innerhalb einer Gangart oder zum Gangartenwechsel.

Halbe Paraden

Paraden sind eine fein abgestimmte Kombination aus Gewichts- Schenkel- und Zügelhilfen, mit denen das Pferd kurzfristig stärker eingerahmt wird. Die Zügelhilfe ist annehmend, jedoch nie durchhaltend, sondern wird stets von einer nachgebenden Zügelhilfe abgelöst. Reagiert das Pferd sofort, wird es ebenso schnell mit nachgebenden Hilfen belohnt. Lässt es sich bitten, wird die halbe Parade notfalls auch mehrmals wiederholt.

Mit halben Paraden leitet man Übergänge von einer Gangart zur nächsten ein. Eine einzelne Parade gibt man, bevor man in eine höhere Gangart wechselt, aber auch, um die

▶ Zügel nachfassen

Sobald der Reitschüler in allen Gangarten einen ausbalancierten, zügelunabhängigen Sitz gefunden hat, kann er Übungen zum Zügel nachfassen machen. Schulpferde ermogeln sich gerne einen längeren Zügel, doch nur mit einer gleichmäßigen, steten Verbindung zum Pferdemaul kommen Zügelhilfen auch wirklich an.

Der Zügel wird beim Halten in eine Hand genommen und mit der anderen Hand nachgefasst. Diese übernimmt dann den Zügel, während die Hand auch auf der zweiten Seite auf der gleichen Länge nachfasst. Zur Orientierung dienen die kleinen Lederstege, die die meisten Zügel haben. Die Übung wird zuerst ohne Kontakt zum Pferdemaul, später mit einer konstanten Verbindung gemacht. Klappt es, übt man das Zügel aufnehmen auch im Schritt, Trab und Galopp. Wer die Hände korrekt aufrecht hält und an die Zügelbremse durch das Daumendächlein denkt, kann sich erfolgreich gegen den Zügelklau wehren.

Aufmerksamkeit des Pferdes vor einer neuen Aufgabe zu wecken. Mehrere halbe Paraden sind angesagt, wenn das Tempo in einer Gangart eingefangen oder wenn zum Halten durchpariert werden soll. Auch Haltung oder Versammlung verbessert man durch halbe Paraden.

Halbe Paraden können einseitig und beidseitig gegeben werden. Werden die halben Paraden wechselseitig gegeben, bleibt der gegenseitige Zügel ruhig stehen.

Eine Unsitte – aber auch bei erfolgreichen Reitern häufig zu sehen – ist das Sägen mit dem Gebiss im Pferdemaul, das so genannte Riegeln.

Achtung! Wer nur einen Sperrriemen braucht, weil er dem Pferd sonst das Gebiss durchs Maul zieht, gibt seine Paraden falsch.

Vor den Paraden müssen die Zügel bereits die richtige Länge haben. Mit einem zu langen Zügel kann man keine feinen Paraden geben, denn der Zügelweg ist dann einfach zu weit. Die Zügel müssten aus der Schulter seitlich am Rumpf weit nach hinten geführt werden. Also rechtzeitig die Zügellänge überprüfen!

Ganze Paraden

Ganze Paraden haben immer das Anhalten zum Ziel. Sie bestehen aus einer Reihe beidseitiger halber Paraden und werden nur auf geraden Linien gegeben. Gut ausgebildete und durchlässige Pferde reagieren darauf schneller, manches Schulpferd braucht dazu eine nachdrücklichere Aufforderung und häufigere Wiederholungen der halben Paraden. Die treibenden Hilfen sind stärker, denn zum Bremsen muss das Pferd den Schwung mit der Hinterhand abfangen und dazu stärker untertreten.

▶ So gelingen die Paraden

Anfänger vergessen beim Kommando „Paraden!" gerne die treibenden Hilfen. Schließlich sind Paraden am Anfang meist mit einer Reduzierung des Tempos verbunden. Wichtig aber: Durch die treibenden Gewichts- und Schenkelhilfen bekommt das Pferd zwar erst mal einen Vorwärtsimpuls. Dadurch tritt es aber an die Hand heran und holt sich die Zügelhilfe (die Handgelenke werden nur leicht eingerollt) ohne großen Reiteraufwand praktisch selbst ab. Alle Hilfen müssen immer zeitgleich erfolgen, wenn sie wirksam sein sollen.

Bremse und Rückwärtsgang

„Wer bremst, verliert", mag ja für viele Sportarten gelten, nicht so fürs Reiten. Schließlich ist die Kontrolle über das Pferd das wichtigste Ziel des Einsteigers. Doch bremsen und versammeln beschäftigt einen ehrgeizigen Reiter ein Leben lang. Während Durchparieren den Pferdekörper unter Kontrolle und zum Stehen bringt, fängt man durch Rückwärtsrichten den Geist und holt sich die Aufmerksamkeit zurück.

Anhalten mit Gefühl

Richtig gelesen im vorangegangenen Kapitel: Zum Bremsen gibt man Gas, und das nicht mal zu knapp. Vorher gibt der Reiter jedoch eine halbe Parade, um das Pferd auf die neue Aufgabe – Anhalten – vorzubereiten.

Nun kommt die „Stotterbremse", die Folge mehrerer halber Paraden, bis das Pferd steht. Ein ausgebufftes Schulpferd wird die ersten Aufforderungen wahrscheinlich ignorieren. Vielleicht kann es aber einfach auch nicht gleich bremsen. Latscht es nämlich auf der Vorhand, läuft es seinem Gleichgewicht hinterher, das es bräuchte, um kurzfristig anzuhalten. Wichtig deshalb die treibenden Hilfen, die die Hinterhand zum verstärkten

Untertreten animieren. Nur so kann das Pferd sein Gewicht und das des Reiters in der Vorwärtsbewegung abfangen und läuft nicht mit langem Bremsweg ins „Halt" hinein.

Den Vorwärtsschub der Kreuz- und Schenkelhilfen fangen die Hände am Gebiss ab und verkürzen den Rahmen des Pferdes. Jetzt aber auch dran denken, nicht am Zügel zu ziehen, denn Druck erzeugt Gegendruck. Ein Pferdehals ist unwahrscheinlich kräftig. Außerdem bewegt sich unter dem Reiter eine Körpermasse von 400 Kilo und mehr vorwärts. Ein bisschen viel für des Reiters Oberarmmuskulatur.

Durch andauerndes Ziehen flüchten sich die einen Pferde ins Kopfhochreißen und ergreifen, wenn der Schmerz im Maul zu stark wird, im wahrsten Sinne die Flucht. Andere

Bereits vor dem Anhalten muss das Pferd gut an den Hilfen stehen und im Gleichgewicht sein. Auf der Vorhand vorwärts rennende Pferde können gar nicht sofort anhalten, weil ihnen dieses Gleichgewicht fehlt. Hier muss das Pferdegewicht durch Tempo-Einfangen erst wieder Richtung Hinterhand verlagert werden.

▶ Wie stoppt man durchgehende Pferde?

Häufig bekommen Anfänger den Tipp, immer engere Kreise zu reiten, wenn das Pferd (im Gelände) mal zu schnell wird oder durchgeht. Das hilft jedoch nur bedingt und führt nicht zum Halten, denn dazu braucht man die beidseitig gleichmäßig wirkenden Hilfen auf geraden Linien. Oftmals ist auch gar nicht der Platz, um der Gangart und Geschwindigkeit angepasstes Ringelreihen zu reiten. Besser also auch im (vermeintlich) unkontrollierten Tempo daran denken, zu den treibenden Hilfen tief auszuatmen, sich auf den Hintern zu setzen und auf eine annehmende Zügelhilfe sofort wieder eine nachgebende folgen zu lassen. So hat das Pferde keine Chance sich auf dem Gebiss festzumachen oder vor Schmerz im Maul erst recht davon zu rennen.

wird es sparsam eingesetzt, denn das Pferd ist nur auf rückwärts programmiert, um einem Hindernis auszuweichen oder als Unterlegener in einer Auseinandersetzung mit Artgenossen den Rückzug anzutreten.

In der Dressurprüfung wird mit dem Rückwärtsrichten der Gehorsam und die Durchlässigkeit überprüft. Im Alltag kann man damit Aufmerksamkeit einfordern, wenn das Pferd sich bei der Arbeit allzu sehr mit dem Geschehen außerhalb des Reitplatzes beschäftigt oder die Reitstunden mit eigenen (unerwünschten …) Beiträgen bereichert.

Rückwärtsrichten wird – wie immer – durch eine halbe Parade eingeleitet. Dann wird durchpariert, denn Rückwärtsrichten erfolgt grundsätzlich aus dem Stand. Und nun los! Kreuz und Schenkel geben einen deutlichen Impuls. Richtig, sie treiben vorwärts. Doch die Hand bleibt stehen und hindert das Pferd am Vorwärtstreten. Nun entlastet der Reiter den Pferderücken, indem er ein wenig Gewicht von den Sitzbeinhöckern nimmt. Dazu kann er den Oberkörper leicht nach vorne nehmen. Treibt der Reiter gleichmäßig, tritt das Pferd rückwärts – immer mit den diagonalen Beinpaaren gleichzeitig. Nach wenigen Tritten ist Schluss und das Pferd erhält das verdiente Lob.

rollen sich ein, um dem Druck zu entgehen. Sie kommen immer mehr auf die Vorhand. An Halten ist so auch nicht zu denken.

Der perfekte Halt

Geschafft! Das Pferd steht – aber auch geschlossen? Für das korrekte Stehen soll es alle vier Beine gleichmäßig belasten und im Genick nachgeben. Steht das Pferd nur vorne geschlossen, treibt man durch leichten Schenkeldruck das ausgestellte Hinterbein nach. Wer dazu runter sieht, mogelt.

„Sehen" kann man es auch mit dem Hintern: Steht das Pferd korrekt auf allen Vieren, sitzt der Reiter mit beiden Sitzbeinhöckern bequem auf gleicher Höhe. Steht ein Hinterfuß zu weit nach hinten weg, sitzt der Reiter auf dieser Seite etwas tiefer.

Rückwärtsrichten

Das Rückwärtsrichten gehört zur Grundausbildung von Reiter und Pferd. Trotzdem

Steht das Pferd perfekt, das heißt „geschlossen", belastet es gleichmäßig alle vier Beine. Dazu muss aber auch der Reiter beide Sitzbeinhöcker gleichmäßig belasten. Geübte Reiter entwicklen ein Gespür dafür, wie das Pferd unter ihnen steht.

Lösende Übungen

Am Anfang einer jeden Reit- oder Trainingsstunde stehen Aufgaben, durch die Pferde und Reiter zur Losgelassenheit finden sollen. Das ist der Zustand, in dem die Muskulatur sich wechselweise anspannt und wieder lockert. Die Atmung fließt und beide, Reiter und Pferd, finden in dieser Phase den Draht für eine erfolgreiche Kommunikation.

Sportler wärmen sich auf

Die Lösephase ist die Aufwärmphase einer Reitstunde für das Pferd und ebenso für den Reiter. Für beide gilt auch, dass Zwanglosigkeit ein naturgegebener Zustand ist, Losgelassenheit aber erst erarbeitet und erritten werden muss. Muskeln werden in dieser Phase energisch angespannt und wieder losgelassen.

Pferde müssen ihre Muskeln wie alle Sportler vor Höchstleistungen aufwärmen, damit vorzeitige Ermüdung oder Überlastung nicht zu Muskelkater oder schwereren Verletzungen führen. Schlecht trainierte Pferde verlieren die Lust an der Arbeit, sie sind verspannt und unwillig. Deshalb ist ein Aufwärmprogramm Pflicht, um Gleichgewicht, Takt und Losgelassenheit zu finden. Hierfür ist der Reiter verantwortlich.

Das Aufwärmen erfolgt zuerst im Schritt, der fleißig und raumgreifend sein soll. Später wird im Trab und Galopp der Kreislauf von Pferd und Reiter in Schwung gebracht. Das Pferd wird dabei entsprechend seines Temperaments und Arbeitswillens energisch vorwärts geritten und aufgeweckt, oder aber es wird beruhigt und darf überschüssige Energie im kontrollierten Galopp ablassen.

Um die Rücken- und Rumpfmuskulatur des Pferdes geschmeidig zu machen und für schwerere Lektionen vorzubereiten, steht zu Beginn das Reiten auf großen, gebogenen Linien, also Zirkeln und einfachen Schlangenlinien, auf dem Plan. Später werden die Biegungen enger und Volten, Kurzkehrt oder Schlangenlinien in mehreren Bögen ergänzen das Aufwärmprogramm. Viele Handwechsel gewährleisten die gleichmäßige Belastung beider Seiten des Pferdes.

Mit biegenden Übungen beginnt man im Einzelunterricht immer auf der guten Seite des Pferdes, während man es in der Abteilung nehmen muss, wie es kommt. Beim fortgeschrittenen Reiter kann auch mit Trabstangen und Cavalettis gearbeitet werden.

Zum Ende der Lösephase bereiten zahlreiche Tempoübergänge das Pferd auf versam-

In der Lösephase wärmen sich Pferde und Reiter langsam auf. Die Muskulatur kommt auf Betriebstemperatur, die Gelenke werden geschmiert, Bänder und Sehnen auf die bevorstehenden Aufgaben vorbereitet.

melnde Übungen vor. Dabei ist Versammlung nicht im physischen Sinne gemeint. Diese steht erst bei weit fortgeschrittenen Pferd-Reiter-Paaren auf dem Programm. Vielmehr folgen die Phasen konzentrierter Arbeit und anspruchsvollerer Lektionen, die in den folgenden Kapiteln erläutert werden.

Lösephase auch für Reiter

Wer kennt nicht das Bauchkribbeln vor einer Reitstunde. Bekomme ich mein Lieblingsschulpferd, auf dem ich mich so wohl fühle als wäre es mein eigenes? Oder muss ich mich auf einem faulen Pferd abquälen, womöglich sogar mit dem zickigen Vierbeiner, der andere Pferde ins Visier nimmt?

Die Lösephase nutzt der Reiter, um einen Draht zu seinem reitbaren Untersatz zu finden und sich zu verständigen. Er sondiert die Arbeitseinstellung seines Pferdes und fühlt intensiv die Eigenheiten der Pferdebewegung. Ist das Pferd steif und auf welcher Seite? Ist das Pferd von Natur aus geschmeidig und die Losgelassenheit relativ schnell zu erreichen? Besonders zu Beginn der Reitstunden sollte der Schüler auf seine tiefe, gleichmäßige Atmung achten und aktiv entspannen. Wird die Muskulatur ausreichend mit Sauerstoff versorgt, kann sie gut arbeiten, ohne zu übersäuern oder zum Andenken an

Im weiteren Verlauf der Lösephase dehnt das Reiten auf gebogenen Linien die seitliche Hals- und Rumpfmuskulatur und macht das Pferd geschmeidig. Es tritt an den Zügel heran.

die Reitstunde einen heftigen Muskelkater auszubrüten.

Gerade am Anfang sollte der Reiter auf einen korrekten Sitz achten und nicht irgendwie auf dem Pferd hängen. Vor allem an Einsteiger stellt die Reiterei hohe konditionelle Anforderungen, und zum Ende einer Stunde lässt der Sitz durch Ermüdung schon mal nach.

Der Lern- und Fühleffekt ist ebenso wie die Konzentrationsfähigkeit deshalb zu Beginn einer Reitstunde am größten. Das Schulpferd ist noch frisch und der Dialog von Einwirkung durch Hilfen und Pferdereaktion sehr lebendig.

Die Anfangsphase gilt es zu nutzen, um die gefühlten Bewegungsabläufe des Pferdes, aber auch die eigene Haltung in Worte zu fassen und dem Reitlehrer mitzuteilen. So lernt der Schüler, selbstständig zu agieren, während er zu fortgeschrittener Stunde immer stärker auf Unterstützung und Antrieb durch den Reitlehrer angewiesen ist.

Cavalettiarbeit während der Lösephase ist eine schöne Abwechslung und steigert beim Pferd auch die Aufmerksamkeit. Dabei wird die Hinterhand zum Untertreten und der Rücken zum elastischen Schwingen aktiviert.

Einfache Lektionen

Es ist so weit: Der Reitschüler sitzt sicher und ausbalanciert auf dem Pferd, kann beliebig die Grundgangarten wählen, bremsen und unabhängig von seinen Mitreitern verschiedene Hufschlagfiguren reiten. Es wird Zeit für neue Herausforderungen im Sattel. Vor den ersten Lektionen steht jedoch immer die Löse- und Aufwärmphase des Pferdes. Sie soll es locker, geschmeidig und aufmerksam machen.

Am Anfang jeder Trainingsstunde stehen lösende Übungen, mit denen die Muskulatur des Pferdes gelockert wird. Auch die Gelenke werden vor allem bei Boxenpferden erst mal richtig „geschmiert". Stangenarbeit oder lockeres Vorwärtsreiten in allen Gangarten fördert auch die Aufmerksamkeit.

Lösende Übungen

Pferde müssen wie alle Sportler vor Höchstleistungen ihre Muskeln aufwärmen, sonst drohen vorzeitige Ermüdung, Überlastung, schmerzhafter Muskelkater oder sogar Verletzungen. Sie verlieren langfristig den Spaß an der Arbeit, sind dauerhaft verspannt, zäh zu reiten und unmotiviert. Lösende Übungen sind das Pflichtprogramm für Reiter und Pferd, um Gleichgewicht, Takt und Losgelassenheit zu finden.

Zu Beginn stehen ein paar Runden im fleißigen Schritt am langen Zügel auf großen gebogenen Linien mit vielen Handwechseln. Später folgen Leichttraben und Galopp.

Auch Gangartenwechsel — Schritt-Trab-Schritt- und Trab-Galopp-Trab-Übergänge auf dem Zirkel — gehören zu den lösenden Übungen. Sie machen das Pferd durch die Paraden aufmerksam und tragen zur größeren Lastaufnahme der Hinterhand bei.

Locker werden Pferde durch Abwechslung: Viele Handwechsel, Zirkel vergrößern und verkleinern, einfache Schlangenlinien oder Schlangenlinien durch die ganze Bahn machen das Pferd auf beiden Seiten geschmeidig. Dabei sollte man die biegenden Übungen immer auf der „besseren" Seite des Pferdes beginnen. Wer kann, sollte in der Lösephase ruhig Stangen und Cavalettis einbauen. Das Pferd findet dabei sein Gleichgewicht, tritt gut unter und läuft fleißiger.

Schenkelweichen

Das Schenkelweichen übt man zuerst in der Halle oder auf dem Platz, denn die Bande leistet zu Beginn wertvolle Dienste. Wenn die Lektion mal sitzt, kann man sie auch im Gelände entlang von Wegrändern reiten.

Zum Schenkelweichen eignen sich die langen Seiten der Bahn. Nach Durchreiten der zweiten Ecke der kurzen Seite geht man auf den zweiten Hufschlag, damit das Pferd ausreichend Platz vor dem Kopf hat. Nun wird es mit dem Kopf zur Bande gestellt und – aufgepasst, jetzt wird's kompliziert: War die Bandenseite des Pferdes bislang „außen", dann ist dies jetzt die innere Seite – wegen der Stellung! Seitwärts getrieben wird nun mit dem inneren Schenkel – dem auf der Bandenseite – am Gurt. Der äußere Zügel wirkt verwahrend und sorgt dafür, dass das Pferd nicht über die äußere Schulter (die Schulter, die Richtung Bahninneres schaut) wegläuft. Auch der äußere Schenkel liegt verwahrend eine Handbreit hinter dem Gurt. Er gewährleistet, dass die Hinterhand dem seitwärtstreibenden Schenkel nicht nur seitlich ausweicht, sondern auch nach vorne tritt.

Liegen die Schenkel des Reiters korrekt und sitzt er noch immer gerade, ohne Knick in der Hüfte, stimmen die Gewichtshilfen automatisch. Das Pferd sollte maximal im 45-Grad-Winkel zur Bande stehen, damit es noch gut vorwärts treten kann. Jetzt muss der Reiter nur noch gleichmäßig im Takt treiben und abfangen. Langsam und gleichmäßig ist dabei generell besser als übereilt und mit Stockungen.

Wer die Hilfen beim Schenkelweichen sicher im Griff hat, versucht es einmal mit der Übung Viereck-Vergrößern und -Verkleinern. Von der Bande wird das Pferd seitwärts in Richtung Mittellinie geritten und wieder zurück zur Bande.

Vorhandwendung

Die Vorhandwendung erfolgt aus dem Stehen. Dazu wird das Pferd auf dem zweiten Hufschlag angehalten. Ziel ist eine Wendung um 180 Grad und damit ein Handwechsel. Der Reiter stellt das Pferd wieder zur Bande hin und aus außen wird innen! Der innere Schenkel treibt am Gurt wieder seitwärts. Der äußere Schenkel liegt verwahrend eine Handbreit hinter dem Gurt und fängt jeden Schritt der Hinterhand ab. Wenn der Reiter nicht in der Hüfte einknickt, ist das Gewicht automatisch auch nach links verlagert. Der äußere Zügel wirkt verwahrend und verhindert, dass das Pferd über die äußere Schulter wegläuft.

Wichtig ist auch hier wieder die ruhige Ausführung. Schritt für Schritt dreht sich das Pferd um 180 Grad um den inneren Vorderfuß auf die neue Hand.

Die flüssige Ausführung ist wichtig für die korrekte Vorhandwendung. Jeder Tritt wird mit dem äußeren Schenkel leicht abgefangen. Zwischen den einzelnen Tritten dürfen kurze {!} Pausen liegen. Das ist besser, als um die Vorhand herumzueilen und dabei nach vorne oder hinten auszufallen oder die Schulterkontrolle zu verlieren.

Lektionen für Fortgeschrittene

Während in den vorangegangen Lektionen noch keine großen Biegungen verlangt waren, zeigt sich jetzt, wer gut sitzt und sein Pferd mit dem Gewicht korrekt um den Schenkel biegen kann. Auch beim Rückwärtsrichten ist wie bei allen weiteren anspruchsvolleren Lektionen jetzt Feinabstimmung gefragt. Wildem Zügelziehen und Schenkeldrücken wird sich das Pferd widersetzen.

▶ Loben: Motivation für das Pferd

Lob ist die wichtigste und wirkungsvollste Hilfe in der Zusammenarbeit mit dem Pferd. Sie ist Dank und Motivation zugleich, die Aufgabe beim nächsten Mal ebenso gut oder noch besser zu machen. Durch Loben signalisiert man dem Pferd, dass die Aufgabe richtig gelöst wurde und festigt diese im Gedächtnis des Tieres.

Wichtig: Das Lob muss unmittelbar auf die richtige Ausführung erfolgen. Schon wenige Sekunden später kann es das gegenwartsbezogene Pferd sonst nicht mehr der zugehörigen Situation zuordnen.

Das wirkungsvollste Lob erfolgt durch Futter. Vor allem beim Erlernen neuer Lektionen ist dies zusammen mit dem Stimmlob sehr effektiv. Aber auch das Streicheln am Hals oder auf der Stirn (bei Bodenarbeit) nimmt das Pferd dankbar an.

Schulterherein

Das Schulterherein ist eine gute gymnastizierende Übung für das Pferd, denn die Rumpfmuskulatur wird gedehnt und das Pferd muss stärker unter den Schwerpunkt treten. Damit ist ein erster Schritt zur Versammlung getan. Der Reiter lernt bei dieser Lektion, durch seine Hilfen die natürliche Schiefe des Pferdes aktiv zu beeinflussen. Im Unterschied zum Schenkelweichen ist das Pferd nun aber durch den ganzen Körper gebogen.

Wer sich hinter ein Pferd stellt, das korrekt Schulterherein geht, wird sehen, dass es nun auf drei Spuren läuft. In die erste, innere, fußt der innere Vorderhuf, daneben fußen in einer Spur der innere Hinterhuf und der äußere Vorderhuf. Ganz außen kommt der äußere Hinterhuf.

Und so geht's: Zu Beginn ist es leichter, das Schulterherein aus einer korrekt gerittenen Ecke einzuleiten. Das Pferd hat Anlehnung am äußeren Zügel, ist mit dem inneren Zügel gestellt und biegt sich geschmeidig um den inneren treibenden Schenkel. Diese Biegung nimmt der Reiter nun aus der Ecke mit auf die Gerade. Der innere Schenkel treibt weiter, der äußere Schenkel liegt verwahrend eine Handbreit hinter dem Gurt. Das Gewicht wirkt wieder innen stärker Der äußere Zügel kontrolliert die Schulter, die nach innen kommen soll. Wirkt der äußere Zügel zu schwach und der innere Zügel zu stark, gibt das Pferd die Biegung auf, wird im Rumpf gerade und läuft auf dem Hufschlag über die Schulter weg. Dann wendet der Reiter einfach wieder auf eine Volte ab und stellt die korrekte Biegung erneut her, bevor er zum Schulterherein zurück auf den Hufschlag reitet.

Auch für Geländepferde ist Schulterherein eine gute Schule und Wege zum Üben gibt es überall.

Rückwärtsrichten

Reiten kann man nicht nur vorwärts. Es geht auch rückwärts. In Dressurprüfungen ist Rückwärtsrichten gefragt und korrekt geritten manchmal gar nicht so einfach.

Rückwärtsrichten ist eine versammelnde Übung. Die Hinterbeine des Pferdes kommen unter den Schwerpunkt. Manchmal ist die Lektion aber auch ein disziplinarisches Mittel für Pferde, die unkonzentriert sind und sich lieber den spannenden Dingen jenseits der Bahn widmen. Ihre Aufmerksamkeit holt man sich durch Rückwärtsrichten zurück.

So gehts: Die Lektion beginnt aus dem Halten. Am Anfang ist die Bande eine hilfreiche Stütze, damit das Pferd geradeaus rückwärts läuft. Der Reiter sitzt gerade und nimmt die Zügel an. Dazu treibt er leicht und entlastet den Pferderücken ein wenig. Nun sollte das Pferd willig Schritt für Schritt rückwärts treten. Bei der korrekten Ausführung bewegen sich die diagonalen Beinpaare gleichmäßig im Wechsel. Bricht das Pferd mit der Hinterhand seitlich aus, gibt der Reiter entweder keine gleichmäßigen Zügelhilfen auf beiden Seiten oder belastet den Rücken einseitig mit Gewicht.

Rückwärtsrichten ist für das Pferd sehr anstrengend. Deshalb sollten es immer nur wenige Schritte in korrekter Ausführung sein, die man am Stück von ihm fordert. Nicht vergessen: Loben motiviert!

Gar nicht so einfach ist das Schulterherein. Hier zeigt sich schnell, wie viel der Biegung des Pferdes aus dem Sitz des Reiters kommt. Läuft das Pferd über die Schulter weg, hilft es, eine Volte zu reiten und von Neuem zu beginnen.

Schenkelweichen kann auch einmal zur Bahninnenseite erfolgen. Wer es sich zutraut, kann das Pferd sogar entlang der Mittellinie Schenkel weichen lassen. Später wird die Übung auch im Schulterherein klappen.

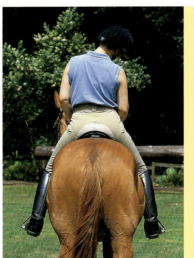

Gerade rückwärtsrichten ist weniger einfach, als es aussieht. Besser geht es an der Bande entlang, denn zu viele Kontrollblicke führen zu ungleichen Hilfen – und das Pferd läuft erst recht schräg.

Reiten für Fort-geschrittene

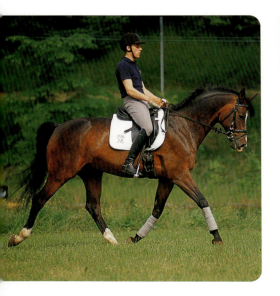

Die Ausbildungsskala

Nach mehr oder weniger Reitstunden sitzen die meisten Reiter sicher auf dem Pferd, können Gas geben, bremsen und lenken. Eigentlich reichen die Reitstunden doch für den Rest des Reiterlebens, oder? Keineswegs, denn jetzt geht es erst richtig los! Der weiteren Reitausbildung liegt das (pferde)anatomisch richtige Reiten, basierend auf der allgemein gültigen „Skala der Ausbildung" zu Grunde. Sie ist Lehr- und Stundenplan für die Vierbeiner.

Lehrplan für Pferde und Reiter

Das Ziel einer soliden Dressurausbildung ist die umfassende Gymnastizierung des Pferdes. Hierdurch wird es körperlich zum Tragen des Reitergewichts befähigt, es bleibt gesund und leistungsfähig. Aus dieser Gymnastizierung heraus entwickelt sich mit der Zeit dann die Fähigkeit des Pferdes, selbst schwierige Lektionen scheinbar mühelos zu bewältigen.

Auch die einzelne Trainingsstunde ist nach dem System der Skala der Ausbildung mit den Elementen Takt, Losgelassenheit, Anlehnung, Schwung, Geraderichten und Versammlung aufgebaut, deren Reihenfolge nicht vertauscht werden darf.

Unsere Reitkenntnisse reichen bisher gerade mal für die Aufwärm- und Lösephase. Mit den folgenden Aufgaben kann man jedoch die Rittigkeit und den Muskelaufbau des Pferdes gezielt verbessern.

Auch Reiter, die den Springsport später vorziehen, brauchen diese Dressur-Basics, denn spätestens in höheren Turnierklassen muss auch ein Springpferd vor schwierigen Hindernissen richtig versammelt werden.

Je höher die Ausbildungsstufe, umso höher ist auch die Durchlässigkeit. Sie bedeutet, dass das Pferd treibende, verwahrende und seitwärts wirkende Hilfen zwanglos und gehorsam annimmt.

Takt und Losgelassenheit

Im ersten Schritt findet das Pferd den Takt, definiert als „Gleichmaß der Bewegungen". Es kann sich in freier Haltung locker und gleichmäßig bei geringem Kraftaufwand bewegen und sein Gleichgewicht unter dem Reiter finden. Taktfehler weisen auf körperliche und seelische Probleme des Pferdes hin.

Der Reiter überprüft die Losgelassenheit, indem er das Pferd vorwärts-abwärts in die Tiefe lässt. Nimmt es das Angebot bei gleichbleibendem Tempo an, ist es richtig.

Die Losgelassenheit beschreibt einen ausgeglichenen körperlichen und seelischen Zustand des Pferdes. Es spannt seine Muskeln gleichmäßig und kraftvoll an und kann sie ebenso aktiv entspannen. Die Wirbelsäule wird gestreckt und der Hals nach vorwärts-abwärts gedehnt. Die Hinterhand tritt aktiv unter den Rumpf. Der Rücken schwingt locker. Das Pferd eilt nicht und der Reiter kommt zum Treiben. Diese Gewöhnungsphase ist mit der sicheren Anlehnung abgeschlossen.

Anlehnung und Schwung

Die Anlehnung ist die erste ernsthafte Hürde des Reitneulings. Die weiche Verbindung zwischen Zügelhand und Pferdemaul erfordert einen ausbalancierten Sitz und viel Gefühl. Spätestens hieraus muss sich die Schubkraft entwickeln.

Jetzt kann das Pferd auch Schwung entwickeln: Bei gleichbleibendem Takt verlängert sich die Sprungphase im Trab und Galopp. Dieser Level wird in Dressurprüfungen erst in höheren Klassen gefordert.

Geraderichten und Versammlung

Ein „einhändiges", schiefes Pferd bekommt durch einseitige Belastung langfristig Probleme mit Rücken und Beinen. Zum Geraderichten muss der Reiter die Beine der Hinterhand in die Spur der Vorhand bekommen – das ist gar nicht so einfach. Das schwächere Hinterbein muss hierzu nämlich mehr Last aufnehmen und unter den Schwerpunkt treten. Das Pferd entwickelt nun zunehmend Tragkraft, vorausgesetzt, es stößt hier nicht auf Grund seiner körperlichen Voraussetzungen an Grenzen.

Die vermehrte Lastaufnahme der Hinterhand des gerade gerichteten Pferdes führt zur Versammlung, der höchsten Stufe der Ausbildungsskala. Das Pferd tritt noch deutlicher unter den Schwerpunkt und biegt die Hanken – alle Gelenke zwischen Becken und Fesselgelenk. Neben den Lektionen der höchsten Dressurklasse, Piaffe und Passage, ist die Versammlung Voraussetzung für die

Den Schwung verbessert man durch Reiten von Übergängen zwischen Trab und Schritt oder Trab und Anhalten, aber auch durch Zulegen auf der langen Seite und Einfangen vor den Ecken.

Die Versammlungsfähigkeit eines Pferdes hängt auch von dessen Anatomie ab. Dafür brauchen die Gelenke der Hinterhand ein gutes Winkelverhältnis. Auch ein kurzer Rücken erleichtert die Versammlung.

Schulen über der Erde: Levade, Courbette und Kapriole.

Die Ausbildungsskala gilt für Reiter und Pferde aller Reitweisen. Schließlich ist sie das einzige Mittel, um Pferde gesund und reitbar zu erhalten.

Wendungen

Erste Aufgaben des fortgeschrittenen Reiters überprüfen die Korrektheit der seitwärts treibenden Hilfen. Aller Anfang ist schwer, und so dürfen die Vor- und Hinterhandwendung aus dem Stand heraus eingeleitet werden. Schenkelweichen, Kurzkehrt und Viereck vergrößern und verkleinern reitet man im Schritt. Später kommt Zirkel vergrößern und verkleinern im Trab und Galopp hinzu. Es wird ernst, denn nun heißt es einzeln zeigen, ob das Pferd den Reiter versteht.

Vorhandwendung

Die Vorhandwendung ist eine lösende Übung und fordert vom Pferd willige Reaktionen auf den seitwärts treibenden Schenkel. Der Reiter hält das Pferd auf dem zweiten Hufschlag an. Dann stellt er es mit dem inneren Zügel auf die Seite des seitwärts treibenden (jetzt „inneren") Schenkels. Der äußere Zügel begrenzt die Stellung. Der innere Schenkel treibt knapp hinter dem Gurt seitwärts, der äußere verwahrende Schenkel fängt jeden Schritt auf. Durch die korrekte Schenkellage belastet der Reiter bei geradem Sitz verstärkt den inneren Gesäßknochen. Das Pferd tritt mit dem inneren Hinterfuß vor dem äußeren Hinterfuß herum. Das äu-

Die Vorhandwendung schult die Koordination der Hilfengebung und wird deshalb schon recht früh in den Unterricht integriert.

Wichtig ist die Hilfengebung Schritt für Schritt: Nach jedem Schritt kurz inne halten und dann wieder los. So gelingt die Vorhandwendung leichter.

ßere Vorderbein tritt um das innere Vorderbein. Nach einer 180-Grad-Wendung steht das Pferd in entgegengesetzter Richtung wieder auf dem zweiten Hufschlag.

Hinterhandwendung

Die Hinterhandwendung ist eine versammelnde Übung. Das stehende Pferd wird mit dem inneren Zügel in Bewegungsrichtung gestellt. Der innere Gesäßknochen wird stärker belastet. Dazu treibt der innere Schenkel am Gurt und sorgt für die Biegung und das gleichmäßige Abfußen der Hinterbeine. Diese dürfen, anders als bei der Vorhandwendung, leicht nach vorne unter den Schwerpunkt treten. Der äußere Schenkel verhindert eine Handbreit hinter dem Gurt das Ausfallen der Hinterhand. Der äußere Zügel begrenzt Stellung und Biegung. Das Pferd tritt in einem kleinen Halbkreis um die Hinterhand herum.

Kurzkehrt

Das Kurzkehrt ist eigentlich eine Hinterhandwendung, diesmal aber aus der Bewegung heraus geritten.

Es erfolgt aus dem Mittelschritt oder dem Trab, wird aber selbst immer im Schritt durchgeführt. Das Pferd hält weder vor noch nach der Übung an.

Beim Kurzkehrt aus dem Trab geht das Pferd unmittelbar nach dem Durchparieren zum Schritt in die Übung, führt diese aus und trabt anschließend ohne Zwischenschritte wieder an.

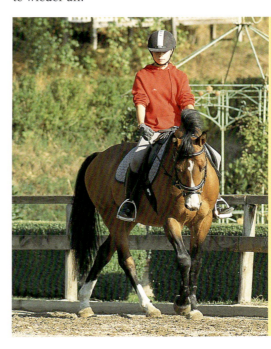

Bei der Hinterhandwendung und dem Kurzkehrt ist das Pferd deutlich nach innen gebogen und muss untertreten – es kommt langsam in die Versammlung.

Drückt das Pferd nach vorne weg, fehlt der verwahrende äußere Zügel. Versucht es sich nach hinten zu entziehen, steht es entweder zu dicht an der Bande und stößt sich die Nase an, oder der (äußere) Schenkel muss nachtreiben.

Die Seitengänge

Wer Seitengänge im Schritt und später auch im Trab und Galopp reiten kann, ist weiter gekommen als die meisten seiner Weggefährten. Herzlichen Glückwunsch! Neben der gymnastizierenden Wirkung der Vorwärts-Seitwärts-Bewegung zeigen diese Übungen auch, ob der Reiter in der Lage ist, seinen eigenen Körper zu kontrollieren. Dazu gehört es, Gewicht, Beine und Hände einseitig und vor allem unabhängig voneinander einzusetzen.

Das Schenkelweichen ist eine Übung, die gut auch im Gelände gemacht werden kann. Entweder versucht man es am Wegrand oder reitet wie beim Viereck verkleinern und vergrößern seitwärts von einer Seite des Weges zur anderen. Das Pferd ist dabei lediglich im Hals gestellt, der Rumpf bleibt gerade.

Schenkelweichen

Das Schenkelweichen ist eine lösende Übung. Hier ist erstmals die Koordinationsfähigkeit des Reiters in der Bewegung gefordert: Der Reiter lernt, den seitwärts treibenden Hilfen bei jedem Schritt verwahrende folgen zu lassen.

Geritten wird Schenkelweichen mit dem Kopf zur Bande oder nach innen. Und so geht es: Der Reiter rundet die Ecke beim Durchreiten ab, so dass er im 45-Grad-Winkel auf die Bande der neuen Seite, meist der langen, zusteuert. Dabei geht er auf den zweiten Hufschlag, damit das Pferd ausreichend Kopffreiheit hat. Nun wird das Pferd mit dem „inneren" Zügel zur Bande hin gestellt. Achtung, jetzt wird es kompliziert: War die Bandenseite vorher „außen", wird sie auf Grund der Stellung die neue „Innenseite". Der (neue) innere Schenkel auf der Bandenseite treibt nun mit jedem Abfußen des inneren Hinterbeins am oder kurz hinter dem Gurt. Der äußere Schenkel liegt verwahrend hinter dem Gurt und fängt jeden Tritt ab. Er vereitelt das seitwärtige Ausbrechen des Hinterbeins und unterstützt das Vorwärtslaufen.

Sitzt der Reiter korrekt im Drehsitz und knickt nicht in der Hüfte ein, stimmen die Gewichtshilfen automatisch. Der äußere Zügel sorgt dafür, dass die (äußere) Schulter, die ins Bahninnere zeigt, nicht wegläuft.

Bis die Übung richtig flüssig funktioniert, hilft es, langsam und gleichmäßig zu treiben. Läuft das Pferd übereilt und wird im Winkel zu steil oder zu flach, bringen Korrekturen die Bewegung meist zum Stocken.

Zum Schenkelweichen mit dem Kopf zur Bande reitet man zunächst auf eine Diagonale, bis das Pferd die 45-Grad-Abstellung vom Hufschlag erreicht hat. Viereck verkleinern und vergrößern entspricht dem Schenkelweichen auf einer gedachten diagonalen Linie fünf Meter ins Bahninnere bis auf Höhe der Mitte der langen Seite.

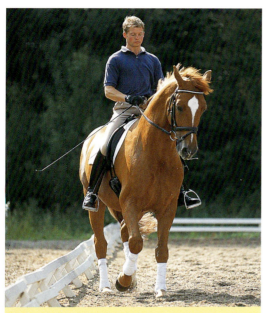

Schulterherein: Wie beim Schenkelweichen ist das Pferd gegen die Bewegungsrichtung gestellt, aber nun durch den ganzen Körper gebogen!

Schulterherein

Die eigentlichen Seitengänge sind versammelnde Übungen und ausnahmslos Vorwärts-Seitwärts-Bewegungen mit weitgehend gleichmäßiger Längsbiegung durch den gesamten Pferdekörper. Das Pferd wird in seiner seitlichen Rumpf- und Halsmuskulatur sehr effektiv gedehnt und gymnastiziert, die Tragkraft gefördert.

Im Schulterherein ist das Pferd nach innen gestellt und um den inneren Schenkel gebogen. Die Hinterhand geht auf dem Hufschlag nahezu geradeaus. Die äußere Schulter wird soweit ins Bahninnere geholt, dass die Vorderbeine in einer Spur vor dem inneren Hinterbein auffußen. Das Pferd geht auf drei Hufschlaglinien.

Und so geht es: Das Pferd wird mit korrekter Biegung um die Ecke geritten. Diese Biegung von etwa 30 Grad nimmt man mit auf die lange Seite des Hufschlags. Der innere Schenkel treibt am Gurt. Der äußere Schenkel liegt verwahrend eine Handbreit hinter dem Gurt. Damit wird der innere Gesäßknochen verstärkt belastet (Drehsitz). Der Reiter sitzt gerade – ohne Knick in der Hüfte! Der innere Zügel stellt das Pferd und sorgt zusammen mit dem inneren Schenkel für die Längsbiegung des Pferdes. Der äußere, verwahrende Zügel gibt leicht nach, um die Schulter vorzulassen, begrenzt aber die Stellung. Geht die Biegung zwischendurch verloren, „wickelt" man das Pferd auf einer Volte wieder korrekt um den inneren Schenkel.

Travers und Renvers

Bei diesen Lektionen ist das Pferd um rund 30 Grad in Bewegungsrichtung gestellt und gebogen. Im Travers geht die Vorhand auf dem Hufschlag, die Hinterhand wird in die Bahn geführt. Im Renvers geht die Hinterhand auf dem Hufschlag, die Vorhand wird ins Bahninnere geführt. Vorder- und Hinterbein kreuzen. Das Pferd läuft auf vier Hufschlaglinien.

Im Travers und Renvers verläuft die Biegung durch das ganze Pferd in Bewegungsrichtung. Für das Travers kann der Reiter die Biegung des Pferdes aus der letzten gerittenen Ecke mit auf die lange Seite nehmen. Gibt das Pferd die Biegung auf, holt man sie über eine Volte zurück und fährt fort.

Die Hilfen sind bei Travers und Renvers identisch: Der innere Zügel stellt das Pferd. Der innere Schenkel treibt am Gurt und sorgt für gleichmäßige Tritte und die Biegung. Der äußere Schenkel liegt verwahrend hinter dem Gurt. Der innere Gesäßknochen ist stärker belastet. Der Reiter sitzt gerade. Wie beim Schulterherein gibt der äußere verwahrende Zügel leicht nach, begrenzt aber die Stellung.

Traversalen findet man in Dressurprüfungen der Klasse M und S. Es sind dem Travers gleiche Vorwärts-Seitwärts-Bewegungen auf der Diagonalen, parallel zur langen Seite.

Springreiten

Das Springreiten ist bei vielen sportlichen Reitern sehr beliebt. Doch auch diejenigen, die Pferde lieber vom Boden aus genießen, lassen sich vom Mut der Reiter, dem Tempo und der Sprunggewalt der Pferde mitreißen. Springen erfordert ein gutes Körpergefühl und einen sicheren Sitz im Galopp. Keine Angst vor Tempo und Höhe ist die beste Voraussetzung, um erfolgreich dabei zu sein.

In der Grundausbildung des Reiters sollte die Bewältigung kleiner Sprünge einen festen Platz haben, denn Springgymnastik ist für Pferde gut und auch das Überwinden kleiner Hindernisse im Gelände macht Spaß. Zum Springenlernen gehört ein routiniertes Pferd, das auch einen wankelmütigen Schüler gehorsam über die ersten Hindernisse trägt. Zu Beginn steht jedoch das Überwinden von Stangen und Cavalettis im Trab und Galopp. Hierfür sollte der Reiter die Grundgangarten beherrschen und auch im leichten Sitz sicher auf das Pferd einwirken. Zu den wichtigsten Übungen gehört das Zulegen und Einfangen des Galopptempos, um mit der Zeit selbstständig den optimalen Absprungspunkt zu treffen. Hinzu kommen enge Wendungen und einfache Galoppwechsel.

Der Springsitz

Zum Springen schnallt der Reiter die Steigbügel um zwei bis drei Löcher kürzer als normal. So kann er fester in die Bügel treten und sich stabilisieren, denn er muss sein Gleichgewicht vor, während und nach dem Sprung finden und dazu Tempo- und Richtungswechsel bewältigen. Doch nach und nach gelingt das immer besser! Mit dem Absprung verlagert der Reiter seinen Schwerpunkt in der Bewegung des Pferdes ein wenig nach vorne, um den Pferderücken zu entlasten. Dazu nimmt er den Oberkörper

Niedrig fängt an, wer später hoch hinaus will. Am Anfang steht die Schulung des Gefühls für Distanzen, Absprung und Bewegung über dem Hindernis.

▶ Mit dem Herz voran

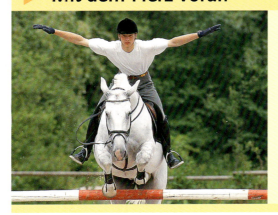

Zum Springen immer in die Richtung blicken, in die man reitet. Auch im Sprung vorausschauen und nicht nach unten auf das Hindernis. Und wenn die Stangen klappern oder fallen: beherzt weiterreiten, nicht nach hinten sehen! Überhaupt ist Zuversicht und Mut das Wichtigste beim Springen. Wer zögerlich an das Hindernis heranreitet, verunsichert sein Pferd. Schließlich möchte es nicht alleine springen oder seinen Reiter verlieren. Ein verunsichertes Pferd wird möglicherweise verweigern oder zur Seite ausbrechen.

leicht vornüber. Gleichzeitig gibt er dem Pferd mehr Kopffreiheit durch nachgebende Zügelhände, die am Hals nach vorne gehen. Halt findet der Reiter durch sein Gewicht in den Steigbügeln und den am Sattelblatt anliegenden Knie und Waden. Bei den ersten Springversuchen kann sich der Reiter noch mit einer Hand in der Mähne festhalten.

Bevor es hoch hinausgeht, werden Balance und Rhythmusgefühl durch verschiedene Übungen geschult: Auf einem sprungsicheren und zuverlässigen Pferd streckt der Reiter über dem Sprung erst einen Arm zur Seite, später vielleicht sogar beide, während die Zügel auf dem Pferdehals liegen. Sehr schnell bekommt er damit ein sicheres Gefühl für das Gleichgewicht bei Absprung, Flug und sanfter Landung.

Der erste Parcours

Bevor der Springschüler einen ganzen Parcours durchreitet, übt er, einzelne Hindernisse zu überwinden. Am Anfang steht meist ein kleiner Kreuzsprung entlang der Bande. Auf der Innenseite ist eine Fangstange aufgebaut, die verhindert, dass das Pferd am Hindernis vorbeiläuft. Je nach Pferdegröße liegt vor dem Hindernis noch ein Absprungstange am Boden, die Reiter und Pferd zur besten Sprungdistanz verhilft. Mit zunehmender Sicherheit werden die Sprünge höher und dem ersten Hindernis folgen weitere in einer Reihe. Es dauert nicht mehr lange und der Reiter überwindet kleine Steilsprünge, Oxer oder Tripelbarren.

Hat der Reiter das Gefühl für die Pferdebewegung über kleinen Hindernissen verinnerlicht, sind auch höhere Hürden kein Problem mehr. Nun geht es daran, einen Parcours zu springen und sich die Galoppsprünge zwischen den Hindernisse gut einzuteilen.

Kleine Hüpfer

Mit Stangen, Cavalettis und kleinen Hindernisreihen wird der Reiter nach und nach an das Springen herangeführt. Springgymnastik schult jedoch nicht nur Sitz und Balance des Reiters. Sie gymnastiziert auch den Pferderücken und trainiert die Muskulatur der Hinterhand. Kleine Hüpfer gehören zur Grundausbildung des Reiters. Große Sprünge bleiben mutigen Zeitgenossen auf besonders talentierten Pferden vorbehalten.

Bevor der Reiter sich an richtige Hindernisse wagt, sollte er sich in den drei Grundgangarten sicher bewegen, im Trab und Galopp das Tempo verstärken und wieder einfangen können und den leichten Sitz beherrschen.

Reiten im leichten Sitz

Wichtige Voraussetzung zum Überspringen von Hindernissen ist das sichere Galoppieren im leichten Sitz auf gebogenen Linien. Hierzu neigt der Reiter den Oberkörper aus der Hüfte heraus je nach Tempo und Sprungphase mehr oder weniger weit nach vorne und entlastet den Pferderücken. Die Bügel schnallt man etwa drei Löcher kürzer. Die stärkere Winkelung im Knie führt zu einem festeren Knieschluss. Spezielle Springsättel oder Vielseitigkeitssättel haben dicke Pauschen, die Halt geben. Die Wade liegt flach am Pferdebauch. Ein großer Teil des Reitergewichts liegt in den Steigbügeln. Die Ferse ist der tiefste Punkt. Das Sprunggelenk des Reiters bleibt elastisch. Oberarme und Schulter trägt der Reiter leicht vor dem Oberkörper, ohne sich in den Schultern einzurollen.

Das Zulegen und Einfangen des Tempos sowie einfache Galoppwechsel sollten kein Problem sein, wenn man sich an die ersten Sprünge wagt. Im leichten Sitz kann der Reiter gut auf Tempoveränderungen reagieren.

Im leichten Sitz kommt es nicht darauf an, dass noch eine Lage Pferdedecken zwischen Po und Sattel passt und alles Gewicht in den Bügeln liegt. Hier gilt die gleichmäßige Gewichtsverteilung zwischen Gesäß, Oberschenkeln und Steigbügeln.

Ein routiniertes Schulpferd ist erste Wahl zum Springen lernen. Es findet praktisch von allein den idealen Absprungpunkt und trägt auch einen weniger beherzten Schüler gehorsam und sicher über die ersten Hindernisse. Durch das Üben von Tempoänderungen im Galopp findet der Reiter mit der Zeit selbst heraus, wo der optimale Absprungpunkt liegt.

Übungen im Flug

Verschiedene Übungen über den ersten kleineren Sprüngen schulen das Rhythmusgefühl und die Balance des Reiters. Die Sprünge sind an der langen Seite der Bahn aufgebaut und mit einem Fang ausgestattet. Dieser verhindert das seitliche Ausbrechen, wenn der Vierbeiner keine Lust zum Sprung hat oder der verunsicherte Springneuling nur zögerlich treibt. Eine Absprungstange hilft dem Pferd, die richtige Distanz zu finden.

Auch bei den ersten kleinen Sprüngen über Cavalettis oder einen Kreuzsprung kann der Reiter sich noch mit einer Hand in der Mähne festhalten. Auf einem springfreudigen und zuverlässigen Pferd streckt er nach einigen erfolgreich überwundenen Hinder-

Cavaletti-Arbeit schult das Gefühl für Distanzen und Tempounterschiede. Es nimmt Reiter und Pferd die Angst vor kleinen Hindernissen.

Stangen und Cavalettis

Stangen und Cavalettis liegen auf dem Weg zur ersten Springstunde. Diese werden zu Beginn im Trab überwunden.

Hierbei lernt der Reiter, gefühlvoll die Hand am Hals nach vorne zu nehmen, ohne aber die Verbindung zum Pferdemaul aufzugeben. Halt findet der Reiter durch sein Gewicht in den Steigbügeln und die fest am Sattelblatt anliegenden Knie und Waden. Zu Beginn kann er auch die Hand aufstützen.

Das Pferd dehnt sich beim Überlaufen von Stangen und tief eingestellten Cavalettis (auch Bodenricks genannt) in die Tiefe. Der Hals streckt sich und dient mehr denn je als Balancierstange.

Der Reiter trabt zu Beginn entweder ständig oder nur über den niedrigen Hindernissen im leichten Sitz. Dazwischen kann er auch leichttraben. Später galoppiert er über die rund 40 cm hohen Cavalettis und wird schnell feststellen, dass die Höhe eines solchen Hindernisses im Sprung kaum zu spüren ist. In dieser Phase lernt er Distanzen richtig einzuschätzen, wobei das Pferd ein falsch genommenes Maß meist noch gut ausbügeln kann.

Der erste kleine Springparcours fordert vom Reiter mehr das Gefühl für Distanzen als das Überwinden von Höhe.

nissen während dem Sprung erst eine Hand zur Seite. Später überspringt er das kleine Hindernis sogar freihändig. Die Zügel liegen dabei auf dem Pferdehals und werden erst nach der Landung wieder aufgenommen.

Große Sprünge

Das Überwinden von Hindernissen gehört zur Grundausbildung des Reiters. Profis begeistern damit auch viele Nichtreiter. Die Wurzeln des Springsports liegen in den Reitjagden des 18. Jahrhunderts. Erst später wurden diese Veranstaltungen zuschauerfreundlich in einen künstlichen Parcours verlegt. Auch der einst versammelte Springstil hat sich im Lauf der Jahrhunderte hin zu einem pferdefreundlichen, vorwärtsgerichteten Reitersitz entwickelt.

Springgymnastik tut dem Pferderücken gut und gehört deshalb in den Trainingsplan eines Pferdes. Doch auch im Gelände machen kleine Sprünge Pferd und Reiter riesig Spaß, wenn man die richtige Technik beherrscht.

Der Sprung in Phasen

Auf dem Weg durch einen Springparcours blickt der Reiter immer in die Richtung, in die er reitet oder aber zum nächsten

Der italienische Kavallerieoffizier Federico Caprilli gilt als Schöpfer des modernen Springstils. Statt mit starker Versammlung auf ein Hindernis zuzureiten, förderte er den natürlichen Vorwärtsdrang des Pferdes.

▶ Was tun wenn...

...das Pferd vor dem Sprung steht bleibt?

Vermutlich hatte es nicht genug Tempo, weil der Reiter nur halbherzig getrieben hat. Beim nächsten Versuch gilt es energisch vorwärts zu reiten und „das Herz über den Sprung voraus zu werfen".

...das Pferd zu schnell wird?

Pferde heizen sich bei einer beherzten Reitweise gerne im Parcours auf. Kleine Hindernisse sind bei hohem Tempo kein Problem, bei höheren Hindernissen wird der Sprung dagegen schnell zu flach. Hier heißt es, nach dem Sprung das Tempo durch halbe Paraden einzufangen und kontrolliert, aber trotzdem energisch auf das nächste Hindernis zuzureiten.

Reiterin und Pferd sind im Gleichgewicht. Ist nach dem Sprung ein Richtungswechsel notwendig, wird dieser schon in der Landephase durch die leichte Stellung des Pferdes eingeleitet, damit es im Handgalopp richtig um die Kurve kommt.

Hindernis. In einem gleichmäßigen Grundtempo galoppiert er gerade auf das Hindernis zu. Zögern und zaudern verunsichert das Pferd und provoziert eine Verweigerung oder seitliches Ausbrechen. Schließlich will es seinen „Beifahrer" nicht über dem Hindernis verlieren.

Beim Absprung geht der Reiter geschmeidig in der Pferdebewegung mit. Dabei schaut er nach vorne, nicht aber nach unten auf das Hindernis. Die Hand geht vor in Richtung Pferdemaul, ohne dabei die Anlehnung aufzugeben.

In der Schwebephase ist der Rücken des Pferdes vollständig entlastet. Der Oberkörper ist weit nach vorne gebeugt, während die Beine ihre Position beibehalten. Das Gesäß liegt direkt über dem Sattel.

Die Landung ist für Reiter und Pferd am schwierigsten: Das Pferd muss mit den Vorderbeinen sein eigenes und das Gewicht des Reiters abfangen. Deshalb darf der Reiter dem Pferd nicht ungebremst in den Rücken krachen. Vielmehr muss er den Schwung sanft auffangen und mit der Schwerpunktverlagerung den Oberkörper zurück nehmen.

Pferde werden oft von Hindernis zu Hindernis schneller. Das Tempo muss nach jedem Sprung wieder eingefangen werden.

Bei den ersten Springversuchen über niedrige Hindernisse kann der Reiter sich zur Sicherheit noch mit einer Hand in der Mähne festhalten. Auch wenn die Stangen klappern oder fallen, heißt es aber, beherzt weiter zu reiten. Wer zurückblickt, kann sich nicht auf das nächste Hindernis vorbereiten und konzentrieren. Die Fehleranalyse findet erst am Ende des Parcours statt.

▶ Einmaleins der Hindernisse

Steilsprünge	Die Hindernisteile sind übereinander aufgebaut. Üblich sind Stangen, Planken, Mauern, Gatter, Gartenzäune oder Palisaden.
Oxer	Der Hochweitsprung besteht aus mehreren hintereinander gebauten Steilsprüngen oder Hindernisteilen. Das hinterste Teil besteht lediglich aus einer Stange.
Tripplebarre	Der klassische Hochweitsprung ist treppenartig aus gleichen Hinderniselementen oder verschiedenen hintereinander aufgestellten Steilsprüngen gebaut.
Weitsprünge	Feste oder transportable Wassergräben. Sie sind meist aus Folie angelegt.

Höhenflüge und tiefe Täler

Viele Reiter lernen in relativ kurzer Zeit, sich sicher auf dem Pferd in allen Gangarten zu bewegen. Um jedoch so fein zu reiten, dass ein Pferd auch langfristig mit Freude und bei guter Gesundheit mitarbeitet, bedarf es viel Zeit mit intensivem Training, in der die Entwicklung mal schneller, mal langsamer vorangeht. Immer wieder gibt es aber Phasen, da scheint auch einem fortgeschrittenen Reiter nichts mehr zu gelingen.

Der Weg zum guten Reiter verläuft auch bei talentierten Menschen holprig. Während sich der Erfolg am Anfang meist rasch einstellt und der Anfänger sich nach kurzer Zeit sicher im Sattel fühlt, folgen später immer wieder Phasen, die scheinbar Stillstand oder Rückschritt bedeuten. Der Reitlehrer kritisiert wieder Anfängerfehler und das sichere Gefühl auf dem Pferd geht verloren. Die ersten Stürze liegen vielleicht hinter dem Reiter

Erfolge im sportlichen Wettbewerb können motivieren. Sehr ehrgeizige Typen laufen aber auch Gefahr, Schleifen und Pokale zum Maß aller Dinge zu machen und die kleinen Freuden und Fortschritte im Reiteralltag aus den Augen zu verlieren.

und so mancher fragt sich plötzlich, ob er den richtigen Sport gewählt hat. Das ist jedoch normal und ganz und gar kein Grund, die Reitstiefel an den Nagel zu hängen. Vielmehr ist nun Motivation von außen gefragt.

Stillstand in der Entwicklung kann viele Ursachen haben. Der Reiter verkrampft sich beispielsweise, weil er beginnt, sein Tun zu hinterfragen. Er reitet vermehrt mit dem Kopf anstatt mit dem Hintern. Vielleicht ist er auch körperlich, konditionell oder feinmotorisch im Augenblick zu keinen höheren Leistungen in der Lage.

Reitlehrer können betriebsblind sein

Wer über mehrere Wochen keinen Fortschritt spürt und den Unterricht als langweilig und wenig hilfreich empfindet, sollte den Reitlehrer auf sein Problem aufmerksam machen. Denn wer Tag für Tag in der Bahnmitte steht und unterrichtet, der sieht manchen, immer gleichen Fehler bei Reiter und Pferd irgendwann nicht mehr. Ein Wochenendkurs bei einem anderen Trainer oder in einer anderen Reitschule bewirkt hier oft Wunder und zeigt neue Wege.

Je weiter der Reiter ist, umso wichtiger ist sein Feedback gegenüber dem Reitlehrer. Auch anspruchsvollerer Unterricht oder mal was ganz anderes – ein Western- oder Gang-

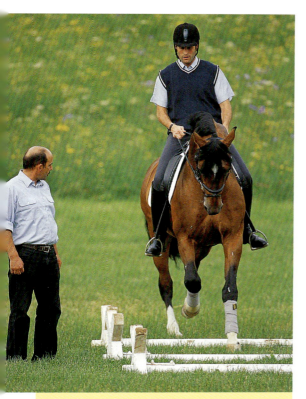

Herrscht Entwicklungsstillstand in der Reitstunde, kann Einzelförderung zur Lösung individueller Probleme beitragen. Manchmal sind einzelne Reiter in einer bestehenden Gruppe auch unterfordert und wachsen mit anspruchsvollerem Einzelunterricht über sich hinaus.

Reitpausen

Wer im Motivationsloch steckt, muss nicht gleich aufgeben. Das ist normal, schließlich sucht man in der Freizeit ja auch Erfolgserlebnisse. Bleiben diese aus und der Frust nimmt zu, hilft vielleicht erst mal eine Pause. Wer vom Reitsport wirklich begeistert war, ist nach wenigen Wochen schon wieder richtig heiß darauf, in den Sattel zu kommen. In dieser Zeit löst sich so manche Blockade im Kopf von selbst und die Probleme, die vorher unüberwindbar schienen, sind verschwunden. Keine Angst: Wer für ein paar Wochen, vielleicht auch Monate, nicht aufs Pferd steigt, verlernt keineswegs das Reiten. Das Comeback wird allenfalls von einem Muskelkater begleitet. Nach ein paar Stunden ist man wieder sicher und schmerzfrei dabei.

Neuen Schwung bringt dem fortgeschrittenen Reiter oft der Weg in die „Selbstständigkeit": Eine Reitbeteiligung oder ein eigenes Pferd und das Gefühl, sein eigener Herr über Zeit und Pferd zu sein, beflügeln viele, neue Ziele in Angriff zu nehmen und mit weiterem Training zu erreichen. Diese Aussicht, auf richtig guten Vierbeinern die Reitkunst zu erschnuppern, setzt neue Energien frei.

pferdekurs, Schnuppern bei alternativen Unterrichtsformen, ein mehrtägiger Wanderritt oder Urlaub auf dem Pferd erzeugen oft einen gewaltigen Motivationsschub.

Hin und wieder sind aber auch die (Schul-)Pferde der Grund für den Stillstand. Haben sie eine schlechte Ausbildung oder körperliche Beeinträchtigungen, kann man sich im Unterricht die Zähne ausbeißen, ohne dass es weiter geht. Hier ist vielleicht auch ein Reitschulwechsel angesagt.

Wer körperlich an die eigene Grenze stößt, kann sich mit Ausgleichssport zum Reiten neue Ziele erschließen.

Motivationslöcher entstehen häufig auch dann, wenn Ziele fehlen. Wer weiß, was er will, Reiten im Sport, lässig zum Vergnügen oder auf hohem Niveau, wird seinen Weg zielstrebiger verfolgen als ein Reitschüler, der keinen Plan von seiner reiterlichen Zukunft hat. Hier helfen Besuche bei Pferdemessen, einer Show-Vorführung oder einem Turnier, die Lust auf Mehr zu wecken.

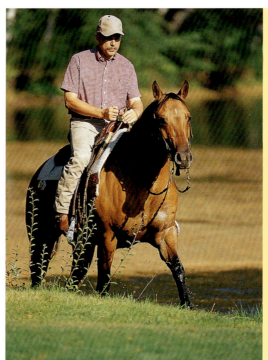

Wer sich selbst mit zu hohen oder unerreichbaren Zielen zu sehr unter Druck setzt, verliert leicht den Spaß, weil er keinen Blick mehr für die kleine Fortschritte hat. Hier hilft es, sich eine Auszeit zu nehmen und mal die Seele auf dem Pferd nur baumeln zu lassen.

Reit-Know-How mit Brief und Siegel

Der erste Meilenstein im Reiterleben ist das Reitabzeichen, mit dem der fortgeschrittene Einsteiger sein Können beweisen kann. Das Reitabzeichen ist aber auch die Voraussetzung für Turnierstarts. Auf der einfachsten Stufe muss der Reiter leichte Aufgaben im Dressurviereck und im Springparcours bewältigen. Außerdem wird theoretisches Wissen rund um das Pferd abgeprüft.

Das Reitabzeichen ist nicht nur etwas für sportlich ehrgeizige Reiter, die sich damit die Startberechtigung für Turnierprüfungen über der Einsteigerklasse E erwerben wollen. Nach einer mehr oder weniger langen und intensiven Zeit des Reitens bieten vor allem die Vorbereitungslehrgänge auf das Reitabzeichen für viele Reiter die erste und einzige Gelegenheit, viel theoretisches Wissen rund um das Pferd, seine Bedürfnisse, die Haltung und Pflege zu erwerben. All das sind Themen, mit denen man in aller Regel erst als Reitbeteiligung oder gar Pferdebesitzer konfrontiert wird, die aber hilfreich sind, um ein Pferd zu verstehen und verantwortungsvoll und sachkundig zu behandeln.

Motivation durch Abzeichen

Abzeichenprüfungen bieten die Deutsche Reiterliche Vereinigung (FN) und alle ihr angeschlossenen Verbände der Western-, Gangpferde- und Wanderreiter an. Sie sind in der Ausbildungsprüfungsordnung (APO) und deren Anhang sowie in der Islandpferdeprüfungsordnung (IPO) geregelt.

Die Grundlage aller Abzeichenprüfungen der FN ist der Basispass Pferdekunde. Er beinhaltet grundlegende Fertigkeiten und Kenntnisse im Umgang mit dem Pferd am Boden. Wichtiger Bestandteil sind die ethischen Grundsätze in Bezug auf Pferde.

Erfolge					DRA in Gold	WRA in Gold			DFA in Gold		DVA in Gold
Prüfung/ Erfolge		DRA I Dressur	DRA I	DRA I Springen	DRA I Turniererfolge		DFA I 4-Spänner		DFA I Turniererfolge		DVA I
Prüfung/ Erfolge	Distanzreiten Stufe 3	DRA II Dressur	DRA II	DRA II Springen	DRA II Turniererfolge	WRA II	DFA II 2-Spänner	DFA II 4-Spänner	DFA II Turniererfolge	DLA II	DVA II
Prüfung	Distanzreiten Stufe 2	DRA III Dressur	DRA III	DRA III Springen		WRA III	DFA III 1/2-Spänner	DFA III 4-Spänner		DLA III	DVA III
Prüfung	Distanzreiten Stufe 1		DRA IV			WRA IV	DFA IV 1/2-Spänner			DLA IV	DVA IV
	Basispass Pferdekunde										

▶ Basispass Pferdekunde

Die Prüfung zum Basispass Pferdekunde wird in vielen Reitvereinen oder Reitschulen angeboten. Ein Vorbereitungslehrgang lohnt sich.

Im praktischen Prüfungsteil steht der sichere Umgang mit dem Pferd im Mittelpunkt: Hierzu gehört das Führen, Vorführen und Anbinden eines Pferdes. Das Pferd muss an anderen Pferden vorbeigeführt werden und sachkundig auf der Weide oder auf dem Paddock losgelassen werden. Die Pferdepflege und das richtige Bandagieren schließt das Prüfungswissen ebenso ein wie korrektes Satteln und Auftrensen. Der Prüfling soll Pferdeverhalten richtig erkennen und ein Pferd sicher verladen.

Im theoretischen Teil werden Fragen zum Pferdeverhalten, dem artgemäßen Umgang mit dem Pferd, der Fütterung, Pferdegesundheit und Haltung gestellt.

Wer die Prüfung erfolgreich bestanden hat, erhält ein Abzeichen und eine Urkunde. Noten werden nicht vergeben.

In den einzelnen Reitabzeichenprüfungen, beginnend beim leichten DRA IV bis zum schwersten DRA I, bauen die vertieften theoretischen Kenntnisse über Haltung, Umgang, Ausrüstung, Pflege und Reiten auf das Basiswissen auf.

Kinder und Einsteiger können Prüfungen für die Motivationsabzeichen Großes, Kleines und Kombiniertes Hufeisen oder die Reiternadeln ablegen. Leistungsabzeichen gibt es

Bei der Reitabzeichenprüfung stellt sich der Reitschüler das erste Mal dem kritischen Blick der Prüfer. Dafür bekommt er ein neutrales Feedback über seinen Leistungsstand.

Für den Basispass Pferdekunde werden vor allem Kenntnisse im Umgang mit dem Pferd geprüft. Diese Wissen hilft besonders Kindern, Unfälle zu vermeiden und steuert leichtsinnigem Verhalten entgegen.

auch im Wander-, Jagd- und Distanzreiten. Die Reitabzeichen im Springen und in der Dressur der Klassen DRA IV (Kleines Reitabzeichen) und DRA III (Bronzenes Reitabzeichen) können nur als Prüfung, die Klassen DRA II (Silbernes Reitabzeichen) und DRA I (Silbernes Reitabzeichen mit Lorbeer) durch Prüfung und Turniererfolge erworben werden. Die höchste Auszeichnung, das Goldene Reitabzeichen, wird nach Erfolgen in Springen oder Dressur der Klasse S verliehen.

Das DRA IV benötigt man für den Antrag auf einen Reitausweis, der die Startberechtigung in einer bestimmten Leistungsklasse dokumentiert. Das DRA III berechtigt zu Starts in der Kategorie B (Klasse A bis M/B).

Der erste Turnierstart

Die Teilnahme an einem kleinen Turnier ist ein erster sportlicher Meilenstein im Reiterleben und nicht nur was für besonders ehrgeizige Pferdefreunde. Schließlich bietet eine einfache Reiterprüfung eine gute Gelegenheit, um zu sehen, wo man steht. Das Urteil unabhängiger Turnierrichter kann auch Leitfaden und „Hausaufgabenheft" für die zukünftige Reitausbildung sein. Ein Turnier verspricht neben dem sportlichen Wettbewerb aber auch Geselligkeit.

Gute Reitschulen bieten ihren Schülern die Möglichkeit, auf den Schulpferden an kleineren Turnieren in der Nähe teilzunehmen. Mancherorts können Schüler aber auch auf Privatpferden am Hof ihre ersten Lorbeeren verdienen.

Neben den reiterlichen Fähigkeiten, die bis zum ersten Start natürlich Turnierniveau haben müssen, sind auch einige organisatorische Dinge zu beachten.

Ein Pass fürs Pferd

Pferde, die auf Turnieren starten, brauchen seit dem Jahr 2000 einen Equidenpass. In ihm sollten die für den Start notwendigen Impfungen gegen Influenza vom Tierarzt eingetragen sein. Zum Turnier muss das Pferd gesund sein und aus einem Stall mit ebenso gesunden Pferden kommen. Außerdem muss das Pferd bei der FN (Deutsche Reiterliche Vereinigung) als Turnierpferd registriert sein.

Voraussetzungen für den Reiter

Für die Teilnahme an einem Turnier muss der Reiter Mitglied in einem Reitverein sein. Damit ist er auch auf dem Turnierplatz durch den entsprechenden Sportbund unfallversichert. Außerdem laden Ausrichter immer komplette Reitvereine zu Turnieren und Veranstaltungen ein. Die Turnierausschreibungen mit allen wichtigen Angaben zu Prüfungen, Nennschluss etc. findet man in den Zeitschriften der Pferdesport- und Pferdezuchtverbände der jeweiligen Länder.

Ob Turnierstart oder nicht: Jedes Pferd muss mit einem Equidenpass eindeutig identifizierbar sein. Meist muss man ihn bei der Anmeldung vorlegen (rechts).

Gut vorbereitet ist halb gewonnen

Aufregung, Anspannung oder sogar ein bisschen Panik vor dem Start ist völlig normal und plagt selbst manchen routinierten Schleifensammler. Darum ist die sorgfältige Vorbereitung wichtig. Am besten packt man alles Equipment, das mit muss, in zwei Kisten: eine für den Reiter und eine fürs Pferd. In die Reiterkiste kommen eine Ersatzreithose, eine Trainingshose, die man am besten zwischen den Prüfungen über der weißen Turnierhose trägt, damit diese nicht schmutzig wird, der Helm, Gerte, Sporen und das Turniersakko. Turnierhose und Sakko kann man sich für die erste Prüfung sicher auch leihen. Beides sollte jedoch nicht erst am Abend vor dem Turnier eintreffen und rechtzeitig gereinigt werden.

Die Pferdekiste enthält das Putzzeug für den Feinschliff, außerdem eine kleine Pferdeapotheke für den Notfall. Bandagen, Gamaschen, Glocken oder Ballenboots bei Gangpferdeturnieren, aber auch Abschwitz- und Transportdecken und -gamaschen und die Ersatzgummis für die eingeflochtene Mähne kommen hier rein. Den geputzten Sattel und die Trense legt man daneben.

Vor dem Start hat man sich natürlich erkundigt, welche Regeln für die Ausrüstung gelten. In Turnierprüfungen sind nämlich nicht alle Gebisse oder Hilfszügel zugelassen, die man im Unterricht verwendet.

In der Ruhe liegt die Kraft

In der Aufregung eines Turniers geht manches nicht so schnell von der Hand, was zu Hause kein Problem ist. Das überträgt sich leicht auf das Pferd, und ein zappliger Vierbeiner ist im Umgang schwierig. Deshalb wird das Pferd schon am Tag vor der Prüfung gründlich geputzt, Schweif und Mähne gewaschen und die Mähne eingeflochten. Auch das Equipment richtet man vorher. Man klärt, wer das Pferd um welche Zeit zum Turnier transportiert. Zum Verladen kommt man nicht auf den letzten Drücker, sondern erledigt das mit erfahrenen Helfern in aller Ruhe.

▶ ## Zugangsvoraussetzungen für Turnierprüfungen

Kategorie	Ausschreibung	Klasse	Prüfung
C	lokal	E	Führzügel- und Reiterwettbewerb. Dressur, Springen, Vielseitigkeit, Geländewettbewerb
B	regional	A–M	Materialprüfungen für Pferde und Ponys. Dressur, Springen, Vielseitigkeit, Stilprüfungen
A	überregional	M–S	Championate für Pferde und Ponys. Dressur, Springen, Vielseitigkeit

Dressur-, Spring- und Vielseitigkeitsprüfungen werden je nach Schwierigkeitsgrad in die Klassen E=Eingangsstufe, A=Anfänger, L=leicht, M=mittelschwer und S=schwer eingeteilt. Ab Klasse A benötigt der Reiter das Reitabzeichen und je nach Schwere der Klasse weitere Leistungsnachweise oder Turniererfolge.

Geübt wird zu Hause, auf dem Abreiteplatz wärmt man sich und das Pferd auf und frischt einzelne Lektionen auf. Die Prüfungsaufgabe findet man in der LPO (Leistungsprüfungsordnung).

Für das Turnier besorgt man sich am besten einen zuverlässigen „Turniertrottel". Diese Stelle ist eine echte Auszeichnung: Ohne einen guten „TT" läuft nämlich nichts. Er erledigt Botengänge zur Meldestelle, zur Pommesbude oder organisiert im Notfall Turnierschmied oder Tierarzt. Außerdem beruhigt er Mensch und Tier und hält das Pferd, während der Turnierneuling in der Nervosität vor dem Start zum x-ten Mal die Toilette aufsucht oder den Parcours besichtigt. Er behält den Überblick über den Zeitplan und die Übersicht auf dem Abreiteplatz. Vor der Prüfung übernimmt er Decken, Bandagen und Kleidungsstücke. Und hinterher darf er als Erster gratulieren!

Reiten im Gelände

Viele Reiter, die kein Interesse am sportlichen Wettkampf haben, sehen im Reiten in der Natur – alleine oder mit Gleichgesinnten – den Gipfel allen Reiterglücks. Doch anders als in der geschützten Umgebung von Halle oder Bahn erfordert die Natur mit ihren Reizen, einem anspruchsvollen Geländeprofil und so manchen Hindernissen viel Geschicklichkeit und Harmonie von Reiter und Pferd.

Für viele Reiter der größte Genuss: das Reiten mit Gleichgesinnten in der freien Natur. Besonders wichtig ist im Gelände der sichere Sitz, denn viele Reize strömen auf das Fluchttier Pferd ein, die es in der sicheren Umgebung des Hofes oder in der Reithalle nicht gibt.

Natur achten

Im Gelände müssen Reiter und Pferd sich auf die Natur einstellen. Das bedeutet, rücksichtsvoll mit der Tier- und Pflanzenwelt umzugehen, auf Wegen zu bleiben und nicht querfeldein über Äcker und Wiesen zu galoppieren. Besonders im Spätsommer locken gelbe Stoppelfelder für kleine Wettrennen. Doch nach langer Trockenheit bergen sie die Gefahr, dass das Pferd sich ein Eisen abtritt oder in ein Mauseloch gerät und sich möglicherweise verletzt. Daher muss der Reiter im Gelände den Untergrund mit besonderer Sorgfalt taxieren.

Die Natur nutzen auch Spaziergänger, Radler und Jogger. Gegenseitige Rücksicht ist deshalb ein Muss im Gelände. Reiter sollten Mitmenschen im Schritt passieren und nicht in hohem Tempo aufreiten. Gleiches gilt für die Begegnung mit fremden Reitern. Ein freundliches „Hallo" lässt den Eindruck, auf dem „hohen Ross" zu sitzen, schwinden.

Bergauf – bergab

Hügeliges oder bergiges Gelände erfordert vom Reiter besonderes Geschick, um das Pferd nicht zu ermüden. Beim Bergaufreiten nimmt der Reiter das Gesäß leicht aus dem Sattel, verlagert das Gewicht ein wenig nach vorne und gibt dem Pferd mehr Zügel. So entlastet er Rücken- und Hinterhandmuskulatur, wo der „Motor" des Pferdes sitzt. An steilen Anstiegen wählen viele Pferde von sich aus Trab oder Galopp, um mit Schwung nach oben zu kommen.

Bergab wird die Vorhand entlastet, die bei jedem Schritt das Gewicht von Reiter und Pferd abfedern muss. Der Reiter bleibt aufrecht und verlagert das Gewicht eher bremsend auf die Hinterhand. Kommt das Pferd zu sehr auf die Vorhand, kann es leicht stolpern oder stürzen.

Steile Auf- und Abstiege werden in der Falllinie geritten. Versucht das Pferd quer zum Hang hinauf- oder hinabzuklettern, kommt es leicht aus der Balance.

Geländereiten in der Gruppe

Viele Geländereiter lieben die Geselligkeit in der Gruppe. Damit das Miteinander gut funktioniert, gelten auch hier wie in der Reitbahn feste Regeln. Die wichtigste ist die Rücksicht auf den schwächsten Teilnehmer: Unsichere Reiter oder junge Pferde bestimmen das Tempo. Im Straßenverkehr ist besondere Disziplin gefordert, damit alle heil ans Ziel kommen.

In einer größeren Gruppe übernimmt ein erfahrener, weg- oder kartenkundiger Reiter auf einem sicheren Pferd die Führung. Meist können zwei Reiter nebeneinander reiten. Zum Vordermann gilt mindestens eine Pferdelänge Abstand. Diese benötigt man, wenn Gegenverkehr kommt und die Reiter sich zügig „zu einem" hintereinander einreihen. Wird in einer schnelleren Gangart als Schritt geritten, braucht man den Abstand für den Bremsweg bei unvorhergesehenen Hindernissen oder Gegenverkehr. Unverträgliche und schlagende Pferde werden mit einer roten Schleife im Schweif für andere kenntlich gemacht. Diese Pferde sollten besser am Ende einer Gruppe geritten oder der Abstand zu ihnen vergrößert werden.

In Gruppen müssen Kommandos oder Warnungen vor anderen Verkehrsteilnehmern laut und deutlich weitergegeben werden. Wichtig ist es auch, im Gruppentempo mitzureiten, nicht trödeln und dann aufzutraben. Das macht die vorausreitenden Pferde nervös und ärgert die Schlussreiter, die ihre Pferde ständig zurückhalten müssen.

Im Straßenverkehr werden Pferde wie Fahrzeuge behandelt und müssen die Fahrbahn entsprechend benutzen. Bei Dunkelheit müssen Reiter und Pferd beleuchtet sein. Hierfür eigenen sich Stiefellampen sowie Westen und Gamaschen aus reflektierendem Material. In der Gruppe muss der vordere Reiter eine weiße, der letzte eine rote Lampe haben.

Raus in die Natur

Ein Ausritt in die Natur ist für viele Reitschüler ein echtes Highlight, das sie in vollen Zügen genießen. Hier können sie die Seele baumeln lassen, vorausgesetzt, das Pferd ist auch geländesicher. Doch anders als die Lektionen der Reitbahn hält das Reiten im Gelände andere nicht weniger schwierige Aufgaben bereit, die Geschicklichkeit und harmonische Zusammenarbeit vom Pferd-Reiter-Paar fordern.

Geländereiten schult die Balance des Reiters. Doch für die nötige Geländereife muss er das Pferd sicher unter Kontrolle haben und auch bei kleinen Hüpfern nicht gleich in „Wohnungsnot" geraten.

Das Bergauf und Bergab fördert Schenkellage und Knieschluss. Später können auch kleinere Hindernisse einen Ausritt beleben. Das Pferd darf im Gelände in Dehnungshaltung laufen, um sich auf dem anspruchsvolleren Untergrund ausbalancieren zu können, jedoch mit steter und weicher Anlehnung. Mit zu langen Zügeln hat man schlechte Karten, wenn ein Pferd erschrickt und losrennt.

Rücksichtsvoller Umgang mit der Natur

Reiter sind Gäste in der Natur. Das bedeutet Rücksicht auf die Tier- und Pflanzenwelt, aber auch auf andere Besucher wie Spaziergänger, Radler und Jogger zu nehmen. Man sollte nie vergessen, dass so mancher Angst vor „freilaufenden" Pferden hat. Mitmenschen werden grundsätzlich im Schritt passiert und auch von hinten wird nicht im hohen Tempo bis auf Fersenhöhe aufgeritten.

Beim Vorbeireiten an Engstellen könnten sich nicht nur die Zweibeiner, sondern auch das eigene Pferd bedrängt fühlen. Möglicherweise verschafft es sich dann mit einem Huftritt Luft. Hier gilt: Einer nach dem anderen. Ein freundlicher Gruß sollte immer drin

sein. Schnell entsteht sonst der Eindruck, auf dem „hohen Ross" zu sitzen.

Geritten wird dem örtlich gültigen Recht entsprechend auf Reitwegen oder breiteren Forststraßen. Schmale Wanderpfade oder Wildwechsel sind tabu. Schließlich sollen weder Wanderer noch das Wild in Angst und Schrecken versetzt werden. Auch wenn die Pferden nachgesagten Schäden an Waldwegen denkbar gering sind, sollte man die befestigten Teile des Weges benutzen. Auf Fel-

Endlich raus ins Gelände. Hier entwickelt sogar manch faules Schulpferd Pep und Vorwärtsdrang. Richtig Spaß macht es auf dem eigenen oder einem Reitbeteiligungspferd, sein eigener Herr zu sein.

dern haben Reiter in der Zeit zwischen Aussaat und Ernte so wenig verloren wie auf Wiesen und Weiden während der Wachstumszeit und Nutzung.

So reizvoll der schnelle Galopp auf gelben Stoppelfeldern auch sein mag: Nach längerer Trockenheit sind Mauselöcher eine tückische Gefahr für Pferdebeine. Im einfachsten Fall tritt sich das Pferd ein Eisen ab, aber im schlimmsten Fall zerrt es sich eine Sehne. Der Reiter muss im Gelände deshalb mit besonderer Sorgfalt den Untergrund taxieren und rasch reagieren.

Angepasste Geschwindigkeit

Ob Schritt, Trab oder Galopp richtet sich im Gelände nach verschiedenen Kriterien: Auf geteerten und betonierten Wegen wird auf Grund der Rutschgefahr und aus Rücksicht auf Bänder, Sehnen und Gelenke des Pferdes ausschließlich Schritt geritten. Sind geschotterte Wege nach längeren Regenfällen durchgeweicht, ist auch hier Schritt angesagt. Sind sie angetrocknet und federn noch, darf es gerne auch schneller sein. Auf Wiesenwegen muss man auf ausgespülte Mauselöcher, Furchen und Matschlöcher achten. Leicht kann sich das Pferd hier den Fuß vertreten.

Das Tempo richtet sich vor allem in der Gruppe nach dem schwächsten Reiter. Lieber ruhig reiten und bereit sein zum Durchparieren, als dass ein Pferd ins Rennen kommt und die ganze Gruppe mitreißt.

Verkehrsschilder für Reiter

Für Reiter ist die Beschilderung von Straßen und Wegen bindend. Während das „Verbot für Fahrzeuge aller Art" (rund mit rotem Rand auf weißem Grund) nicht für Reiter gilt, signalisiert das gleiche Schild mit einem schwarzen Reiter ein Reitverbot. Ein weißer Reiter auf einem runden blauen Schild zeigt dagegen einen Reitweg.

Meist kennzeichnen die örtlichen Forstbehörden ihre Reitwege mit eigenen Zeichen – kleinen Schildern mit Pferdeköpfen oder aufgesprühte Pferdeköpfe an Baumstämmen entlang der Reitwege.

Das Gelände wartet mit ganz anderen Schwierigkeiten und Hindernissen auf. Mit Pferden, die regelmäßig rauskommen und entsprechend cool sind, ist die Bewältigung aber auch für den Anfänger kein Problem.

▶ Die zwölf Gebote für das Reiten im Gelände

1 Verschaffe deinem Pferd täglich ausreichend Bewegung unter dem Sattel und möglichst auch auf Weide oder im Paddock.

2 Gewöhne dein Pferd behutsam an den Straßenverkehr und das Gelände.

3 Vereinbare alle Ausritte mit Freunden – in der Gruppe macht es mehr Spaß und ist sicherer.

4 Sorge für ausreichenden Versicherungsschutz für dich und das Pferd; verzichte beim Ausritt nie auf den Reithelm.

5 Kontrolliere täglich den verkehrssicheren Zustand von Zaumzeug und Sattel.

6 Informiere dich über die gesetzlichen Regelungen für das Reiten in Feld und Wald in deiner Region.

7 Reite nur auf Wegen und Straßen, niemals querbeet und meide ausgewiesene Fuß-, Wander- und Radwege, Grabenböschungen und Biotope.

8 Verzichte auf einen Ausritt oder nimm Umwege in Kauf, wenn Wege durch anhaltende Regenfälle weich geworden sind und passe dein Tempo dem Gelände an.

9 Begegne Fußgängern, Radfahrern Reitern, Gespannfahrern und Kraftfahrzeugen immer nur im Schritt und sei freundlich und hilfsbereit zu allen.

10 Melde unaufgefordert Schäden, die einmal entstehen können und regle entsprechenden Schadenersatz.

11 Sprech mit Reit- und Fahrkollegen, die gegen diese Regeln verstoßen.

12 Du bist Gast in der Natur und dein Pferd bereichert die Landschaft, wenn du dich korrekt verhältst.

Quelle: FN

Hindernisse im Gelände

Hindernisse im Gelände sind vielfältig. Die wenigsten davon müssen übersprungen werden. Doch anders als auf dem Reitplatz und in der Halle bietet die Natur Reiten in drei Dimensionen: Bodenverhältnisse und Relief stellen hier völlig neue Anforderungen. Gewässer mit unbekannter Tiefe, steile Böschungen oder sogar mal eine Treppe fordern vom Pferd Gleichgewicht und Trittsicherheit, vom Reiter ein feines Gespür für die Hilfen.

Rauf und runter

Nicht nur in hügeligem oder bergigem Gelände müssen Reiter sicher bergauf und bergab unterwegs ein. Auch Flachlandtiroler stehen mal vor einer Böschung oder einem breiten Graben. Da heißt es gut sitzen und dem Pferd Halt und den nötigen Freiraum zur Erfüllung seiner Aufgabe lassen.

Zum Bergaufreiten entlastet der Reiter durch leichtes Anheben seines Gesäßes aus dem Sattel den Rücken des Pferdes. Die Hinterhand mit dem „Pferdemotor" kann so leichter arbeiten. Die Hände hält er etwas tiefer, gibt dem Pferd mehr Zügel und verlagert das Gewicht leicht nach vorne.

An steilen Anstiegen wollen viele Pferde Schwung holen und wählen von selbst Trab oder Galopp. Hat man ausreichend Abstand zum Vorausreitenden, kann man sie ruhig gewähren lassen.

Zum Klettern extrem steiler Anstiege neigt der Reiter den Oberkörper deutlich nach vorne. Die Beine dürfen mit dem gesamten Reitergewicht im Bügel jedoch nicht zu weit nach hinten kommen, sonst besteht die Gefahr, dass die Steigbügelschlösser sich öffnen und der Reiter die Bügel mit den Steigbügelriemen verliert.

Zum Bergabreiten entlastet man durch einen aufrechten Sitz die Vorhand. So verhindert man, dass das Pferd die Balance verliert, stolpert und stürzt. Schließlich muss es auch

Berauf entlastet der Reiter die schiebende Hinterhand und den Rücken durch den leichten Sitz. Bergab entlastet er die Vorhand durch einen aufrechten Sitz, damit das Pferd nicht aus dem Gleichgewicht kommt.

mit jedem Schritt das eigene und das Reitergewicht abfedern. Die Verlagerung des Gewichts nach hinten wirkt auf die Hinterhand,
in der nicht nur der Antrieb, sondern auch
die Bremse des Pferdes liegt.

Steile Auf- und Abstiege reitet man
grundsätzlich in der Falllinie. Ließe man das
Pferd quer zum Hang hinauf- und -hinab
klettern, könnte es rutschen, das Gleichgewicht verlieren und mit dem Reiter stürzen.

Kleine Sprünge zum Vergnügen

Wer sicher im Sattel sitzt und schon die
ersten Sprünge in der Reitbahn erfolgreich
absolviert hat, findet schnell Vergnügen an
kleinen Hindernissen wie Baumstämmen
und Gräben im Gelände. Hier gilt jedoch
immer: Wer springt, muss wissen, was ihn
hinter dem Hindernis erwartet. Deshalb sollte man nie im flotten Galopp auf unbekannten Wegen über Hindernisse setzen. Sie
könnten viel größer sein, als auf den ersten
Blick gesehen, und die Fähigkeiten von Pferd
und Reiter übersteigen. Auch Löcher und rut-
schige Aufsprungstellen können hinter dem
Hindernis versteckt sein. Zwischen den
Sprüngen sollte ausreichend Abstand sein,
um das Pferd wieder in kontrolliertes Tempo
zurückzuholen, denn allzu gern lassen sich
die Vierbeiner vor allem in der Gruppe zur
Rennerei hinreißen.

Anders als Hindernisse im Springparcours erlauben die meisten Geländehindernisse keine Fehler. Bei Un-sicherheiten rät die Vernunft zum Umreiten.

Mit Pferd ins Wasser ist ein Riesenspaß an heißen Sommertagen. Dem Equipment zuliebe sollte man aber auf tiefe Stellen verzichten oder vorher absatteln.

Rein ins nasse Vergnügen

Wasserdurchritte sind nicht alltäglich und
für viele Pferde ein Grund zur Aufregung.
Sind die Füße aber erst mal drin, folgt meist
eine vergnügte Planscherei mit wild schla-
genden Vorderbeinen. Am leichtesten ist die
Durchquerung von Wasser in der Gruppe,
wenn ein erfahrenes Pferd voran geht. Man
sucht eine flache Stelle und reitet resolut gerade auf das Wasser zu. Wer Gewässer mit
unbekannter Tiefe durchquert und sich auf
Schwimmen einrichten muss – keine Panik,
Pferde können das – schlägt die Bügel hoch
und fixiert sie am besten zusätzlich. Die
Zügel werden an der mittigen Schnalle geöffnet, damit das Pferd nicht versehentlich während der Schwimmbewegungen in die
Schlaufe tritt. Der Reiter lässt sich aus dem
Sattel auf eine Seite gleiten. Die Zügel hält er
so in der Hand, dass das Pferd sich strecken
kann. Mit der anderen Hand greift er in die
Mähne und lässt sich durch das Wasser ziehen. Spürt er festen Boden unter den Beinen
kann er sich wieder in den Sattel ziehen oder
aber neben dem Pferd herauslaufen.

Schwimmen mit Pferden ist ein herrlicher
Sommerspaß. Aber Achtung, ein nasses
Pferd schüttelt sich wie ein nasser Hund das
Wasser aus dem Fell – ohne Rücksicht auf
seinen Reiter.

Ausritte in der Gruppe

Ausritte in lustiger Gesellschaft machen Spaß. Auch Pferde begeistern sich für die Abwechslung vom oft langweiligen Bahnalltag. Sie werden draußen dann richtig munter. Reitschulen und Reiterhöfe bieten in landschaftlich reizvollen Gegenden geführte Ausritte in größeren Gruppen an. Wer ausreichend sattelfest ist, findet hier eine Menge Spaß unter Gleichgesinnten, vorausgesetzt, er berücksichtigt ein paar Regeln zum friedlichen Miteinander von Mensch und Pferd.

Reiter sind selten allein im Gelände. Oft werden sie von anderen Waldbenutzern mit Argwohn betrachtet. Wer sich jedoch rücksichtsvoll verhält, Ge- und Verbote einhält, die Wege schont und das Wild nicht bewusst aufscheucht, trägt zu einem positiven Image des Reitens bei.

Rücksicht ist geboten

Beim gemeinsamen Ausritt ins Gelände ist Rücksicht aufeinander das oberste Gebot. Der schwächste Teilnehmer und das jüngste Pferd bestimmen Tempo und Länge des Rittes. Wer noch nicht lange im Sattel sitzt und einen Reiturlaub oder einen mehrstündigen Ausritt plant, sollte sich jedoch der Fairness halber vorher nach den Anforderungen erkundigen und routinierten Reitern nicht den Spaß verderben, wenn die Ansprüche an Kondition, Reittempo und Geländeanforderungen die eigenen Fähigkeiten übersteigen.

Eine größere Gruppe wählt einen erfahrenen, weg- und kartenkundigen Reiter, der auf einem sicheren Pferd die Gruppe anführt. Besonders im Straßenverkehr ist seinen Anweisungen ohne Diskussion Folge zu leisten. Meist reiten schwächere Teilnehmer am Ende der Gruppe, weil Pferde hier oft ruhiger laufen, als wenn ein Pulk von hinten drückt. Auch sie sollten von einem routinierten Reiter begleitet werden, der die Gruppe zusammenhält.

Kommandos, die auf Gangartenwechsel oder andere Verkehrsteilnehmer hinweisen, müssen laut und deutlich nach hinten oder vorne durchgegeben werden. Geritten wird meist zu zweit mit einer guten Pferdelänge

Schritt reiten und Abstand halten ist oberstes Gebot bei der Begegnung mit anderen Waldnutzern.

Pferde, die nur schlecht in der Gruppe laufen und nach anderen treten, müssen mit einer roten „Warnschleife" im Schweif ans Ende verbannt werden.

Wem doch mal im schnelleren Tempo der Gaul durchgeht, der sollte versuchen, mit Ab-(An-)Stand an den anderen vorbei zu kommen und an geeigneter Stelle durchzuparieren. Diese Stelle ist aber ganz sicher nicht die Pobacke des Vorderpferdes! Wer andere bedrängt, riskiert nicht nur, dass die seitlich und voraus laufenden Pferde durch das eigene getreten werden, sondern auch wüste Beschimpfungen und Huftritte der Opfer.

Dringende Bedürfnisse

Pferde können problemlos beim Laufen äpfeln. Daran sollten sie gewöhnt sein, wenn man in der Gruppe unterwegs ist. Pferde, denen man gestattet, zum Äpfeln stehen zu bleiben, werden sonst auch im hohen Tempo unvermittelt die Notbremse ziehen und zwangsläufig sich und die überraschten Hinterleute in Gefahr bringen.

Urin wollen Pferde nur im Stehen auf weichem Boden absetzen. Deshalb sucht man auf langen Ritten in regelmäßigen Pausen ein geeignetes Plätzchen und lockert gegebenenfalls den Sattelgurt um ein bis zwei Löcher.

Abstand. Bei Gegenverkehr fädeln sich die Reiter zügig hintereinander ein. In flotteren Gangarten sollte man den längeren Bremsweg, den auch ein Pferd hat, bei überraschendem Gegenverkehr oder Hindernissen berücksichtigen.

Wer trödelt und dann wieder auftrabt nervt nicht nur die hinter ihm Reitenden, die ihre Pferde ständig zurück halten müssen, sondern bringt auch gehörig Nervosität und Unruhe in die Gruppe. Deshalb gilt auch beim Ausritt: nicht träumen, sondern im Gruppentempo zügig vorwärts reiten. Pferde mit hohem Schritttempo laufen am besten vorne, Trödler im hinteren Teil des Feldes.

▶ Die Notbremse

In der Gruppe heizen sich Pferde im Trab und Galopp häufig auf. Das führt dann leicht zu wilder Rennerei. Wer Probleme mit dem Tempo oder Temperament seines Pferdes bemerkt, meldet das am besten sofort nach vorne an den Rittführer, damit der das Tempo drosselt.
Geht das Pferd durch, dann sollte man sich an die Lektion der ganzen Paraden erinnern: Im leichten Sitz mit bis zu den Ohren angezogenen Zügeln wird kein Pferd stoppen, sondern im Gegenteil vor Schmerz im Maul eher noch schneller werden. Jetzt heißt es hinsetzen, tief durchatmen und die Zügel in kurzer Folge annehmen und – wichtig – wieder nachgeben.
In offenem Gelände kann es helfen, Kreise zu reiten, die immer kleiner werden. Dabei darf man aber den äußeren Zügel nicht vergessen, sonst rennt das Pferd, wenn auch sehr verdreht, über die Schulter geradeaus weiter.

Sicher im Straßenverkehr

Vor allem auf längeren Geländeritten müssen Reiter immer wieder Straßen passieren. Das Reiten im Straßenverkehr erfordert vom Reiter besondere Disziplin und Kontrolle über das Pferd. Manche Autofahrer verhalten sich unsicher, aber auch rücksichtslos und fahren dicht an die Tiere heran. Pferde werden im Straßenverkehr wie Fahrzeuge behandelt und müssen die Fahrbahn benutzen. Außerdem müssen sie bei Dunkelheit ausreichend beleuchtet sein.

Entlang von Straßen reitet eine kleine Zahl Reiter einzeln hintereinander am rechten Fahrbahnrand. Dabei beträgt der Abstand (ausnahmsweise) maximal eine Pferdelänge.

Eine große Gruppe wird sich in mehrere Verbände aufteilen und die Reiter zu zweit nebeneinander reiten. Die Länge eines solchen Verbandes sollte 25 Meter nicht überschreiten. Das entspricht etwa sechs Reiterpaaren. Zwischendurch lassen sie wiederum etwa 25 Meter Abstand, um Autos oder LKWs das Überholen zu ermöglichen. Der Verband darf von anderen Verkehrsteilnehmern nicht getrennt werden. Selbst wenn eine Ampel hinter den ersten Pferden auf Rot schaltet, reiten die restlichen Mitglieder dieser Gruppe noch über die Kreuzung.

Wenn die Sicherheit auch verführerisch ist: Das Reiten und Führen von Pferden ist auf Geh- und Fahrradwegen nicht erlaubt. Verboten ist auch das Führen von Pferden von Kraftfahrzeugen und Fahrrädern aus.

Straßen richtig überqueren

Um eine Straße von einem Feld- oder Forstweg zum gegenüberliegenden zu überqueren, sammelt sich eine kleine Gruppe Reiter nebeneinander an der Einmündung. Hat der letzte aufgeschlossen, wartet man eine Lücke ab, die groß genug ist, um ohne Hektik die Straße zu überqueren. Ist frei, gibt ein Reiter das Kommando und alle starten im zügigen Schritt oder Trab auf die andere Seite.

Mit einer großen Reitergruppe wartet man paarweise hintereinander an der Einmündung, bis die letzten Reiter aufgeschlossen haben. Anschließend sichern zwei erfahrene Reiter mit verkehrssicheren Pferden auf beiden Seiten in ausreichendem Abstand (ca. 50 bis 100 Meter oder vor einer Kurve) die Straße und warnen andere Verkehrsteilnehmer vor dem Verband. Nach der Freigabe

▶ Bei Nacht und Nebel

Pferd und Reiter müssen bei Dunkelheit oder schlechten Sichtverhältnissen auf öffentlichen Straßen und Wegen ausreichend beleuchtet sein. Hierfür tragen sie am besten Stiefellampen, die nach vorne weiß und nach hinten rot leuchten. Helmlampen sind zu hoch angebracht und blenden Autofahrer. Zur Ergänzung können Pferde Gamaschen und Decken, die Reiter Westen mit reflektierendem Material tragen. In der Gruppe muss wenigstens der vordere Reiter eine weiße Lampe, der letzte eine rote Lampe haben.

Diszipliniertes Verhalten in der Gruppe ist besonders im Straßenverkehr gefordert. Man darf sich keinesfalls blind auf die Rücksicht anderer Verkehrsteilnehmer verlassen.

durch die beiden Reiter überquert die Reitergruppe auf Kommando zügig die Straße und sammelt sich auf der anderen Seite. Dabei reiten die ersten so weit in den neuen Weg hinein, dass alle Platz haben und kein Knäuel vor der Einmündung entsteht.

Muss zum Überqueren ein Stück die Straße entlang geritten werden, gehen die Reiter im Abstand von einer Pferdelänge in der Regel einzeln hintereinander. Erreicht der führende Reiter den gewünschten Weg, wenden alle Reiter gleichzeitig auf das Kommando „links kehrt marsch" ihre Pferde nach links ab und überqueren auf kürzestem Weg die Straße, um sich am linken Fahrbahnrand wieder hintereinander einzureihen und zügig gegen die Fahrtrichtung bis zur Einmündung zu reiten. Der Anfangs- und der Schlussreiter zeigen anderen Verkehrsteilnehmern jeweils durch ein deutliches Handzeichen (wie beim Fahrrad fahren) die Richtungsänderung an.

Beim Reiten auf Straßen sollte man besonders aufmerksam sein, um nicht böse überrascht zu werden. Anderen Verkehrsteilnehmern muss stets klar sein, wo Pferd und Reiter hin wollen.

Mit dem Pferd unterwegs

Tagesritte oder vielleicht sogar mehrtägige Wanderritte im Urlaub sind für viele Pferdefreunde das Highlight im Reiterjahr. Zum guten Gelingen tragen eine gründliche Streckenplanung, das richtige Training des Pferdes, aber auch die passende zweckmäßige Ausrüstung für Reiter und Pferd bei. Je gründlicher die Vorbereitung, umso größer ist der Spaß und die Erholung für Pferd und Reiter.

Ein Highlight auf Ausritten ist eine Abkühlung im Wasser. Noch schöner ist es in Badekleidung. Zum Schwimmen sollten die Zügel geöffnet werden.

Für mehrtägige Ritte sind robuste Satteltaschen aus Leder oder einem wasserdichten Material notwendig, die gleichmäßig gepackt werden sollten.

Planung ist alles

Egal ob ein Streckenritt oder die tägliche Rückkehr an eine feste Ausgangsstation geplant ist, die Etappenlängen sind abhängig von der Kondition der Pferde und Reiter. Was auf Karten machbar erscheint, kann sich im Gelände als kräftezehrende Strecke mit schlechten Wegen und einem völlig unterschätzenden Höhenprofil entpuppen. Zur Planung und beim Ritt ist deshalb eine topografische Karte im Maßstab 1:25.000 optimal.

Auch ein Kompass sollte nicht im Gepäck fehlen. Die Reitzeit ist nicht nur von der Wegbeschaffenheit und -länge abhängig. Man sollte genug Zeit für Wegsuche, Kartenlesen oder unerwartete Umwege einplanen. Wer die moderne Technik liebt, erspart sich mit GPS unterwegs viel Zeit raubende Sucherei nach dem richtigen Weg.

Wanderreiter machen regelmäßig Pause: nach jeder Stunde fünf Minuten, nach jeder zweiten Stunde eine Viertelstunde. Für längere Mittagspausen kann man im Vorfeld Raststationen an der Strecke einplanen. Nicht jedes Gasthaus ist auf Pferdebesuch einge- stellt. Ein langes Seil zwischen zwei Bäume gespannt, und schon hat man eine schattige Anbindemöglichkeit. Auch wenn die Pferde die Pause in der Regel gerne für ein Nicker- chen nutzen, ist es ratsam, regelmäßig nach dem Rechten zu sehen.

Machen sich mehr als zwei Reiter auf einen mehrtägigen Ritt auf, sollten sie die Nachtquartiere vorab organisieren. In vielen Regionen gibt es bereits spezialisierte Wan- derreitstationen. Aber auch Reiterhöfe und – vereine sind eine Anlaufstelle, wo Reiter und Pferd eine einfache, günstige Herberge für eine Nacht finden können, in der Futter und ein trockener Schlafplatz für Mensch und Tier vorhanden sind.

Die Pferdeausrüstung

Pferde müssen einen bequemen und gut passenden Sattel, am besten mit Ringen für Packtaschen haben, dazu die gewohnte Zäu- mung oder eine gebisslose Variante, die auch einen kurzen Imbiss auf einer Wiese unter- wegs erlaubt. Praktisch sind auch Wander- reithalfter, die schnell zu Stallhalftern umge- baut werden können, alternativ so genannte Minihalfter.

Das Gewicht in den seitlichen Packta- schen muss gleichmäßig auf beide Seiten verteilt werden. In einer Bananentasche am Sattel kann man griffbereit die Regenklei- dung, Bürste, Hufkratzer, ein Multifunktions- oder Notbeschlagswerkzeug und eine leichte Abschwitzdecke für das Pferd deponieren. Um Gewicht zu sparen, ist es sinnvoll, das gewohnte Kraftfutter vorab an den Stationen

zu deponieren. Wer kann, wird ein Packpferd mitnehmen, das einen Teil der Ausrüstung trägt und auch als Reitpferd eingewechselt werden kann.

Ausrüstung für den Reiter

Der Reiter muss bequeme Kleidung tra- gen. In einer Weste oder Jacke mit zahlrei- chen Taschen lassen sich wichtige Utensilien wie Handy, Taschenmesser, Geld und Papiere verstauen. Die Reithose darf nicht scheuern. Bequeme Wanderschuhe sind für längere Führstrecken erforderlich. Als Regenbeklei- dung eignen sich am besten atmungsaktive Regenhosen oder Reitregenmäntel. Auch auf langen Ritten ist ein Helm selbstverständlich!

Mit der richtigen Kleidung sind längere Ritte auch im Winter ein Genuss. Ein Reithelm vervollständigt die Ausrüstung!

▶ Das muss dabei sein

▸ Handy (am Reiter) und Telefonnummern von Tierärzten und Hufschmieden für den Notfall sowie von Unterkünften;

▸ Kartentasche mit topografischen Karten, Maßstab 1:25 000, Kompass;

▸ Beschlagswerkzeug, Ersatzeisen und Nägel;

▸ Nähzeug mit Ledernadel und Sattlerfaden;

▸ Erste-Hilfe-Set für Reiter und Pferd mit sterilen Wundabdeckungen, Desinfektions- spray, evtl. homöopathische Notfalltropfen und Arnika-Globuli, Hirschtalg für aufgerit- tene Reiterpopos.

Selbstständig reiten

Wer sich sicher im Sattel fühlt und auch am Boden souverän mit Pferden umgeht, wird irgendwann nach neuen Perspektiven suchen. Selbstständig reiten, nur Mensch und Pferd allein in die Natur, wann immer man Lust hat, ohne den (Gruppen)Zwang einer Reitstunde. Für Reiter, die mehr wollen, für ein eigenes Pferd jedoch noch nicht den Mut oder das nötige Geld haben, gibt es verschiedene Wege in die Selbstständigkeit.

Das Pflegepferd – zum Streicheln, Putzen und Reiten

Viele Reitschulen vertrauen fortgeschrittenen Reitschülern ein Pflegepferd an, um das diese sich außerhalb des Schulbetriebs kümmern können. Vor allem Kindern und Jugendlichen, die sowieso nicht ohne Begleitung eines Erwachsenen ins Gelände sollten, erfüllt das Pflegepferd meist ausreichend das Gefühl vom eigenen Pferd. Schließlich teilen nicht alle Familien den Spaß am zeitaufwändigen Hobby ihres Nachwuchses oder haben einen Geldbeutel, der dem Sprössling locker ein eigenes Pferd finanziert. Letztendlich ändern sich gerade bei Kindern und Jugendlichen immer mal wieder die Interessen und so steht am Ende vielleicht sogar ein teurer Vierbeiner gelangweilt im Stall.

Auch Schulpferde freuen sich über liebevolle Zuwendung einer festen Bezugsperson. Die Pflegearbeiten rund um das Reiten vermitteln kleinen und großen Reitern einen ersten Eindruck von den Bedürfnissen eines Pferdes und dem zeitlichen und finanziellen Aufwand, um diese zu befriedigen. Außerdem können sie erstmals auch einen kleinen Teil der Verantwortung für ein Tier übernehmen. Manch privater Pferdehalter, der über das Reiten hinaus wenig Zeit für seinen Vierbeiner hat, freut sich ebenfalls über einen engagierten Helfer, der dem Pferd regelmäßig Weidegang verschafft, mit ihm spazieren geht oder zwischendurch die Lederpflege übernimmt. Im Gegenzug darf der Betreuer „sein" Pferd hin und wieder reiten.

Beim Pflegepferd vereinbaren Pfleger und Besitzer, welche Freiheiten der Betreuer hat

Ein eigenes Pferd oder ein Reitbeteiligungspferd zu haben, heißt eigenverantwortlich zu handeln mit einem Mehr an Freiheit und Spaß.

und wer haftet, wenn Pfleger und Pferd einen Unfall haben oder verursachen. Vor allem bei Kindern und Jugendlichen sorgen eindeutige Abmachungen zwischen Pferdebesitzer und Pfleger sowie deren Eltern für klare Verhältnisse und ersparen Ärger und Enttäuschung.

Reitbeteiligung – unabhängig ohne eigenes Pferd

Wer öfter als nur ab und zu eine Möglichkeit zum selbstständigen Reiten sucht, ist mit einer Reitbeteiligung meist gut beraten. Pferdebesitzer, die eine Entlastung ihres eigenen Zeitbudgets oder Geldbeutels suchen, stellen pferdelosen Reitern gegen eine Kostenbeteiligung ihren Vierbeiner zur Verfügung.

Hier muss jedoch nicht nur die Chemie zwischen Reitbeteiligung und Pferd, sondern auch mit dessen Besitzer stimmen. Einigkeit in Fragen der Haltung, Pflege und Umgang sind wichtig. Die Reitweise und die reiterlichen Fähigkeiten sollten dem Pferd zuliebe auf einem Niveau sein. Ein regelmäßiger und intensiver Austausch über das Training des Pferdes ist wichtig für ein langfristiges und gutes Verhältnis.

Bereits im Vorfeld sollten beide Seiten ihre gegenseitigen Erwartungen hinsichtlich der Häufigkeit und Intensität des Reitens, zusätzlicher Arbeiten wie Ausrüstungspflege, Stall- und Koppeldienst, über die Teilnahme an Unterricht, Reitkursen oder Turnieren, aber auch über die Verfügbarkeit des Pferdes an den begehrten Wochenenden formulieren. In einem Reitbeteiligungsvertrag hält man die wichtigsten Punkte dazu am besten schriftlich fest. Dazu gehört auch, wie man verfährt, wenn das Pferd krank ist und der Reitbeteiligung eine Weile nicht zur Verfügung steht.

Eine Reitbeteiligung sollte vom Pferdebesitzer durch die Absicherung des Fremdreiterrisikos ausreichend haftpflichtversichert sein. Diese deckt meist die Schäden ab, die das Pferd im Beisein der Reitbeteiligung verursacht. Kommt die Reitbeteiligung durch das Pferd zu Schaden, haftet der Tierhalter aus eigener Tasche, wenn er solche Schäden nicht extra absichert. Als Reitbeteiligung sollte man in jedem Fall aber selbst eine Haftpflicht- und Unfallversicherung haben.

▶ Ein eigenes Pferd?

Wer vom Reitsport einmal richtig gepackt ist, wird sich immer wieder die Frage stellen, ob ein eigenes Pferd nicht am ehesten alle Träume erfüllen würde. Hier gilt es jedoch drei wichtige Punkte zu checken:

Kann ich mir ein Pferd finanziell leisten? Die geringsten Kosten sind die Anschaffungskosten. Hinzu kommen monatliche Unterhaltskosten, die sich im Lauf der Jahre zu vielen tausend Euro summieren können. Außerdem braucht man Reserven für unvorhergesehene Tierarztkosten, will man den Vierbeiner nicht schon beim ersten Anlass im Stich lassen.

Habe ich genug Zeit für das Pferd? Was während Schule und Ausbildung oft noch kein Problem ist, kann mit Beruf und Familie schnell zum knappen Faktor geraten – die Zeit. Artgerechte Haltungsformen und eine Reitbeteiligung können knappe Zeit ein Stück weit kompensieren. Wer kaum öfter als zweimal pro Woche zum Pferd kann, sollte vielleicht selbst den Weg als Reitbeteiligung einschlagen.

Machen der Partner und die Familie mit? Das Pferd ist mehr Familienmitglied als Sportgerät und sollte vom Partner oder der Familie auch so gesehen werden. Schnell gerät sonst der finanzielle und zeitliche Aspekt zum Dauerstreitpunkt.

Abwechslung im Pferdealltag

Reiten lernen – einmal anders

Während es für Pferde einen allgemein gültigen Ausbildungsplan gibt, der auch in fast allen Reitweisen Anerkennung findet – die Skala der Ausbildung – sucht man einen festgeschriebenen Lehrplan für Reiter vergeblich. Das ist auch gut so, denn neben dem gängigen Reitunterricht führen durchaus noch andere Wege aufs Pferd. So kann jeder seinen persönlichen Neigungen gerecht werden.

Vor allem Erwachsene stehen nach vielen erfolglosen und frustrierenden Reitstunden ohne erkennbaren Fortschritt manchmal vor der Entscheidung: aufhören oder weitermachen? Sie stellen sich die Frage: Geht es auch anders?

Tatsächlich gibt es eine ganze Reihe verschiedener Ausbildungsmethoden, die teilweise auch aus der Physiotherapie kommen. Viele setzen ihren Schwerpunkt neben dem körperlichen Training auch auf die mentale Stärke des Reiters. Damit kommen sie vor allem „kopflastigen" Wiedereinsteigern zugute, die über viele Jahre Defizite beim Körpergefühl und der Körperbeherrschung aufgebaut haben.

Von langjährigen Reitern und konservativen Reitlehrern manchmal als Spinnerei abgetan, öffnen alternative Lehrmethoden vielen Reitern neue Wege.

Die Alexander-Technik

Der australische Schauspieler Frederick Matthias Alexander (1869–1955) hat an sich und anderen beobachtet, dass die Qualität des dynamischen Zusammenspiels von Kopf, Hals und Rücken maßgeblich für die Koordination des ganzen Menschen ist.

Im Reitsport ist die Alexander-Technik eine körperorientierte und pädagogische Methode der Wahrnehmungs- und Bewegungsschulung, die helfen soll, körperliche und geistige Kräfte zu koordinieren und zu entfalten. Sie sieht den Menschen als dynamisches Ganzes und stellt nicht die richtige Haltung in den Mittelpunkt, sondern ist auf Beweg-

lichkeit und die Schulung der Selbstwahrnehmung ausgerichtet. Damit werden Reiter und Pferd zunehmend eine zusammenwirkende bewegte Einheit.

Feldenkrais-Methode

„Jeder Mensch bewegt sich und verhält sich nach dem Bild, das er von sich hat." Dies war die Erkenntnis des gebürtigen Russen Moshé Feldenkrais (1904–1984), der als erfolgreicher Judoka einem eigenen Knieleiden mit einer selbst entwickelten Schulung des Bewegungsempfindens begegnete.

Auf den Reitsport übertragen heißt das: Mein Selbstbild ist verantwortlich für meine

Möglichkeiten. Die Feldenkrais-Arbeit richtet ihr Augenmerk auf das Erweitern des Körperbildes und das Entdecken eigener Möglichkeiten. Das Nervensystem speichert über die Lebensjahre Verhaltensmuster ab, um sie im Bedarfsfall schnell zur Verfügung zu stellen. Doch mit der Zeit schränken uns manche Gewohnheiten ein: Einzelne Muskelgruppen sind ständig gefordert, während andere vor Unterforderung verkümmern. Durch ungewohnte Bewegungen in stressfreier Umgebung werden Handlungsmuster zunehmend klarer, die Möglichkeiten erweitern sich.

Die Konsequenz nach Feldenkrais: „Wenn wir spüren, was wir tun, und Wahlmöglichkeiten für dieses Tun haben, können wir tun, was wir wollen." Dabei bleibt jedem ausreichend Raum, seinen eigenen Weg zu finden. Bewegungsübungen auf dem Pferd, die in Vergessenheit geratene Muskeln aktivieren, sind ein Instrument dieses Ausbildungsweges.

TT.E.A.M - Methode

Die Amerikanerin Linda Tellington-Jones stellt das Pferd in den Mittelpunkt ihrer Arbeit. Ziel ist die Verbesserung des Körpergefühls, der Angstabbau, die Konzentrationssteigerung und die Selbstkontrolle, die den Fluchtinstinkt des Pferdes zurückdrängt.

Durch die Arbeit nach TT.E.A.M. am Boden finden Reiter eine stressfreie und intensive Verbindung mit Pferden und ein Gefühl für das Befinden ihres vierbeinigen Sportpartners.

Centered Riding

Beim Centered Riding, dem Reiten aus der Körpermitte nach Sally Swift, soll der Reiter spüren lernen, wie Reiterhilfen wirken. Dazu bedient sich die Methode verschiedener Bilder und schult die Vorstellungskraft. Vorbereitende Grundübungen auf dem Boden und Übungen mit geschlossenen Augen im Schritt und Trab auf dem geführten Pferd helfen dem Reiter, sich ganz auf seine Bewegungen zu konzentrieren und sie dem Pferd anzupassen. Der Reiter entwickelt ein Gefühl für die angemessene Körperspannung und wird zu Selbstkorrekturen befähigt.

Connected Riding

Das Prinzip des Connected Riding von Peggy Cummings ist eine Weiterentwicklung des Reitens aus der Körpermitte in Verbindung mit Elementen der TT.E.A.M.-Methode. Im Zentrum steht die Entwicklung des Körpergefühls und daraus resultierende Aktionen. „Innerer Beweglichkeit folgt äußere Geschmeidigkeit", so das Motto.

Hierfür verwendet Peggy Cummings starke und nachvollziehbare innere Bilder: Vorwärts fließen, rückwärts denken, auf dem Pferd schmelzen oder sich wie eine Boje im Wind bewegen sind nur einige davon. Die Methode verhilft kopfbetonten „Taschensitzern" und „gekrümmten Helden" zum aufrechten und ausbalancierten Sitz. Praktische Übungen ersetzen konventionelle technische Reitanweisungen und öffnen neue Wege. Der Kontakt zum Pferd wird dadurch intensiver und das Reiten auch auf hohem Niveau weiter verbessert.

Angstfreies und zwangloses Reiten und der Umgang mit dem Pferd stehen ebenso im Mittelpunkt alternativer Lehrmethoden wie die Überwindung körperlicher Defizite des Reiters.

Bodenarbeit

Während der Reitsport in der Vergangenheit fast ausschließlich auf dem Pferd ausgeübt wurde, gehört Bodenarbeit für viele Pferdefreunde heute einfach dazu. Regelmäßige Bodenarbeit ist die Basis für Erziehung und Grundausbildung junger Pferde, aber auch eine beliebte Abwechslung für Reitpferde, Pferdepatienten, gelangweilte Rentner auf der Weide oder zum Kennenlernen eines neuen Pferdes.

Durch Bodenarbeit gelingt es meist viel einfacher, gegenseitiges Vertrauen zu einem Pferd aufzubauen als vom Sattel aus. Sie bietet auch die Chance, die Rangordnung zwischen Pferd und Mensch von Anfang an klarzustellen. Dies ist wichtig, denn was am Boden nicht klappt, macht auch im Sattel Schwierigkeiten. Verletzte Pferde können durch Bodenarbeit während ihrer Reha-Phase unterhalten und im Rahmen ihrer Möglichkeiten mit gymnastischen Dehnungsübungen für Rumpf und Rücken abwechslungsreich bewegt werden.

Viele Reiter begeistern sich auch für zirzensische Übungen und lehren ihre Pferde kleine Kunststücke wie Kompliment, Knien, Abliegen oder Sitzen. Die Lektionen „auf der Erde" zeigen vor allem dominanten Pferden oder jungen Hengsten und Wallachen einen spielerischen Weg zur Unterordnung. Mit der „Schule über der Erde" – zum Beispiel

Bei der Bodenarbeit ganz ohne Zäumung zeigt sich, ob das Pferd seinem Menschen treu folgt und mitarbeitet.

▶ Die Gelassenheitsprüfung (GHP)

2001 hat die Deutsche Reiterliche Vereinigung die Gelassenheitsprüfung initiiert. In zehn Stationen mit Alltagssituationen müssen Pferde vor Richtern Nerven, Gelassenheit, Gehorsam und Kooperationswillen zeigen. Die Bewertung wird in einen Pass eingetragen. Wer ein zuverlässiges Reitpferd kaufen möchte, sollte sich nach einer absolvierten Gelassenheitsprüfung erkundigen.

auf ein Podest klettern oder steigen – kann man dagegen zurückhaltenden oder ängstlichen Pferden zu mehr Selbstvertrauen verhelfen.

Übungen am Boden

Pferd parken

Das geparkte Pferd ist eine Übung, mit der das Tier auch aus der Entfernung sicher kontrolliert werden soll. Sie wird in beinahe jeder Trailprüfung auf Freizeitturnieren gefordert. Der Pferdeführer stellt das Pferd in einem Kreis ab und geht mehrere Meter weg. Dann umrundet er das Pferd. Dieses soll gelassen stehen bleiben und sich nicht nach seinem Menschen umdrehen.

Über die Plane laufen

Viele Pferde gruseln sich vor einem unbekannten Untergrund, Kanaldeckeln oder Regenrinnen im Boden. Die raschelnde Plastikplane ist da eine besondere Herausforderung. Das Pferd wird an die Plane herangeführt, darf sie beschnuppern und soll schließlich zügig darüber gehen. Nach einigen Durchgängen und geduldigem Zureden wird das Pferd vielleicht auch allein auf der Plane stehen bleiben.

Die Fußwaschung

Nicht alle Pferde mögen Wasser. Bei der „Fußwaschung" stellt der Pferdeführer nacheinander alle vier Beine des Pferdes in gefüllte Wassereimer. Dabei sollte er langsam vorgehen. Das Pferd braucht hierfür viel Vertrauen, schließlich sieht es nicht, was unter seinem Bauch abläuft und spürt nur, wenn es nass und kalt wird.

Stangenarbeit

Hindernisstangen werden als Labyrinth auf den Boden gelegt. Man führt das Pferd zuerst vorwärts durch, später auch rückwärts. Schwieriger als es aussieht, ist es anfangs, ein Pferd zu überzeugen, über den Stangen zu parken – zuerst quer zwischen Vorder- und Hinterbeinen, später längs zwischen linkem und rechtem Beinpaar. Pferde fühlen ungern etwas unter sich und überwinden Hindernisse am Boden gerne zügig oder mit einem beherzten Satz.

Zirzensische Lektionen gymnastizieren und dehnen beanspruchte Körperpartien des Pferdes. Ein Päuschen im Liegen zeigt das Vertrauen.

Die meisten Pferde lieben den Ausblick vom Podest . Wird nun noch zwischen den Vorderbeinen ein Leckerli gefüttert, kann der Rücken sich dehnen.

Das Pferd ist dein Spiegel. Es schmeichelt dir nie. Es spiegelt dein Temperament. Es spiegelt auch deine Schwankungen.
Ärgere dich nie über dein Pferd; du könntest dich ebenso wohl über deinen Spiegel ärgern.
RUDOLF G. BINDING

Geschicklichkeit und Harmonie

Während die klassischen Dressurlektionen und Übungsreihen auf dem Reitplatz ohne großen Aufwand jederzeit geritten werden können, bedarf das Trailreiten ein bisschen Einfallsreichtum und Bastelarbeit. Steht der bunte Trailparcours mit den Aufgaben, die an die Arbeit mit Pferden und Rindern erinnern, aber erst mal fertig da, ist der Spaß- und Lernfaktor nicht mehr zu toppen. Pferde und Reiter sind mit Motivation dabei.

Mit feinen Hilfen

Viele Reiter, die sich mit den immer gleichen Fehlern durch die Reitstunde quälen, haben im Trailparcours echte Aha-Erlebnisse. Wer auf gebogenen Linien nicht korrekt sitzt

Trailreiten erfordert neben Geschick und feiner Hilfengebung ein hohes Maß an Rittigkeit, aber vor allem Vertrauen zwischen Reiter und Pferd. Damit ist es alles andere als ein „Kinderspiel".

oder immer wieder sein Ziel aus den Augen verliert, weil er auf den Mähnenkamm seines Pferdes starrt, findet mit dem Trailreiten einen einfachen Weg, korrektes Reiten zu erleben. Viele Aufgaben erfordern ein scharfes Auge, geschickte Hände und den Einsatz von Schenkel- und Gewichtshilfen anstatt unruhiger Zügelhände.

Wichtigstes Ziel zwischen bunten Stangen, Planen und Flatterband ist die leichte und fein dosierte Hilfengebung. Die gestellte Aufgabe soll nicht „irgendwie" erledigt werden, sondern in der Reihenfolge: erst denken, dann reiten. Die Zusammenarbeit mit dem Pferd erfolgt ruhig und harmonisch. Nach erfolgreicher Bewältigung der Aufgabe steht ein ausgiebiges Lob. Auch Pferde haben viel Spaß an Trailaufgaben und erinnern sich gerne an positive Erlebnisse.

Die Wippe

Dicke breite Holzdielen liegen mittig auf einem quer liegenden Balken, so dass sie schaukeln können. Jetzt ist Vertrauen gefragt, denn Pferde mögen keinen wackeligen Untergrund. Der Reiter muss die Wippe nun mit dem Pferd überqueren und reitet hierzu bei guter Anlehnung Schritt für Schritt gerade auf die Holzbretter. Vor der Mitte reduziert er das Tempo, denn schließlich kippt die Wippe gleich nach vorne. Das Pferd wird mit Zügeln, Kreuz und Schenkeln gut eingeschlossen. So weiß es: „Hallo, was jetzt kommt ist ungefährlich, auch wenn es wackelt". Kippt die Wippe nach vorne, lässt der Reiter das Pferd kontrolliert weiterlaufen.

Geschickte Reiter und routinierte Pferde bleiben über dem Mittelbalken erst mal stehen und schaukeln durch kleine Schritte oder Gewichtsverlagerung vorwärts und rückwärts.

Karussell

In der Mitte einer gedachten Voltenlinie steht ein Hindernisständer, an dem ein drei bis vier Meter langes gespanntes Flatterband oder Seil befestigt ist. Das zweite Ende ist locker an einem zweiten Hindernisständer auf der Kreislinie festgemacht. Vor dem Anreiten nimmt man das lose Seilende mit der inneren Hand. Die äußere führt die Zügel. Nun reitet man einhändig auf der gedachten Kreislinie mit gespanntem Seil, ohne dies aber aus der Hand gleiten zu lassen. Wer bei dieser Übung stets den Hindernisständer in der Mitte im Auge behält, hat kein Problem, eine korrekte Volte zu reiten. Erreicht man den Ständer wieder, wird das Seil daran befestigt.

Das Schlüsselloch

Für das Schlüsselloch braucht man fünf Hindernisstangen. Drei werden zu einem Trapez mit einer offenen Seite gelegt, die zwei übrigen Stangen beidseitig an diesen „Eingang". Nun reitet man ins „Schlüsselloch" bis in eine Ecke hinein und wendet: zuerst mit einer viertel Vorhandwendung von etwa 45 Grad, anschließend mit einer viertel Hinterhandwendung im gleichen Winkel. Beide macht man Schritt für Schritt, sonst kommt leicht ein unkoordiniertes Kreiseln um die „Mittelhand" heraus. Die Stangen dürfen dabei natürlich nicht be- oder übertreten werden.

Der Klassiker – das Stangenlabyrinth

Die Standardaufgabe in Trailprüfungen ist das Stangenlabyrinth. Hierbei liegen sechs

Das Stangenlabyrinth ist die Standardaufgabe in Trailprüfungen. Umso schwieriger ist es aber, mit übereifrigen Pferden, die schon wissen was kommt, eine solche Aufgabe sauber zu bewältigen.

Stangen im rechten Winkel zueinander. Jetzt gilt es hinein zu reiten und am Ende anzuhalten. War Rückwärtsrichten bislang einfach nur geradeaus an der Bande gefordert, heißt es jetzt: ohne Stangenberührung um die Kurve. Links herum nimmt der Reiter dazu den rechten Zügel an und treibt die Hinterhand Schritt für Schritt mit dem knapp hinter dem Gurt liegenden rechten Schenkel. Der linke Schenkel verhält sich diesmal bis kurz vor Abschluss der Wendung passiv und begrenzt erst den letzten Schritt. Rechtsherum funktioniert es mit entgegengesetzten Hilfen.

Handpferdereiten

Was beim Wanderreiten oder in der Jungpferdearbeit zum kleinen Einmaleins gehört, wird im gängigen Reitunterricht selten oder nie geübt. Trotzdem ist das Reiten mit Handpferd eine gute Übung für das einhändige Reiten und für schwerpunktmäßige Schenkel- und Gewichtshilfen. Mit dem Handpferd, das rechts vom Reitpferd und etwa ein Kopflänge vor diesem läuft, reitet man erst einfache Hufschlagfiguren, später vielleicht auch leichtere Trailhindernisse. Die Zügel des Reitpferdes hält man hierzu ausschließlich in der linken Hand. Das Handpferd wird mit deutlichen Handzeichen, der Gerte und der Stimme gelenkt.

Longieren

Mit der Longe kann ein Pferd ohne Reitergewicht bewegt werden. Longieren bereitet junge Pferde auf das Reiten vor, lockert Reitpferde oder bewegt kranke Pferde. Longieren stärkt die Rückenmuskulatur, schult die Balance und trainiert den Kreislauf. Damit es über die reine Bewegung hinaus einen gymnastischen Nutzen für das Pferd hat, sollte auch die Ausrüstung stimmen.

Longierausrüstung

Das Pferd bekommt zum Longieren einen Longiergurt mit vielen Ringen auf den Rücken geschnallt. Darunter legt man ein Pad oder eine Satteldecke. Ideal ist ein Kappzaum, in den man die Longe seitlich oder auf dem Ring am Nasenrücken einschnallt. Lediglich in einen Trensenring eingeschnallt kommen die Signale nur unpräzise im Maul an und machen bei grober Einwirkung mehr kaputt, als das Longieren nützt. Hilfszügel werden zwischen Longiergurt und Kappzaum oder einer zusätzlichen Trense eingeschnallt. Sie zeigen dem Pferd den Weg in die Tiefe und tragen so zur Stärkung der Bauch- und Rückenmuskulatur bei. Die Verwendung einer „Longierbrille", die die Trensenringe unter dem Kinn verbindet, ist lediglich ein Kompromiss. Auf das Longieren nur mit Stallhalfter sollte man ganz verzichten.

Die Arbeit an der Longe ist ein guter Ausgleich zur Arbeit unter dem Sattel. Das Pferd kann sich locker und frei bewegen. Die Arbeit mit Stangen oder Cavalettis animiert es zum verstärkten Untertreten und zum freien Schwingen des Rückens. Dennoch sollte auf die richtige Ausrüstung geachtet werden: lieber ein Kappzaum und Ausbinder als nur Trense oder gar Stallhalfter.

Die Hilfen beim Longieren

Am einfachsten ist das Longieren auf einem Roundpen oder einem abgesteckten Rund. Zum Treiben begibt sich der Longenführer in eine Position hinter der Pferdeschulter. Zum Parieren in eine langsamere Gangart oder zum Anhalten tritt er vor das Pferd.

Longieren ist Übungssache und schnell zeigt sich, wer Chef in der Pferd-Mensch-Beziehung ist. Anfangs werden die Körpersignale deutlicher gegeben und die Longierpeitsche zum Treiben hinter das Pferd, zum Bremsen vor die Pferdebrust gehalten. Parallel zur Körpersprache sollte das Pferd die immer gleichen Stimmkommandos hören.

Wer keinen Longierzirkel zur Verfügung hat, muss zwangsläufig eine einfache Longe zum Spur halten verwenden. Sie wird in sauberen Schlaufen aufgenommen in der einen Hand gehalten, während in der anderen Hand die Peitsche liegt. Achtung: Die Schlaufen dürfen nicht zu lang sein, sonst besteht die Gefahr, dass der Longenführer hineintritt und stürzt.

Über den Kappzaum kann auf das Pferd eingewirkt werden, ohne es im Maul zu stören. Zwischen Trense und Longiergurt wird ein Hilfszügel eingeschnallt.

Übungen an der Longe

Zur wichtigsten Übung gehört die Aufmerksamkeit des Pferdes. Es soll konzentriert mitarbeiten und das innere Ohr seinem „Chef" in der Mitte widmen. Beherrscht es die Stimmsignale für Vorwärts, Haaalt, Sche-ritt, Te-rab, Ga-lopp und á palce (zurück auf die Zirkellinie), kann man nach der Lösephase, die auf der „guten Seite" des Pferdes beginnt, viele Tempoübergänge fordern. Sie dienen der Gymnastizierung, dem Gehorsam und wirken Wunder gegen aufkommende Langeweile. Mit der Longe kann man den Zirkel verkleinern und vergrößern. Häufige Handwechsel gymnastizieren das Pferd gleichmäßig auf beiden Seiten.

Die Longenarbeit sollte nicht länger als 20 bis 25 Minuten (bei jungen Pferde eher noch weniger) dauern, um das Pferd nicht mental zu ermüden.

Stangen oder Cavalettis schulen die Koordinationsfähigkeit des Pferdes und bringen Schwung in verspannte Pferderücken. Erfahrene Longenführer können das Pferd sogar über kleine Hindernisse springen lassen.

▶ Doppellonge – nur etwas für Könner

Noch mehr Möglichkeiten als das gewöhnliche Longieren bietet die Arbeit mit der Doppellonge. Zuvor müssen Pferde jedoch die wichtigsten Stimmsignale kennen gelernt haben. Der Longenführer selbst muss eine feine Hand haben und auch über eine gewisse Übung beim Longieren verfügen.

Die Doppellonge besitzt an beiden Seiten Karabiner zum Einhängen in die Trensenringe und läuft je nach Ziel der Arbeit entweder direkt von der Trense in die Hand oder vom Longiergurt durch die Trensenringe zurück über den Longiergurt in die Hand des Longenführers. Longiert werden kann von der Mitte des Zirkels aus, aber auch bei aufgenommener Longe aus der treibenden Position hinter dem Pferd.

Mit der Doppellonge kann der Profi auch Rückwärtsrichten und Seitengänge erarbeiten. Besonders die Anhänger der Klassischen Reitlehre bedienen sich dieses vielseitigen Instrumentes, das aber besonderes Einfühlungsvermögen und sorgfältigen Umgang erfordert.

Ein eigenes Pferd

Pferd auf Probe

Wer mehr als nur ein- oder zweimal wöchentlich auf einem Schulpferd seine Runden in der Halle drehen will, denkt irgendwann über ein eigenes Pferd nach. Ein Pferd kostet aber nicht nur Geld, sondern auch viel Zeit. Wer noch unsicher ist, hat verschiedene Möglichkeiten, das „Abenteuer eigenes Pferd" in der Light-Version mit einem Pflegepferd oder als Reitbeteiligung zu testen.

Pflegepferde sind die erste Möglichkeit, einen kleinen Teil der Verantwortung für ein Pferd zu übernehmen. Oft sind auch Schulpferde dankbar für eine feste Bezugsperson, die es pflegt und verwöhnt. Klare Abmachungen regeln den Umgang mit dem Pferd. Und vielleicht wird aus dem Pflegepferd auch einmal mehr...

Geliebt, geputzt, geritten – das Pflegepferd

Vor allem Kinder und Jugendliche wünschen sich nichts sehnlicher als ein eigenes Pferd. Doch die Verantwortung für das Tier ist oft zu groß. Und nicht alle Eltern haben einen Geldbeutel in der richtigen Größe, um ein solch aufwändiges Hobby zu finanzieren. Ein Pflegepferd bietet überzeugten Reitermädchen aber Gelegenheit, einen ihrer Wünsche zu erfüllen.

Pflegepferde können Schulpferde sein, die für Zuwendung und Pflege durch eine feste Bezugsperson ebenso dankbar sind wie Pferde, deren Besitzer nur wenig Zeit haben, sich über das Reiten hinaus um Putzen,

Lederpflege, Spazierengehen oder den Weidegang ihres Tiers zu kümmern. Die Pflegekinder können sich hier beweisen und über das Reiten hinaus viel über Pferde und deren Haltung lernen. Zur Belohnung dürfen sie hin und wieder einmal „ihr" Pferd reiten oder auf Kursen und Turnieren betreuen.

Bei Pflegepferden geht es nicht um eine Kostenbeteiligung, doch auch hier profitieren beide Seiten. Klare Abmachungen zwischen Pferdebesitzern, den Pflegekindern und deren Eltern sind jedoch wichtig und werden am besten schriftlich festgehalten.

In jedem Fall sollte sicher geklärt werden, wer haftet, wenn Pfleger und Pferd einen Unfall haben oder einen verursachen. Die Haftpflichtversicherungen von Pferdehalter und Eltern geben hierüber Auskunft. Wer hier klare Verhältnisse schafft, erspart allen Beteiligten unnötigen Ärger.

Reitbeteiligung – ein ganzes Pferd für die halbe Verantwortung

Bei einer Reitbeteiligung übernimmt ein Reiter neben einem Teil der Kosten auch die Verpflichtung, das Pferd regelmäßig zu reiten. Diese Lösung ist vor allem für Pferdebesitzer interessant, die eine Entlastung ihres eigenen Geldbeutels und ihres Zeitbudgets suchen.

Pferdebesitzer und Reitbeteiligung sollten in Fragen der Haltung, der Pflege und des Umgangs mit dem Pferd auf einer Wellenlänge liegen. Auch Reitweise und reiterliche Fähigkeiten sollten dem Pferd zuliebe auf einem ähnlichen Niveau sein. Beide Seiten

Viele Reitbeteiligungen haben so viele Freiheiten im Umgang mit dem Pferd, als wäre es das ihre. Besser geht es nicht.

profitieren, wenn auch die Reitbeteiligung mit dem Pferd regelmäßig an Unterricht oder Reitkursen teilnehmen kann.

Damit ein Reitbeteiligungsverhältnis langfristig gedeihlich funktioniert, sollten beide Partner sich häufig austauschen, gemeinsame Ziele formulieren und Probleme aus dem Weg räumen, ehe sie sich zu unüberwindbaren Hindernissen auftürmen.

Die Vereinbarungen zwischen Pferdebesitzer und Reitbeteiligung sollten schriftlich festgehalten werden. Ein Reitbeteiligungsvertrag regelt die Häufigkeit, die das Pferd dem Reiter zur Verfügung steht, Art und Höhe der Kostenbeteiligung und wie man verfährt, wenn das Pferd nicht reitbar ist.

Auch sollte im Vorfeld geklärt werden, wem die allseits beliebten Wochenenden zustehen.

▶ Fremdreiterrisiko versichern

Kommt Geld ins Spiel, fordern fast alle Haftpflichtversicherungen die Absicherung des so genannten Fremdreiterrisikos. Dieses deckt jedoch meist nur Schäden ab, die das Pferd im Beisein der Reitbeteiligung an Dritten verursacht. Kommt die Reitbeteiligung durch das Pferd zu Schaden, haftet der Pferdebesitzer aus eigener Tasche, wenn er sich nicht abgesichert hat. Die Versicherungsgesellschaften geben hierüber Auskunft. In jedem Fall sollte die Reitbeteiligung, aber auch jeder, der regelmäßig Umgang mit Pferden hat, über eine private Haftpflicht- und Unfallversicherung verfügen.

Endlich meins – das eigene Pferd

Viele Reiter sind nach Jahren des Reitschülerdaseins des Schulbetriebs überdrüssig oder fühlen sich als Reitbeteiligung zu eingeschränkt. Irgendwann möchte man reiten, wann, wie und wo immer man Lust hat und die Seele in trauter Zweisamkeit mit dem Pferd baumeln lassen, Kurse besuchen oder Urlaub mit dem Pferd verbringen. Der Traum vom eigenen Pferd soll sich endlich erfüllen!

Mit dem eigenen Pferd übernimmt der Mensch eine große Verantwortung: Er ist nun zuständig für die artgerechte Haltung, gutes Futter, ausreichend Bewegung und umfassende medizinische Versorgung – und das am besten für ein Pferdeleben.

Das persönliche Umfeld

Nur wer vor der Kaufentscheidung realistisch ist, wird später nichts bereuen. Die Anschaffungskosten für Pferde reichen vom „geschenkten Gaul" bis zu astronomischen Beträgen und sind über die Folgejahre gerechnet dennoch der kleinste Teil der Ausgaben. Nicht zu unterschätzen sind die monatlichen Kosten für Stall, Pflege und Futter, die je nach Angebot des Pensionsstalles ein ordentliches Loch in die Haushaltskasse reißen können. Hufpflege, Impfungen, Zahnkontrollen und kleinere Behandlungen summieren sich ebenfalls.

Auf der hohen Kante sollten auch Reserven für große Tierarztbehandlungen bei schweren Verletzungen oder Operationen liegen. Manche Pferde brauchen ihr Leben lang keinen Tierarzt, andere sind wahre Sparschweine, die den Tierarzt sanieren.

Wer schon so oft knapp bei Kasse ist, sollte sich die Anschaffung eines Pferdes wirklich genau überlegen und vorher gründlich rechnen. Schließlich hängt die Lebensqualität nicht ausschließlich vom Besitz eines Pferdes ab.

Wen das alles nicht schreckt, der muss den Zeitfaktor klären. Neben dem Reiten fallen oft weitere Pflegearbeiten an. Reicht die Zeit abends nach dem Job? Wo werden die Kinder während dem Reiten untergebracht? Was macht der Partner am Wochenende, wenn man auf den Kurs geht? Hat man wirklich Lust, jeden Tag, egal wie das Wetter ist, nach dem Pferd zu sehen?

Partner und Familie müssen hinter dem Hobby stehen, sonst sind Konflikte vorprogrammiert und der persönliche Preis ist hoch. Eine Reitbeteiligung kann Entlastung verschaffen, doch meist möchte man vor allem in der ersten Zeit sein Pferd für sich allein genießen.

Das braucht ein Pferd

Partner und Familie spielen mit, der Entschluss zum Pferdekauf ist gefasst! Jetzt wird wirklich ernsthaft gerechnet. Nach einem mehr oder weniger üppigen Kaufpreis geht's erst richtig los, denn das Pferd braucht passendes Equipment!

Halfter und Strick werden täglich gebraucht und sollten daher nicht nur gefallen, sondern auch strapazierfähig sein. Der Sattel wird am besten von einem qualifizierten Sattler angepasst. Auch ein solider Trensenzaum und ein passendes Gebiss sind kein Luxus. Bei Sattel und Trense macht sich Markenware über viele Jahre wirklich bezahlt. Dazu kommen je nach Pferd, Haltung und persön-

lichen Vorlieben noch Gamaschen und wenigstens eine Abschwitzdecke, am besten aus Fleece-Material.

Vieles – außer einem angepassten Sattel – kann man mit etwas Glück günstig gebraucht über Kleinanzeigen, Reiterflohmärkte, über Aushänge in größeren Reitställen und in Internetauktionen erstehen.

Ist das Pferd erst mal da, sollte man den regelmäßigen Reitunterricht nicht vergessen. Auch erfahrene Reiter brauchen immer wieder eine Korrektur und gerade in der Zeit des Aneinandergewöhnens ist professionelle Unterstützung eine große Hilfe.

Merke: Die Geschmäcker für die Ausrüstung sind verschieden. Das Zubehör muss immer zum Pferd und zum Reiter passen. Wer Augen und Ohren offen hält und Reiterkollegen nach ihren Erfahrungen fragt, kann eine Menge Lehrgeld sparen. Denn nicht alles was der Markt zu bieten hat, ist notwendig oder gut.

Ein Wort zur Unterbringung

Vor allem Neubesitzer wollen ihr Pferd in guten Händen aufgehoben wissen und verlassen sich mangels eigener Erfahrungen häufig auf den Stallbetreiber und sein Knowhow. Viele Hobbyhalter und Landwirte bieten neben den professionellen Pferdebetrieben meist billigere Pensionsplätze an. Wer sicher sein möchte, dass auch die nötigen Kenntnisse über Fütterung, Haltung und Gesundheitsvorsorge vorhanden sind, erkundigt sich am besten, ob der Anbieter eine Prüfung für den Sachkundenachweis Pferdehaltung gemacht hat.

Früher hatten wir Zeit und Geld, heute haben wir Pferde.
REITERSPRUCH

▶ Hierfür fallen Kosten an

Einmalige Anschaffungen	Laufender Unterhalt
Sattel	Pension
Zaumzeug	Zusatzfuttermittel
Halfter	Hufpflege
Decken, Gamaschen	Tierarzt für Impfungen
Putzzeug	und Wurmkuren
	Haftpflichtversicherung

Achtung: Notreserven für größere Tierarztrechnungen einplanen!

Ein gutes Team

Pferdefreunde entwickeln mit der Zeit besondere Vorlieben für bestimmte Rassen und Reitweisen. Den einen fasziniert der grazile Körper hochblütiger Pferde. Ein anderer begeistert sich für die kraftvolle Ausstrahlung von Kaltblütern. Spätestens wenn die Anschaffung eines Pferdes konkret wird, sollte man sich über eigene Voraussetzungen und Neigungen endgültig klar werden. Bei der Vielzahl von Pferderassen ist für jeden Anspruch und Geschmack mit Sicherheit das Passende dabei.

Wieviel Temperament soll es sein?

Die Ansprüche an Bewegung, frische Luft und Artgenossen sind in Grundzügen bei allen Pferden gleich. Pferderassen der südlichen Ursprungsgebiete stehen meist hoch im Blut. Sie verfügen über ein spritziges Temperament und hohe Leistungsbereitschaft, was sich im Alltag manchmal in wahrer Kraftverschwendung äußert und ein entsprechendes Ventil durch Arbeit fordert. Pferde- und Ponyrassen aus nördlichen Herkunftsgebieten sind nicht weniger temperamentvoll oder leistungsbereit, doch haben sie meist eine Energiesparfunktion, die ihnen sagt: „Der nächste Winter kommt bestimmt und es wird der härteste in der Geschichte sein..." Ihre Leistung ist unter dem Sattel jederzeit abrufbar, im Alltag verhalten sie sich gelassener gegenüber Umwelteinflüssen (darunter verstehen sie schon auch mal ihren Reiter...).

Zeit für Entscheidungen

Wer sich nicht ganz sicher ist, mit welcher Rasse er auf Dauer glücklich wird, sollte sich in jedem Fall Zeit lassen mit einer Entscheidung. Schnupperkurse auf Pferden größerer Zucht- und Ausbildungsbetriebe geben einen Einblick in Reitweisen und die Eigen-

Neben dem Reiten gibt es vielfältige Möglichkeiten, sich mit dem Pferd zu beschäftigen und jede Menge Freude daran zu haben.

heiten einer Rasse. Der Interessent erfährt hier auch, ob das reiterliche Können mit den eigenen Wunschvorstellungen übereinstimmt. Nichts ist frustrierender, als wenn der erworbene Tölter plötzlich nur noch Gangsalat produziert oder der Spanier nicht mehr piaffieren mag.

Auch auf Messen, Zuchtschauen, Turnieren und Reiterstammtischen kommt man in Kontakt mit Pferdebesitzern einer bestimmten Rasse. In Internetforen, die es für beinahe jede Pferderasse heute gibt, kann man von den langjährigen Erfahrungen anderer Pferdebesitzer profitieren und erfährt neben Adressen seriöser Züchter und Verkäufer meist sehr unverblümt auch die Seiten einer Rasse, die nicht in den Werbeschriften der Züchtergemeinschaften, Verbände oder Verkaufsställe zu finden sind.

Ambitionierte Reiter sollten beim Pferdekauf auf das sportliche Potenzial achten, um später nicht enttäuscht zu sein.

Spezialisten für den Sport

Was ihre Einsatzfähigkeit angeht, sind manche Rassen echte Allrounder, andere eher Spezialisten. Wer sich in einer bestimmten Reitweise oder Reitsportdisziplin im Turniersport Lorbeeren verdienen will, sollte sich deshalb bei den entsprechenden Rassen umsehen, denn diese bringen neben dem gewünschten Erscheinungsbild meist auch die körperlichen Voraussetzungen mit, die in hohen Leistungsklassen gefordert werden.

Ein langrückiges Warmblut fühlt sich im Springparcours wahrscheinlich wohler als beim Erlernen der Hohen Schule. Ausdauernde Ponys haben bei Distanzrennen gegen hochblütige Vollblüter aber in der Regel eher selten eine Chance.

Wer sich die Vielseitigkeit des Reitsports dagegen auf die Fahnen schreibt, wird mit nahezu jedem Pferd Spaß haben. Entscheidend ist dann letztendlich nur, dass die Chemie zwischen Mensch und Tier stimmt.

▶ Das richtige Pferd für den Sport

Disziplin	In der Regel eignen sich besonders
Dressurreiten	Warmblüter, Reitponys
Springreiten	Warmblüter, Vollblüter, Reitponys, Connemara-Ponys, New Forest-Ponys
Barockreiten	Andalusier, Lusitanos, Lipizzaner, Friesen, Camarguepferde
Westernreiten	Quarter Horses, Paint Horses, Appaloosas, Haflinger, Araber
Gangpferdereiten	Islandpferde, Aegidienberger, Mangalarga Marchadores, töltende Traber, Paso Peruanos, Paso Finos, Tennessee Walking Horses, American Saddlebreds
Wanderreiten	Pferde alle Rassen, die Ausdauer haben, leichte Kaltblutrassen
Distanz- und Trekkingreiten	Pferde aller Rassen, die Ausdauer haben
Distanzrennen	Araber, Englische Vollblüter, Achal-Tekkiner
Dabei gilt immer: Ausnahmen bestätigen auch hier die Regel!	

Pferdekauf ist Vertrauenssache

Endlich! Die Entscheidung für ein eigenes Pferd ist gefallen, alle Probleme sind aus dem Weg geräumt. Jetzt geht es darum, das richtige Pferd zu finden, denn schließlich sollen Mensch und Tier viele Jahre, möglichst ein Pferdeleben lang, Freude miteinander haben. Spätestens jetzt spürt der Pferdekäufer die Qual der Wahl. Und eines ist sicher: Jeder Verkäufer hat das beste Pferd im Stall...

Vor der Besichtigungstour sollte man bereits die Auswahl einschränken, um nicht völlig überfordert von einem Termin zum nächsten zu eilen: Rasse, Geschlecht, vielleicht sogar Farbwünsche, auf jeden Fall aber Ausbildungsstand und Verwendungszweck des Pferdes sowie die machbare Preisspanne stehen fest.

Zu Besichtigung und Proberitt nimmt man am besten einen pferdeerfahrenen Menschen seines Vertrauens mit, denn wenn die Liebe erst mal an ein Pferd verloren ist, ist der Blick für wesentliche Mängel oder überhöhte Preise oft verstellt.

Verkaufspferde findet man über private Kleinanzeigen in Pferdezeitschriften, bei Züchtern, Händlern oder auf Auktionen. Eine Garantie für seriöse Beratung gibt es nirgends. Der Preis sollte nicht entscheidend sein. Ein „Schnäppchen" aus der Nachbarschaft kann sich nach kurzer Zeit als kränkelnder und unreitbarer Geldvernichter entpuppen. Ein teures Rassepferd muss jedoch nicht besser sein. Von Pferden, die bereits gesundheitliche Mängel haben, sollte man auf jeden Fall die Finger lassen.

Seriöse Verkäufer werden mit einem mehrmaligen Besuch und Proberitt einverstanden sein und den Interessenten nicht unter Druck setzen. Sie werden auch ihre Einschätzung, ob Pferd und Reiter zusammen passen, ehrlich kundtun. Noch immer gilt der Grundsatz: Ein schwacher Reiter oder Anfänger sollte ein älteres und erfahrenes Pferd suchen, ein guter Reiter kommt auch mit einem jungen Pferd zurecht.

Nach einer Ankaufsuntersuchung steht der Kaufvertrag an – Handschlag ist gut, eine schriftliche Vereinbarung immer besser. Nach der Bezahlung muss der Verkäufer noch den so genannten Equidenpass und die Eigentumsurkunde, die seit dem Jahr 2000 jedes Pferd besitzen muss, an den Käufer aushändigen. Bereits für den Transport in den neuen Stall sollte der Neubesitzer eine Haftpflichtversicherung für sein Pferd abgeschlossen haben.

Gesundheit und Ausbildungsstand sind wichtige Kriterien für den Pferdekauf. Aber auch der berühmte Funke muss überspringen.

▶ Ist das Pferd „scheckheftgepflegt"?

Der Käufer sollte sich den Impfpass des Pferdes zeigen lassen. Impfungen werden im Equidenpass des Pferdes durch den behandelnden Tierarzt festgehalten. Wurden alle wichtigen Impfungen regelmäßig gemacht? Falls dies nicht der Fall ist, sollte man sich einigen, ob Käufer oder Verkäufer die Kosten für die notwendige Grundimmunisierung übernimmt. Um sicher zu gehen, dass Pferde kein Sommerekzem haben, sollte man den Kauf auf das Sommerhalbjahr legen. Schnell sieht man, ob Mähne, Schweifrübe oder Bauchnaht aufgescheuert sind.

Vor dem Kauf der Gesundheitscheck

Bevor der Pferdekauf perfekt gemacht wird, ist es ratsam, eine Ankaufsuntersuchung zu machen. Sie ist ein Gutachten über den Gesundheitszustand des Pferdes zum Kaufzeitpunkt und so gründlich wie eine TÜV-Hauptuntersuchung. Der Käufer kann den Tierarzt frei wählen.

Eine Ankaufsuntersuchung ist kein billiges Vergnügen. Deshalb ist es ratsam, mit dem Verkäufer vorher zu vereinbaren, wer die Kosten trägt. Eine bewährte Regelung ist die Übernahme des Tierarzthonorars durch den Käufer, wenn das Pferd fit ist und nichts gegen den Kauf spricht. Ist das Pferd krank, lahm oder hat andere gesundheitliche Mängel, die dem Kauf entgegenstehen, sollte der Verkäufer die Kosten übernehmen.

Der Tierarzt untersucht Sinne und Reflexe, bewertet den Gesamteindruck, prüft die Puls- und Atemwerte in Ruhe und nach Belastung, hört Luftwege und Lunge ab. Mit der Beugeprobe will der Tierarzt versteckten Lahmheiten auf die Spur kommen. Bei einem auffälligen Befund stehen Röntgenaufnahmen an. Diese sind auch bei älteren Turnierpferden und Tieren mit groben Stellungsfehlern sinnvoll. Eine Blutprobe gibt Aufschluss über organische Erkrankungen, Stoffwechselprobleme oder Parasitenbefall. Die Zuchttauglichkeit kann mit einem Abstrich der Genitalien geprüft werden. Das Protokoll über die Ankaufsuntersuchung ist ein wichtiger Beleg, falls es später zum Streit über den Gesundheitszustand des Pferdes kommt!

Vor der endgültigen Kaufentscheidung steht die Ankaufsuntersuchung durch den Tierarzt. Sie liefert wichtige Informationen über den allgemeinen Gesundheitszustand und die körperliche Leistungsfähigkeit des Pferdes.

Das höchste Glück der Erde...

Das Pferd ist da. Herzlichen Glückwunsch! Dem neuen Pferdebesitzer steht eine spannende Zeit bevor: Endlich kann er, wann immer er Lust und Zeit hat, aufs Pferd steigen und die Zweisamkeit mit einem faszinierenden Tier genießen. Viele gute Ratschläge und Empfehlungen werden nun kommen. Da heißt es: nicht kopfscheu machen lassen und den eigenen Weg finden.

Freundschaften wachsen langsam. Nicht ungewöhnlich ist es, dass Pferde sich erst mal lieber ihren neuen Herdengenossen anschließen, bevor sie sich auf den Menschen einlassen. Schließlich kommt dieser nur für ein paar Stunden am Tag. Aber hat man sich einmal gefunden, haben Mensch und Pferd gut lachen.

Ruhe und Gelassenheit

Wer sich und seinem Pferd zu Beginn viel Zeit zum Eingewöhnen und zum gegenseitigen Beschnuppern lässt, schafft gute Voraussetzungen. Dem Pferd schaden ein paar Tage Ruhe nach dem Einzug in den neuen Stall nicht. Vielleicht braucht es auch noch Zeit, um über den Verlust alter Freundschaften hinwegzukommen. Der Reiter kann sich in dieser Zeit gelassen um das passende Equipment kümmern, damit die Zusammenarbeit von Anfang an stimmt. Die ersten Ritte sollten mit ortskundigen Reitern und Pferden ins Gelände gehen. Reitstunden helfen, unter Profiaugen die Eigenheiten des neuen Schützlings schnell zu entdecken und sich als Reiter darauf einzustellen.

Nach einigen Wochen der Eingewöhnung werden vielleicht kurzfristig Probleme mit dem Pferd auftauchen — doch kein Grund zur Panik! Das Pferd hat sich eingelebt und fühlt sich jetzt wohl und stark genug, das erste Mal die Rangordnung und Freundschaft zwischen Mensch und Tier auf die Probe zu stellen. Wer die Zeit bis dahin neben Reiten mit Bodenarbeit, Spazierengehen, intensiver Pflege und dem ruhigen Beobachten seines Pferdes genutzt hat, kann einer solchen vorübergehenden Störung gelassen entgegen sehen.

Pferde schätzen die Gesellschaft ihrer Artgenossen. Wer eifersüchtig darauf reagiert, wenn sein Pferd ihm signalisiert, dass ihm die neuen Kumpel in der Herde wichtiger sind als der Mensch, der seinen Stall und sein Futter bezahlt, ist egoistisch. Schließlich sind unsere Pferde die meiste Zeit des Tages sich selbst überlassen.

Das Lernen geht weiter

Die meisten Pferde sind in Pensionsbetrieben gut untergebracht. Trotzdem ist es gut, wenn man sich als Besitzer auch intensiv mit allen Fragen rund um Haltung, Fütterung, Pferdegesundheit und weitere Ausbildung von sich und seinem Traumpferd beschäftigt. So gut die Versorgung sein mag, entlässt sie den Besitzer nicht aus seiner Verantwortung, sich um Impfungen und rechtzeitige Hufpflege zu kümmern. Beim Pflegen oder Reiten stellt der Pferdebesitzer bei einer intensiven Beziehung mit seinem Tier schnell fest, ob es sich wohl fühlt oder nicht.

Es gibt keine dumme Fragen ...

Mit all diesen Fragen war der neue Pferdebesitzer als Reitschüler oder Reitbeteiligung kaum berührt. Nun heißt es Lernen. In Pferdezeitschriften und Büchern findet man reichlich Informationen zu allen Themen rund ums Pferd.

Der Tierarzt ist ein kompetenter Ansprechpartner für die Gesundheit und beantwortet gerne alle Fragen. Ein guter Hufschmied wird mit Ihnen das Pro und Contra verschiedener Beschläge diskutieren und erklären, was er macht. Dazu hat er reichlich Wissen über Gliedmaßen und Gänge und kann den Charakter von Pferden aus seiner täglichen Arbeit heraus gut einschätzen.

▶ ## Selbstbewusst handeln und flexibel bleiben

Als Neubesitzer sieht man sich einem Bombardement von gut gemeinten Ratschlägen seiner erfahrenen Mitreiter ausgesetzt, die nicht zuletzt oft widersprüchlich sind. Hier heißt es, sich nicht beirren lassen, alle Informationen aufnehmen und in Ruhe einen eigenen Standpunkt finden. Patentrezepte in der Reiterei oder im Umgang mit Pferden gibt es nicht. Wer dabei offen und flexibel für konstruktive Kritik und neue Informationen und Erkenntnisse bleibt, ist auf einem guten Weg mit seinem Pferd.

Was gibt es Schöneres, als mit dem eigenen Pferd auf einer Wellenlänge zu sein. Genießen Sie das Miteinander!

Gabriele Metz

Alles über Pferderassen

Kunterbunte Pferdewelt

Niedliche Winzlinge, riesige Muskelprotze, elegante Grazien und üppige Schönheiten – strahlend weiß, lackschwarz, schokoladenbraun oder gar gepunktet: Die Welt der Pferde ist bunt, kunterbunt sogar. Kaum zu glauben, dass alle heutigen Rassen auf nur vier Urtypen zurückgehen sollen. Und doch ist es so, auch wenn es natürlich viele Mischtypen gibt. Wer bekommt da nicht Lust, diese faszinierende Vielfalt zu entdecken!

Pferdeliebhaber finden Rassen für jeden Geschmack und jedes Einsatzgebiet: Es gibt Spezialisten für den Dressur- und Springsport, für die klassisch-barocke oder die spanische Reitkunst, für die Vielseitigkeit, das Jagdreiten, das Western- und Distanzreiten, den Fahrsport und für vieles mehr. Manche Pferde sind echte Allrounder und glänzen in den verschiedensten Sparten. Das wissen vor allem Freizeitreiter zu schätzen.

Auf gute Partnerschaft

Millionen von Menschen interessieren sich laut Umfragen für Pferde, viele davon steigen regelmäßig in den Sattel. Die meisten von ihnen sind Freizeitreiter. Und dass alle einen zu ihren Vorlieben passenden Freizeitpartner finden, ist der großen Pferdevielfalt zu verdanken.

Fast jeder träumt davon, einmal im Sattel eines Pferdes zu sitzen.

Das Angebot an unterschiedlichen Typen und Rassen ist schier überwältigend, hat aber auch einen Haken: Wer sich zu spontan entscheidet, trifft vielleicht keine gute Wahl. Das Exterieur, also das Aussehen eines Pferdes, ist nur eine Seite der Medaille. Das Interieur, sein Wesen, die andere. Eine harmonische und erfolgreiche Beziehung zwischen Pferd und Mensch setzt einiges voraus. Zum Beispiel, dass sowohl die äußerlichen als auch die inneren Werte eines Pferdes zum Anforderungsprofil seines Reiters passen.

Ausdrucksvoll und rätselhaft: Pferde sind faszinierende Geschöpfe.

Rundum informiert

Eine Garantie für ein gelungenes Miteinander von Pferd und Mensch gibt es zwar nie, aber zumindest die Möglichkeit, die besten Voraussetzungen zu schaffen. Dazu gehört, sich möglichst genau über die typischen Merkmale einer Rasse zu informieren.

Manche Rassen sind für ihre Spring- oder Dressurveranlagung berühmt, andere für ihr spektakuläres Gangvermögen oder für ihr stabiles Nervenkostüm. Sicher, es gibt immer einzelne Pferde, die aus der Rassenorm herausfallen, aber sie sind eher Ausnahmen. Letztendlich bieten Rassestandards, Fachliteratur und Gespräche mit Züchtern einer Rasse immer wertvolle Anhaltspunkte.

Traumpferd gesucht

Die folgenden Kapitel helfen, sich im Dschungel der Pferderassen ein wenig besser zurechtzufinden. Sie gehen nicht auf alle Pferderassen ein, aber auf eine repräsentative Auswahl, die sicher für jeden Geschmack etwas bietet. Kecke Ponys, edle Warmblüter, schicke Spanier, opulente Barockpferde, coole Western Horses, unnahbare Wildpferde, temperamentvolle Vollblüter, imposante Kaltblüter und bequeme Fünfgänger entführen uns Pferdefreunde in eine faszinierende Welt. Und vielleicht entdeckt ja der eine oder andere sein ganz persönliches Traumpferd!

So wird man Pferdekenner

Pferdetypen

Pferde – das ist ein Wort, hinter dem sich eine unglaubliche Vielfalt verbirgt. Es gibt kleine, große, schmal gebaute und grobknochige Pferde und noch viele weitere Varianten. Auch Wesen und Eignung der Pferde lassen sich nicht auf einen Nenner bringen. Manche schäumen vor Temperament über, wogegen andere die Ruhe selbst sind. Während einige Pferde gekonnt über die höchsten Hindernisse setzen, ist anderen schon ein Ast auf dem Reitweg zu viel.

Für welchen Typ Pferd man sich entscheidet, hängt von vielen Faktoren ab. Sollte es zumindest, denn ansonsten erweist sich die Wahl des Freizeit- oder Sportpartners vielleicht als enttäuschend.

Zum einen sind es der persönliche Geschmack und die reiterlichen Fähigkeiten, die bei der Suche eine Richtung weisen. Natürlich sollte ein Pferd seinem Besitzer gefallen. Es sollte ihn aber auch nicht überfordern. Welche Vorteile bringt der wunderschöne Andalusierhengst, wenn sein Besitzer sich nicht in den Sattel traut? Umgekehrt fühlt sich ein erfahrener Reiter vielleicht unterfordert, wenn er ein Pferd reitet, das sich im Anfängerunterricht als hervorragender Lehrmeister entpuppen würde.

Optik – Exterieur

Was die Optik angeht, fällt die Entscheidung vermutlich leicht. Hier gibt es keine allgemeine Richtlinie, sondern nur den individuellen Geschmack. Dem einen gefällt vielleicht ein großrahmiges Warmblut mit geradem Profil, der andere begeistert sich eher für einen zierlichen Vollblutaraber mit Knick in der Nasenlinie. Während manche Reiter am liebsten in den Sattel eines Ponys steigen, beginnt für andere der Spaß erst jenseits des 1,70-Meter-Stockmaßes.

Es gibt begeisterte Liebhaber üppig wallender Mähnen und Schweife. Aber auch Pferdefreunde, die den sportlich-praktischen Look vorziehen. Viele geraten beim Anblick eines verschwenderischen Fesselbehangs ins Schwärmen, andere empfinden das eher als schwerfällig. Die unterschiedlichen Geschmäcker liefern endlos viel Stoff für Diskussionen, bei denen jeder behauptet, er habe das schönste Pferd und alle anderen Rassen seien hässlich. Solche Meinungsverschiedenheiten sind nicht schlecht: Sie schaffen letztendlich die Grundlage der optischen Vielfalt der Pferdewelt.

Nicht nur die Schönheit, sondern auch die Eignung zählt.

Wesen – Interieur

Weniger offensichtlich ist das Wesen eines Pferdes. Und auch hier gibt es viele verschiedene Typen: mutige Draufgänger, schreckhafte Sensibelchen, träge Gesellen, lebensfrohe Kumpeltypen und viele mehr. Man sollte daher versuchen, ein Pferd richtig einschätzen zu können, bevor man mit ihm die nächsten Jahre verbringt. Denn das Interieur ist mächtig und auch mit der besten Ausbildung nur bedingt zu beeinflussen.

Sicher, es gibt Ausnahmen. Manchen Reitern gelingt es, ein Fjordpferd bis hin zu schwersten Dressurlektionen auszubilden. Andere schaffen es, aus ängstlichen Nervenbündeln selbstbewusste Pferde zu machen, die sogar in Extremsituationen nicht den Kopf verlieren. Aber all das erfordert sehr viel Know-how und einen enormen zeitlichen Aufwand.

Manchmal ist der erste Eindruck unter Umständen trügerisch. Auch Kaltblüter können ein sehr sensibles Wesen haben.

Das passende Pferd

Es gibt für jeden Pferdefreund das passende Pferd. Man muss es nur finden, und das ist gar nicht so schwierig, wenn man sich richtig informiert und sich Zeit lässt. Sicher, nicht alle Pferde einer Rasse sind gleich, aber es gibt dennoch gewisse Kriterien, die innerhalb einer Rasse maßgeblich sind. Es würde wenig Sinn machen, sich ein Shetland Pony zu kaufen, wenn der große Springsport ein geheimer Traum ist. Ideal ist ein Pferd, das seinem Reiter gefällt und dem persönlichen Anforderungsprofil gerecht wird. Und wenn man dann noch das Gefühl hat: „Wir passen zusammen!", steht einer gelungenen Partnerschaft nichts mehr im Wege.

Wer von internationalen Dressurerfolgen träumt, setzt gerne auf Warmblüter. Sie bringen nämlich hervorragende Voraussetzungen für den großen Sport mit.

Exterieur des Pferdes

Der Körperbau eines Pferdes wird auch als Exterieur bezeichnet. Er bildet den Gegenpol zum Interieur, den inneren Qualitäten. Beim Exterieur geht es um die Größe des Pferdes, die an der höchsten Stelle des Widerristes ermittelt wird. Aber auch um die Länge des Rückens, die Form der Kruppe, die Position des Schulterblattes und vieles mehr. Was Laien einfach in „schön" oder „hässlich" unterteilen, birgt für Fachleute viele weitere Kriterien.

Der Körperbau umfasst Kriterien, die nicht zuletzt den Wert eines Pferdes ausmachen. Ist das Exterieur makellos, das heißt, dem jeweiligen Rassestandard entsprechend, freut sich jeder Züchter. Aber auch Pferde, die keine Papiere haben, weil sie vielleicht von Eltern unterschiedlicher Rassen abstammen, können einen guten oder schlechten Körperbau aufweisen.

Was heißt denn nun eigentlich gut oder schlecht? Bei Pferden wird das in der Regel an der Funktionalität festgemacht. Sie sollen korrekt auf den Beinen stehen, dabei stabile Knochen haben und sich ausdrucksvoll bewegen können. Fehlstellungen (zehenweit, zeheneng, kuhhessig etc.) sind beispielsweise unerwünscht, ebenso wie ein eingeschränkter Raumgriff, der durch eine zu steil gelagerte Schulter bewirkt wird.

Das Gleiche gilt für zu „weiche" Rücken, die nicht erst im hohen Alter, sondern schon bei Pferden in den besten Jahren an Hängebrücken erinnern. Und für sogenannte „Axthiebe", eine kerbenähnliche Einbuchtung am unteren Ende des Mähnenkamms oder auch für Karpfenrücken, die sich buckelartig aufwölben.

Es gibt viele Mängel, die auch Laien sofort auffallen, aber nicht immer verbergen sich dahinter ernsthafte Probleme. Ein optischer Makel muss keinerlei Auswirkungen auf die Leistungsfähigkeit des Pferdes haben. Im Zweifelsfall einfach den Tierarzt fragen.

Belastbar?

Fachleute, die Pferde beurteilen, kennen zahlreiche weitere Beispiele für Exterieurmängel und sie wissen auch, wie ein guter Körperbau auszusehen hat. Dabei haben sie stets die Gebrauchs- und Leistungsfähigkeit des Pferdes im Hinterkopf. Mit wenigen Ausnahmen: In der sogenannten Schauszene,

Schön und leistungsstark kommt dieser Isländer daher.

bei der es nicht um die Rittigkeit der Pferde, sondern ausschließlich um Schönheitsideale geht, bleiben Gebrauchs- und Leistungsfähigkeit mitunter auf der Strecke. Bei Vollblutarabern, die ausschließlich für Schauzwecke gezüchtet werden, ist diese Problematik inzwischen leider weit verbreitet.

Stockmaß und Kaliber

Zurück zum Exterieur. Das Stockmaß eines Pferdes wird in der Regel mit einem Zollstock ermittelt. Es gibt aber auch das Bandmaß, bei dem ein flexibles Maßband an den Körper des Pferdes gelegt wird. Dabei kommen aufgrund von Muskulatur und Gelenken, im Vergleich zum Stockmaß, noch einige Zentimeter hinzu. Ab einer Größe von 148 Zentimetern Stockmaß ist von Pferden die Rede. Alles, was kleiner ist, gehört dann definitionsgemäß zu den Ponys.

Die Größe allein sagt noch nichts über die Belastbarkeit eines Pferdes aus. Islandpferde zum Beispiel tragen erwachsene Männer problemlos über Stock und Stein. Das muss bei einem zierlichen Vollblut, das eigentlich viel größer ist, nicht der Fall sein. Die Belastbarkeit hängt nicht alleine vom Stockmaß, sondern vielmehr von der Knochen- und Gelenkstärke ab. Auch die Rückenlänge und die Bemuskelung spielen eine wesentliche Rolle. Pferde, bei denen all das auf Belastung ausgelegt ist, werden als kalibrig bezeichnet.

Rückenlänge und Kruppe

Auch die Rückenlänge ist ein wichtiger Punkt der Exterieurbeurteilung. Sie variiert von Rasse zu Rasse. Während typische Gangpferderassen wie Islandpferde oder Aegidienberger eher kurze Rücken haben, sind im Springsport vor allem rechteckige Pferde mit langen Rücken zu sehen. Ganz gleich, wie lang der Rücken ist, er sollte bei jeder Gangart gut beweglich sein.

In der Kruppe, dem Allerwertesten des Pferdes, steckt eine Menge Energie, zumindest dann, wenn die Kruppe schön rund und muskulös ist. Die meisten Rassen haben eine lange, breite Kruppe, die mäßig abfällt. Bei Zugpferden herrschen steil abfallende Kruppen mit tiefem Schweifansatz vor.

Von Kopf bis Fuß

Auch Kopf, Hals und Beine gehören zum Exterieur eines Pferdes. Meistens ist es der Kopf, der ein Pferd als Schönheit oder als hässliches Entlein erscheinen lässt. Ausdruck und Typ sind gefragt. Ob der Kopf dabei konkav wie beim Vollblutaraber, gerade wie beim Warmblut oder konvex wie beim barocken Kladruber ist, erscheint nebensächlich. Das ist reine Geschmackssache. Natürlich gilt aber auch bezüglich der Kopfform der Rassestandard.

Die Kopfform eines Pferdes ist rasseabhängig und hat mit seinen Vorfahren, den Urtypen, zu tun.

Typ I, das Nordpferd „Urpony", hatte eine kräftige untere Kopfpartie, eine kurze Maulspalte, eine breite Stirn und kleine Ohren. Diese Kopfform ist beispielsweise beim Exmoor Pony noch deutlich zu erkennen. Typ II, das Nordpferd „Urkaltblüter", zeigte eine Ramsnase und schmale, weit unten angesiedelte Nüstern. Solche Köpfe sind heute noch bei vielen Kaltblutrassen vertreten. Typ III, das Südpferd „Steppenpferd", zeichnete ein langer schmaler Kopf – manchmal mit Ramsnase – aus. Auch schmale Nüstern und lange Ohren galten als typisch. All dies sind Merkmale, die bei vielen Warmblutrassen zu sehen sind. Und dann gab es noch Typ IV, das Südpferd „Uraraber" mit großen, tief sitzenden Augen, zierlichem Kiefer und Hechtköpfen, wie sie heute noch für Vollblutaraber charakteristisch sind.

Inzwischen gibt es auch viele attraktive Mischformen.

Auch ein schwerer Kaltblutkopf hat seinen Reiz.

Hals

Auch die Halsformen der Pferde haben mit den Urtypen zu tun. Hier mag ebenfalls jeder seine geschmackliche Präferenz haben, aber der Hals hat auch direkte Auswirkungen auf die Verwendungsmöglichkeiten eines Pferdes. Ein tief angesetzter Hals – wie ihn beispielsweise viele Quarter Horses haben – verlagert den Gewichtsschwerpunkt nach vorne. Wogegen ein hoch angesetzter Hals einer schönen Aufrichtung entgegenkommt und außerdem das Aufnehmen vermehrter Traglast durch die Hinterhand fördert.

Feiner Kopf und schlanker Hals: typisch Vollblutaraber

von Sehnen und Gelenken führen, sollten aber dennoch nicht so stark ausgeprägt sein, dass sie die Leistungsfähigkeit des Pferdes beeinträchtigen.

An den Vorderbeinen ist das Verhältnis zwischen Unterarm und Röhrbein wichtig. Während ein langer Unterarm und ein kurzes Röhrbein eine lange, flache Galoppade fördern, bringt ein kürzerer Unterarm mit längerem Röhrbein mehr Aktion. Wichtig ist ein gut ausgeprägtes, breites Vorderfußwurzelgelenk.

Die Fesseln des Pferdes zeigen im Idealfall eine 45-Grad-Winkelung zum Boden. Ist dieser Winkel kleiner und geht mit langen Fesseln einher, ist das Pferd bequemer zu sitzen. Kurze, steile Fesseln sorgen für eine starke Erschütterungen der Gelenke und auch des Reiters.

Dressur- und Barockreiter liebäugeln deshalb ganz klar eher mit hoch angesetzten Hälsen. Ein Westernreiter kann dagegen wunderbar mit einem tiefen Halsansatz in den verschiedenen Disziplinen glänzen.

Die sogenannte Ganaschenfreiheit, damit ist der Raum zwischen den „Backen" des Pferdes und dem oberen Halsansatz gemeint, erleichtert eine natürliche Aufrichtung. Viele Ponyrassen haben einen kurzen und auch eher stämmigen Hals mit wenig Ganaschenfreiheit. Für sie ist es schwierig, entspannt an den Zügel zu treten.

Fundament

Das schönste Haus könnte nicht ohne Fundament stehen, und genauso geht es auch Pferden. Ihre Beine bilden das Fundament und sie müssen eine Menge aushalten. Nicht nur, dass bereits das Eigengewicht mitunter beachtlich ist, es muss schließlich auch noch das Gewicht des Sattels und des Reiters abgefangen werden. Beim Springen wirken noch weitaus stärkere Belastungen auf die Pferdebeine ein.

Ideal ist es natürlich, wenn Pferde auf geraden, korrekten Beinen stehen. Allerdings gibt es auch vielfältige Fehlstellungen – bei manchen Rassen sogar gehäuft. Diese müssen zwar nicht zu frühzeitigem Verschleiß

Springlebendig, dank gutem Fundament

Feuerwerk der Farben

Wenn es um Farbvielfalt geht, laufen Pferde vielen anderen Säugetieren den Rang ab. Es gibt Füchse, Braune, Rappen und Schimmel in den unterschiedlichsten Schattierungen. Außerdem Schecken, Tigerschecken und Albinos. Bei manchen Rassen ist die Farbe sogar ein unverkennbares Merkmal. Zum Beispiel bei Friesen, den schwarzen Perlen, oder Haflingern, den netten Blondschöpfen. Fast jeder Reiter hat wahrscheinlich eine Lieblingsfarbe.

In der Pferdezucht werden zunächst einmal vier Grundfarben unterschieden: Füchse, Braune, Rappen und Schimmel. Genetisch festgelegt sind jedoch eigentlich nur zwei Farben, nämlich Schwarz (Rappe) und Rot (Fuchs).

Andere Farbgene sorgen zum Beispiel für die Aufhellung des Deck- oder Langhaares. Weitere sind ursächlich für eine Scheck- oder Tigerzeichnung oder Abzeichen am Kopf und an den Beinen.

Aufhellungen bewirken, dass aus genetischen Rappen Braune und Falben werden. Aus Füchsen können auf diese Weise dann Palominos und Isabellen entstehen.

Schimmel

Schimmel sind in der Regel dunkel, wenn sie zur Welt kommen. Erst allmählich werden sie ganz weiß – oft erst mit Vollendung des zehnten Lebensjahres.

Die Schimmelfarbe hat einen dominanten Erbgang. Verpaart man reinerbige Schimmel mit reinerbigen Braunen, Rappen oder auch Füchsen, ist die Nachzucht ebenfalls weiß. Bei reinerbigen Schimmeln müssen beide Elterntiere Schimmel sein. Bei nicht reinerbigen Schimmeln gibt es immer wieder auch andersfarbige Fohlen.

In der Vollblutaraberzucht sind Schimmel besonders stark verbreitet.

Füchse haben viele Liebhaber.

Füchse

Füchsen fehlt das schwarze Pigment, deshalb sind ihre Mähnen und Schweife fuchsfarben und nicht wie beim Braunen schwarz. Auch ihre Anhängerschaft ist groß. Verpaart man Füchse untereinander, entstehen wiederum Füchse. Da der Erbgang rezessiv verläuft, wartet man bei Verpaarungen mit reinerbigen Rappen oder Braunen vergeblich auf fuchsfarbenen Nachwuchs. Sind die Zuchtpartner nicht reinerbig, besteht eine Fifty-Fifty Chance.

Rappen

Ein lackschwarzes Pferd ist für viele der Traum schlechthin. Um dieses Ziel zu erreichen, verpaart man am besten zwei reinerbige Rappen miteinander. Denn da ist es sicher, dass auch wieder ein Rappe entsteht. Bei einer Verpaarung mit Braunen stehen die Karten schlecht: Schwarz vererbt sich rezessiv und zieht folglich den Kürzeren. Das Ergebnis sind Braune oder Dunkelbraune.

Braune

Braune erkennt man nicht nur an ihrer von hellbraun bis schwarzbraun reichenden Fellfarbe, sondern auch an ihrem stets schwarzen Langhaar. Neben Füchsen sind sie die am stärksten verbreitete Farbvariante der Reitpferdezucht. Bei der Verpaarung reinerbiger Brauner mit reinerbigen Füchsen oder Rappen entstehen braune Fohlen.

Albinos

Nicht so häufig wie die genannten Grundfarben sind Albinos. Nicht nur ihr Fell ist hell, sondern auch ihre Haut. Sie zeigt ein zartes Rosé und die hellblauen Augen passen einfach exakt dazu. Liebhaber dieser nicht unumstrittenen Farbvariante gab es schon immer. Allerdings haben sich Albinos nie wirklich durchgesetzt, weil die Fohlen-Sterblichkeit recht hoch war und die Farbe auch bei erwachsenen Tieren zu Lasten der Vitalität ging.

Bunte Vögel

In den letzten Jahren sind Schecken erneut in Mode gekommen. Auch in der Vergangenheit gab es bereits glühende Verehrer dieser Farbvariante. Napoléon Bonaparte, der Kaiser von Frankreich, war einer von ihnen. Er ließ auf seinen Raubzügen kurzerhand alle Schecken beschlagnahmen.

Es gibt viele unterschiedliche Scheckvarianten, von großen einzelnen Flecken auf hellem Deckhaar bis hin zu vielen kleinen Flecken. Schecken sind immer zwei-, manchmal sogar dreifarbig.

Während des Fellwechsels kann es zu interessanten Schattierungen kommen. Beim Übergang vom längeren, dunklen Winterfell zum kurzen, hellen Sommerfell können auch lustige Augenringe entstehen.

Pferdebeurteilung

Die Beurteilung eines Pferdes ist gar nicht so einfach. Nicht umsonst gibt es Fachleute, die sich auf diese Aufgabe spezialisiert haben und damit auch ihr Geld verdienen. Aber auch als Laie kann man durchaus das eine oder andere Kriterium erkennen, das Rückschlüsse auf die Eignung eines Pferdes erlaubt. Schließlich ist längst nicht jedes Pferd gleichermaßen gut für jede Disziplin geeignet. Deshalb ist vor dem Kauf ein gutes Auge gefragt. Oder ein guter Berater.

Ein Pferdekenner sein – das wollen viele. Doch was dem einen im Blut liegt, erreicht der andere nicht einmal durch jahrelange Studien. Klar, man kann lernen, grobe Gebäudefehler eines Pferdes zu erkennen. Doch die alleine verraten noch längst nicht alles über die Eignung und Leistungsfähigkeit eines Pferdes. Eine Fehlstellung mag beispielsweise sofort negativ auffallen. Sie muss jedoch keine Auswirkungen auf die Gesundheit haben. Dafür können andere Fehler, die viel unauffälliger sind, zu einer deutlichen Beeinträchtigung der Belastbarkeit führen, zum Beispiel ein zu weicher Rücken. Schließlich stellt sich auch noch die Frage, ob das zu begutachtende Pferd nur unter dem Sattel glänzen oder auch zur Zucht eingesetzt werden soll. Bei Zuchttieren müssen allerhöchste Qualitätskriterien erfüllt sein.

Nicht jedes Pferd ist für jede Disziplin gleich gut geeignet. Aber es gibt auch Rassen, die disziplinübergreifend eine gute Figur machen, wie dieser Vollblutaraber-Hengst unter dem Westernsattel.

Reitpferde-Qualitäten

Gute Reitpferde zeichnen sich durch bestimmte Merkmale aus. Die Vorhand, zu der Kopf, Hals, Widerrist und die Schulter gehören, nimmt hierbei eine ganz zentrale Rolle ein.

Freie Ganaschen und ein beweglicher Halsansatz sind die besten Voraussetzungen für eine schöne Beizäumung – die Aufrichtung des Pferdes, bei der das Genick den höchsten Punkt einnimmt. Kurze, dicke Hälse und massive Backenknochen sind eher nachteilig. Was ambitionierte Dressurreiter stört, ist für andere jedoch vielleicht gar nicht wichtig. Denn im Gelände ist eine perfekte Aufrichtung eher zweitrangig. Und beim Pleasure-Reiten wäre sie sogar ein unverzeihlicher Fauxpas.

Ein guter Halsansatz entscheidet mit über die Eignung als Reitpferd. Ist er zu tief angesetzt, ist es schwieriger, die Traglast auf die Hinterhand des Pferdes zu verlagern. Es tendiert dann dazu, die Vorderbeine stärker zu belasten. Erinnert der Hals eher an den eines Schwanes, mag das Vollblutaraberfreunde entzücken, die Reitpferdequalität aber eher schmälern. Denn Pferde mit überlangen und geschwungenen Hälsen verkriechen sich beim Reiten nur allzu gerne hinter dem Zügel. Mit der reiterlichen Einwirkung ist es dann vorbei.

Widerrist, Schulter und Rücken

Das Wohlbefinden des Reiters hängt auch vom Widerrist des Pferdes ab. Im Idealfall ist er gut ausgeprägt und reicht weit in den Rücken hinein. Dadurch entsteht eine ausgeprägte Sattellage, die einen guten Sitz des Sattels ermöglicht. Ist kein ausgeprägter Widerrist vorhanden, rutscht der Sattel leicht nach vorne, was einen Schweifriemen erforderlich macht.

Die Aktion der Vorhand hängt stark von der Schulter ab. Ist sie lang und schräg gelagert, steht einem schwungvollen Gangwerk nichts mehr im Wege. Umso steiler die Lagerung der Schulter ist, desto mehr verkürzt sich der Raumgriff.

Gute Hannoveraner sind hervorragende Reitpferde.

Auch der Rücken des Pferdes wirkt sich auf sein Gangwerk und den damit verbundenen Sitzkomfort aus. Gute Reitpferde haben einen mittellangen, leicht geschwungenen Rücken. Allerdings gibt es auch Disziplinen, in denen ein kurzer Rücken gefragt ist. Zum Beispiel beim Westernreiten. Dort überzeugen vor allem quadratisch gebaute Pferde, die problemlos blitzschnelle Drehungen auf der Hinterhand vollziehen können.

Beratung ist wichtig

Letztendlich kommt es immer auf das zukünftige Einsatzgebiet des Pferdes an, grobe Fehler, die sich auf die Gesundheit und Leistungsfähigkeit auswirken, einmal ausgenommen. Umso wichtiger ist es, sich vor dem Kauf eines Pferdes klar zu sein, wie seine Laufbahn aussehen soll. Wer von Dressurehren träumt, muss andere Schwerpunkte setzen als jemand, der ein Springpferd sucht. Ponyfreunde achten auf ganz andere Kriterien als Vollblut-Liebhaber. Beim Westernreiten stehen Merkmale im Vordergrund, die einem Anhänger der klassisch-barocken Reitkunst spanisch vorkommen würden. Deshalb sollte man im Zweifelsfall immer einen Fachmann befragen, bevor man sich zum Kauf eines Pferdes entschließt. Außer, man gehört selbst zu den Menschen, die ein untrügliches Gespür für das richtige Pferd haben.

Ponys

Camargue-Pferd

Temperament, Ausdauer und Mut machen Camargue-Pferde zu Top-Partnern. Nicht nur für Rinderhirten, sondern auch für Freizeitreiter. Sie sind robust und rittig. Blitzschnelle Wendungen und ein angeborenes Gespür für die Arbeit an Rinderherden sind typisch für die Rasse. All das prädestiniert die französischen Schimmel für vielseitige Reiterei. Ganz gleich, ob man Wanderreiter ist, gerne in den Westernsattel steigt oder einfach nur die Natur genießen möchte.

Camargue-Pferde sind vielseitige Freizeitpartner – und gar nicht wasserscheu.

▶ Weißer Traum

Name:	**Camargue-Pferd, Crin Blanc**
Ursprung:	Frankreich
Stockmaß:	135–145 cm
Farbe:	Schimmel
Körper:	drei Typen: 1. klein, kompakt, kurzbeinig 2. leichter, hochbeiniger 3. Mischtyp
Kopf:	zwei Typen: 1. breitstirnig, schwer, kurze Ohren 2. schmaler, oft geramster Schädel, längere Ohren
Hals:	gerade, Tendenz zum Hirschhals
Hufe:	groß, breit, gut geformt

Das malerische Rhône-Delta ist die Heimat des Camargue-Pferdes. Die sumpfige und wasserreiche Landschaft, in der die Crin Blancs vermutlich seit Jahrtausenden leben, hat der Rasse einige bemerkenswerte Besonderheiten beschert. So zum Beispiel die etwas spezielle Menü-Auswahl: Salzpflanzen, die an und unter der Wasseroberfläche wachsen, gelten unter den halbwilden Ponys als Delikatesse. Damit beim genüsslichen Verzehr der unter Wasser wachsenden Pflanzen kein Wasser in die Atemwege dringt, verschließen Camargue-Pferde einfach für einen kurzen Moment ihre Nüsternöffnungen. Diese Fähigkeit teilen sie sich übrigens mit den Elchen.

Es gibt ein weiteres, camarguetypisches Phänomen: Die weißen Hirtenpferde bekommen keine Mauke (entzündliche Hautveränderungen, die überwiegend in den Fesselbeugen auftreten). Und das, obwohl sie die meiste Zeit auf sumpfigen Böden stehen. Jede Einkreuzung anderer Rassen führt zum sofortigen Verlust dieser Besonderheit.

Ursprung? Ungeklärt!

Es gilt als ungeklärt, wann und wie die ersten weißen Schönheiten nach Südfrankreich gelangten. Manche Fachleute vermuten, es könnte sich um die Nachfahren von Vollblutarabern und Berberpferden handeln, die im achten Jahrhundert von den Sarazenen zurückgelassen wurden. Bewiesen ist diese Theorie ebenso wenig wie die Vermutung, es könnte eine Verbindung zwischen Camargue-Pferden und dem Pferd des Solutré-Typs aus grauer Vorzeit geben.

Stuten in Freiheit

Viel wichtiger als die Vergangenheit ist jedoch die Gegenwart, und die sieht für die Ponys des 70 000 Hektar großen Rhône-Deltas einen strikten Plan vor: Als Jährlinge werden alle Junghengste mit einem Brandzeichen versehen. Das kann sogar bis zu 17 Zentimeter groß sein und ist das Wiedererkennungszeichen des jeweiligen Herdenbesitzers (Manadier). Dann geht es wieder ab in die Freiheit. Zumindest für einige Zeit, denn im Alter von drei bis vier Jahren wartet die nächste Erfahrung mit Menschen auf die Hengste. Sie werden eingefangen, kastriert und meistens recht grob gefügig gemacht. Den Stuten aber bleibt das gefürchtete „Einbrechen" erspart. Sie dürfen zeitlebens Wildpferde bleiben.

Robust und gesund

Und das Leben eines Camargue-Pferdes kann ganz schön lang sein. Viele sind mit über 30 Jahren noch immer reitbar. Das wissen die Hirten und auch einige Reiter, die ein Camargue-Pferd kaufen konnten.

Viele Freizeitreiter haben Freude an den klugen französischen Schimmeln.

Als Freizeitpferd überzeugen die wendigen Franzosen aufgrund ihrer Trittsicherheit, ihres enormen Balancegefühls und ihrer Robustheit. Diese Qualitäten gelten sowohl für den kleinen, kompakten Camargue-Typ als auch für den hochbeinigeren, leichten Typ. Natürlich auch für die Mischtypen, die ebenfalls häufig in den Herden zu finden sind.

Deutsches Reitpony

Sie sind von bestechender Eleganz und ihr energiegeladener Augenausdruck verrät eine hohe Leistungsbereitschaft. Und der erste Eindruck trügt nicht: Deutsche Reitponys überzeugen in vielen Sparten der Sportreiterei. Sie brillieren im Springparcours, überzeugen auf dem Dressurplatz und zeigen auch im Gelände und vor Kutschen ihr Können. Überragende Leistung hat ihren Preis. Deshalb werden für Deutsche Reitponys mitunter hohe Summen bezahlt.

Auf dem Springplatz stellen Deutsche Reitponys Mut und Elan unter Beweis.

In Großbritannien und Irland werden Ponys im Sporttyp schon seit vielen Jahrzehnten für den Turniereinsatz gezüchtet. Doch auch in Deutschand haben Reiter längst ihr Herz für die intelligenten und lernwilligen Pferde im praktischen Format erwärmt. Deutsche Reitponys fehlen auf fast keinem ländlichen Turnier. Viele Sportreiter begannen ihre Karriere als Kinder oder Jugendliche im Sattel eines Deutschen Reitponys.

Die häufig Welsh-Blut führenden Ponys sind hervorragende Lehrmeister. Ihr bisweilen feuriges Temperament, das durch einen hohen Vollblutanteil oder den Einfluss Arabischer Vollblüter verstärkt wird, stellt allerdings gewisse Ansprüche an die reiterlichen Fähigkeiten. Wer mit Deutschen Reitponys umgehen kann, hat aber viel Freude an seinem rittigen, trittsicheren und robusten Freizeitpartner.

Ideal für kleine Reiter

Mit einer Widerristhöhe von 122 bis 148 Zentimetern Stockmaß sind Deutsche Reitponys die idealen Turnier-Einstiegspferde für Kinder und Jugendliche. Auf Connemara-Linien zurückgehende Reitponys sind relativ groß und eignen sich oft für den anspruchsvollen Springsport. Bei diesen Qualitäten verwundert es nicht, dass die exakt im vollendeten Reitpferdetyp stehenden Ponys auch gerne von leichten Erwachsenen geritten werden. Und wer tatsächlich zu groß oder zu schwer für sein Pferdchen wird, kann es auch einfahren und vor eine Kutsche spannen. Oder man trainiert mit dem Pony Zirkuslektionen. Deutsche Reitponys lernen schnell und vergessen nie.

Unabhängig von der Farbe schwebt Züchtern Deutscher Reitponys stets der Typ des Riding Ponys vor, der sich in England bewährt hat. Die Anfänge der Riding Pony-Zucht liegen über 100 Jahre zurück.

Der deutsche Sportreiternachwuchs aber musste sich lange Zeit gedulden, bevor auch in der Heimat Goethes und Schillers der Ponyboom zündete. Das war ungefähr Mitte der 70er-Jahre des 20. Jahrhunderts. Die Euphorie ist bis heute ungebrochen.

Ursprüngliche Rassen

Ein Quäntchen Lokalkolorit floss jedoch auch in die Deutsche Reitpony-Zucht: Dülmener Wildpferde, Arenberg-Nordkirchener und Lehmkuhlener Ponys tragen einen

▶ Klein, aber oho

Name:	**Deutsches Reitpony**
Ursprung:	Deutschland
Stockmaß:	122–148 cm
Farben:	alle
Körper:	schräg gelagerte Schulter, ausgeprägter Widerrist, gute Sattellage, gut bemuskelter Rücken, trockenes Fundament
Kopf:	edel
Hals:	elegant geschwungen, korrekt aufgesetzt
Hufe:	korrekte Form und Konsistenz

Ambitionierte Kinder und Jugendliche wissen Deutsche Reitponys besonders zu schätzen.

Der Ponyboom

Während in England, der Heimat des Reitponys, vor allem Braune und Füchse beliebt sind, präsentiert sich das Deutsche Reitpony in einer kunterbunten Farbenvielfalt. Schimmel sind besonders oft zu sehen, was auf Vorfahren aus Wales und der Connemara schließen lässt.

geringen Anteil am deutschen Ponyzuchtgeschehen. Auch die Franzosen verliehen ihrer Reitponyzucht individuelle Züge: Sie kreuzten das Landais Poney mit englischen Rassen und schufen das Französische Reitpony.

Der Trend, sogenannte Native Ponyrassen zur Zucht einzusetzen, kommt übrigens auch aus dem Ursprungsland England. Dort zog man Dartmoor und New Forest Ponys zur Reitponyzucht heran.

Fjordpferd

Die einen nennen sie Fjordpferde, andere sprechen vom Norweger. Gemeint ist ein und dieselbe skandinavische Rasse. Eine dichte, oft zur Stehmähne geschnittene, blond-schwarze Haarpracht ist ein typisches Merkmal des aus dem norwegischen Vestland stammenden Kleinpferdes. Und auch der dunkle Aalstrich, der sich bis zur Schweifrübe zieht, ist unverkennbar. „Fjordis" sind bei Freizeitreitern überaus beliebt. Und vor der Kutsche machen sie sich auch gut.

Fjordpferde sind starke Typen. Sie können enorme Lasten tragen und noch mehr Gewicht ziehen. Dabei sind die robusten Skandinavier ausdauernd und genügsam. Bei ausreichender Versorgung mit Gras, Heu und Stroh können sie auf Kraftfutter fast völlig verzichten. Aufgrund dieser Eigenschaften mussten Fjordpferde in der Vergangenheit aber einiges über sich ergehen lassen: Sie schufteten im Straßenbau, schnauften als Packpferde auf steilen Gebirgspfaden, schleppten Baumstämme und zogen den bäuerlichen Pflug.

Seit ungefähr 30 Jahren erobern die zwischen Pony und Kaltblut stehenden Vierbeiner auch die Herzen der Freizeitreiter. Ihr ausgeglichenes Gemüt macht sie zu guten Anfängerpferden und zuverlässigen Partnern ängstlicher Reiter. Was nicht heißt, dass Fjordings – wie Norweger in ihrer Heimat genannt werden – nicht auch zu Hochtouren auflaufen können. Mit Geduld, Einfühlungsvermögen und entsprechenden reiterlichen Fähigkeiten lassen sich die Nordlichter bis zu schweren Klassen der Dressur ausbilden.

Wetterfest

Wer Norweger-Ponys liebt, ist meistens auch sehr naturverbunden. Und das ist gut so, denn ein Fjordpferd stört sich weder an klirrender Kälte noch an strömendem Regen. Die widerstandsfähigen Freizeitpartner genießen Ausritte bei Wind und Wetter. Als Reiter kann man da nur mit der entsprechenden Kleidung mithalten. Auch Offenställe stehen hoch im Kurs bei den genügsamen Fjordings. Was sie allerdings gar nicht

▶ Nordischer Charme

Name:	Fjordpferd, Fjording, Norweger-Pony, Vestlandspferd
Ursprung:	Norwegen
Stockmaß:	Stuten 136–142 cm, Hengste 138–145 cm
Farben:	Braunfalb, Rotfalb, Hellfalb, Gelbfalb, Graufalb, Weiß – alle mit Aalstrich
Körper:	mäßig langes Schulterblatt, oft etwas steil, wenig ausgebildeter Widerrist
Kopf:	kantig, ausdrucksvoll, breite Stirn
Hals:	kurz, kräftig
Hufe:	gut geformt, gute Konsistenz

vertragen, ist eine reine Boxenhaltung in schlecht belüfteter Umgebung. Bei nicht artgerechter Haltung werden selbst die robustesten Vertreter irgendwann krank. Dürfen sie jedoch im Herdenverband leben und rund ums Jahr hinaus ins Freie, gehört der Tierarzt in der Regel zu den seltensten Gästen am Reitstall. Viele Norweger-Ponys erfreuen sich bis ins hohe Alter bester Gesundheit.

Fast immer freundlich

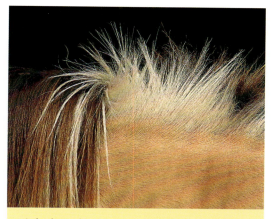

Die kecke Stehmähne ist typisch für Norweger.

Liebhaber der Rasse schätzen das freundliche Wesen der kräftigen Ponys. Und damit verzaubern sowohl die schwereren als auch die edleren Typen ihre Besitzer.

Während sich der kompaktere Norweger-Typ für den Fahrsport eignet, überzeugen die leichteren Typen oft durch einen ausgezeichneten Galopp und Springvermögen. Einen raumgreifenden Schritt, einen fleißigen Trab und eine fantastische Trittsicherheit zeigen beide Typen.

Auch das üppige Schweif- und Mähnenhaar, das sich steif anfühlt, ist allen Fjordings gemein. Geradezu perfekt für den kecken

Borstenschnitt! Der wirkt aufgrund des dunklen Aalstrichs besonders auffällig. Norwegen und Dänemark unterscheiden sich übrigens geschmacklich voneinander – zumindest, was die Mähne der Fjordpferde angeht: Während die Norweger die Mähne eine Handbreit über dem Mähnenkamm abschneiden, damit das Haar von der Seite betrachtet blond wirkt, lassen die Dänen den dunklen Mittelteil herausragen. Der Schopf bleibt von solchen Trends unberührt.

Fjordpferde lassen sich von erfahrenen Reitern weit ausbilden. Auch Lektionen wie den Spanischen Schritt zeigen manche in atemberaubender Manier.

Haflinger

Blonde Schönheiten sind in Italien besonders begehrt. Das beweisen auch die aus Süd-Tirol stammenden Haflinger. Ihre dichte Mähne und der opulente Schweif leuchten hell im Sonnenlicht. Und auch das fuchsfarbene Fell des Haflingers, das es in hellen und dunkleren Varianten gibt, macht die vielseitigen Gebirgspferde unverwechselbar. Früher sah man Haflinger vor allem bei Bergbauern. Inzwischen sind sie zu beliebten Freizeitpferden geworden.

Die blonde Mähne ist ein unverkennbares Merkmal der Rasse.

▶ Grüße aus Tirol

Name:	Haflinger
Ursprung:	Italien
Stockmaß:	138–148 cm
Farben:	Füchse – vom hellen Licht- über den Gold- bis hin zum dunklen Kohlfuchs
Körper:	muskulös, harmonisch, stark bemuskelte Schultern, wenig ausgeprägter Widerrist
Kopf:	klein, trocken, breite Stirn
Hals:	kräftig bemuskelt, schön getragen
Hufe:	gut geformt, hart

Moderne „Hafis" sind keine schweren Pferde mehr. Sie stehen eher im Warmbluttyp, haben aber nichts von ihrem rustikalen Charme verloren. Ihr anständiger Charakter macht sie zu hübschen Allroundern. Reiter aller Altersstufen finden im Haflinger einen ehrlichen und unternehmungslustigen Freund. Stundenlange Wanderritte durchs Gelände bereiten ihm ebenso Freude wie anspruchsvolles Trekking auf schwierigen Strecken.

Trittsicher und ausbalanciert meistern Haflinger jeden Gebirgspfad. Aber auch das Dressurviereck und der Springparcours sind für Haflinger-Reiter interessant. Dort glänzen die vielseitigen Ponys nicht minder, wenn sie zuvor mit Sachverstand ausgebildet wurden. Das Gleiche gilt für den Fahrsport. Immer wieder gibt es Haflinger-Gespanne, die auf internationalem Niveau mitmischen. Manche Haflinger entwickeln im Wettbewerb ein unglaubliches Tempo und sind extrem wendig.

Wanderreiter schätzen den breiten Rücken ihrer Haflinger. Sicheren Schrittes geht es durch jedes erdenkliche Gelände.

Trauriges Kapitel

Positive Eigenschaften bringen leider nicht immer nur Vorteile mit sich. So ist es vermutlich der Fruchtbarkeit, der Genügsamkeit und dem umgänglichen Wesen des Haflingers zuzuschreiben, dass jährlich Hunderte von ihnen nur zu Schlachtzwecken gezüchtet werden. Das zarte Fleisch der Haflinger-Fohlen ist besonders in Nord- und Süditalien beliebt. Deshalb haben sich in den Hauptzuchtgebieten viele auf dieses einträgliche Geschäft verlegt.

Auch in der Stutenmilchproduktion sind Haflinger ein Thema. Die Milch der Stuten wird zur Herstellung von Kosmetika und Gesundheitsprodukten verwendet.

Starke Zucht

In Italien leben circa 12 000 Haflinger. Aber auch in vielen anderen Ländern gibt es bedeutende Zuchten. Allen voran Deutschland, wo Haflinger mit zu den am weitesten verbreiteten Ponyrassen überhaupt gehören. Ihr Anteil wird auf rund 40 Prozent geschätzt. Aber auch in Österreich und der Schweiz werden Haflinger gesattelt.

Ob Kaiser Ludwig IV. eine solche Entwicklung erahnte, als er seinem Sohn anlässlich der Hochzeit mit der Herzogin von Tirol Pferde aus Burgund schenkte? Diese sollen angeblich direkte Vorfahren des Haflingers gewesen sein – damals im 14. Jahrhundert. Allerdings handelt es sich hierbei um eine oft angezweifelte These, der die Vermutung einer Verwandtschaft mit dem Norischen Pferd gegenübersteht.

Robuste Freizeitpferde

Wie auch immer die Vorgeschichte ausgesehen haben mag, sicher ist, dass Haflinger heute allen Ansprüchen naturverbundener Freizeitreiter genügen. Ihre Haltung gilt als unkompliziert. Offenstallhaltung in der Gruppe kommt den sozialen Haflingern sehr entgegen. Ihre harten Hufe kommen oft ohne Hufeisen aus, außer man hat sich intensivem Fahrsport verschrieben. Selbst eisige Temperaturen lassen Hafis im wahrsten Sinne des Wortes kalt. Nicht umsonst sind sie in vielen Winterurlaubsorten vor Schlitten zu sehen. Und auch beim immer beliebter werdenden Skijöring und rasanten Rennen durch Eis und Schnee sind die Blondschöpfe stets ganz vorne mit dabei.

Miniature Horse

1888 soll das erste Miniature Horse amerikanischen Boden betreten haben. Vermutlich kam es aus Europa, wo winzig kleine Pferdchen Königskindern als Spielgefährten dienten. Vielleicht waren die Vorfahren der Miniature Horses aber auch Grubenponys aus England und Holland. Von dort kamen die Winzlinge, die in amerikanischen Bergminen schufteten. Heute sind Miniature Horses in edlerem Ambiente zu sehen. Sie sind beliebte Schaupferde und Kinderponys.

„Miniature Ponys dürfen nicht höher als ein großer Hund sein", fordert die American Miniature Horse Association. Und das sind sie auch nicht, höchstens deutlich kleiner.

Und obwohl die Winzlinge vermutlich auf die weitaus stämmigeren Shetland Ponys zurückgehen, erinnert ihr Körperbau nicht an den eines Ponys. Wo beim Shetty kurze, kräftige Beinchen stämmig auf harten Hufen stehen, wartet das Miniature Horse mit feingliedrigen Knochen und Gelenken auf. Anstelle des ponytypischen „Dickschädels"

blicken große Augen aus einem höchst edlen Köpfchen. Den kurzen, massiven Ponyhals ersetzt ein stolz getragener, langer Hals. Manche Miniature Horses machen diesbezüglich selbst schwanenhalsigen Vollblutarabern Konkurrenz.

Der gesamte Körperbau erinnert mehr an ein hochgezüchtetes Reitpferd als an ein Pony. Nur im Zwergenmaß eben. Neben dem Shetland Pony sollen Hackney Ponys und Falabellas an der Entstehung der Rasse mitgewirkt haben.

In den USA werden die Miniature Horses gerne als Kinderponys gehalten.

Spielgefährte der Königskinder

Name:	American Miniature Horse, Amerikanisches Miniaturpferd
Ursprung:	Europa, Hauptzuchtgebiet USA
Stockmaß:	maximal 86 cm
Farben:	alle
Körper:	harmonisch
Kopf:	in guter Proportion zu Halslänge und Körper, breite Stirn
Hals:	lang, schön getragen
Hufe:	rund, kompakt

Ein wunderschönes Pferd – im Miniaturformat

Tausende von Fans weltweit

Innerhalb weniger Jahre ist die Anzahl der American Miniature Horse Association-Mitglieder auf über 12 000 angestiegen. Die Mini-Freunde stammen nicht nur aus den USA, sondern aus über 30 unterschiedlichen Ländern.

Erwachsene können die zauberhaften Vierbeiner natürlich nicht reiten, dafür aber vor die Kutsche spannen. Es gibt professionelle Miniature Horse-Kutschenteams, die an Meisterschaften teilnehmen.

Artgerechte Haltung

Auch wenn die Unterhaltskosten für ein Miniature Horse geringer sind als für ein Großpferd, haben die Kleinen dennoch ihre speziellen Bedürfnisse. Sie brauchen Kontakt zu Artgenossen, die nicht viel größer sind als sie selbst. Miniature Horses können aufgrund der Verletzungsgefahr nicht in einer Großpferdeherde gehalten werden. Sie benötigen regelmäßig einen Hufschmied und müssen – wie alle anderen Pferde auch – regelmäßig geimpft und entwurmt werden. Die kleinen Schönheiten sind kein Hundeersatz und können keinesfalls in der Wohnung gehalten werden. Wer ihnen so etwas zumutet, betreibt schwerste Tierquälerei.

Die kleinsten Vertreter der Pferdewelt haben exakt dieselben Bedürfnisse wie ihre größeren Artgenossen. In einem Punkt sind sie sogar schwieriger: Sie neigen zu Übergewicht, was innerhalb kurzer Zeit zu Erkrankungen wie Hufrehe führen kann. Deshalb müssen sie sehr kontrolliert ernährt werden.

Keine Dekoration

Und was macht man mit einem winzig kleinen Pferd? Mehr als nur anschauen. Miniature Horses werden in den USA nicht nur auf Schönheitsschauen vorgestellt, sondern auch als Therapiepferdchen für psychisch kranke und körperbehinderte Menschen ausgebildet. Sie bewältigen diese Aufgabe mit Bravour und stehen ihren Menschen in alltäglichen Situationen zur Seite. Auch als Kinderponys – für Reiter bis maximal 30 Kilogramm Gewicht – begeistern Miniature Horses immer mehr Menschen.

Mogod Pony

Mogod Ponys sind eine uralte Rasse. Früher waren sie in vielen Teilen Afrikas zu finden. Heute hat sich ihr Bestand auf ein Minimum reduziert. Rund 200 soll es noch geben. In tunesischen Bergregionen liegt das ursprüngliche Einsatzgebiet der zähen Pferdchen, und dort sind sie auch heute noch vereinzelt anzutreffen. Nomaden, Schäfer und Bergbauern nutzten die Mogod Ponys über Jahrhunderte hinweg, um Lasten über steile Bergpfade zu transportieren.

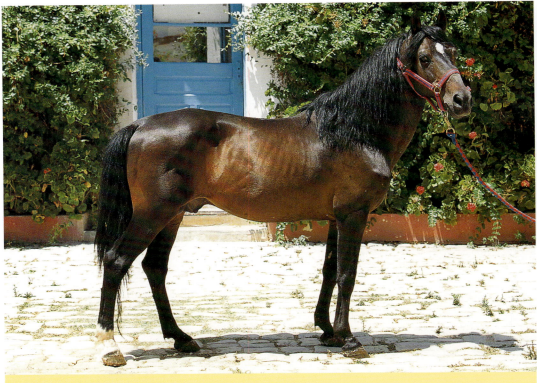

Einer der circa fünf Mogod-Deckhengste, die in tunesischen Staatsgestüten stehen.

Alte Stämme wie die Khmirs, die Mogods und die Nefzis wurden immer wieder von Stämmen aus dem Flachland überfallen. Aus diesem Grund zogen sie sich zurück und lebten gemeinsam mit ihren Ponys in unzugänglichen Bergregionen. Hierdurch isolierte sich die Rasse. Entbehrung und Inzucht schufen ein Pony, dessen Genügsamkeit legendär ist. Hinzu kommen Härte, Kampfgeist und eine schier überschäumende Energie. Die Hufe des Mogod Ponys sind so hart, dass sie keine Hufeisen benötigen. Kein Wunder – schließlich klettern die kleinen Pferde in den Bergen wie Ziegen herum.

Solche Eigenschaften gehörten seit jeher zum Ruf des Mogod Ponys, und deshalb soll sich Hannibal mit seiner numidischen Gefolgschaft auf seinem Feldzug nach Rom auf diese Pferde verlassen haben. Die Numiden hatten übrigens eine ganz besondere Art und Weise entwickelt, um die ungestümen Ponys zu reiten. Sie ritten ohne Gebisse und nahmen stattdessen Halsringe.

100 Kilogramm sind kein Problem

Gebisslose Zäumungen haben auch heute noch Vorrang bei den Reitern von Mogod Ponys. Auch auf Sättel wird meistens verzichtet; man schwingt sich einfach auf den blanken Rücken des kleinen Pferdes, das auch Cheval Djebali, Cheval Kabyle oder einfach Bergpony genannt wird.

Mogod Ponys haben ein durchschnittliches Stockmaß von 120 bis 140 Zentimetern. Trotz ihrer eher kompakten Größe tragen sie problemlos bis zu 100 Kilogramm Gewicht. Sie sind echte Hochleistungssportler, was die Ausdauer angeht, und bildhübsch dazu.

Und auch ihr Mut scheint so legendär, dass ihm schon viele Literaten huldigten. So zum Beispiel de Selleysel, ein Schriftsteller des 19. Jahrhunderts: „Die kleinen Bergponys sind die besten. Sie verfügen über einen ausgeprägten Mut und viele von ihnen tragen Narben alter Verletzungen, die ihnen Löwen

Zäh, blitzschnell und ausdauernd – Hannibal wusste schon, warum er eine Schwäche für die harten, kleinen Ponys hatte. Heute ist die Rasse vom Aussterben bedroht.

zufügten." Auch wenn die Beschreibungen des Literaten etwas blumig ausfallen, ist eines sicher: An Zähigkeit sind Mogod Ponys wohl kaum zu übertreffen.

Zuchtgeschehen

Die Zuchtgeschichte des Mogod Ponys ist wechselhaft und führte zu der bedrohlichen Situation, dass die gesamte Rasse inzwischen akut vom Aussterben bedroht ist.

Anfang des 20. Jahrhunderts wurden jährlich etwa 500 Ponys nach Italien, Malta, England und Frankreich exportiert. Man schätzte ihr Aussehen und ihre vielseitigen Nutzungsmöglichkeiten. Einige setzten die Mogods auch als Polo-Ponys ein. In der Zeit von 1902 bis zum Beginn des ersten Weltkrieges gab es ein Stutbuch, dessen letzter Eintrag am 9. Mai 1913 erfolgte. Danach verliert sich die Spur der legendären Rasse.

Doch einige Mogods existieren noch: Offiziell gibt es fünf Deckhengste in tunesischen Staatsgestüten. Jährlich fallen etwa 30 Fohlen. Das ist natürlich viel zu wenig, um die Zukunft der Rasse zu sichern. Nur ein gezieltes Zucht-Programm kann die Mogods retten.

▶ Hannibals Lieblinge

Name:	Mogod Pony, Poney des Mogodes, Cheval Djebali, Cheval Kabyle
Ursprung:	Afrika
Stockmaß:	120–140 cm
Farben:	überwiegend Braune
Körper:	korrektes, harmonisches Fundament
Kopf:	klein, trocken, ausdrucksstark
Hals:	kurz, kräftig
Hufe:	klein, hart

Polo-Pony

Polo wird immer beliebter. Viele Menschen fühlen sich von dem diffizilen Spiel, das reiterliches Können, Geschick und Technik erfordert, angezogen. Dreiviertel aller Polo-Ponys stammen aus Argentinien. In der ersten Hälfte des 20. Jahrhunderts kam vor allem der Criollo, ein mittelgroßes, zähes Ranchpferd mit einer erstaunlichen Beschleunigungskraft im Polosport zum Einsatz. Seit circa 15 Jahren erfolgten vermehrt Einkreuzungen von Englischen Vollblütern.

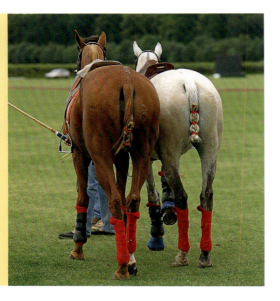

Wer Polosport betreibt, hat nicht nur ein Pferd. Aber auch zwei Ponys reichen in der Regel nicht aus. Manche Profis reisen mit fünf bis sieben Pferden an.

Es ist fürwahr ein illustres Publikum, das sich rund um gepflegte Poloplätze versammelt. Champagner-Korken knallen; aus den Lautsprechern dringt lässig beschwingte Musik. Große Hüte ziehen interessierte Blicke auf sich; opulente Kreationen aus Pfauenfedern wiegen sich neben strengen Zylindern im sanften Wind. Das Publikum hat sich schick gemacht, um den besten Polospielern der Welt mit einem Gläschen perlendem Champagner zuzuprosten. Berühmte Schauspieler stehen Seite an Seite mit Fernsehmoderatoren und Wirtschaftsgiganten. „It's Polo-Time" – das lässt sich die High Society nicht zweimal sagen.

Argentinien – die Mutter des Polospiels

Die europäischen Poloturniere (dazu zählen Sotogrande in Spanien, Windsor und Cowdray in England, Chantilly und Deauville in Frankreich) mögen zwar noch so spektakulär sein, aber sie werden laut Profi-Meinung von jedem „Open" in Argentinien weit übertroffen, wo Polo nach wie vor der unbestrittene Nationalsport ist.

Ganze Familien widmen sich dort ausgiebig dem Polo-Fieber und hoffen, dass die alte Tradition auch in den folgenden Generationen weiter bewahrt wird. Allerdings glänzt

▶ Ballkünstler

Name:	**Polo-Pony**
Ursprung:	überwiegend Argentinien
Stockmaß:	156–158 cm
Farben:	alle
Körper:	muskulös, aber nicht zu schwer
Kopf:	keine Vorgaben
Hals:	keine Vorgaben
Hufe:	keine Vorgaben

Argentinien nicht nur mit hervorragendem Pferdematerial, sondern auch mit Weltklasse-Spielern. Allein die legendäre „Heguy-Dynastie" stellt zwei der erfolgreichsten Mannschaften der Welt: die berühmten „Indios Chapaleufù I" und die nicht minder verehrten „Indios Chapaleufù II".

Argentinien ist die Heimat des bereits vor 2 500 Jahren erfundenen Mannschaftsspiels, das im 19. Jahrhundert von britischen Kolonialisten wieder neu belebt wurde. Der wahre Ursprung des rasanten Spiels ist auf den Tausende von Hektar messenden Estancias zu suchen, deren reiche, aber bisweilen gelangweilte Besitzer einem Spiel frönten, bei dem Pferde – unentbehrliche Partner der täglichen Arbeit – zum Einsatz kamen.

Heute ist Argentinien in Bezug auf den Polosport das, was Deutschland für den Dressursport ist. Auch wenn es zunehmend zu einer Zerstückelung des Terrains der argentinischen Großgrundbesitzer kommt, bleibt die Pampa auch in Zukunft der prädestinierte Ort für das Polospiel und die Zucht der Polo-Ponys.

Auch in anderen Ländern gibt es verschiedene Polo-Klubs, die regelmäßig Spiele

▶ Wendig und pfeilschnell

Polo-Ponys sind streng genommen keine eigene Rasse, sondern eine Gebrauchskreuzung. Stuten sollen die Eignung zum Spiel und Hengste die Geschwindigkeit vererben. Bevor eine Stute zur Zuchtstute wird, muss sie sich selbst im Spiel bewährt haben. Zur Zucht werden gerne Vollbluttypen herangezogen, die nicht allzu groß sind, dafür aber über eine gute Bemuskelung verfügen und Rennleistung auf kurzen Distanzen zeigen. Polo-Ponys mit einem Stockmaß zwischen 156 und 158 Zentimetern entsprechen dem Zuchtziel. Ihre Qualitäten sind klar definiert: Schnelligkeit, Wendigkeit und Nervenstärke sind gefragt.

veranstalten. Das German Polo Masters auf Sylt gehört mit zu den schönsten Events dieser Art. Dort gibt es garantiert immer packende Spielszenen und blitzschnelles Reaktionsvermögen zu sehen.

Höchste Konzentration und ein blitzschnelles Reaktionsvermögen sind beim Polospiel gefragt. Pferden und Reitern wird viel abverlangt. Schnell zeigt sich, welches Team am besten ist.

Shetland Pony

Mit einer durchschnittlichen Widerristhöhe von nur 99 Zentimetern sind Shetland Ponys der Liebling jedes Kindes. Doch auch Erwachsene können sich dem Charme der drolligen Kerlchen kaum entziehen. Es ist einfach niedlich, wenn ein Shetty mit seinen lebhaften Augen durch die Strähnen seiner dicken Mähne lugt. Doch auch wenn Shetland Ponys aussehen, als wären sie lebende Knuddeltiere, haben sie dieselben Ansprüche wie größere Verwandte.

Saftiges Gras schmeckt vorzüglich, darf aber nicht in rauen Mengen gefressen werden, ansonsten drohen Übergewicht und Hufrehe.

Gelocktes Fell ist bei Shettys eher selten. Dennoch gibt es immer wieder kerngesunde Ponys mit diesem Merkmal.

Shetland Ponys stammen von den baumlosen Shetland-Inseln und sind die kleinsten Vertreter der sogenannten Native Ponys. Zu diesen gehören unter anderem auch die Rassen Dartmoor und New Forest. Der winzige Körper der Shettys täuscht aber, denn eigentlich sind die kleinen Engländer ganz große

Pferde. Zumindest, was ihr Selbstbewusstsein und ihre Kraft angeht. Die ist im Verhältnis zur Körpergröße ganz außerordentlich. Shetty-Gespanne können problemlos Kutschen ziehen. Ihre Zug- und Tragkraft ist beachtlich. Hinzu kommen Ausdauer und Genügsamkeit.

Grubenponys

Das ist sicherlich auch der Grund, weshalb Bauern und Fischer die robusten Ponys seit jeher für schwere Arbeiten einsetzen. Auch in Bergbauminen mussten Shettys schuften, nachdem die Kinderarbeit verboten worden war. Diese Entwicklung schadete der Rasse, weil auch bestes Zuchtmaterial in die Gruben kam. Ein Adliger, der Marquess of Londonderry, gründete schließlich 1873 ein Gestüt, um die Rasse zu erhalten. Dieser Beginn der gezielten Zucht gilt als Meilenstein innerhalb der Shetty-Rassegeschichte. Die Grubenponys waren in England auch weiterhin, bis noch vor 70 Jahren, im Einsatz.

Die handliche Größe ist natürlich auch für Eltern verlockend, die ein Einsteigerpferd

Obwohl Shetland Ponys gerne als ideale Einsteiger-Pferdchen für Kinder angesehen werden, sind ihr Eigensinn und ihr Temperament nicht zu unterschätzen.

▶ Kinderliebling

Name:	**Shetland Pony, Shetty, Sheltie**
Ursprung:	Großbritannien
Stockmaß:	maximal 110 cm, Mini-Shetty maximal 87 cm
Farben:	alle
Körper:	günstig gelagerte Schulter, breiter, flacher Widerrist; kurzer, breiter Rücken
Kopf:	trocken, recht nobel, breite Stirn, im Verhältnis zum Körper nicht klein
Hals:	kräftig, breite Basis
Hufe:	klein, hart

für ihre Kinder suchen. Doch diese Entscheidung muss sich nicht unbedingt als weise entpuppen. Shettys sehen zwar niedlich aus, haben es aber faustdick hinter den kleinen Ohren. Viele sind sehr intelligent und erlernen schlechte Angewohnheiten ebenso schnell wie gute. In Pferdegruppen fallen die Zwerge nicht immer durch bestes Benehmen auf. Manche sind eigensinnig und sehr dominant – durchaus auch gegen-

über größeren Artgenossen. Insbesondere Shetty-Hengste gehören nur in erfahrene Hände und sind meistens nicht als Anfängerpferd für kleine Kinder geeignet.

Spätentwickler

Wenn die Haltungsbedingungen stimmen und man mit Shettys umgehen kann, gibt es keine Probleme. Dank ihrer Intelligenz sind sie dazu in der Lage, die tollsten Kunststücke zu erlernen. Deshalb gehören sie auch oft zum festen Bestand von Zirkusfamilien. Und die haben lange etwas von den kleinen Akteuren. Denn diese werden meistens weit über 30 Jahre alt.

Als Spätentwickler sollten Shettys erst im Alter von acht bis neun Jahren volle Leistung bringen müssen. Sie sind dann auch wirklich leistungsbereit, und das bei genügsamen Ansprüchen. Offenstallhaltung mit kontrolliertem Weidegang (Rehegefahr) ist ideal. Raufutter (Heu und Stroh) wird in der Regel besser vertragen als Kraftfutter.

Die eher bescheidenen Ernährungsansprüche resultieren aus den harten Lebensbedingungen in der Heimat des Shetland Ponys. Dort sind die kleinen Herden oft monatelang eisigem Sturmwetter ausgesetzt. Auf dem Speiseplan stehen Strandhafer, Tang und Seegras. Auch angespülte Meerestiere und Fischreste werden verzehrt.

Timor und Sandalwood Pony

Urwüchsige Mongolen Ponys sollen in ihrem Blut Spuren hinterlassen haben, und auch ein edler arabischer Überguss ist nicht zu übersehen. Die indonesischen Ponyrassen Timor und Sandalwood haben eine bewegte Vergangenheit hinter sich. Heute sieht man die robusten Pferdchen vor allem als Kutsch- oder Rennponys, die ein wenig beschauliches Dasein führen. Einige von ihnen werden nach Australien exportiert, wo sie exzellente Kinderreitpferde abgegeben.

Es ist unvorstellbar, dass sich im schwülen Klima Indonesiens Pferde wohlfühlen, und dennoch gibt es dort seit Jahrhunderten verschiedene Rassen. Sie sind klein, genügsam und hart im Nehmen. Und das müssen sie auch sein, ansonsten hätten sie das strapaziöse Klima, portugiesische und holländische Kolonialisten und die Verwendung als Kutschponys nicht überlebt. Knochenhart ist ihr Einsatz: Dieser reicht vom Lastentragen bis hin zu skurrilen Tanzvorführungen. So ging das Sumba Pony bereits als „Tanzendes Pferd" in die Geschichte ein: Einheimische befestigen Glocken an seinen Vorderfußwurzelgelenken und lassen es im Rhythmus einer Trommel „tanzen".

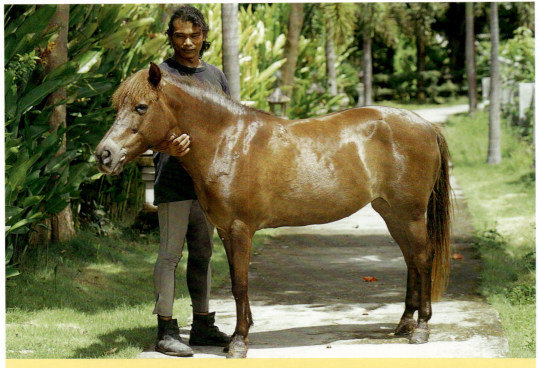

Sandalwood Ponys werden traditionell ohne Zaumzeug geritten und sind die größte indonesische Pferderasse.

Name:	**Timor Pony** **Sandalwood Pony**
Ursprung:	Indonesien
Stockmaß:	Timor 122 cm, Sandalwood 135 cm
Farben:	überwiegend Braune und Rotbraune
Körper:	Ponytyp
Kopf:	beim Timor Pony eher gewöhnlich, beim Sandalwood Pony edel
Hals:	kurz
Hufe:	klein, hart

Timor Pony

Savannen, üppiges Weideland und harte Grassorten prägen die Heimat des Timor Ponys, das wohl vom Mongolen Pony geprägt wurde. Die indonesische Insel Timor war im 16. Jahrhundert eine portugiesische Kolonie. 100 Jahre später kamen die Holländer. Sie alle nutzten die zähen Ponys für viele Arbeiten.

Pferde wurden in vergangenen Jahrhunderten vermutlich von Indien aus nach Timor eingeführt. Timor Ponys, die ein durchschnittliches Stockmaß von 122 Zentimetern erreichen, erweckten sogar das Interesse der Australier. 1803 importierten sie den ersten Timor-Hengst nach Down Under, wo er – neben anderen Rassen wie Welsh Cobs und Hackneys – die Grundlage für die Entstehung des Australian Ponys bildete.

Eine dicke Mähne, ein prächtiger Schweif, feines Fell und ein kurzer Hals gelten als Rassemerkmale. Der Kopf wirkt eher gewöhnlich, wobei es durchaus auch Tiere mit sehr schön geformten Köpfen gibt.

Sandalwood Pony

Weniger stark vom Mongolischen Pony geprägt ist das ausgesprochen hübsche Sandalwood Pony, das von den Inseln Sumba und Sumbawa stammt. Bei ihm lässt sich vielmehr ein arabischer Überguss erahnen, zumal die holländischen Kolonialisten Araber einführten, um die einheimischen Rassen zu veredeln.

Der Name des Sandalwood Ponys geht auf das Hauptexportgut der Inseln, Sandelholz, zurück. Allerdings spielt nicht nur Holz eine wichtige wirtschaftliche Rolle. Auch die Sandalwood Ponys erweisen sich als gutes Geschäft, da viele als Kinderreitponys nach Australien exportiert werden. Auf thailändischen Rennbahnen werden sie ebenfalls eingesetzt. Auch in Indonesien gibt es Rennen, bei denen Sandalwood Ponys ohne Sattel und Gebiss geritten werden.

Sandalwood Ponys sind mit 135 Zentimetern Stockmaß die größte indonesische Rasse. Man schätzt ihre Gängigkeit und die enormen Geschwindigkeiten, die diese kleinen Pferdchen mit den großen Augen, dem seidigen Fell und den harten Gelenken erzielen können.

Noch heute ähneln die Sandalwood Ponys den Pferden, die die holländischen Kolonialisten früher im berühmten Gestüt Radang züchteten. Kenner bezeichnen das Sandelholz Pony als edelste indonesische Ponyrasse.

Es gibt nur wenige Pferderassen, die mit dem feuchtschwülen Klima Indonesiens zurechtkommen. Zu ihnen gehört das Sandalwood Pony.

Tinker Pony

Schwarz-weiß oder braun-weiß geschecktes Fell, eine üppige Mähne und ein verschwenderisch dichter Schweif begeistern Freunde des Tinker Ponys. Die freundlichen, im kaltblütigen Ponytyp stehenden Vierbeiner werden bei Freizeitreitern immer beliebter. Auch Anfänger und ängstliche Reiter sehen sich gerne bei dieser Rasse um, weil die arbeitswilligen Ponys als ausgesprochen nervenstark gelten. Nervosität und Unberechenbarkeit sind typischen Tinkern fremd.

„Tinker" war ursprünglich gar keine Bezeichnung für ein Pony, sondern für in Schottland und Irland lebendes, fahrendes Volk. In England und Wales nannte man diese Menschen Potter. Tinker bedeutet ins Deutsche übersetzt „Kesselflicker" und Potter etwa so viel wie „Töpfer". Da sowohl bei den einen als auch bei den anderen besonders oft gescheckte, schwere Pferde vor den Planwagen zu sehen waren, nannte man diese schließlich kurzerhand Tinker Ponys. Heute ist dies die offizielle Rassebezeichnung für die oft bunten Pferde.

Unter den Begriff Tinker fallen auch Irish Cobs und Coloured Irish Cobs. Aber längst nicht alle Tinker sind auch Irish Cobs.

Farbenfroh und nervenstark – so kennt man Tinker Ponys. Die üppigen Gesellen werden bei Freizeitreitern immer beliebter. Sie geben gute Reit- und Fahrpferde ab.

► ## Nervenstark

Name:	**Tinker, Tinker Pony, Irish Tinker, Coloured Irish Cob, Gypsie Cob**
Ursprung:	Großbritannien und Irland
Stockmaß:	135–160 cm, Irish Cob 128–170 cm
Farben:	überwiegend Rapp-, Fuchs- und Braun-Schecken, auch drei-farbige Schecken
Körper:	steile Schulter, relativ hoher Widerrist, oft etwas weicher Rücken
Kopf:	schwer, konvexes Profil
Hals:	recht lang, schwer
Hufe:	groß, rund, flach

Tinker mit blauen Augen haben einen großen Lieb-haberkreis.

Planwagen-Pferde

Vermutlich haben Dales und Fell Ponys sowie Shire Horses und Clydesdales an der Entstehung des Tinker Ponys mitgewirkt. Entstanden ist ein kräftiges, genügsames Pony, das schwer arbeiten kann und ein durchweg ruhiges Wesen hat. All das sind natürlich ideale Voraussetzungen für verschiedene Einsatzgebiete. So werden in Irland vielerorts Tinker-Planwagenfahrten durch die malerische Landschaft angeboten. Tinker tragen Touristen über versteckte Pfade zu Burgruinen, und an den Reitställen kann man Unterricht auf absolut scheufreien Schecken nehmen.

Auch Züchter anderer Rassen wissen das freundliche Wesen der Tinker zu schätzen. So werden zum Beispiel auf zahlreichen Gestüten Tinker-Stuten als Ammen für Englische Vollblüter eingesetzt. Sie adoptieren willig fremde Fohlen und ziehen sie liebevoll groß. Auch zur Beruhigung nervöser Rennpferde setzen die Briten Tinker ein. Und nicht zuletzt verpaaren sie sie noch mit anderen Rassen. Viele gescheckte Sportpferde haben neben Englischen Vollblütern auch Tinker in der Abstammung.

Späte Ehren

Dabei wurden Tinker selbst erst spät anerkannt. Die Gründung der Irish Cob Society erfolgte erst 1998. Zu diesem Zeitpunkt wurden Tinker bereits von holländischen und deutschen Zuchtverbänden eingetragen. Im Heimatland interessierte man sich erst für die Rasse, als sie auf dem europäischen Festland in den 90er-Jahren des letzten Jahrhunderts einen regelrechten Boom erlebte. Deutsche Tinker-Züchter, die einem der Deutschen Reiterlichen Vereinigung (FN) angeschlossenem Verband angehören, gehen nach einem einheitlichen Rassestandard vor.

► ## Reise-Tipp

Wer die bunte Rasse einmal im ursprünglichen Ambiente erleben möchte, reist am besten zu einem Tinker-Markt. Die berühmtesten gibt es schon seit über 350 Jahren: zum Beispiel den Tinker-Markt in Appleby, England, oder den im irischen Ballinasloe. Dort versammeln sich Freunde und Züchter der robusten Schönheiten.

Welsh Pony

Welsh Ponys gehören zu den beliebtesten Pferderassen Großbritanniens. Robustheit und Bodenständigkeit zeichnen sie aus. Die knackigen Power-Pakete werden in vier Sektionen unterteilt: Sektion A „Welsh Mountain Pony", Sektion B „Welsh Pony, Riding oder Show Typ", Sektion C „Welsh Pony, Cob Typ" und Sektion D „Welsh Cob". Im Gestütbuch werden außerdem Welsh Partbreds geführt, in deren Adern mindestens 25 Prozent walisischen Blutes fließen müssen.

▶ Power-Pakete

Name: Sektion A – Welsh Mountain Pony;
Sektion B – Welsh Pony;
Sektion C – Welsh Pony im Cob Typ;
Sektion D – Welsh Cob

Ursprung: Großbritannien

Stockmaß: Sektion A bis 122 cm;
Sektion B bis 135 cm;
Sektion C bis 137 cm;
Sektion D ab 137 cm, meist 144–155 cm

Farben: in Sektion A, B und C viele Schimmel, aber auch andere (außer Schecken); in Sektion D überwiegend Dunkelbraune, Rappen, Braune, Füchse und Dunkelfüchse

Körper: Sektion A – gut bemuskelt, breite Brust, lange schräge Schulter
Sektion B – edel, elegant, kurzer Rücken, kräftige Lendenpartie, muskulöse Kruppe, lange, schräge Schulter;
Sektion C – wie D, nur alles kleiner;
Sektion D – tiefe, breite Brust, lange bemuskelte Schulter, starker Rücken

Kopf: Sektion A und B – arabisch geprägt;
Sektion C und D – klein, nobel, orientalischer Ausdruck

Hals: Sektion A und B – gut aufgesetzt;
Sektion C und D – lang, kräftig

Hufe: Sektion A und B – klein, hart;
Sektion C und D – groß, rund

Welsh Ponys vereinen Adel und Bodenständigkeit auf faszinierende Weise.

Das naturbelassene britische Fürstentum Wales ist die Heimat der widerstandsfähigen und ausgesprochen leichtfuttrigen Welsh Ponys. Seit 1901 werden sie von der „Welsh Pony und Cob Society" betreut, die sich in Aberystwyth in Nord-Wales befindet.

Aufgrund ihrer überragenden körperlichen und charakterlichen Eigenschaften erfreuen sich Welsh Ponys nicht nur in Großbritannien größter Beliebtheit. Alle vier Sektionen sind in Europa und auf den meisten anderen Kontinenten verbreitet und sowohl als Kinderreitponys als auch als Spring-, Dressur-, Fahr- und Freizeitpferde bekannt.

Keltenponys

Die Kelten sollen es gewesen sein, die den ersten gezielten züchterischen Einfluss auf die Welsh Pony-Zucht nahmen. Auch Julius Caesar war von den Welsh Ponys hellauf begeistert. Er lobte die Sensibilität der robusten Keltenponys und staunte über ihre hervorragenden Fähigkeiten vor dem Streitwagen. Im Mittelalter blieb die Bewunderung für die Rasse und auch der vielfältige Einsatz der walisischen Ponys ungebrochen.

Höhen und Tiefen

Die Welsh Pony-Zucht erlebte aber nicht nur rosige Zeiten. Nachdem schon Heinrich VIII. zur Tötung aller kleinwüchsigen Ponys aufgerufen hatte, um ausschließlich große Pferde für die Kreuzzüge zu züchten, erlitten die Welsh-Bestände weitere Verfolgungen, harte Hungerzeiten, fehlerhafte Verpaarungen und züchterische Vernachlässigungen.

Es grenzt schier an ein Wunder, dass die harten Kerle ihren Adel und ihr einmaliges Temperament trotz all dieser Widrigkeiten über die Jahrhunderte hinweg bewahren konnten. Ein halbwildes Dasein, harte Lebensbedingungen und wenig menschlicher Kontakt waren also die Voraussetzungen der Welsh Pony-Zucht. Die Züchter schickten allenfalls von Zeit zu Zeit ausgewählte Hengste in die Herden, um das Zuchtpotenzial zu verbessern; allerdings kam die Auslese minderwertiger Hengste gleichzeitig zu kurz.

Die schwierigen Zeiten scheinen überwunden. Heute präsentiert sich die Welsh-Zucht als Fundus für Reiter, die kernige Ponys mit vielseitigen Qualitäten schätzen. Klein, mittel, groß – bei den walisischen Flitzern ist für jeden etwas dabei.

Ein feuriges Temperament und eine enorme Leistungsbereitschaft machen Welsh Ponys zu idealen Partnern für anspruchsvolle Reiter.

Warmblüter

Deutsches Warmblut

Die Deutsche Warmblutzucht ist weltberühmt. Wann immer es um Top-Leistungen im Dressur- und Springsport geht, sind deutsche Pferde ganz vorne mit dabei. Auch in der Vielseitigkeit und anderen Disziplinen glänzt die deutsche Zuchtelite. Neuerdings entdecken Freizeitreiter die Qualitäten von Hannoveraner & Co. Die talentierten Hochleistungspferde beginnen, mancher Spezialrasse in puncto Beliebtheit den Rang abzulaufen.

Hannoveraner

Edel, korrekt und großrahmig kommt der Hannoveraner daher. Zu seiner Veredelung trugen Englische Vollblüter und Trakehner bei. Markant sind seine schwungvollen, raumgreifenden Bewegungen. Der Hannoveraner gilt als rittig und bietet sich für die unterschiedlichsten Sparten der Reiterei an. Viele Reiter sind von dem edlen Warmblut überzeugt, denn die meisten Reit- und Sportpferde stammen tatsächlich aus der Hannoveraner-Zucht. Und das weltweit.

Hengste wie der Celler Landbeschäler Weltmeyer (v. World Cup-Absatz) gelten als Idealtyp des Hannoveraners. Berühmte Dressurreiter wie zum Beispiel Isabell Werth schwören auf die gangstarke Rasse. Sie erritt mit ihrem Hannoveraner Gigolo mehrfach olympisches Gold. Er gilt als eines der erfolgreichsten Dressurpferde überhaupt.

Das Herz der Hannoveraner-Zucht schlägt im Landgestüt Celle, das auf eine 250-jährige Tradition zurückblickt. Früher lag die Hannoveraner-Zucht lange Zeit überwiegend in bäuerlicher Hand. Auch heute noch haben sich viele Privatzüchter der erfolgreichen Rasse verschrieben.

▶ Modernes Sportpferd

Name:	**Hannoveraner**
Ursprung:	Deutschland
Stockmaß:	um 165 cm
Farben:	Braune, Rappen, Füchse und Schimmel
Körper:	modernes Sportpferd im Rechteckformat, unterschiedliche Typausprägung
Kopf:	fein und ausdrucksvoll
Hals:	lang und schlank
Hufe:	klein bis mittelgroß, hohe Trachten

Hannoveraner sind Deutschlands Exportschlager Nummer eins – zumindest, wenn es um Pferderassen geht.

Der berühmte Dressurreiter Günter Seidel setzt auf den Westfalen Nikolaus.

Westfale

Auf den ersten Blick mögen Westfalen den Hannoveranern recht ähnlich sehen, aber sie sind meistens etwas gröber gebaut. Das liegt an dem geringeren Vollbluteinfluss innerhalb der Zucht. Dennoch gilt die zahlenmäßig zweitstärkste Rasse nach dem Hannoveraner ebenfalls als hervorragendes Sportpferd. Das freundliche Wesen und die Menschenbezogenheit der Westfalen werden auch von vielen Freizeitreitern geschätzt. In Polizeireiterstaffeln sieht man die nervenstarken Warmblüter ebenfalls häufig.

Das Zentrum der Westfalen-Zucht ist Warendorf, wo 1826 das Landgestüt gegründet wurde. Nachdem sich die Zucht bis zum Zweiten Weltkrieg auf schwere Kaliber fokussierte, strebte man später einen leichteren Reitpferdetyp an. Hannoveraner, Holsteiner, Trakehner, Selle Français und Anglo-Araber halfen bei der Umsetzung dieses Ziels.

Oldenburger haben sich längst vom schweren Typ hin zum eleganten Reitpferd entwickelt.

Oldenburger

Ebenfalls sehr erfolgreich auf dem internationalen Turnierparkett ist der Oldenburger. Seine Zuchtanfänge gehen auf das 17. Jahrhundert zurück. Leichte, raumgreifende und taktmäßige Gangarten sind ebenso charakteristisch für das kräftige Sportpferd wie ein gutmütiges, vernünftiges Wesen. Vollblüter, Hannoveraner und Holsteiner veredelten im 20. Jahrhundert die im Zugpferdetyp stehende Rasse zum Reitpferd.

Oldenburger glänzen im Dressurviereck und auch bei anspruchsvollen Springen.

Brandenburger

Zwischen Hannoveraner und Ostpreuße steht der moderne Brandenburger. Er gilt als hartes, edles Reitpferd, das leichter ausfällt als der Mecklenburger. Die ostdeutschen Pferdezuchtverbände Berlin-Brandenburg, Sachsen, Sachsen-Anhalt und Thüringen haben sich 2003 zusammengeschlossen und führen nun unter der Rassebezeichnung „Deutsches Sportpferd" ein gemeinsames Zuchtprogramm für Reitpferde durch.

Brandenburger sind zurzeit seltener im Pferdesport zu sehen als andere Warmblutrassen, aber das könnte sich ändern.

> ## Frohnatur

Name:	**Rheinländer, Rheinisches Warmblut**
Ursprung:	Deutschland
Stockmaß:	160–180 cm
Farben:	alle Grundfarben
Körper:	langer, gut markierter Widerrist, starker Rücken, gut gelagerte Schulter
Kopf:	edel
Hals:	lang, gut aufgesetzt
Hufe:	gute Qualität

> ## Ausgeglichen

Name:	**Brandenburger, Deutsches Sportpferd**
Ursprung:	Deutschland
Stockmaß:	162–170 cm
Farben:	überwiegend Braune, Füchse und Rappen, aber auch Schimmel
Körper:	gut gelagerte Schulter, kräftige Kruppe
Kopf:	ausdrucksvoll
Hals:	gute Halsung
Hufe:	nicht sehr groß, fest

Das Deutsche Sportpferd nimmt keinen festen Platz innerhalb des Spitzensports ein, dennoch gibt es hervorragende Rassevertreter. Zum Beispiel die Stute Poetin I. Die im Landgestüt Neustadt/Dosse gezogene Dressur-Begabung wurde für 2,5 Millionen Euro versteigert. Auch die Hengste Samba Hit und Samba Hit II gelten als Ausnahmepferde.

Rheinländer

Aus dem Bundesland Nordrhein-Westfalen kommt das Rheinische Warmblut.

Pferde haben die Rheinländer schon zurzeit der alten Römer gezüchtet. Der gute Ruf dieser Tiere drang bis nach Gallien und auch Karl der Große soll später von dieser rheinischen Zucht begeistert gewesen sein.

Nachdem sich das Zuchtgeschehen erst vermehrt auf Kaltblüter konzentrierte, entstand nach dem Zweiten Weltkrieg mit Unterstützung von Westfalen, Trakehnern, Hannoveranern und Ostpreußen eine gut florierende Warmblutzucht.

Das erklärte Zuchtziel ist nun ein edles, rahmiges, korrekt gebautes Reitpferd mit schwungvollen Gängen. Das ausgeglichene Temperament vereint sich mit Rittigkeit. Beste Voraussetzungen, um in den verschiedenen Sparten der Reiterei zu glänzen. Hierdurch erklärt sich auch die ständig steigende Anzahl der Land- und Privatbeschäler wie auch der Zuchtstuten und Turnierpferde.

Die Rasse wird vom Rheinischen Pferde-stammbuch vertreten, das seit 1892 existiert und heute in Schloss Wickrath, Mönchen-gladbach, untergebracht ist.

Württemberger

Genau wie der Rheinländer steht auch der Württemberger im Typ des Deutschen Reit-pferdes. Mit einem durchschnittlichen Stock-maß von 163 Zentimetern gehören die viel-seitig veranlagten Württemberger zu den kleineren deutschen Warmblütern. Sie wer-den überwiegend im Haupt- und Landgestüt Marbach gezüchtet.

Mit dem schweren Alt-Württemberger, der noch vor 50 Jahren gezüchtet wurde, hat der moderne Württemberger nicht mehr viel zu tun. Er überzeugt nun vielmehr im sport-lichen Format.

Trakehner

Wenn es um die edelsten deutschen Pfer-derassen geht, sind Trakehner ganz vorne mit dabei. Sie sind hochnobel und elegant, leicht und stehen nicht selten im Anglo-Araber-Typ.

Trakehner machten unter anderem als Kavalleriepferde Karriere, und das nicht nur in Deutschland. Zähigkeit, Härte, Ausdauer und ein enormes Bewegungsvermögen zeichnen diese lebhafte Rasse aus. Ihr eher sensibles Wesen erfordert einen erfahrenen Reiter. Bei einfühlsamer und kompetenter

Behandlung sind Trakehner bereit, Spitzen-leistungen zu bringen. In der Vielseitigkeit und Dressur sind sie stark, aber auch als Jagd- und Distanzpferd beliebt. Im Welt-klasse-Springsport sieht man sie eher selten.

Der Ursprung der für viele Zuchten ein-flussreichen Rasse ist beim Deutschen Rit-terorden zu suchen, der einst in Ostpreußen ansässig war. Das preußische Militär wurde bis 1913 vom Hauptgestüt Trakehnen mit Pferden versorgt. Als Ostpreußen im Zweiten Weltkrieg zusammenbrach, waren 27 000 Zuchtstuten und 750 Hengste eingetragen. Nur 800 Stuten und 40 Hengste überlebten die dramatische Flucht durch das vereiste Haveler Watt. Sie sorgten später für den Fort-bestand der Rasse.

Der 1905 geborene Hauptbeschäler Tem-pelhüter (v. Perfektionist xx – Jenissei) ist einer der berühmtesten Trakehner.

▶ Sportliches Format

Name:	Württemberger, Baden-Württemberger
Ursprung:	Deutschland
Stockmaß:	160–175 cm
Farben:	Füchse, Braune, Rappen, Schimmel
Körper:	deutlich ausgeprägter Widerrist, schräge Schulter, gut bemuskelte Kruppe
Kopf:	manchmal unedel
Hals:	gut geformt
Hufe:	gute Qualität

▶ Anspruchsvoll

Name:	Trakehner, Ostpreuße Trakehner Abstammung
Ursprung:	Deutschland
Stockmaß:	160–170 cm
Farben:	alle – manchmal sogar Schecken
Körper:	lange schräge Schulter, kräftiger Rücken, schräge Kruppe
Kopf:	plastisch modelliert, hochedel, ausdrucksvoll
Hals:	gut aufgesetzt
Hufe:	klein, hart, leicht eng, oft hohe Trachten

Trakehner machen in vielen Disziplinen eine gute Figur.

Hunter

„Ein guter Hunter ist in meiner Vorstellung ganz einfach ein Pferd, das mich sicher querfeldein trägt, wenn ich der Meute folge. Man kann keine festen Regeln hinsichtlich des Pferdetyps aufstellen, der diesen Anforderungen entspricht", schrieb der passionierte Jagdreiter Michael Clayton vor etwa 25 Jahren und brachte damit die Anforderungen, die Reiter an einen Hunter stellen, auf den Punkt. Trittsicherheit, Leistungswille und Kondition sind wichtig.

▶ Königliche Verehrer

Hunter sind keine offizielle Rasse, sondern eine Gebrauchszucht, deren Wurzeln im Mittelalter liegen. König Heinrich VIII. (1491–1547) und König Friedrich der Große (18. Jahrhundert) ließen sich gerne in den Sätteln solcher Pferde nieder. Die Jagdreiterei erreichte in der zweiten Hälfte des 18. Jahrhunderts ihre Blüte. Sie fasziniert bis heute.

Auf den Britischen Inseln sind Hunter besonders verbreitet und vor allem bei Jagdreitern beliebt. Auch in Irland gibt es Hunter. Sie gelten als Spezialisten, wenn die Strecke voller Gräben, Wälle, Hecken und Steinmauern ist.

Irish Hunter springen gerne und auch technisch ausgefeilt. Schwieriges Gelände bewältigen sie absolut routiniert.

Bei Englischen Huntern ist weniger die Technik als vielmehr Geschwindigkeit gefragt. Dieses Zuchtziel wird durch einen höheren Vollblutanteil erzielt.

Welcher Hunter-Typ besser ist, lässt sich sicherlich nicht so einfach festlegen. Es kommt eben ganz darauf an, in welchem Gelände sich das Pferd beweisen muss. Wer gerne Jagden mit schweren Hindernissen reitet, ist mit einem Iren sicher gut beraten.

Leistung zählt

Während in den Jagdfeldern ein recht uneinheitliches Bild zu sehen ist, zeigen Show Hunter durchaus einen bestimmten Typ. Sie sind großrahmig, haben eine beachtliche Größe und wirken edel.

Auf der Schau zählen vor allem optische Aspekte – bei der Jagd nur die Leistung. Da ist es egal, ob ein Pferd größer oder kleiner ist, ob sein Kopf gerade oder ramsnasig ist oder ob Mähne und Schweif üppig bestückt sind. Deshalb sind bei sogenannten Working Hunters vor allem Ausdauer, Tragkraft, Trittsicherheit, Härte und Energie gefragt. Und all das hat ein guter Irish Hunter ohne Frage.

Abstammung? Nebensache!

Ursprünglich entstanden Hunter aus Kreuzungen von Vollbluthengsten mit Stuten verschiedener Rassen, die keine Vollblüter waren. Viele der nicht zu den Vollblütern zählenden Blutlinien stammten aus Irland. Die Draught-Zucht scheint hier eine bedeutende Rolle gespielt zu haben.

In England wirkten die Rassen Cleveland Bay und Yorkshire Coach Horse (inzwischen ausgestorben) an der Entstehung der Hunter mit. Manchmal wurden auch Shire und Clydesdale Horses, Highland Ponys und Welsh Cobs eingekreuzt.

Irland galt bis zum Zweiten Weltkrieg als wahres Paradies für Hunter-Freunde. Doch dann stiegen die Landwirte vermehrt auf Traktoren und andere motorisierte landwirtschaftliche Geräte um, was einen massiven Einbruch der Irish Draught-Zucht nach sich zog. Diese war aber ein wichtiges Standbein der Hunter-Szene.

Zum Glück erkannte die irische Regierung diese Gefahr rechtzeitig und konnte die Zucht stabilisieren. Dies war ein wichtiger Schritt für den Fortbestand des klassischen Irish Hunters.

Und es gibt noch eine aktuelle Zuchtentwicklung, an der wiederum Irish Hunter maßgeblich beteiligt sind: das Irish Sport Horse. Bei ihm fließt das Leistungspotenzial sowohl des Irish Draughts als auch des Vollbluts mit ein. Angestrebt wird beim Irish Sport Horse ein großrahmiger und athletischer Springpferdetyp.

Das soll der Rasse neue Möglichkeiten eröffnen. Geht das Konzept auf, wird die Sportvariante des guten alten Irish Hunters zukünftig öfter auf dem internationalen Turnierparkett zu sehen sein. Allerdings weniger im Dressurviereck als in anspruchsvollen Springen.

▷ Sicher querfeldein

Name:	Hunter
Ursprung:	Irland, Britische Inseln
Stockmaß:	meistens über 165 cm
Farben:	alle Grundfarben
Körper:	schräg gelagerte Schulter, ausgeprägter Widerrist, gute Sattellage
Kopf:	nicht immer edel, zu den Proportionen passend
Hals:	geschwungen, gut aufgesetzt, mittellang
Hufe:	groß, rund, manchmal etwas flach

Im raumgreifenden Galopp geht es durchs Gelände. Auch mit schwierigem Boden kommen Hunter zurecht.

Kisbéri

Feurig-scharfe Gulaschsuppe, reitende Rinderhirten und die flache Puszta sind längst nicht alles, was Ungarn zu bieten hat. Wer die reizvollen Schlösser der k.u.k.-Monarchie, eine traumhaft schöne Landschaft und ungarische Gastfreundschaft besonders intensiv erleben möchte, sollte sich einmal in den Sattel eines temperamentvollen Kisbéri-Halbblutes schwingen. Die Offizierspferde von einst haben nichts von ihrem Charme und ihrer Leistungsfähigkeit verloren.

In Ungarn leben Kisbéri meistens auf großen Flächen im Herdenverband.

Kisbéri, die dem Vollblut nahe stehenden Halbbluttypen, vereinen Adel und Schönheit. Kein Wunder, dass sie in der Vergangenheit zu den begehrtesten Offizierspferden gehörten. Auch als luxuriöses Reit- und Kutschpferd machten die gängigen und ausgesprochen harten Halbblüter Furore.

Inzwischen züchtet man Kisbéri kalibriger und noch etwas größer als zu Zeiten der k.u.k.-Monarchie. Die Rasse bewährt sich in den unterschiedlichsten Disziplinen. Besonders begehrt ist sie unter Jagd-, Vielseitigkeits- und Distanzreitern. Das „elektrische" Temperament der Kisbéri ist unter sattelfesten Kennern sehr gefragt.

▶ Eine kleine Zucht

Heute wird die Rasse nicht mehr im Ursprungsgestüt Kisbér gezüchtet. Dieses ist längst aufgelöst; seit 1989 ist das zum Staatsgut Balatonfenyves gehörende Gestüt Pusztabéreny am Plattensee für die Zucht zuständig. Auch auf dem Gestüt Kadkert befindet sich noch ein kleiner Bestand an Kisbéri-Pferden. Außerdem gibt es einige Privatzüchter, die sich um den Erhalt der Rasse kümmern.

Zuchtbeginn

Zurück zum abenteuerlichen Ursprung der Rasse: Das ungarische Gestüt Kisbér, das unweit vom noch heute weltberühmten Gestüt Bábolna lag, befand sich einst im Besitz des Grafen Lajos Batthyány. Wäre er nicht in die Wirren der ungarischen Revolution verstrickt gewesen, hätte sich die Beschlagnahmung seines Besitzes vermutlich verhindern lassen. Der Revolutionsheld floh nicht, als es brenzlig wurde, und bezahlte das mit seinem Leben. Sein Gestüt Kisbér, dem die schönen ungarischen Halbblüter ihren Namen verdanken, wurde 1853 vom Staat konfisziert.

Nach Jahren der Revolution ruhte die Zucht auf dem Gestüt. Die Pferde waren in alle Winde zerstreut. Mit der Errichtung eines neuen Staatsgestütes war es nicht getan. Das Ziel war klar definiert: Hochedel sollte die Zucht sein. Doch solche Pferde waren Mangelware im postrevolutionären Ungarn. Tiere aus dem Ausland einkaufen? Dafür gab es kein Geld. Dennoch wurde die Zucht aufgebaut und ihre Anfänge verliefen dementsprechend bunt. Aber das konnte der Rasse keinen Schaden zufügen, geschweige denn ihr Revival aufhalten.

Die Vollendung

Zur Jahrhundertwende war es vollbracht. Die Bezeichnung Kisbérer Halbblut stand für ein edles, formschönes Pferd im englischen Halbbluttyp, das Größe und Leistung vereint. Exzellente Junghengste gingen in die Hengstdepots der Doppelmonarchie; die Zuchtstuten blieben im Gestüt. Alles, was man nicht gebrauchen konnte, wurde versteigert. Kavallerieoffiziere und Freunde edler Reit- und Kutschpferde deckten sich bei diesen Auktionen ein. Kisbéri galten als ideale Pferde für Reiter, die ihren Tieren höchste Ansprüche abverlangen.

Tragischerweise erreichte die Kisbérer-Zucht zu einer Zeit ihren Höhepunkt, in der ihre Leistungsfähigkeit nicht mehr gefragt war: Der Erste Weltkrieg brach aus. Die k.u.k.-Monarchie zerbrach. Die Nachfrage an Remontepferden sank.

▶ Husarenpferde

Name:	Kisbéri
Ursprung:	Ungarn
Stockmaß:	circa 160-165 cm
Farben:	überwiegend Braune und Füchse, Rappen und Schimmel sind selten
Körper:	eine ausgezeichnete Sattellage, die sich aus der markanten Schulter-Widerrist-Partie ergibt
Kopf:	edel, trocken, gerades Profil
Hals:	schön geschwungen, manchmal aber auch gerade
Hufe:	gute Qualität

Von dieser nachteiligen Entwicklung hat sich der Zuchtbestand bis heute nicht wieder erholt. Zum Glück gibt es aber einige sehr engagierte Züchter, die ihre Pferde auch international vor allem in der Vielseitigkeit präsentieren. Vielleicht lässt sich auf diese Weise ein neuer Liebhaberkreis aufbauen.

Vielversprechender Nachwuchs für den Vielseitigkeitssport

Iberische Rassen

Altér Real

Die Alentejo-Provinz gehört zu den heißesten und den trockensten Regionen Portugals. Sie ist die Heimat des Altér Real-Pferdes, das auf dem berühmten Alter-do-Chão-Gestüt gezüchtet wird. Die schicken Portugiesen sind nicht mit dem Lusitano gleichzustellen. Sie repräsentieren einen eigenen, speziell durchgezüchteten Schlag, der auf einer reinen Gestützucht basiert. Es gibt zwar nicht viele Altér Real-Pferde, aber eine hochwertige Zucht.

Die traditionsreichen Gebäude des portugiesischen Alter-do-Chão-Gestüts

Man sagt den Altér Real-Pferden eine außerordentliche Intelligenz, Sensibilität und auch eine gewisse Eigenwilligkeit nach, die sie bei falscher Behandlung zu problematischen Pferden machen kann. Große, ausdrucksvolle Augen, ein kleiner trockener Kopf und ein leichtes Ramsprofil gelten als rassetypische Merkmale. Ein herrlich geschwungener Hals mit einem ausgesprochen leichten Genick schafft die besten Voraussetzungen für eine natürliche Beizäumung.

Es ist ein Vergnügen, die athletisch und doch elegant wirkenden Pferde mit ausbalancierten Bewegungen und einer spektakulären Knieaktion über den Sandplatz „fliegen" zu sehen. Stolz und Extravaganz strahlt diese

Rasse aus. Alles an ihnen ist prädestiniert für die Hohe Schule und auch als Stierkampfpferd genießt der Altér Real einen ganz hervorragenden Ruf. Das ist übrigens schon seit langer Zeit so.

Hohe Reitkunst

Vor über 250 Jahren erfolgte in Vila de Portel die Grundsteinlegung des ehemaligen Hofgestüts, das 1756 nach Altér do Chão verlegt wurde und heute portugiesisches Nationalgestüt ist. 1748 konnte endlich realisiert werden, wofür sich König João IV. und der Staat im 18. Jahrhundert eingesetzt hatten.

Legendär

Name:	Altér Real
Ursprung:	Portugal
Stockmaß:	circa 152–163 cm
Farben:	überwiegend Braune
Körper:	quadratisch, breit, beträchtliche Gurttiefe
Kopf:	klein, trocken, große ausdrucksvolle Augen
Hals:	gut aufgesetzt, schön geschwungen
Hufe:	exzellente Hornsubstanz

Strenge Zuchtvorschriften

Es folgten nicht nur Triumphe, sondern auch Tiefschläge. Die rauschende Blütezeit endete mit der Besetzung durch den französischen Kaiser Napoléon Bonaparte (1807) und auch die Besetzung durch die Briten (1808 bis 1814) fügte dem Gestüt großen Schaden zu. Die Franzosen beschlagnahmten die wertvollsten Pferde und beraubten dadurch den Lissabonner Hof seiner kostbaren Zucht. Man versuchte, die Verluste durch die Einkreuzung von Arabern, Vollblütern und anderen Rassen auszugleichen, aber es gelang nicht, die Qualität des alten Altér Real-Pferdes wiederzuerlangen. Dennoch hat die Rasse viele neue Liebhaber, vor allem im Bereich der klassisch-barocken Reitkunst.

Altér-Real-Pferde gelten als hochbegabt, aber manchmal schwierig im Umgang.

Damals trug das Gestüt den Namen „Coutada do Arneiro" und avancierte zur offiziellen Zuchtstätte des Altér Real-Pferdes. Als Grundlage der Zucht dienten 50 handverlesene Andalusier-Stuten aus dem renommierten Gebiet um Jerez de la Frontera.

Dem Gestüt oblag die Aufgabe, den Lissabonner Hof mit exzellenten Reit- und Fahrpferden zu versorgen. Dort benötigte man durchschnittlich einen Bestand von 150 Pferden. Im Jahre 1770 wurde die „Coutada do Arneiro" dem königlichen Marstallamt unterstellt. Eine Epoche voller züchterischer Erfolge begann. Der Name des Hofgestüts stand für edelstes Blut und Pferde mit den besten Anlagen für die hohe Kunst der Reiterei.

Hohe Schule

Den traditionellen Prinzipien ist man bis heute treu geblieben: Für die Zucht werden in Altér do Chão ausschließlich Hengste zugelassen, die ihre Qualitäten unter den prüfenden Augen der „Escola Portuguesa de Arte Equestre" unter Beweis stellen konnten. Rittigkeit und die Veranlagung zur Hohen Schule sind die wichtigsten Kriterien und machen den Weltruf dieses Pferdebestands aus. Auf dem Stammgestüt der Rasse finden jährlich Versteigerungen statt.

Andalusier

Sie verkörpern das perfekte Barockpferd und erfreuen sich ständig wachsender Beliebtheit: Andalusier, deren offizielle Bezeichnung Pura Raza Española lautet, vereinen feuriges Temperament und Sanftheit. Die Veranlagung für Lektionen der Hohen Schule wird den spanischen Schönheiten in die Wiege gelegt. Piaffe, Passage, Pirouette und die Schule über der Erde liegen ihnen einfach im Blut. Aber auch als Freizeitpferd machen sich Andalusier gut.

Wie die Andalusier zu ihrem Namen kamen, ist interessant. Fast jeder denkt, das habe mit der spanischen Provinz zu tun, dabei kam dieser Zusammenhang erst viel später. Der Ursprung des Namens ist im 8. Jahrhundert zu suchen – als die Sarazenen einfielen. Sie nannten die Iberische Halbinsel „Al Andalus" und meinten damit Vandalus, Vandalenland. Später bezeichnete man mit Andalusien tatsächlich eine bestimmte Region, in der sich mehrere Klöster im 16. Jahrhundert auf die Zucht hochedler Pferde spezialisierten. Man strebte nach einem vollkommenen Ross – zu Ehren Gottes und um die spanische Kavallerie auszurüsten. Dies war auch die Zeit, in der Andalusier die Entstehung europäischer Warmblutzuchten beeinflussten. Berühmte Gestüte wie Lipizza, Kladrub und Frederiksborg wurden mit Pferden aus spanischer Zucht gegründet.

Spanische Pferde gehören zur Garrocha-Reitkunst wie der Stier zum Torero.

1912, als die Einführung des nationalen Gestütsbuchs erfolgte, erkannte man, dass die Bezeichnung Andalusier den spanischen Pferden, die nicht in der gleichnamigen Provinz gezüchtet wurden, kaum gerecht wurde. Es kam zur offiziellen Rassebezeichnung Pura Raza Española (PRE). Das Stutbuch wird heute vom spanischen Verteidigungsministerium verwaltet. Nur hier eingetragene Pferde sind zur Zucht zugelassen und dürfen als PRE bezeichnet werden. Jerez de la Frontera und Sevilla gelten als Zuchthochburgen.

Außergewöhnlich begabt

PRE steht für harmonisch gebaute Pferde mit gerundeten Formen. Ein guter Spanier muss muskulös und athletisch sein.

Die Tatsache, dass spanische Pferde in den letzten Jahren immer beliebter wurden, hatte nicht nur positive Folgen. Geschäftstüchtige Händler vermarkten mitunter Andalusier, die nur noch wenig mit den traditionellen Zuchtprinzipien gemeinsam haben. In der Regel sind diese Pferde nicht im Stutbuch eingetragen. Und auch die typischen Wesens- und Leistungsmerkmale der Pura Raza Española bleiben dabei nicht selten auf der Strecke.

▶ Keine Schecken

Ein gutes Pferd hat bekanntermaßen keine Farbe, und doch erfreuen sich Schimmel ganz besonderer Beliebtheit. Gleich danach kommen braune Andalusier und manchmal sieht man auch Rappen, Falben und Mausfalben. Füchse und Schecken werden nicht ins Stutbuch eingetragen, weil sie als nicht reinrassig gelten. Früher soll es gescheckte Andalusier gegeben haben. Diese verschwanden im Zuge der Napoleonischen Kriege aus Spanien. Der französische Kaiser ließ alle gescheckten Pferde erbeuten.

Dabei machen gerade sie die Grandezza des spanischen Pferdes aus. Es ist nicht nur extrem lern- und leistungsfähig, sondern auch ausgesprochen willig. Dank Intelligenz und Auffassungsgabe lernen Andalusier schnell. Ein guter Ausbilder kann diese Pferde bis zu den schwersten Klassen der Dressur ausbilden. Aber auch vor der Kutsche machen die mit Berberpferden verwandten Südeuropäer eine Top-Figur. Nicht zu vergessen beim Rejoneo, dem spanischen Stierkampf.

▶ Spaniens ganzer Stolz

Name:	**Pura Raza Española, Andalusier**
Ursprung:	Spanien
Stockmaß:	circa 155–162 cm
Farben:	überwiegend Schimmel und Braune, seltener sind Rappen, Falben und Mausfalben
Körper:	kurzer Rücken, schräge Schulter
Kopf:	edel, trocken, gerades oder subkonvexes Profil
Hals:	kräftig, hoch aufgesetzt
Hufe:	klein, hohe Trachten, starke Wände, wenig Strahl

Bei Show- und Freizeitreitern stehen die rassigen Spanier hoch im Kurs.

Lusitano

Die bedeutendsten Lusitano-Gestüte Portugals spiegeln den Charme vergangener Jahrhunderte wider. In ähnlichem Stil lebten Pferde in den Stallungen französischer Schlösser. Leider entspricht das nicht immer artgerechter Pferdehaltung. Ständerhaltung ist oft zu sehen. Die in den Ställen lebenden Hengste gleichen einer Parade von Märchenrössern. Einige Lusitanos erinnern an Kupferstiche aus der Zeit der barocken Reitmeister.

Die portugiesische Lusitano-Zucht konzentriert sich in den Provinzen Ribatejo und Alentejo. Das Staats- und Hauptgestüt Fonte Boa, das bei Santarem liegt, gilt als Zentrum der Zucht. Dort stehen 60 Lusitano-Hengste aus Privatgestüten und die jeweils dazugehörigen handverlesenen Stutenstämme. Abgesehen vom Staatsgestüt Fonte Boa sind etwa 20 große Gestüte und 70 kleinere bekannt. Die Zuchtleitung obliegt der „Associação Portuguesa de Criadores do Cavalo Pure Sangre Lusitano", die gemeinsam mit dem Landwirtschaftsministerium das Gestütbuch führt.

Ein Höhepunkt des Zuchtgeschehens ist die jährliche „Feira de São Martinho" in Golegã, die mit einem großen Pferdemarkt, Darbietungen der portugiesischen Hofreitschule und einer großen Pferdeschau aufwartet.

Legendäre Gestüte

Eines der berühmtesten Lusitano-Gestüte, die Coudelaria d'Andrade, liegt ganz in der Nähe des kleinen Dörfchens Barbacena.

Der Name des Gestüts steht für Spitzenpferde, die sowohl im Spring- und Dressursport als auch in ihrer ursprünglichen Funktion als Stierkampfpferd für Furore sorgen.

Während die Lusitanos der d'Andrade-Zucht leicht und edel wirken, bestechen die Pferde des Gestüts von Manuel Tavares Veiga, das neben der Coudelaria d'Andrade als bedeutendstes Lusitano-Gestüt des 20. Jahrhunderts gilt, eher durch ihre Kompaktheit. Beide Zuchtlinien sind gleichermaßen dem iberischen Typ treu geblieben und bringen Spitzenpferde hervor.

Die Coudelaria d'Andrade wurde 1894 von Dr. Ruy d'Andrade gegründet. Der berühmte, portugiesische Hippologe baute seine Zucht mit Guerrero-Hermanos-, D.-Vicente-Romero-y-Garcia- und D.-António-Perez-Tinao-Stuten auf, in deren Adern das reinste spanische Cartujana-Blut floss.

Der kurze Rücken und die muskulöse Kruppe des Lusitanos sorgen für eine enorme Wendigkeit.

Eine stolze Aufrichtung und eine schöne Knie-aktion prädes-tinieren den Lusitano für die klassisch-baro-cke Reiterei.

▶ Doma Vaquera

Name:	**Lusitano**
Ursprung:	Portugal
Stockmaß:	152–155 cm (Stuten), bis 165 cm (Hengste)
Farben:	überwiegend Braune und Schimmel, seltener sind Rappen, Dunkelfüchse, Falben und Isabellen sowie Albinos mit blauen Augen; Schecken sind ausgestorben
Körper:	kurzer Rücken, gut bemuskelte Kruppe
Kopf:	lang, gerades Profil
Hals:	lang, kräftig an der Basis
Hufe:	klein, hohe Trachten, dicke Wände, wenig Strahl

Fromm und energisch

Der Gestütsinhaber der Coudelaria, José Luìs d'Andrade, weiß genau, worauf es bei einem Lusitano ankommt: „Lusitanos sind lebhafte, energische Pferde mit einem frommen Charakter. Ihre Menschenbezogenheit und Gelehrigkeit machen sie zu rittigen und angenehmen Begleitern". Der sprichwörtliche Mut und die Wendigkeit des Lusitanos ergeben in Kombination mit einer explosiven Kraft der Hinterhand und einem angeborenen „Cow Sense" die idealen Voraussetzungen für die Hüte- und Treibarbeit mit Kampfrindern („Doma Vaquera").

Letztendlich kommen die beschriebenen Eigenschaften auch der Ausbildung der Pferde in der Hohen Schule zugute: Der von einem hohen Kniebug und einer auffälligen Leichtigkeit der Hankenbiegung gekennzeichnete Bewegungsablauf des Lusitanos ist ausbalanciert und von fabelhafter Kadenz. Die Anlagen für Piaffe, Passage, Pirouette und für die Schulsprünge sind von Geburt an vorhanden.

Menorquino

Die Raza Menorquina repräsentiert für viele genau das, was ein Traumpferd ausmacht: schwarzes, glänzendes Fell; eine lange, seidige Mähne; ein üppiger, wehender Schweif; ein ausdrucksvoller Charakterkopf und ein Muskelspiel, bei dem jeder Sportler vor Neid erblassen würde. Hinzu kommt die unvergleichliche Kadenz, in der sich Vertreter dieser ausschließlich auf der kargen, steinigen Balearen-Insel Menorca beheimateten Rasse unter dem Sattel präsentieren.

▶ Powerpferde

Name:	Caballo Menorquin, Menorca-Pferd, Menorquino
Ursprung:	Menorca
Stockmaß:	circa 160 cm
Farben:	Rappen
Körper:	kurzer Rücken, mäßig abfallende Kruppe
Kopf:	lang, gerades Profil
Hals:	schön geschwungen
Hufe:	schmal, hart

Manche bezeichnen das überschäumende Temperament des Caballo Menorquin als energisch – feurig wäre sicherlich der noch treffendere Ausdruck. Die im Reitpferdetyp stehenden Powerpferde sind von solcher Explosivität, dass sie ausschließlich in die kompetenten Hände erfahrener Ausbilder und Reiter gehören.

Das Menorca-Pferd ist nicht nur das fleischgewordene Abbild eines Märchenrosses, es ist zudem ein Urgestein der spanischen Pferdezucht und somit von sehr großem züchterischen Interesse für Freunde des Iberischen Pferdes. Bereits in der Bronze- und Eisenzeit sollen Vorfahren des heutigen Caballo Menorquin die Balearen-Insel bevölkert haben.

Das Fell der Menorquinos glänzt wie schwarzer Lack.

Wechselvolle Geschichte

Vielleicht liegt der Ursprung der Rasse sogar noch weiter zurück. Während es für die Zeit der Antike nur wenige Hinweise gibt, sind für das Mittelalter zahlreiche verbürgt.

Die britische Herrschaft (1708 bis 1802) soll das Zuchtgeschehen auf Menorca ganz massiv beeinflusst haben, weil zunehmend englisches Zuchtmaterial importiert wurde. Es gibt sogar Stimmen, die behaupten, die leidenschaftliche Passion für Pferde sei nur dank der Briten auf die menorquinische Bevölkerung übergegangen.

Um 1850 galt der Bestand des Caballo Menorquin als gesichert, aber in den darauf folgenden 100 Jahren ging es mit der Rasse dramatisch bergab. Vor gar nicht allzu langer Zeit sah es aus, als würden die rittigen, dunklen Gestalten aussterben. Inzwischen hat sich die Situation etwas entschärft: Die Rasse gilt als stabilisiert, sie ist aber nach wie vor selten. Man schätzt die Anzahl der Pferde auf unter tausend Exemplare. Die Jefatura de Cria Caballar führt ein Gestütsbuch.

Tanz auf zwei Beinen

Menorcas wunderschöne Pferderasse genießt einen Status, der auf den brodelnden Volksfesten deutlich wird. Das Caballo Menorquin ist der Star, wenn die Balearen-Insel von Juni bis September ihre traditionellen Ferias begeht. Die Ursprünge des einerseits von schwarz-weiß gekleideten und andererseits von mit Nelken und Schleifen ausstaffierten Reitern gekennzeichneten Rituals sollen auf das 14. Jahrhundert zurückgehen.

Die beweglichen Rappen sind dafür bekannt, sich in spektakulärer Manier aufzubäumen. Wenn sie sich in der Elevada zeigen und wild mit den Vorderhufen in die Luft schlagen, kennt die Begeisterung der Einwohner Menorcas keine Grenzen mehr. Manche Pferde legen mehrere Meter auf zwei Beinen zurück.

Die herrlichen Rappen gelten als sehr vielseitig. Sie bieten sich für Dressurlektionen, Darbietungen der Hohen Schule und auch für den Fahrsport an.

Kenner beurteilen das Gangvermögen des Menorquinos als energisch, aber weniger raumgreifend als das der Pura Raza Española oder des Lusitanos. Insbesondere die Knieaktion sei weniger spektakulär ausgeprägt. Die Veranlagung zur Hohen Schule ist hingegen beim Menorquino ganz genauso prägnant zu erkennen wie bei den anderen iberischen Rassen.

Auch hierzulande sind Menorquinos inzwischen recht bekannt, obwohl sie selten sind. Das liegt sicherlich an ihrer Präsenz auf Pferde-Fachmessen und ihren immer atemberaubenden Darbietungen im Rahmen von Shows. Als reines Freizeitpferd wären die Schwarzen mit dem explosiven Potenzial allerdings sicherlich unterfordert.

Menorquinos können meterweit auf der Hinterhand laufen.

Barockpferde

Friese

Kaum jemand kann sich dem barocken Charme des Friesen-pferdes entziehen. Die lackschwarzen Schönheiten mit den langen Mähnen und üppigen Schweifen sind die erklärten Publikumslieblinge bei jeder Pferdeshow. Auch im Fahrsport, in der Barock- und in der Freizeitreiterszene sieht man die schwarzen Perlen mit dem prächtigen Kötenbehang oft. Sie sind imposant und doch sensibel. Kein Wunder, dass Friesen schon im Mittelalter einen legendären Ruf genossen.

Auch unter dem Damensattel machen sich Friesen ausgezeichnet.

Friesen gehören heute ohne Frage zu den beliebtesten Pferderassen. Dabei wären sie im 18. und 19. Jahrhundert beinahe ausgestorben. Es ist dem Engagement einer kleinen, bäuerlichen Züchterschaft zu verdanken, dass die Rasse ein Comeback feiern konnte. 1878 wurde das „Friesische Paarden Stammboek" gegründet, und von da an ging es wieder bergauf. Wenn auch nicht ganz problemlos: Die kleine Stutenbasis machte eine enge Inzucht erforderlich, die nicht nur

Vorteile brachte. Der 1885 geborene Hengst Nemo 51 ist der Stammvater aller einge-tragenen Friesenpferde.

Friesen waren im 18. und 19. Jahrhundert nicht nur beliebte Kutsch- und Arbeitspferde. Sogenannte Harddraver, Friesen mit einer spektakulären Trabaktion, maßen sich bei Rennen, denen die gesamte Dorfbevölkerung zusah. Noch früher – im Mittelalter – galten Friesische Pferde als hervorragende Streit-rösser und Turnierpferde für Ritterspiele. Außerdem nahmen sie Einfluss auf ver-schiedene andere Zuchten, wie zum Beispiel die der Oldenburger oder Orlow-Traber. Auch einige Pony- und Kaltblutrassen profitierten von den Friesengenen. Nach dem Zweiten Weltkrieg wurde die Rapplinie der Kladruber mit ihrer Hilfe wieder aufgebaut.

Kraftvoll und elegant

Inzwischen sind Friesen längst zum Nationalsymbol Frieslands geworden. Sie sind einzigartig. Keine andere Pferderasse zeigt wirklich überzeugende Ähnlichkeiten. Selbst der kleine Bestand der südafrikani-schen „Flamen", der stark an Friesen er-innert, geht ursprünglich auf sie zurück.

Früher gab es auch braune Friesen und sogar Füchse. Beide Farben sind heute nicht erwünscht. Zur Zucht werden ausschließlich Rappen zugelassen.

Zum einen ist es sicherlich der Einzigartigkeit der Rasse zuzuschreiben, dass sie weltweit so beliebt ist. Zum anderen tragen aber auch das gelehrige, sensible Wesen und die energischen Gänge dazu bei.

Friesen vereinen Eleganz mit Kraft. Ihr Trab ist majestätisch und der Galopp herrlich rund. Sie bieten sich geradezu für die klassisch-barocke Reiterei an und erlernen selbst die schwierigsten Zirkuslektionen.

Edle Kutschpferde

Auch vor Kutschen machen die schwarzen Perlen eine gute Figur. Ganz gleich, ob ein- oder mehrspännig gefahren: Ein Friesengespann ist immer ein Hingucker. Fahrsportler schätzen die nervenstarken Pferde, deren Blut einst durch iberische Rassen veredelt wurde. Die runden Gänge und das fliegende Langhaar machen Friesengespanne zu einem optischen Hochgenuss.

Angesichts der großen Nachfrage scheint die Zukunft der aus dem niederländischen Westfriesland stammenden Rasse gesichert.

▶ Schwarze Perlen

Name:	Friese
Ursprung:	Niederlande
Stockmaß:	circa 155–175 cm
Farben:	Rappen
Körper:	wenig ausgeprägter Widerrist; recht steile Schulter, weicher Rücken, muskulöse Kruppe
Kopf:	typvoll geformt, manchmal etwas lang, meistens gerades oder leicht konkaves Profil, manchmal auch geramst
Hals:	schön geschwungen, hoch aufgesetzt, stark ausgebildeter Kamm
Hufe:	oft platt, Qualität nicht immer gut

Im Fahrsport sind die schwarzen Perlen überaus beliebt.

Kladruber

Bei vielen anderen Rassen ist er verpönt, beim Kladruber, der offiziell Alt-Kladruber heißt, allerdings erklärtes Zuchtziel: der Ramskopf. Das markante Profil stand ursprünglich für Männlichkeit, und die wurde am Wiener Kaiserhof groß geschrieben. Dort erlebte der Kladruber zurzeit des Rokoko seine Blüte. Er war das Gala-, Kutsch- und Paradepferd der Aristokraten. Beim Kladruber handelt sich um die einzige Rasse weltweit, die für Zeremonialzwecke entstand.

Das ehemalige Hofgestüt, auf dem Alt-Kladruber schon seit jeher gezüchtet wurden, ist heute das tschechische Nationalgestüt. Noch immer ist es die Hochburg der pompösen Rappen und Schimmel.

Die Lieblinge des Wiener Hofes sind Schimmel oder Rappen. Es gab und gibt sie nur in diesen beiden Farbschlägen. Während die Schimmel traditionell vor prächtige Kutschen gespannt wurden, dienten die Rappen ausschließlich klerikalen Zwecken.

Beide Varianten unterschieden sich aber nicht nur durch ihre Farbe: Die Schimmel zeigten eine eher spanische Prägung, während die Rappen auf die inzwischen ausgestorbene italienische Rasse Polesina zurückgehen.

Feurig und nobel

Die Ähnlichkeit mit Lipizzanern, die ebenfalls iberische Vorfahren haben, ist auch heute nicht zu übersehen. Kladruber haben ein feuriges Temperament, dabei aber einen noblen Charakter. Diese Kombination ist ideal, um die Rasse klassisch-barock auszubilden. Sie hat hervorragende Anlagen zu Lektionen der Hohen Schule. Und Imponiergehabe liegt den großen, starken Pferden ohnehin im Blut. Im Trab entfalten Kladruber eine atemberaubende Kadenz mit hoher Knieaktion – ein wahrer Augenschmaus für jeden Barockpferde-Fan. Der Galopp wirkt hingegen manchmal etwas schwerfällig.

Kladruber beeinflussten in der ersten Hälfte des 19. Jahrhunderts die ungarische Nonius-Zucht. Sie brachten mehr Größe und Kaliber in die alte Rasse. Aus der Kreuzung von Welsh Cob-Hengsten mit Kladruber-Stuten entstanden die Podhajsky-Schimmel, die vor der Kutsche und unter dem Sattel durch ihr spektakuläres Gangwerk auffallen.

▶ Paradepferde

Name:	Kladruber, Alt-Kladruber
Ursprung:	Tschechien
Stockmaß:	circa 167 cm; früher über 180 cm
Farben:	Rappen und Schimmel
Körper:	kräftige Gliedmaßen, gut ausgeprägter Widerrist, langer Rücken, muskulöse Kruppe
Kopf:	lang, scharf gemeißelt; ausdrucksvoll, ramsnasig
Hals:	gewaltig, stark aufgerichtet
Hufe:	groß, steile Trachten, kleiner Strahl

Richard Hinrichs, Meister der klassisch-barocken Reitkunst, hat ein Faible für Kladruber.

Weltkulturerbe

Die ehemaligen Paradepferde gekrönter Häupter sind eben etwas Besonderes. Deshalb wurden sie vermutlich auch von der UNESCO zum Weltkulturerbe erklärt. Als einzige Pferderasse, die nachweislich nur für Zeremonien gezüchtet wurde, steht dem Kladruber der Status als „künstlerische Schöpfung" zu. Eine landwirtschaftlich geprägte Gebrauchszucht waren Kladruber jedenfalls nie.

In Kladrub ist man sich dieser Ehre durchaus bewusst und hält die Tradition in Ehren. Schimmel und Rappen entspringen farblich voneinander getrennten Zuchtstämmen. Die Schimmelherden sind im Nationalgestüt selbst untergebracht. Die

Rappen stehen in Slatian, einem Gestüt, das Kladrub untersteht und das auch das Zuchtbuch führt. Außerdem gibt es insgesamt rund 50 Privatzüchter.

In den letzten Jahren lag die Zahl der Kladruber bei circa 600 Tieren. Es gab dabei mehr Rappen als Schimmel. Die Schimmelzucht besteht aus acht Familien, die Rappzucht aus 15 Familien.

Kladruber sind Spätentwickler. Wird dies bei ihrer Ausbildung berücksichtigt, haben sie eine hohe Lebenserwartung und bleiben lange fit. Sie sind ideale Partner für Freunde der klassisch-barocken Reitkunst.

So zum Beispiel auch für Richard Hinrichs, einen wahren Meister der klassisch-barocken Reitkunst. Er hat seinen Kladruber-Hengst Favory Ravella bis zur Hohen Schule ausgebildet.

Knabstrupper

Knabstrupper sind echte Originale. Und das nicht nur aufgrund ihres gefleckten Fells. Vielmehr ist es ihr aufgewecktes Wesen, das seltsame Blüten treiben kann, wenn es unterfordert wird. Ohne eine Aufgabe fühlt sich ein Knabstrupper nicht wohl. Fordert man ihn hingegen, so entwickelt der barocke Däne Passion und Ehrgeiz. Dabei brilliert er als Sport- und Freizeitpferd. Vor der Kutsche gibt er sich nicht minder majestätisch als unter dem Sattel.

Die mit dem Frederiksborger verwandte Rasse gilt als überaus intelligent. Ein guter, einfühlsamer Ausbilder kann einen Knabstrupper problemlos bis zur Hohen Schule führen. Übertriebene Härte oder Inkonsequenz stoßen hingegen auf massiven Protest.

Während das Wesen des Knabstruppers wohl schon immer speziell gewesen sein soll, hat sich sein Exterieur verändert. Es lässt heute die Einheitlichkeit vermissen, die es einst durchaus aufwies. Der reingezogene Knabstrupper gilt als ausgestorben.

Die Tigerscheckfärbung ist inzwischen zum Hauptkriterium der Rasse geworden. Und diese findet sich bei Ponys, edlen Warm- und Vollbluttypen sowie beim Arbeitspferd.

Überzeugte Knabstrupper-Fans mit einer Affinität zur klassisch-barocken Reitkunst haben eine feste Vorstellung vom Idealtyp. Er sollte dem Pferd des bronzenen Reiterstandbildes Friedrichs V. auf dem Schlossplatz von Amalienborg in Kopenhagen gleichen. Das Kunstwerk zeigt das Abbild eines typischen Barockpferdes.

An ein Reiterstandbild aus vergangenen Zeiten sollen Knabstrupper erinnern. Es gibt aber auch einen Trend hin zum Sportpferdetyp, bei dem der barocke Überguss in den Hintergrund tritt.

Bei Fohlen kristallisiert sich die endgültige Fellfarbe erst langsam heraus.

Rassetypisch: Menschenauge und gestreifte Hufe

Die Fleckung des Fells ist Knabstrupper-Fans wichtig, es gibt aber auch waschechte Knabstrupper ohne diese Zeichnung. Manche sind einfarbig oder werden sogar rein weiß geboren. Trotzdem können diese Pferde die Tigerscheckung an ihre Nachzucht vererben. Die Farbmuster erinnern an die des Appaloosas. Braun-, Fuchs- und Rapptiger sind am häufigsten. Knabstrupper mit Flecken haben nicht nur „Menschenaugen", sondern auch gestreifte Hufe. Und damit nicht genug: Auch das sogenannte Kröten-maul ist bei ihnen oft zu sehen. Hierbei handelt es sich um rosafarbene Hautstellen, die durch eine schwache Hautpigmentierung zustande kommen.

So rassetypisch wie Menschenaugen und Tigerscheckung ist auch der raumgreifende Schritt des Knabstruppers. Die erhabenen Pferde bewegen sich energisch und tragen sich auf der Hinterhand, was besonders gut im Trab zu sehen ist. Die hohe und runde Aktion schafft beste Voraussetzungen für die Ausbildung zu Lektionen wie Passage und Piaffe.

Aber es muss nicht immer die Hohe Schule sein. Auch als Freizeitpferd machen Knabstrupper eine gute Figur.

▶ Tigerschecken

Name:	**Knabstrupper**
Ursprung:	Dänemark
Stockmaß:	circa 155–163 cm
Farben:	oft Braun-, Fuchs- und Rapptiger, aber auch einfarbige Pferde
Körper:	relativ langer Rücken, wenig ausgeprägter Widerrist, mäßig schräge Schulter, muskulöse, abschüssige Kruppe
Kopf:	trockener Ramskopf, eher klein
Hals:	lang, hoch aufgesetzt, getragen
Hufe:	bei gefleckter Fellfarbe sind auch sie gestreift

▶ Gut Knabstrupp

Das dänische Gut Knabstrupp gilt als Wiege der Knabstrupper-Zucht. 1776 gründete Christian Detlev Lunn dort eine Pferdezucht. Die Entstehung der Rasse Knabstrupper wird jedoch seinem Sohn Villars Lunn zugeschrieben. Interesse an Pferden mit ausgefallenen Farben hatte es aber auch schon in den Jahrhunderten davor gegeben. Und sicherlich bildete diese Faszination die Basis für die Tigerschecken, die später nach dem Traditionsgut Knabstrupp benannt werden sollten.

Lipizzaner

Die meist schneeweißen Lipizzaner, die von der Wiener Hofreitschule innerhalb von acht Jahren bis zur Hohen Schule ausgebildet werden, genießen Weltruhm. Wenn es um die klassische Reitkunst geht, macht den athletischen Schönheiten so schnell keine andere Rasse etwas vor. Die meisten Lipizzaner sind Schimmel, es gibt aber auch Braune und Rappen. Die Wiener Hofreitschule zeigt gerne eine „schwarze Perle" in ihren Schaubildern.

In Ungarn gibt es auch heute noch große Lipizzanerherden.

Als Prototyp des barocken Schulpferdes haben Lipizzaner längst die Herzen anspruchsvoller Reiter erobert. Ihre Gelehrigkeit und ihr Wille zu lernen, sind berühmt. Da auch Körperbau und Gangwerk geradezu perfekt auf die anspruchsvolle Hohe Schule ausgelegt sind, steht einer niveauvollen Ausbildung nichts im Wege.

Kenner behaupten, es gebe keine Lipizzaner mit unangenehmem Wesen. Gerade deshalb ist die traditionsreiche Rasse auch für Freizeitreiter überaus interessant.

Die spätreifen Schimmel sind umgänglich. In der Regel kommen auch Kinder und ängstliche Reiter problemlos mit ihnen zurecht. Ihre Gesundheit gilt als robust. Kein Wunder, schließlich stammen Lipizzaner ursprünglich aus einer Gebirgsregion.

Auch die Betreiber großer ungarischer Gestüte halten die Stuten und Fohlen draußen in großen Herden. Diese Haltungsform erhöht zwar den Putzaufwand, wirkt sich aber sicherlich positiv auf die Widerstandskraft der edlen Schimmel aus.

Ein tolles Gespann

Auch vor schönen Kutschen machen sich Lipizzaner hervorragend. Im Trab kommt ihre hohe Knieaktion ganz ausgezeichnet zur Geltung. Elegante Stuten, sogenannte Jucker, sind unter Freunden des Fahrsports besonders beliebt. Dabei sind Lipizzaner vor der Kutsche nicht nur wunderschön, sondern auch durchaus leistungsstark.

Der Name Lipizzaner geht übrigens auf das Stammgestüt Lipica zurück, das heute zu Slowenien gehört. Es wurde bereits 1580 in der Nähe von Triest gegründet. Die ersten Pferde waren Kreuzungen aus iberischen Rassen und Karstpferden. Die heutige Rassebezeichnung gibt es erst seit 1780.

▶ Stars der Wiener Hofreitschule

Name:	**Lipizzaner**
Ursprung:	Slowenien
Stockmaß:	circa 157–162 cm
Farben:	Schimmel, selten Rappen und Braune
Körper:	gedrungen, wenig ausgeprägter Widerrist, muskulöser Rücken, kräftig bemuskelte Kruppe
Kopf:	ausdrucksvoll, lang gestreckt, trocken, oft ramsnasig
Hals:	hoch aufgesetzt, stark, nicht sehr lang
Hufe:	klein, schmal, hart

Es wird noch einige Monate dauern, bis sich dieses Jungpferd als Schimmel entpuppt.

Es folgte eine wechselhafte Geschichte. Die optimal an die kargen Lebensbedingungen im Karstgebirge angepassten Pferde mussten 1915 während des Ersten Weltkrieges evakuiert werden. Nicht alle überstanden die Umstellung auf ein milderes Klima.

1920 entbrannte zwischen Italien und Österreich ein erbitterter Streit um den Lipizzaner-Bestand. Man teilte ihn, und der österreichische Teil zog in das heutige Bundesgestüt Piber. Von dort stammen die berühmten Hengste der Wiener Hofreitschule. Die Ausbilder nehmen sich übrigens acht ganze Jahre Zeit, um die wertvollen Pferde auszubilden. Die meisten sind erst ab dem zwölften Lebensjahr in den renommierten Schulquadrillen zu sehen.

Lipizzaner werden heute europaweit – auch privat – gezüchtet. Der Schwerpunkt liegt jedoch nach wie vor in den Staatsgestüten der Nachfolgestaaten der k.u.k.-Donau-Monarchie: Österreich, Slowakei, Kroatien, Ungarn und Rumänien.

Auch Freizeitreiter schwören vermehrt auf Lipizzaner, allerdings schrecken viele die verhältnismäßig hohen Kaufpreise ab. Wer sich jedoch einmal für einen Lipizzaner entschieden hat, ist in der Regel zeitlebens hellauf begeistert.

▶ Berühmte Väter

Die Lipizzaner-Zucht wäre heute nicht das, was sie ist, wenn es nicht sechs legendäre Stammväter gegeben hätte: Allen voran der 1765 geborene Spanier Pluto, der neapolitanische Rapphengst Conversano (1767), der spanisch-neapolitanische Falbe Favory (1819), der braune Neapolitano (1790), der Vollblutaraber-Schimmel Siglavy (1810) und Maestoso (1819) mit seiner neapolitanisch-spanischen Abstammung.

Gangpferde

Aegidienberger

Wenn zwei Welten in Harmonie miteinander verschmelzen, kann etwas Interessantes daraus entstehen. So zum Beispiel der Aegidienberger, eine Rasse, die alle Vorteile von Islandpferden und Paso Peruanos miteinander vereint. Anmut, Leichtigkeit und Energie zeichnen die Naturtölter aus. Mit ihnen ist für Gangpferdefreunde ein Traum in Erfüllung gegangen. Die leichttrittigen, taktklaren Tölter haben herrlich akzentuierte Bewegungen.

Die Idee, eine neue Gangpferderasse zu schaffen, entsprang den Köpfen zweier deutscher Islandpferde-Experten. Walter Feldmann und sein gleichnamiger Sohn reisten 1982 nach Peru, um sich eine Gangpferde-Meisterschaft anzusehen. Dort beobachteten sie Paso Peruanos, die Eigenschaften hatten, von denen Islandpferde vielleicht profitieren könnten. Ein höheres Stockmaß, eine große Kooperationsbereitschaft und Anmut sollte der Paso Peruano vererben. So weit die Vorstellung, die bald Realität werden sollte.

Von allem das Beste

Das Zuchtziel war von Anfang an klar definiert: Die Feldmanns wollten ein Gangpferd züchten, das die rasante Geschwindigkeit des Islandpferdes bewahrt, durch den Einfluss des Pasos aber einen besseren Tölt und ein vorteilhafteres Fundament aufweist. Außerdem hoffte man, die Neukreation würde besser mit hohen Temperaturen zurechtkommen, was Islandpferden mitunter schwerfällt. Das ist verständlich, schließlich stammen sie im Gegensatz zu Pasos aus einer kalten Region.

Die Robustheit, die die Isis auszeichnet, sollte natürlich erhalten bleiben, ebenso ihre Leichttrittigkeit. Aber größer als die kräftigen Islandpferde sollte die neue Rasse schon sein.

Das Feldmann-Projekt, das in Aegidienberg bei Köln seinen Anfang genommen hatte, scheint geglückt. Das belegt auch die offizielle Anerkennung der Rasse Aegidienberger durch das Rheinische Pferdestammbuch und zahlreiche Zuchtverbände. Sogar das Ministerium für Umwelt, Raumordnung und Landwirtschaft erkannte den Aegidienberger als eigenständige Rasse an. Seit 2004 dürfen unter bestimmten Bedingungen auch andere töltende Rassen eingekreuzt werden.

▶ Eine neue Rasse entsteht

Um ihr Ziel zu erreichen, verpaarten die Feldmanns ihren Paso Peruano-Hengst El Paso mit Islandstuten. Die Nachzucht (F1-Generation), größere elegante Naturtölter, wurden mit Islandpferden rückgekreuzt. Und das daraus entstandene Pferd (R1-Generation) wiederum mit der F1-Generation angepaart. Schließlich entstanden innerhalb von drei Generationen Pferde, die zu 5/8 isländisches und zu 3/8 peruanisches Blut führten. Nun war es möglich, den neuen Rassetyp ohne Fremdblut weiterzuzüchten. Alle weiteren Anpaarungen erfolgten handverlesen, innerhalb des neuen Bestandes.

▶ Zwei Welten vereint

Name:	**Aegidienberger**
Ursprung:	Deutschland
Stockmaß:	145–155 cm
Farben:	alle
Körper:	harmonisches, stabiles Gebäude und Fundament
Kopf:	hübsch, trocken, kantig
Hals:	relativ kurz, stark
Hufe:	gut geformt

Gehfreudig

Die neue Rasse hat einiges zu bieten: Robustheit und Vielseitigkeit zum Beispiel. Aegidienberger sind ausgezeichnete Freizeitpferde mit allen Voraussetzungen für schöne Wander- und Distanzritte. Auch als Showpferde machen die leichttrittigen und äußerst gehfreudigen Naturtölter eine Menge her.

Tempo machen kann die neue Gangpferderasse „made in Germany".

Dieser Aegidienberger-Rappe verkörpert optimal das Zuchtziel.

Die Deutschen mit den südamerikanischen und isländischen Vorfahren sind lebhaft und voller Energie. Durch ihre Intelligenz und ihre Leistungsbereitschaft sind die schwungvollen Tölter ideale Partner von anspruchsvollen Freizeitreitern. Zumindest für die, die bequeme und zugleich rasante Gangarten schätzen.

Die Zucht konzentriert sich nach wie vor auf das von Walter Feldmann junior geführte Gangpferdezentrum Aegidienberg in Deutschland.

Aber auch in vielen weiteren Reitställen stehen Aegidienberger, die Freizeitreiter mit einem Hang für das Ungewöhnliche längst überzeugt haben. Eine Rasse mit Zukunftspotenzial!

Islandpferd

Eisige Kälte und schneidender Wind können ihnen nichts anhaben: Islandpferde sind inmitten bizarrer Eisland-schaften zu Hause. Entsprechend üppig ist das Haarkleid der gangstarken Ponys. Aber es ist sicherlich nicht nur der plüschige Teddy-Look, der Islandpferde auf dem Kontinent so beliebt gemacht hat. Die robusten Ponys verwöhnen ihre Reiter auch mit bequemen Gängen und einem umgäng-lichen Temperament.

Kein Tropfen wird vergossen, wenn ein Islandpferde-Reiter auf seinem Pony dahin-töltet und ein Glas Wasser in der Hand hält. So erschütterungsfrei ist der Tölt, der aller-dings nicht allen Isis in die Wiege gelegt wird. Auch der rasante Rennpass muss von vielen Ponys erst erlernt werden. Aber die Veranlagung zum Fünfgänger haben in der Tat viele der aus Island stammenden Freizeit-partner. Manche sind sogenannte Naturtölter. Sie müssen den Tölt nicht erlernen. Er wird bei der Ausbildung dann nur verfeinert.

Robust

Abgesehen von rückenfreundlichen Gang-arten haben Isis viele weitere Qualitäten zu bieten. Zum Beispiel ihre Robustheit. Die kräftigen, kleinen Pferde fühlen sich im Offenstall am wohlsten. Hierzu gehören auch Artgenossen – am liebsten andere Isländer.

Schlechtes Wetter stört die Ponys kaum. Selbst bei strömendem Regen stehen sie mit dem Schweif gegen den Wind draußen und trotzen der Witterung. Im Winter lassen sie sich gerne einschneien, schließlich wird es unter einer dichten Schneeschicht mollig warm. Trotz aller Robustheit gehört aber auch bei Islandpferden ein zugfreier Unterstand zur artgerechten Offenstallhaltung. Den nut-zen sie dann vermutlich, um sich vor der Mit-tagssonne zu schützen.

Ob Tölt oder Rennpass – hierfür sind Isis genau die richtigen Spezialisten.

In Robusthaltung fühlen sich die wuscheligen Zeitgenossen pudelwohl.

Genügsam

Auch was das Nahrungsangebot angeht, erweisen sich Isis als genügsam. Mit hochwertigem Raufutter und regelmäßigem Weidegang kommen sie durchaus gut über die Runden. Kraftfutter wird vor allem bei hohen Leistungsanforderungen, wie sie zum Beispiel der Turniersport mit sich bringt, gegeben.

Bei artgerechter Haltung werden Islandponys sehr alt. 30 Jahre und mehr sind keine Seltenheit. Gesundheitliche Probleme gibt es – abgesehen von einer erhöhten Ekzemneigung – nicht. Erkrankungen wie Spat sind in den meisten Fällen eher mangelhaften Trainingsmethoden zuzuschreiben. Hufrehe entsteht durch übermäßigen Weidegang auf Wiesen mit Hochleistungsgras, was die leichtfuttrige Rasse nicht gut verträgt.

Gewichtsträger

Obwohl Islandpferde nicht groß und deshalb eigentlich Ponys sind, ist ihre Tragkraft durchaus mit der größerer Pferde zu vergleichen. Auch Erwachsene können die kräftigen Nordlichter problemlos reiten, ohne ein schlechtes Gewissen haben zu müssen.

In Island waren die vielseitigen Ponys lange Zeit die einzigen Verkehrsmittel. Jeder bewegte sich mit ihnen fort und alle Lasten – bis hin zu Särgen – wurden von den stabilen Vierbeinern transportiert.

Wikinger Ponys

Die Tragkraft des Islandpferdes schätzten schon die Wikinger, die ihre Pferde aus Norwegen mit nach Island brachten. Es handelte sich um Germanen- und Kelten-Ponys, die auf Kreuzzügen erbeutet worden waren. Aus diesen Kreuzungen entstand in Island eine Reinzucht, deren Früchte heute Freizeit- und Turnierreiter in aller Welt genießen können.

▶ Keck, klein und kräftig

Name:	Islandpferd
Ursprung:	Island
Stockmaß:	128–143 cm
Farben:	alle, außer Tigerschecken
Körper:	untersetzt; kurzer, starker Rücken
Kopf:	klein, recht edel
Hals:	stark, oft tief angesetzt
Hufe:	sehr gut geformt, extrem hart

Paso Fino und Paso Peruano

Die spanischen Konquistadoren haben viel Leid über Südamerika gebracht. Sie rotteten ganze Stämme von Einheimischen aus und machten deren Kulturen dem Erdboden gleich. Mit ihren Pferden schufen sie aber die Grundlage für die Paso-Zucht. Paso Fino und Paso Peruano sind zwei Gangpferde-Rassen, die heute bei Freizeitreitern sehr beliebt sind. Kein Wunder, denn ihre Gänge sind herrlich bequem. Ihr Markenzeichen? Brio – das gehorsame Feuer.

Wer ein bequemes Freizeitpferd sucht, das größer als ein Islandpferd ist, könnte bei den südamerikanischen Rassen Paso Fino oder Paso Peruano möglicherweise fündig werden. Spanische Pferde bildeten in der Vergangenheit die Basis dieser gangstarken Vierbeiner. Von ihnen dürften die bildschönen Südamerikaner ihr Temperament geerbt haben. Allerdings ist es ein gut steuerbares Temperament, was viel hermacht, aber keinen Hasardeur erfordert, um damit fertig zu werden. Diese Eigenschaft wird von Paso-Liebhabern sehr geschätzt und unter Kennern Brio genannt.

Gangpferde-Papst Walter Feldmann auf einem Paso Peruano

Die Töltmeister

Name:	**Paso Peruano, Paso Fino**
Ursprung:	Paso Peruano in Peru, Paso Fino in der Dominikanischen Republik, Puerto Rico, Kolumbien
Stockmaß:	durchschnittlich 155 cm
Farben:	alle (beim Paso Peruano keine Albinos und Schecken)
Körper:	lange, schräge Schulter; kurzer Rücken
Kopf:	mittelgroß, gerade oder leicht ramsnasig
Hals:	hoch aufgerichtet, kräftig
Hufe:	klein

Pasos sind ausgesprochen bequem zu sitzen und deshalb bestens für längere Geländeritte geeignet.

Gangstark

Ein kontrollierbares Temperament ist wichtig, wenn Schritt, Trab und Galopp eindrucksvoll präsentiert werden sollen. Und genau das beweisen Pasos, wenn sie außer Schritt noch Paso Fino, außer Trab noch Paso Corto und außer Galopp noch Paso Largo zeigen. Der gleichmäßige Viertakt wird als Paso Llano bezeichnet. Schon kleine Fohlen zeigen ihn in den ersten Lebenstagen ganz von selbst. Auch der Termino ist für Paso Peruanos rassetyisch: Ihre Vorhand schwingt aus der Schulter heraus markant zur Seite, bevor sie sich nach vorne bewegt.

Fino Strip

Ein klares, taktreines Gangwerk wird bei Pasos hoch geschätzt. Bei Gangpferde-Wettbewerben präsentieren sich die edlen Pferde auf dem sogenannten Fino Strip, einer mit Holzboden ausgelegten Bahn. Die anwesenden Richter nehmen die Pferde nicht nur in Augenschein, sondern sie schließen ihre Augen sogar, um die Taktreinheit des Gangwerks akustisch zu überprüfen. Nur wer ihr feines Gehör überzeugt, hat eine Chance auf den Sieg.

Rittig

Dank ihrer verschiedenen Töltvarianten haben sich Pasos zum beliebten Freizeitpferd entwickelt. Eine sehr strenge Zuchtauswahl hat ihre Rittigkeit perfektioniert. Man muss kein starker Reiter sein, um mit ihnen zurechtzukommen. Einfühlungsvermögen und feine Hilfen sind die besten Voraussetzungen, um an einem Paso Freude zu haben.

Wenn Pasos auf der Weide stehen, wirken sie eher unscheinbar. Das ändert sich, sobald sie unter dem Sattel zu sehen sind. Dann entfalten sie ihr atemberaubendes Potenzial und ihre ganze Schönheit.

Zwei Zuchten

Obwohl sowohl Paso Peruanos als auch Paso Finos auf die iberischen Pferde der spanischen Konquistadoren zurückgehen, sind sie in zwei verschiedenen Zuchtgebieten beheimatet: Paso Peruanos stammen aus Peru, Paso Finos kommen aus der Dominikanischen Republik, Puerto Rico und Kolumbien.
In der Größe unterscheiden sich beide kaum. Sie haben ein durchschnittliches Stockmaß von 155 Zentimetern. Eine kompakte Größe für Reiter, die gerne Kleinpferde mit viel Gangvermögen unter dem Sattel haben.

Saddlebred

Wenn es um Show und Selbstdarstellung geht, haben American Saddlebreds die Nase vorne. Sie zeigen eine spektakuläre Knieaktion. Ihr ausdrucksvolles Gangwerk hat sie zu den berühmtesten Showpferden der USA gemacht. Was in Europa von manchen als übertriebene Inszenierung abgetan wird, lässt in den USA fast jedes Wochenende Saddlebred-Liebhaber zusammenkommen, um die gangstarken Pferde in Aktion zu erleben.

American Saddlebreds sind heute auch als American Saddle Horses bekannt. Früher war die Bezeichnung Kentucky Saddler populär. Ursprünglich war das Zuchtziel ein vielseitiger Allrounder. Inzwischen konzentriert man sich ganz klar auf Show-Qualitäten. Brillanz und spektakuläre Gänge sind gefragt. Diese werden durch extrem lange Hufe zusätzlich forciert.

Der hoch getragene Kopf ist rassetypisch und vermittelt rein optisch den Eindruck von Arroganz. Das sieht natürlich nur so aus, denn diese Wesenseigenschaft ist dem Menschen vorbehalten. Erwünscht ist dieser Eindruck aber allemal.

Muss das sein?

Wenn es um Erfolge geht, vermag der menschliche Ehrgeiz seltsame Blüten zu treiben. Da wird auch vor operativen Eingriffen nicht zurückgeschreckt, um das Pferd besser in Szene zu setzen.

In den USA ist es normal, dass Showpferden die an der Unterseite der Schweifrübe befindlichen Muskeln durchtrennt werden, damit sich die Aufrichtung des Schweifes erhöht. Um dies zu erhalten, schnallen die Besitzer ihren Pferden Manschetten um die Schweifrübe. Diese verhindern das erneute Zusammenwachsen der Muskelfasern. Bei uns ist das zum Glück verboten.

Ursprung

Es war ein langer Weg, bis American Saddlebreds dort ankamen, wo sie heute sind. Die Rasse entstand auf der Basis importierter Reit- und Fahrpferde. Siedler hatten sie mit nach Amerika gebracht. Später

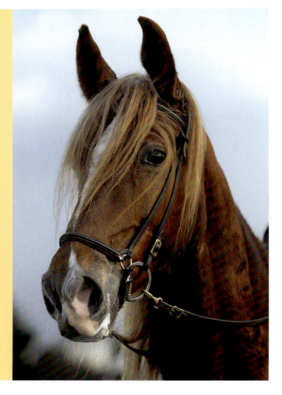

Dieses Auge verrät, dass Saddler ein freundliches Wesen haben.

Das extreme Gangwerk des American Saddlebred empfinden viele Pferdefreunde als gewöhnungsbedürftig.

▶ Südstaaten-Traum

American Saddlebreds waren seit jeher ein Südstaaten-Phänomen. In Kentucky und Virginia konzentrierte sich von Anfang an das Zuchtgeschehen. Man schätzte Pferde mit bequemen Gängen, die keinerlei Erschütterungen des Reiters verursachen. Auch auf Ausdauer wurde bei der strengen Zuchtauslese geachtet. Hierdurch entstanden nicht nur elegante Reit-, sondern auch hervorragende Fahrpferde.

Keine Übertreibungen

Heute konzentriert sich die Zucht fast ausschließlich auf Showzwecke – zumindest in den USA. Aber auch in Europa haben etliche Pferdefreunde ihre Leidenschaft für American Saddlebreds entdeckt – und gleichzeitig auch die Qualitäten, die Saddler zu guten Freizeitpferden machen.

Saddler haben meist ein umgängliches, freundliches Wesen und lassen sich gut ausbilden. Im Gelände verwöhnen sie ihren Reiter mit bequemen Gängen und sehen dabei auch noch sehr schick aus. Und das auch ohne künstlich herbeigeführte optische Merkmale. Das außergewöhnliche Gangpotenzial entfaltet sich auch hervorragend vor der Kutsche.

▶ Tolle Knieaktion

Name:	American Saddlebred, Saddler
Ursprung:	USA
Stockmaß:	151 – 163 cm
Farben:	überwiegend Füchse und Braune
Körper:	steile Schulter, kräftiger Rücken, kurze Kruppe
Kopf:	mittelgroß, trocken
Hals:	extrem hoch aufgesetzt
Hufe:	gute Qualität

wurden auch englische Pferde mit vielseitigen Fähigkeiten in die Zucht eingebracht. Hobbys und Galloways sollen dabei gewesen sein. Mit ihnen wurde die erste Grundlage für das ausdrucksvolle Gangwerk der American Saddler geschaffen.

Auch Narragansett Pacer und andere Fünfgänger hinterließen ihre Spuren in der Saddlebred-Zucht, alles Rassen mit extrem hoher Knieaktion. Sie förderten den 4-Takt-Tölt, den Slow Gait und den Rack.

Der Narragansett Pacer-Hengst Tom Hale (geb. 1810) war einer der bedeutendsten Vererber. Englische Vollblüter und Morgan Horses veredelten die Rasse dann zusätzlich. Gaines Denmark (geb. 1851), ein Englischer Vollblut-Hengst, prägte dabei eine der wichtigsten Saddlebred-Blutlinien.

Töltender Traber

Eigentlich sind sie Traber, aber viel zu schade, um sie nur vor den Sulky zu spannen. Töltende Traber haben dank ihrer American Standardbred-Abstammung hervorragende Gangpferde-Qualitäten. Um als Reitpferd zu brillieren, bedürfen die bis 170 Zentimeter Stockmaß großen Traber einer speziellen Ausbildung. Seit einigen Jahren haben Töltende Traber einen ständig wachsenden Fankreis bei Freizeitreitern. Sie gelten als nervenstark und problemlos im Umgang.

Üblicherweise werden Traber für den Rennsport gezüchtet. Das ist auch bei Töltenden Trabern so. Allerdings handelt es sich hierbei um Pferde, die sich aus verschiedenen Gründen nicht für ein Leben auf der Rennbahn eignen. Nein, sie sind kein Ausschuss, sondern zeigen im Trab vielleicht eine auffallende laterale Verschiebung in Richtung Pass und Tölt oder neigen zum Galoppieren. Manchmal fehlt ihnen auch einfach der Ehrgeiz, als Erster durchs Ziel zu traben. All das sind für Renntrainer Gründe, solche Pferde aus dem Sport zu nehmen.

Das bedeutet aber nicht, dass Freizeitreiter nicht von ihnen profitieren können. Im Gegenteil: Töltende Traber haben viele Qualitäten, die sie durchaus zu guten Reitpferden machen.

Uneinheitlich

Da in der Traberzucht nur die Leistung zählt, kommt es zu einem recht abwechslungsreichen Erscheinungsbild der Pferde. Viele stehen im Vollbluttyp, andere erinnern – wenn sie stehen – an Berber oder Andalusier. Sobald sie sich bewegen, ist jedoch klar, dass es sich um Töltende Traber handelt. Ihr Bewegungsablauf ist völlig anders als der nicht-töltender Pferde.

Nicht alle Traber können tölten. Viele lassen sich von einem erfahrenen Ausbilder jedoch problemlos eintölten. Andere bieten den Tölt ganz von selbst an. Man nennt solche Pferde Naturtölter.

Auch im kräftigeren Stocktyp stehende Traber erfreuen sich großer Beliebtheit. Sie sind kleiner, stehen im Warmbluttyp und haben oft wunderschöne Mähnen und Schweife – manchmal auch einen Kötenbehang.

▶ Zu schade für den Sulky

Name:	**Töltender Traber**
Ursprung:	Deutschland
Stockmaß:	145–170 cm
Farben:	meistens Braune oder Schwarzbraune, seltener Füchse oder Schimmel
Körper:	meistens im Vollbluttyp stehend, aber auch Warmbluttypen
Kopf:	meistens im Vollbluttyp stehend, aber auch Warmbluttypen
Hals:	meistens im Vollbluttyp stehend, aber auch Warmbluttypen
Hufe:	dünnere Hufsohle als Ponyrassen

Töltende Traber sehen recht uneinheitlich aus. Kräftigere Traber sind zurzeit beliebter als zierliche Rassevertreter.

Haltung

Eine über 150 Jahre währende Leistungszucht hat aus Trabern äußerst harte und gesunde Pferde gemacht. Trotzdem können hin und wieder gesundheitliche Probleme auftreten, wenn Traber von der Rennbahn kommen und dort zu früh oder über ihr Leistungsvermögen hinaus trainiert wurden. Das muss nicht unbedingt sein, kommt aber immer wieder vor.

Werden Traber pferdegerecht aufgezogen und ausgebildet, erreichen sie oft ein sehr hohes Alter von bis zu 30 Jahren. Sie bleiben lange leistungsbereit und temperamentvoll. Ihre Herz- und Lungenleistung ist enorm. Aufgrund ihrer robusten Gesundheit fühlen sich Traber auch in gepflegten Offenställen wohl.

Günstig

Traber, die auf der Rennbahn keine Zukunft haben, werden oft relativ preisgünstig abgegeben. Das sollte jedoch nicht darüber hinwegtäuschen, dass die Haltung dieser Pferde ebenso kostspielig ist wie die anderer Rassen. Es ist nicht damit getan, den Kaufpreis für ein Pferd aufzubringen. Unterbringung, Tierarzt, Hufschmied und die Ausbildung des Trabers haben ihren Preis. Deshalb sollte man sich nicht verführen lassen.

Inzwischen gibt es auch Trainingsställe, die sich auf die Zucht und Ausbildung Töltender Traber spezialisiert haben. Freizeitreiter, die noch keine Erfahrung mit dieser im Rheinischen Pferdestammbuch registrierten Rasse haben, sind sicherlich gut beraten, sich an solche Experten zu wenden.

Amerikanische Rassen

Appaloosa

Jeder Appaloosa ist einzigartig. Das grenzt an ein Kunststück. Schließlich gibt es weltweit rund 670 000 bunte Allrounder. Und tatsächlich sieht jeder einzelne anders aus. Somit führt die Farbvielfalt die wichtigsten Merkmale des Appaloosas an. Gleich gefolgt von der sogenannten Mottled Skin: gefleckte Hautpartien, die überall dort zu sehen sind, wo wenig Fell wächst. Auch eine weiß umrandete Augeniris und vertikal gestreifte Hufe sind typisch Appaloosa.

Das überschäumende Temperament trügt: „Appis" gelten als ausgeglichen und umgänglich.

ein Fehler, die Unerschütterlichkeit des Appaloosas mit mangelndem Temperament gleichzusetzen. Das haben die ausgefallen gezeichneten Pferde durchaus. Sie sind jedoch bemüht, alles richtig zu machen und werden ihren Reiter nicht mit unerwarteten Kapriolen in Angst und Schrecken versetzen.

Stattdessen überzeugen die Pferde mit den Menschenaugen durch Aufmerksamkeit und einen eifrigen Lernwillen. Bei richtiger Anleitung begreifen sie schnell, worauf es bei Westerndisziplinen, klassischer Dressur oder auch beim Springen ankommt. Auch an Zirkuslektionen haben „Appis" meistens sehr großen Spaß.

Appaloosas erleben seit vielen Jahren einen regelrechten Boom. Viele Freizeit- und auch Turnierreiter haben erkannt, dass die robusten, harmonisch gebauten Amerikaner für alles zu haben sind. Ihre Nervenstärke ist legendär. Ihre Trittsicherheit ebenfalls. Beste Voraussetzungen also, um im Turniergetümmel Ruhe und beim Wanderritt Balance zu bewahren.

Nerven wie Drahtseile

Ausgeglichenheit und Menschenbezogenheit werden den Appaloosas nachgesagt. Das kann jeder bestätigen, der diese Pferde einmal hautnah erleben durfte. Allerdings ist es

Die intelligenten Unikate machen vieles mit.

Nez Percé-Indianer

Vielseitig und hart im Nehmen war die bunte Rasse schon immer. Auch damals, als sie die Nez Percé-Indianer auf einem tragischen Treck begleitete.

Der Name Nez Percé kommt aus dem Französischen und bedeutet so viel wie „durchbohrte Nase". Diesen Namen hatten französische Einwanderer am Anfang des 18. Jahrhunderts dem Nasenschmuck tragenden Indianerstamm gegeben, der bunte Pferde für Kriegsdienste, für die Büffeljagd und als Lastentiere züchtete.

Die Nez Percé gelten als erste Indianer überhaupt, die selektive und zielgerichtete Pferdezucht betrieben. Sie lebten entlang des Palouse Rivers, der schließlich zur Rassebezeichnung Appaloosa beitrug.

1877 wurden die Nez Percé und ihre Pferde durch General Howard aus ihrer Heimat vertrieben. Auf dem unmenschlichen Weg ins Reservat starben viele Stammesmitglieder und insgesamt rund 900 Pferde. Es kam zum Krieg zwischen Indianern und Weißen. Die Nez Percé hatten gegen die weiße Übermacht nichts auszurichten und flohen mit ihren bunten Pferden über 2 500 Kilometer weit Richtung Kanada. Kurz vor der Grenze ergriff sie die Armee und beschlagnahmte alle Appaloosas. Viele Amerikaner hatten den menschenunwürdigen Treck aufmerksam verfolgt. Dementsprechend groß war das Interesse an den robusten Pferden.

▶ Bunte Allrounder

Name:	**Appaloosa**
Ursprung:	USA
Stockmaß:	142–165 cm
Farben:	13 Grundfarben (Bay, Dark Bay oder Brown, Black, White, Buckskin, Chestnut, Dun, Gray, Grulla, Palomino, Red Roan, Blue Roan) mit sechs Coat Pattern (Blanket, Spots, Roan, Roan Blanket, Roan Blanket with Spots, Solid)
Körper:	harmonisch; schräge, bemuskelte Schulter; kurzer, kräftiger Rücken
Kopf:	klein, zum Pferd passend
Hals:	mittellang
Hufe:	vertikal gestreift

Gerettet

Die Armee versteigerte die Pferde und erzielte Höchstpreise. Der Rasse kam das nicht zugute. Die Pferde wurden in alle Winde zerstreut und willkürlich verpaart.

Dank des Engagements einiger weniger Züchter starb die Rasse aber nicht aus, sondern stand bald wieder auf – wenn auch recht wackeligen – Beinen. Dass Appaloosas einmal zu einer der am stärksten vertretenen Rassen überhaupt gehören würden, hat damals vermutlich niemand geahnt.

Eine relativ neue Kreation sind Arappaloosas, eine Kreuzung aus Vollblutarabern und Appaloosas.

Curly Horse

Ihre Mähnen erinnern an Dreadlocks und ihr Fell an das eines Pudels. Außergewöhnlich für Pferde, und doch gibt es eine Rasse, die gelockt durchs Leben galoppiert. Curly Horses ziehen nicht nur aufgrund ihrer Optik Interesse auf sich: Sie sollen sogar für Pferdehaar-Allergiker geeignet sein. Außerdem glänzen die gelockten Schönheiten in vielen Sparten der Reiterei. Doch die aus den USA stammenden Curlys sind selten, man sieht sie nicht oft.

Im Sommer sind die Locken nicht so stark ausgeprägt wie im Winter.

Zugegeben, Curly Hoses sind außergewöhnlich. Das ist im Winter schon von weitem zu sehen. In der kalten Jahreszeit treiben die Locken der amerikanischen Rasse besonders wilde Blüten. Aber auch das kurze Sommerfell ist gewellt. Feuchtigkeit – sei es Schweiß oder Regen – bringt den perfekten Wuschel-Look. Mähne und Schweif geben sich unabhängig von der Jahrszeit extravagant. Die Ausprägung der Lockenpracht ist hier jedoch ganz individuell: Manche Curlys haben einen extrem gelockten Behang, andere eher dezente Wellen. Und sogar ihre Wimpern sind gewellt.

Zuverlässige Partner

Man muss kein Allergiker sein, um sich für ein Curly Horse zu entscheiden. Denn die Rasse hat viele Eigenschaften, die sie sowohl für Freizeitreiter als auch für den Turniersport prädestiniert. Die menschenbezogenen Pferde werden in ihrer Heimat Nordamerika zur Rancharbeit eingesetzt. Man sieht sie sowohl bei Westernturnieren als auch in klassischen Disziplinen wie Dressur und Springen. Auch als Therapiepferde eignen sich Curlys. Sie lieben die Nähe zu Menschen und stellen sich schnell auf sie ein. Im Gelände machen sie auch eine gute Figur. Sie arbeiten sich trittsicher durch alle Bodenverhältnisse und sind zuverlässige Partner beim Wanderritt.

▶ Lockenschöpfe

Name:	Curly Horse
Ursprung:	USA
Stockmaß:	140–160 Zentimeter
Farben:	alle
Körper:	harmonisch proportioniert
Kopf:	viele unterschiedliche Typen
Hals:	viele unterschiedliche Ausprägungen
Hufe:	gute Hornqualität

Curly Horses gibt es in vielen wunderschönen Farben.

Extrem robust

Im Gelände kommt Curlys ihre Robustheit zugute. Und für die ist die Rasse seit über 100 Jahren bekannt. Das behauptete zumindest ein Farmer aus dem US-Bundesstaat Nevada, der in einer Mustang-Herde Curlys aufspürte. Er fing sie ein, ritt sie zu und arbeitete mit ihnen. Dann kam ein eisiger Winter. Viele der Pferde des Farmers starben. Alle Curlys überlebten. Nach diesem Erlebnis beschloss der Amerikaner, nur noch gelockte Pferde zu züchten. Sie waren offensichtlich robuster und anspruchsloser als die anderen.

Später erfolgten Einkreuzungen mit einem Morgan Horse und einem Araber. Dann kamen Quarter Horses und Missouri Foxtrotter hinzu. Hierbei entstanden unterschiedliche Curly-Typen. Bis heute lässt die Rasse – abgesehen von ihrem gelockten Fell – Einheitlichkeit vermissen. Wobei nicht einmal alle Curlys Locken zeigen: Manche vererben dieses Merkmal nur.

▶ Für Allergiker geeignet

Die Optik ist das eine, die unterdrückten Allergene das andere Merkmal der Curlys. Es gibt Pferdehaar-Allergiker, die beim Umgang mit einem gelockten Pferd keine Probleme haben. Der Grund hierfür wurde bereits wissenschaftlich untersucht: Man fand heraus, dass die Hautzellen der Curlys andere Proteinmuster aufweisen. Außerdem bilden die Lockenschöpfe vermehrt Talg, das bindet Allergene. In der Regel sind es nicht die Haare eines Pferdes, die für tränende Augen und laufende Nasen sorgen, sondern die Hautschuppen. Und gerade die haben es bei dicht gelocktem Fell besonders schwer. Sie gelangen nicht an die Luft und können folglich auch nicht vom Allergiker eingeatmet werden. Ob dieser sein Pferd putzen kann, hängt von der Intensität der Beschwerden ab.

Morgan Horse

Morgan Horses sind überaus elegante Erscheinungen. Das liegt an ihrer hohen Aufrichtung und der Leichtfüßigkeit, mit der sie über den Boden schweben. Kein Wunder, dass die amerikanische Rasse gerne im anspruchsvollen Show-Bereich eingesetzt wird. Kaum ein Pferde-Liebhaber kann sich dem Charme der spritzigen und dabei sanftmütigen Pferde entziehen. Nicht minder faszinierend ist ihre Geschichte: Morgan Horses gibt es seit über 200 Jahren.

Dr. Nathalie Penquitt und ihre Morgan Horse-Stute Amber beherrschen viele Zirkuslektionen.

Einfach funktionieren? Das ist für ein Morgan Horse undenkbar. Die intelligenten Spätentwickler bedürfen eines erfahrenen, einfühlsamen Ausbilders. Wer versucht, sich mit Druck und Zwang bei ihnen durchzusetzen, erleidet Schiffbruch. Groben Umgangsformen begegnen Morgan Horses mit Nervosität und Verunsicherung. Wer sie mit liebevoller Konsequenz und Kompetenz ausbildet, darf sich hingegen über einen zuverlässigen Freizeitpartner freuen. Und das unter dem Sattel und auch vor der Kutsche.

Stimmt die Chemie zwischen Pferd und Mensch, entfalten Morgan Horses einen enormen Leistungswillen. Sie lernen gerne und schnell. Was sie einmal verstanden haben, wird nie wieder vergessen. Abwechslung und anspruchsvolle Beschäftigung sind ganz wichtig für die traditionsreiche Rasse.

Stammvater Figure

Eine über 200-jährige Geschichte prägt den Weg des Morgan Horses. Alles begann 1789, als Figure, der Stammvater der Rasse, geboren wurde. Der braune Hengst mit schwarzem Behang begeisterte alle mit seiner hohen Aufrichtung. Auch seine ausdrucksstarken Augen faszinierten. Hinzu kam sein hervorragendes Exterieur und die Verschmelzung von Temperament und Sanftheit – Eigenschaften, die Figure zuverlässig an seine Nachzucht vererbte.

Figure war nur 140 Zentimeter groß. Dennoch rückte er mit Feuereifer schwere Baumstämme und stellte damit die gesamte kaltblütige Konkurrenz in den Schatten. Sein Besitzer, der Lehrer Justin Morgan, verstand es, seinen Hengst zu vermarkten. So wurde auch die Rasse nach ihm benannt.

Figure beschloss seine Karriere als Paradepferd und gefragter Deckhengst. Er legte den Grundstein für eine Pferdeära, die Mitte des 19. Jahrhunderts die amerikanische Trab- und Galoppszene beherrschte. Gleichzeitig erkannte die Armee, dass Morgan Horses hervorragende Kavalleriepferde abgeben.

Veredler

Von diesen herausragenden Qualitäten wollten sich auch andere ein Scheibchen abschneiden.

So halfen Morgan Horses bei der Veredlung verschiedener Rassen wie zum Beispiel Quarter Horses, Saddlebreds und Tennessee Walkers. Sie vererbten nicht nur Schönheit und ein umgängliches Wesen, sondern auch

▶ Stolze Eleganz

Name:	Morgan Horse
Ursprung:	USA
Stockmaß:	145–160 cm
Farben:	meistens Braune, Rappen und Füchse, aber auch Palominos und andere, keine Schecken
Körper:	ausgeprägter Widerrist, breite Brust, kurzer, muskulöser Rücken
Kopf:	edel, trocken, breite Stirn
Hals:	hoch aufgerichtet
Hufe:	kräftig, rund

harte Hufe, stabile Gelenke und ein gutes Fundament.

In den USA unterscheidet man heute unterschiedliche Morgan Horse-Blutlinien: Bei den sogenannten Park Horses steht eine hohe Knieaktion im Vordergrund. Viele Sportpferde gehen hingegen auf die Zuchtlinie der Government Farm zurück. Für Freizeitreiter sind Morgan Horses im Sportpferdetyp die klügere Wahl. Eine hohe Knieaktion würde zu Lasten des Leistungsvermögens gehen.

▶ Staatliche Förderung

Der Name Government Farm kommt nicht von ungefähr. In der Tat förderte die US-Regierung ganz offiziell die Morgan Horse-Zucht. Allerdings nur bis 1950 – dann versiegten die Förderungsgelder. Die Universität von Vermont und Privatzüchter übernahmen schließlich die Aufgabe der Zuchtförderung. In Vermont wird das Zuchtbuch geführt und dort gibt es auch ein interessantes Rassemuseum.

Auch in ihrer eigenen Freizeit setzt Nathalie Penquitt auf Morgan Horses.

Paint Horse

Paint Horses sind vor allem bei den Freunden der Western-disziplinen beliebt. Aber auch englisch versierte Reiter satteln mitunter gerne bunte Pferde. Warum auch nicht? Die gescheckten Quarter Horses – denn nichts anderes sind Paint Horses – eignen sich ganz hervorragend zum Freizeitreiten. Natürlich bringen sie alle Voraussetzungen eines vielseitigen Westernpferdes mit. Sie können sich aber auch für Geländeritte und Dressur begeistern.

▶ Quadratisch, praktisch, bunt

Name:	**Paint Horse**
Ursprung:	USA
Stockmaß:	145–165 cm
Farben:	gescheckt
Körper:	schräge, muskulöse Schulter; gut ausge-prägter Widerrist, kurzer Rücken
Kopf:	klein, keilförmig
Hals:	lang, schlank, gut angesetzt
Hufe:	fest

Quarter Horses gehören nicht umsonst zu den beliebtesten Pferderassen weltweit. Das liegt an ihrer hohen Rittigkeit, ihrem gutmütigen Wesen und ihrer Wendigkeit.

All das lässt sich auch auf das Paint Horse übertragen. Inklusive dem enormen Speed, den die amerikanischen Arbeitspferde auf kurzen Strecken entwickeln können. Die ge-scheckte Variante des Quarter Horses hat deshalb auch viele Freunde. Sehr viele sogar: Die American Paint Horse Association (APHA) gehört zu den am schnellsten wach-senden Pferdeverbänden überhaupt.

Inzwischen ist die Paint Horse-Zucht die zweitgrößte Pferdezucht Nordamerikas – nach dem Quarter Horse.

Weißanteil entscheidet

Somit bleibt der Erfolg in der Familie. Denn schließlich haben viele Paint Horses mindestens ein Elternteil mit Quarter Horse-Papieren. Bei einigen sind auch beide Eltern Quarter Horses. Es ist ganz einfach: Sobald ein Quarter-Fohlen mehr Weißanteil hat als es der Standard zulässt, kann es nicht als Quarter Horse eingetragen werden. Aus dieser Entscheidung heraus wurde Anfang der 60er-Jahre des letzten Jahrhunderts die APHA gegründet. Dort werden sowohl Quarter Horse-Fohlen mit zuviel Weiß als auch Fohlen aus reinen Paint Horse-Verpaarungen eingetragen.

Unkompliziert

Paint Horses sind nicht nur bunt, sondern auch sehr unkomplizierte Freizeitpferde. Sie können ganzjährig im Herdenverband in einem Offenstall gehalten werden. Ihr freundliches, gutmütiges Wesen macht sie zu sozialen Herdenmitgliedern.

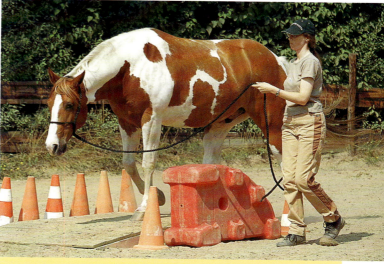

Nervenstärke zeichnet die Rasse aus. Auch die buntesten Hindernisse lassen die smarten Westernpferde völlig kalt.

Das Einreiten und Einfahren bereitet in der Regel keinerlei Schwierigkeiten. Einschränkungen gibt es höchstens, wenn man sich für einen leichten Reining-Typ entscheidet. Diese Paint Horses sind oft kleiner als 150 Zentimeter Stockmaß und deshalb nicht für große, schwere Reiter zu empfehlen.

Es gibt auch Paints mit über 160 Zentimeter Stockmaß. Sie werden vor allem für die Englischen Reitklassen Hunter under Saddle und Hunter Hack gezüchtet.

Paint Horses haben ein cooles Gemüt. Trotzdem sollte eine solide Ausbildung nicht zu kurz kommen. Bodenarbeit und Training im Round Pen sind gute Ergänzungen zum Ausritt. Und das eine oder andere Westernturnier sollte man auch einmal besuchen. Die Schecken gehören dort zu den absoluten Publikums-Lieblingen.

▶ Tobiano und Overo

Die Scheckung ist natürlich unabhängig von der Größe des Paints vorhanden. Die APHA unterscheidet zwei Grundmuster: Tobiano und Overo. Tobiano erinnert entfernt an die Scheckung einheimischer Kühe. Die Beine des Pferdes sind hierbei weiß und die weiße Zeichnung kreuzt auch die Rückenlinie. Tobianos haben meistens Köpfe ohne viel Weißanteil. Alles, was sich nicht eindeutig diesen Kriterien zuordnen lässt, wird kurzerhand als Overo bezeichnet. Dabei kennt die APHA unter anderem drei unterschiedliche Muster: Frame Overo, Sabino und Splashed White. Frame-Overo ist besonders begehrt. Die weiße Zeichnung geht hierbei vom seitlichen Bauchbereich aus. Die Beine sind meistens dunkel und der Kopf mit hohem Weißanteil. Leider tritt bei dieser Farbvariante manchmal das sogenannte Overo Lethal White Syndrom auf. Davon betroffene Fohlen sind weiß und nicht lebensfähig.

Pinto

Manche bezeichnen Pintos als Wesen aus Licht und Schatten, andere als Indianer-Pferde. Dabei ist es gleich, um welche Rasse es sich handelt. Um die Farbe geht es, und auf die wollen Schecken-Fans keinesfalls verzichten. Bunte Schönheiten sind nicht nur das Markenzeichen der Pintos, sondern kommen auch bei Shetland Ponys, Islandpferden und vielen anderen Rassen vor. Es gibt Pintos jeder Größe und jedes Temperaments – für jeden genau das Richtige.

Paint Horses – farbige Pferde. Bei ihnen ist der Name Programm. Aber es gibt auch jenseits dieser US-Variante zahlreiche Rassen und Rassekreuzungen, bei denen Schecken vorkommen.

Freunde arabischer Pferde dürften ihr Herz für Araber Pintos erwärmen, die dem Typ des Vollblutarabers sehr nahekommen, aber ein buntes Gewand tragen. Anhänger der klassisch-barocken Reitweise schwärmen eher für Andalusier, Berber, Friesen oder Lipizzaner, müssten bei diesen Rassen jedoch auf die attraktive Scheckung verzichten. Also wurden die barocken Klassiker mit Farbvererbern verpaart und die Variante Barockpinto geschaffen.

Doch damit nicht genug: Es gibt Schecken im Warmbluttyp, bunte Ponys, gescheckte Gangpferde und kunterbunte Fahrpferde. Ob 1,18 Meter Stockmaß klein oder über 1,65 Meter Stockmaß groß, ob 120 Kilogramm leicht oder 650 Kilogramm schwer: Es gibt kaum einen Pferdetyp, der nicht auch als Schecke zu haben ist.

Ein bisschen Araber und ein bisschen Westernpferd: Bei Pintos fließen viele Rassen zusammen.

Zehn farbige Rassen

Die bunte Vielfalt unter einen Hut zu bringen, ist nicht einfach. Dieser Aufgabe hat sich der Deutsche Pinto Zuchtverband (DPZV) angenommen, der gleich zehn farbige Rassen vertritt:

Araber/Pinto Pleasure: Sie sollen aussehen wie Vollblutaraber, aber gescheckstes Fell zeigen, was bei Vollblutarabern nicht vorkommt. Mit einem Stockmaß von 1,45 Meter bis 1,60 Meter gehören Araber/Pinto Pleasure zu den mittelgroßen Bunten.

Barockpinto: Als warmblütiges Reitpferd mit hoher Knieaktion erobern Barockpintos die Herzen der Scheckenfans. Sie sind zwischen 1,45 Meter und 1,65 Meter groß.

Pinto/Deutsches Warmblut: Die Rubrik Pinto/Deutsches Warmblut vereint im Sportpferdetyp stehende Schecken ab einem Stockmaß von 1,58 Meter. Die gescheckten Warmblüter sind ideal für den Dressur-, Spring- und Fahrsport.

Pinto/Deutsches Reitpony: Klein, aber fein – so wirken diese zwischen 1,18 Meter und 1,48 Meter großen Schecken, die den Typ des edlen Reitponys verkörpern. Die Kategorie Pinto/Deutsches Reitpony ist ein Fundus für Kinder, Jugendliche und leichte Erwachsene.

Pinto-Gangpferd: Die zwischen 1,48 Meter und 1,65 Meter großen, warmblütigen Reit- und Wagenpferde überzeugen durch Komfort. Sie sind herrlich bequem zu sitzen und ihre hohe Knieaktion sieht auch noch richtig gut aus.

Pinto/Kleines Deutsches Reitpferd: Springvermögen, Temperament und Rittigkeit prädestinieren Pintos, die unter die Kategorie „Kleines Deutsches Reitpferd" fallen, für Dressur, Springen und Fahren. Als Stockmaß wird eine Mindestgröße von 1,58 Meter gefordert.

Lewitzer: Sie sind echte „Ossis" – schließlich sind Lewitzer die einzige originär aus der ehemaligen DDR stammende Pferderasse. In den 70er-Jahren bei Schwerin entstanden, drohte den 1,30 Meter bis 1,48 Meter Stockmaß großen Ponys bei der Wende fast der Untergang.

Schweres Warmblut/Kaltblut: In dieser Kategorie werden alle Pintos eingetragen, die

Kinder und Jugendliche sind von den bunten Pferden besonders angetan.

dem Zuchtziel des schweren Warmbluts entsprechen.

Pinto-Stock: Paint Horses, Paint Horse-Kreuzungen und Scheckanpaarungen mit Quarter Horses werden als Pinto-Stock bezeichnet. Bemuskelung, eine mittlere Größe von 1,45 Meter bis 1,60 Meter Stockmaß und eine quadratische Statur machen Pinto-Stocks zu idealen Western- und Freizeitpferden.

Tinker: Gutmütig und ausgeglichen sind Tinker, deren Stockmaß zwischen 1,35 Meter und 1,60 Meter rangiert. Die englische Rasse ist auch in Deutschland und der Schweiz anerkannt und besonders bei Freizeitreitern sehr beliebt.

Quarter Horse

Mit über vier Millionen eingetragenen Pferden gilt die Rasse Quarter Horse als zahlenmäßig größte der Welt. Und es gibt gleich noch einen Superlativ: Quarter Horses sind die schnellsten Pferde der Welt auf einer Distanz von einer Viertelmeile. In über 77 Ländern ist das vielseitige Western-Pferd vertreten. Dabei werden Quarter Horses nicht nur von turnierbegeisterten Western-Fans, sondern auch von Freizeitreitern gesattelt.

Quarter Horses haben im Verhältnis zu ihrem kräftigen Körper einen eher kleinen Kopf.

▶ They do it with a smile

Name:	Quarter Horse
Ursprung:	USA
Stockmaß:	145–160 cm
Farben:	alle (außer Schecken)
Körper:	rechteckig, gute Sattel-lage, ausgeprägte schräge Schulter, mittellanger Rücken, gut bemuskelte Kruppe
Kopf:	kurz, klein
Hals:	mittellang, lange Ober-, kurze Unterlinie
Hufe:	hart, mittelgroß

Quarter Horse – dieser Name geht auf die Quarter Mile Races zurück, die Ende des 18. Jahrhunderts in den amerikanischen Süd-staaten beliebt waren. Die Menschen strömten in Massen herbei, wenn die Hauptstraße des Dorfes abgesperrt wurde, um ein 400-Meter-Rennen mit pfeilschnellen Pferden auszutragen. Die schnellsten Pferde dieser Match Races gehören zu den Vorfahren des heutigen Quarter Horses. Das gilt auch für die Pferde, die bei der Eroberung des amerikanischen Westens mit dabei waren. Und für die zuverlässigen Partner der Cowboys.

Ranchpferde

Quarter Horses sind schon seit jeher für ihre Vielseitigkeit bekannt, wie es sich für richtige Ranchpferde gehört. Ganz gleich, ob es um das Treiben einer Rinderherde, um blitzschnelle Wendungen, das Öffnen von Gattern, das Ziehen einer Kutsche oder um Höchstgeschwindigkeit beim Rennen geht – die amerikanische Pferderasse Nummer eins hat ihre Nase in vielen Disziplinen ganz weit vorne.

Und was Kenner besonders schätzen: They do it with a smile! Quarters sind stets mit Freude bei der Sache.

Zuchtrichtungen

Quarter Horses gelten als Allrounder und doch gibt es verschiedene Zuchtrichtungen: Da wären die sogenannten Foundation Horses, die im ursprünglichen Arbeitstyp stehen. Sie führen maximal 20 Prozent Vollblutanteil. Als typischer Vererber dieses Typs gilt King P234. Dann gibt es Cowhorses, die besonders gut für die „Rinderklassen" Cutting und Working Cowhorse geeignet sind. Sie haben Cow Sense – ein angeborenes Gespür für Rinder. Typische Blutlinien gehen auf Doc Bar und Peppy San Badger zurück.

Besonders korrekte und schöne Quarter Horses werden als Halter-Pferde bezeichnet. In den USA gibt es reine Halter-Linien, in anderen Ländern achtet man auch auf Rittigkeit. Impressive und Sir Quincy Dan gelten als typische Halter-Linien.

Der Pleasure und Hunter Typ fällt durch seine Großrahmigkeit und Eleganz auf. Quarter Horses dieses Typs ähneln einem stark bemuskelten Englischen Vollblut. Allerdings werden sie nicht ausschließlich zum Englischreiten eingesetzt. Pleasure und Hunter Pferde sieht man vor allem in den Disziplinen Trail, Western Riding und Horsemanship. Der Hengst Zippo Pine Bar gilt als besonders repräsentativ für diese Zuchtrichtung.

Und dann wären da noch die Rennpferde. In den USA sind Rennen mit Quarter Horses

Beim Bison Cutting kann dieses Quarter Horse zeigen, welche Qualitäten in ihm stecken.

Relativ klein, dafür aber sehr athletisch sind Quarter Horses im Reining Typ. Sie lassen sich leicht trainieren und haben ein fantastisches Galoppvermögen. Berühmte Reining-Vererber sind Hollywood Dun It und Mr. Gunsmoke.

nach wie vor ausgesprochen populär. Das höchst dotierte Pferderennen der Welt, das All American in New Mexico, ist ein solches Rennen. Rennblutlinien wie die des Hengstes Dash for Cash genießen einen geradezu legendären Ruf.

Wildpferde

Dülmener Wildpferd

Der Wildpferdefang im Merfelder Bruch bei Dülmen ist weit über Deutschlands Grenzen hinaus bekannt. An jedem letzten Samstag im Mai ist es so weit. Dann lädt die Herzog von Croy'sche Verwaltung zum Junghengste-Fangen, und das jedes Jahr seit 1907. Die Tiere müssen mit bloßer Hand, ohne Hilfsmittel, eingefangen und von der Herde separiert werden. Danach werden sie gebrannt, verkauft und einige auch verlost. Bis zu 30 000 Besucher wohnen dem Spektakel bei.

Während die Stuten ein Leben in Freiheit führen, gelangen Dülmener Hengste dank Wildpferdefang auch in die Hände ponybegeisterter Reiter. Die etwa 140 Zentimeter großen Pferde sind bei Freizeitreitern beliebt.

Die Ausbildung der Dülmener ist jedoch nicht zu unterschätzen. Wer einen Jährling kauft, hat ein Wildpferd im Stall. Es ist weder an ein Halfter noch ans Hufegeben gewöhnt. Manche erleben das Einfangen auch als traumatisches Erlebnis und begegnen Menschen erst einmal mit Scheu und Misstrauen. Doch wer sich Zeit nimmt und das Know-how hat,

Harte Auslese

Name:	Dülmener Wildpferd
Ursprung:	Deutschland
Stockmaß:	125–140 cm
Farben:	Dunkelbraun, Mausfalb, Gelb- bis Braunfalb
Körper:	gute Schulterlage; kurzer, muskulöser Rücken
Kopf:	recht edel
Hals:	gut aufgesetzt, ausreichend lang
Hufe:	klein, wohlgeformt, hart

Der Eindruck trügt. Dülmener Wildpferde leben nicht wirklich frei, sondern in einem eingezäunten Gelände.

ein „rohes" Pferd auszubilden, vermag ein Dülmener Wildpferd zu einem zuverlässigen Freizeitpartner zu machen.

Primitiv-Pferderasse

Dülmener Wildpferde sind echte Raritäten. Sie gehören zu den letzten europäischen Primitiv-Pferderassen, die seit Jahrhunderten wild leben – mehr oder weniger zumindest. Die Ausgeglichenheit und das freundliche Wesen der Ponys aus dem Merfelder Bruch machte sie seit jeher zu beliebten Helfern. Milchkutscher, Kleinhändler und auch

Kein Schmied, keine tierärztliche Versorgung: So sollen möglichst authentische Lebensbedingungen geschaffen werden.

Gärtnerbetriebe spannten die mittelgroßen Dülmener im wahrsten Sinne des Wortes gerne ein.

Natürliche Haltungsbedingungen schufen eine robuste Rasse, die mit wenig Futter auskommt, lange lebt und fruchtbar ist. Obwohl diese Eigenschaften für alle Dülmener gelten, gibt es doch Typunterschiede, die Einkreuzungen anderer Rassen zuzuschreiben sind. Am seltensten sind Dunkelbraune, gefolgt von Gelb- und Braunfalben. Am häufigsten sind Mausfalben. Der dunkelbraune Typ ist am edelsten und etwas kleiner als die anderen. Charakteristisch ist auch das sogenannte Mehlmaul. Die größeren und gröberen Typen zeigen einen Aalstrich und oft auch Zebrastreifen an den Beinen. Manchmal sieht man auch andere Farben in der Herde, nur Schimmel, die gibt es nicht.

Wildbahnponys

Dülmener Pferde gehören zu den „Wildbahn-Ponys". Früher gab es in Westfalen mehrere davon. Dort lebten unter anderem Daverts, Klei-Pferde und „Dickköppe". Ihr Lebensraum wurde längst von der modernen Welt überlagert. Der Merfelder Bruch ist eine Ausnahme, aber weit davon entfernt, ein wirklicher Wildpferde-Lebensraum zu sein (auch wenn auf Tierärzte und Hufschmiede konsequent verzichtet wird). Wie sollte er auch, mit seinen Zäunen und Gattern und der für die rund 200 Pferde doch sehr eingeschränkten Fläche?

Kritiker bemängeln, dass stellenweise noch immer Stacheldraht als Umzäunung eingesetzt wird. Außerdem seien die Grasflächen überweidet und kotverseucht. Bei der winterlichen Heufütterung gebe es eine starke Ausbreitung von Parasiten. Jahr für Jahr gibt es Stuten und Fohlen, die den Winter nicht überstehen. Was die einen empört, wird von anderen als natürliche Auslese bezeichnet.

Seit 1988 gibt es eine Interessengemeinschaft, die die Rasse bekannter machen und ihre Vielseitigkeit zeigen möchte. Zuchtprogramme außerhalb des Merfelder Bruchs werden durch die Tatsache erschwert, dass keine Stuten mehr das Gehege verlassen dürfen.

Mustang

Für viele sind Mustangs der Inbegriff des Wildpferdes schlechthin. Dabei sind die nordamerikanischen Wilden nichts anderes als die Nachfahren verwilderter Hauspferde. Alle ihre Vorfahren ließen sich einst satteln oder vor die Kutsche spannen. Einige entkamen, weil ihr Reiter in der Wildnis verunfallte oder weil Farmer sie zurückließen. Manche brachen einfach aus schlecht umzäunten Ausläufen aus oder ließen sich von wilden Leithengsten „entführen".

Die Pferde der spanischen Konquistadoren gehören zu den ersten Vorfahren der heutigen Mustangs. Schon 1680 sollen bei einem Kampf zwischen spanischen Eroberern und Pueblo-Indianern rund 1000 Pferde in die Wildnis entkommen sein. Ihre genetischen Spuren dürften heute noch in einigen Mustangs verankert sein. Auch Berber- und Araber-Blutlinien flossen mit ein.

Viele Amerikaner profitierten von dem vielfältigen Pferdeangebot, das der Norden der USA bot. Cowboys fingen sich bei Bedarf Wildpferde ein und ritten sie zu. Auch bei Rodeos wurden und werden wild bockende Mustangs zur Schau gestellt. Nicht nur die Einwanderer, sondern auch die Ureinwohner des Kontinents entdeckten die Vielseitigkeit der wilden Pferde. Im 18. und 19. Jahrhundert setzten viele Indianerstämme Mustangs als Reit-, Zug- und Lastenpferde ein.

Zurück zum Urpferd

Doch obwohl Mustangs auf domestizierte Pferde zurückgehen, scheinen ihre alten Instinkte neu aufgeflammt zu sein. Hierzu gehören Eigenschaften wie ein ausgeprägtes Sozialverhalten im Herdenverband oder Wanderungen von Weidefläche zu Weide-

Dieser kleine Mustang hat sein Halfter zerrissen und kehrt zurück in die Freiheit.

Auch diese Stute mit Fohlen wollte kein Leben in Gefangenschaft führen.

fläche und ein extremes Misstrauen gegenüber Menschen. Auch optisch hat es Veränderungen gegeben: Es gibt Mustangs, die falbfarben sind und einen Aalstrich haben. Zebrastreifen an den Beinen tauchen immer häufiger auf. Beides kennt man von anderen primitiven Rassen wie Sorraias, Tarpanen oder Dülmener Wildpferden.

Mustangs befinden sich offensichtlich in einer Rückentwicklung hin zum Urpferd. Sie leben lange, sind sehr fruchtbar und ausgesprochen fit.

Mit Hubschraubern gehetzt

Zu Hochzeiten sollen laut verschiedenen Berichten über zwei Millionen Mustangs durch die nordamerikanischen Steppen gezogen sein. Heute sind es nur noch circa 32 000. Was ist mit den anderen geschehen? Schlimme Dinge.

Viele Farmer sahen ihre Weideflächen durch die großen Mustang-Herden bedroht. Um wirtschaftlichen Schaden zu vermeiden, wurden Mustangs seit Anfang des 20. Jahrhunderts gejagt, abgeschossen und mit Hubschraubern zu Tode gehetzt. Ihr Fleisch wurde tonnenweise zu Hunde- und Katzenfutter verarbeitet. Das rief engagierte Tierschützer auf den Plan, die sich vehement für den Schutz der Mustangs einsetzten. Sie haben Erfolge erzielt, allerdings stehen die

offiziellen Registrierungs-Programme in dem Ruf, recht halbherzig betrieben zu werden. Den meisten Farmern sind wilde Pferde nach wie vor ein Dorn im Auge. Und ihre Lobby ist stark.

2004 erlitten die Bemühungen, Mustangs zu schützen, einen Rückschlag. Es ist wieder erlaubt, Mustangs unter bestimmten Bedingungen zu fangen und an Schlachthöfe zu verkaufen. Da in den USA kaum Pferdefleisch verzehrt wird, beliefert man andere Länder, in denen es als Delikatesse gilt. Der Preis pro Pferd liegt nicht selten unter 100 Dollar. Kritiker sehen darin eine akute Bedrohung des Mustang-Bestandes.

▶ Verwildert

Name:	Mustang
Ursprung:	USA
Stockmaß:	durchschnittlich 140–150 cm
Farben:	alle, zunehmend Mausfalben
Körper:	kräftiger Rücken, abfallende Kruppe
Kopf:	oft ramsnasig
Hals:	tief angesetzt
Hufe:	klein, hart

Przewalski-Pferd

Ihren für Westeuropäer schwer auszusprechenden Namen haben Przewalski-Pferde dem russischen General und Asienforscher Nikolaj Michajlowitsch Przewalski zu verdanken. Dabei war er gar nicht der Erste, der die Mongolischen Steppenpferde aufspürte. Das hatte schon der Forscher Colonel Hamilton Smith getan und zwar 1841 – also ganze 38 Jahre vor Przewalski. Dieser brachte kein echtes Pferd mit zurück, dafür aber Fell und Schädel.

Nein, Przewalski hatte kein Wildpferd erlegt, sondern die Trophäen gegen andere Güter eingetauscht. Das reichte, um eine neue Art zu identifizieren, die gleich zu Ehren ihres offiziellen Entdeckers nach ihm benannt wurde.

Später gab es mehrere Expeditionen, die Przewalski-Pferde mit nach Europa brachten. Nicht alle überlebten, aber zumindest einige. Endlich gab es Gelegenheit, die neue Rasse eingehend zu studieren.

Schopf? Fehlanzeige!

Man erkannte, dass die Przewalskis größer als die südrussischen Steppentarpane waren. Ihre Besonderheiten waren von weitem erkennbar. Zum Beispiel der fehlende Schopf und die kecke Stehmähne. Das ist noch heute so. Oft geht ein charakterstarker Ramskopf mit einher. Markant sind auch die kleinen, recht hoch sitzenden Augen.

Anders als ihre Verwandten haben Przewalski-Pferde keinen Schopf.

Eine Gruppe Przewalski-Pferde im Allwetterzoo Münster

Interessanterweise entwickeln die Mongolischen Steppenwildpferde – wie Przewalski-Pferde auch genannt werden – im Winter in der Mähne und am Schweifansatz eine dichte Unterwolle. Das passt ganz hervorragend zum dichten Winterpelz und dem langen Kinnbart. Im Sommer ist das Fell ganz kurz und glänzt in den Farben Rötlich-Gelbbraun bis Gelblich-Rotbraun. Die Farbvielfalt scheint typisch für Przewalski-Pferde zu sein.

Hoch hinaus

Den Namen Steppenwildpferd tragen die stehmähnigen Pferde vielleicht nicht ganz zu Recht. Manchmal zieht es sie hoch hinaus und dann findet man sie in Höhen von über 2500 Metern. Das spricht für eine enorme Anpassungsfähigkeit der Rasse.

Hier enden auch schon fast die Beobachtungen wild lebender Przewalski-Pferde. Bekannt ist noch, dass sie vorzugsweise in Herden von bis zu 20 Tieren leben, und das unter Leitung eines Hengstes.

Populärer sind Beschreibungen in Gefangenschaft lebender Przewalski-Pferde. Das hat einen guten Grund: Viele Wissenschaftler interessierten sich für die urigen Tiere und sandten regelmäßig Fänger aus. Der größte dokumentierte Fang ging auf das Konto der Carl Hagenbeck-Expedition. Zu Beginn des 20. Jahrhunderts fing Hagenbecks Tierfänger Wilhelm Grieger 52 Przewalski-Fohlen ein. 28 erreichten lebend Hamburg. Viele der heute in Zoos und Tierparks lebenden Mongolischen Steppenpferde gehen auf den Hagenbeck-Fang zurück.

▶ Mehr Chromosomen

Vieles unterscheidet Przewalski-Pferde von anderen, so auch ihre Chromosomenzahl. Während andere Pferde 64 Chromosomen haben, weisen die Mongolischen Steppenpferde 66 auf. Sechs der vom österreichischen Verhaltensforscher Eberhard Trumler untersuchten Przewalski-Skelette wiesen 19 statt der für Pferde normalen 18 Brustwirbel auf.

Die mongolischen „Wildlinge" sind seltene Preziosen, die auf jeden Fall schützenswert sind. Da die Rasse in letzter Sekunde, dank gezielter Zucht-Programme in Zoos und Tierparks, vor dem Aussterben gerettet werden konnte, stehen nun wieder Auswilderungen auf dem Programm.

Es gibt mehrere Projekte in der Mongolei und in Hortobágy, der ungarischen Steppe. Nach anfänglichen Auswilderungs-Problemen scheinen verschiedene Projekte allmählich von Erfolg gekrönt zu sein. Auch im ursprünglichen Przewalski-Gebiet, der Mongolei, grasen endlich wieder robuste Pferde mit Stehmähne.

Sorraia-Pferd

Sorraia-Pferde sind eine seltene Rasse, eine bedrohte zudem. In Portugal gibt es drei Gestüte, die sich um den Erhalt des Sorraia-Pferdes bemühen: Das bedeutendste Gestüt wurde 1920 von Dr. Ruy d'Andrade gegründet. Die Sorraia-Zucht wird bis heute von seinem Enkel José Luìs d'Andrade weitergeführt. Die Sorraia-Zuchten der beiden anderen Gestüte, das Gestüt von Dr. Manuel Abecassis und das Nationalgestüt Fonte Boa, gingen aus der d'Andrade-Zucht hervor.

Auf den ersten Blick wirken Sorraias eher unscheinbar und nicht besonders hübsch. Der leichte, trockene Kopf mit der schmalen Stirn und dem konvexen Profil lässt Eigensinn und Sturheit vermuten. Auch die hoch sitzenden, elliptischen Augen und die recht langen Ohren machen Sorraias nicht attraktiver.

Die Färbung des feinen Fells ist unspektakulär; Gelb- und Mausfalb mit Aalstrich sind besonders oft zu sehen. Maul und Ohrenspitzen sind überwiegend dunkel gefärbt. Interessant sind die Zebrastreifen, die sich bei vielen Sorraias an den Beinen hunterziehen. Fohlen weisen häufig auch Zebrastreifen an Hals, Widerrist und Kruppe auf.

Sorraias erreichen eine Widerristhöhe von durchschnittlich 140 bis 145 Zentimetern; manche sind auch deutlich größer.

Diese beiden Sorraias weisen einen aschgrauen Farbschlag auf. Die Farbe wird auch als „ceniciento" oder „grulla" bezeichnet. Das Sommerfell hat einen silbrig-bläulichen Glanz.

Sorraias gehören zu den vom Aussterben bedrohten Haustierrassen. Zurzeit existieren weltweit nur noch circa 120 bis 130 Exemplare. Ein Großteil davon lebt in Portugal.

Einfach urig

Name:	Sorraia
Ursprung:	Portugal
Stockmaß:	140–145 cm
Farben:	überwiegend Gelb- oder Mausfalb mit Aalstrich
Körper:	langes, schräges Schulterblatt; deutlicher Widerrist, kurzer Rücken, lange Kruppe
Kopf:	leicht, trocken, schmale Stirn, konvexes Profil
Hals:	lang, schlank, biegsam
Hufe:	klein, gut geformt

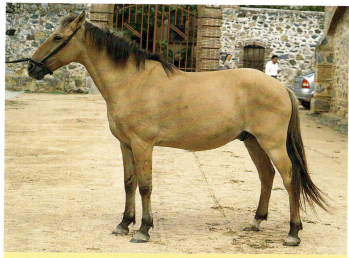

Auf dem Gestüt Font'Alva, das von José Luìs d'Andrade, dem Enkelsohn Dr. Ruy d'Andrades, geleitet wird, werden nach wie vor Sorraia-Pferde gezüchtet.

Mähne und Schweif weisen im dunklen Innenteil helle Haare auf, die nicht selten fast ganz weiß sind. Weiße Abzeichen sind bei reinrassigen Sorraias ungewöhnlich.

Seltene DNA

Auch wenn Sorraias keine Schönheiten sind, können sie einen positiv überraschen. Dann, wenn sie ihre hervorragenden Grundgangarten präsentieren und voller Anmut weit ausgreifend über den Boden schweben. Ihre Bewegungen sind ausbalanciert und elastisch; die Gallopade ist rund und voller Schwung. Ausgezeichnete Springanlagen und die Bereitschaft zum Tölt sind ebenfalls häufig zu beobachten.

Der lange, schlanke Hals ist biegsam und derartig fein mit dem Kopf verbunden, dass eine leichte Beizäumung von Natur aus begünstigt ist. Der deutlich markierte Widerrist, der weit in den Rücken hineinreicht, schafft eine ausgezeichnete Sattellage. Auch das lange, schräg gelagerte Schulterblatt und der schmale Rumpf, der viel Raum für Herz und Lunge bietet, sind typische Rassemerkmale des Sorraia-Pferdes.

Interessant ist, dass bei DNA-Analysen festgestellt wurde, dass keine Verwandtschaft zwischen Sorraias und Berbern, Arabern oder Vollblütern besteht. Lediglich Koniks weisen ähnliche Mutationsmuster auf. Doch wie sich der Zusammenhang zwischen Sorraias und Koniks nun genau gestaltet, muss erst noch erforscht werden.

Hirtenpferde

Die sagenhafte Ausdauer und die legendäre Härte des Sorraia-Pferdes machten es zu einem beliebten Arbeitstier der Campinos. Die berittenen Rinderhirten Portugals wussten die Robustheit und Genügsamkeit des urtümlichen Pferdes zu schätzen. Sorraias können lange Strecken mit optimaler Krafteinteilung zurücklegen und trotzen auch bei hohen Anforderungen den widrigsten klimatischen Einflüssen. Sie kommen zudem mit wenig Futter aus.

Heute sind Campinos, die auf Sorraias reiten, zu einem seltenen Anblick geworden. Auf dem Gestüt Font'Alva (d'Andrade) kann man jedoch noch in den Genuss dieses Erlebnisses kommen. Hier sind noch immer Sorraias im Arbeitseinsatz, und es ist ein erhebendes Gefühl, die sensiblen, eifrigen und gelehrigen Pferde bei der Arbeit zu beobachten. Ihre Schnelligkeit und spektakuläre Wendigkeit ergeben – gepaart mit einem außerordentlich mutigen Wesen – die optimalen Voraussetzungen für die Rinderarbeit.

Tarpan

Eigentlich sind sie seit mehr als 100 Jahren ausgestorben. Tarpane waren einst die Wildpferde der Wald- und Steppengebiete Europas. Dass man heute doch noch einige lebende Exemplare bewundern kann, ist gezielten Rückzüchtungen zu verdanken. Hierzu verwendete man Hauspferde, die dem Tarpan möglichst ähnlich sahen. Die Rückzüchtungen entsprechen dem Vorbild des Ur-Tarpans, der sich nach der Eiszeit kaum veränderte.

Tarpane blicken auf eine lange Geschichte zurück, die bis in die Eiszeit reicht. Schon in der Antike beschrieben Caesar und Tacitus Waldtarpane, die damals die Wälder Europas bevölkerten. Im frühen Mittelalter galten sie jedoch schon als fast ausgestorben – zumindest im westlichen Europa. In Nordostpolen überlebten sie bis ins 18. Jahrhundert. Außerdem gab es noch die Steppentarpane, die vor allem in den Steppen nördlich des Schwarzen Meeres lebten.

▶ Ur-Europäer

Name:	**Steppentarpan** (Equus przewalski gmelini), **Waldtarpan** (Equus przewalski silvaticus)
Ursprung:	Steppentarpan – Steppengebiete nördlich des Schwarzen Meeres, Waldtarpan – europäische Urwälder
Stockmaß:	Steppentarpane waren größer als Waldtarpane.
Farben:	Steppentarpan – Mausfalb, Aalstrich, Waldtarpan – Gelb- bis Braunfalb, Aalstrich
Körper:	Steppentarpan – eher schwer gebaut, Waldtarpan – leichter
Kopf:	Steppentarpan – relativ kurz, zur Nasenpartie hin verjüngend, leicht konkaves Profil, Waldtarpan – ähnlich

Waldtarpan

Waldtarpane gelten als ursprüngliche Wildpferde Europas. Sie bewohnten die Urwälder, nachdem sie sich vermutlich in der Nacheiszeit vom Steppentarpan abgespalten hatten. Die optimal auf das Leben im Wald angepassten Tarpane sollen früher in einem Gebiet gelebt haben, das sich von Frankreich bis nach Polen erstreckte. Die Rodung der Wälder trieb die Wildpferde immer weiter in Richtung Osten. In Polen gab es sie bis ins 18. Jahrhundert hinein. Aber die Landwirtschaft und Industrialisierung verdrängten die Wildpferde immer mehr. Einige wurden eingefangen und Anfang des 19. Jahrhunderts in Tierparks ausgestellt. 1808 verteilte man sie an die lokale Bauernschaft.

Steppentarpan

Im Süden Russlands lebten die recht großen Steppentarpane. Eine graue Fellfarbe und ein schwarzer Aalstrich galten als die

typischen Merkmale. So auch die schwarz gestreiften Fesseln und eine üppig herabhängende Mähne. Mit der Zeit vermischten sich die Steppentarpane immer mehr mit Hauspferden. Um das zu verhindern, machte man Jagd auf sie – so lange, bis es keine mehr gab. 1876 soll der letzte frei lebende Steppentarpan von Jägern zu Tode gehetzt worden sein. Der allerletzte, bekannte Steppentarpan starb kurz darauf im Moskauer Zoo.

Vielleicht war es aber doch nicht ganz der letzte: Denn es soll in den 60er-Jahren des vorigen Jahrhunderts noch neun Tarpane in freier Wildbahn gegeben haben. Sie lebten laut Augenzeugenberichten in der nogaischen Steppe, nördlich der Halbinsel Krim. Versuche, sie lebendig einzufangen, um sie zu schützen, scheiterten.

Rückzüchtung

Dann wurde es einige Jahre still um den Tarpan. Bis 1930, als Heinz Heck im Tierpark Hellabrunn erste Rückkreuzungsversuche unternahm. Er kreuzte einen Przewalski-Hengst mit grauen Islandstuten und mit gotländischen Ponystuten.

In Polen entdeckte Professor Vetulani von der polnischen Akademie der Wissenschaften 1920 ursprüngliche Landpferde: Koniks, die höchstwahrscheinlich mit den um 1808 an Bauern verteilten Waldtarpanen verwandt waren. Sie leisteten einen wertvollen Beitrag zur Rückzüchtung des Tarpans. Darüber hinaus gibt es eine Anzahl weiterer Projekte in verschiedenen Tierparks.

Tarpane wirken weitaus gedrungener als „normale" Pferde.

Vollblüter und Arabische Rassen

Anglo-Araber

Wenn man Englische Vollblüter mit Vollblutarabern verpaart, kommen Anglo-Araber heraus. So weit das Grundrezept dieser leistungsstarken Rasse. Entstanden ist sie Anfang des 19. Jahrhunderts, als die französische Regierung nach Pferden für die Kavallerie fahndete. Das Gestüt Pompadour galt lange als Kaderschmiede der Anglo-Araber-Zucht. 1823 erfolgte die Gründung des französischen Stutbuches. Anglo-Araber sind die älteste Sportpferderasse Frankreichs.

Anglo-Araber stehen im Typ des modernen Sportpferdes. Mit bis zu 165 Zentimeter Stockmaß fallen sie von der Größe her nicht aus dem Rahmen, wenn sie sich mit populären Warmblutrassen wie Hannoveranern oder Holsteinern messen. Was Eleganz und Ausdruckskraft angeht, liegen Anglo-Araber weit vorne. Das Vollblutaraber-Blut sorgt für edle Köpfe und ein feuriges Temperament. Vielseitigkeitsreiter schätzen die für ihre elastische Bewegungsmechanik bekannten Anglo-Araber. Sie haben eine raumgreifende, flache Galoppade, ein hervorragendes Springvermögen und lassen sich gerne fordern.

Im Dressursport stellen Anglo-Araber ihre Gangstärke unter Beweis.

Zuchtwandel

Dabei wurden Anglo-Araber ursprünglich überhaupt nicht für die Sparten gezüchtet, in denen man sie heute sieht. Als erklärter Liebling der Kavallerie zogen die edlen Pferde noch während des Ersten Weltkrieges mit an die Front. Doch das war ihr letzter Einsatz im mörderischen Geschäft.

Nach dem Ersten Weltkrieg wandelte sich die Zucht. Die Gestüte bemühten sich nun, vielseitige Sportpferde und ausdauernde Galopper für die Rennbahnen zu züchten. Dies geschah nicht nur in Frankreich, der Heimat des Anglo-Arabers. Auch in England und Polen entwickelte sich eine bedeutende Zucht mit hohen Zielen. Die polnische Malopolski-Zucht ist weltberühmt.

Trotz der Erfolge und Beliebtheit des Anglo-Arabers in den Nachbarländern hielten sich Deutschland, Österreich und die Schweiz immer zurück. Das ist bis heute so.

Einfluss auf die Warmblutzucht

Die guten Eigenschaften der Anglo-Araber machte man sich auf andere Weise zunutze: Viele dieser Hengste halfen bei der Veredelung der deutschen Warmblutzucht. Angefangen hat dies mit dem französischen Hengst Nana Sahib (geb. 1900), der Einfluss auf die Trakehner-Zucht nahm. Es folgten die polnischen Hengste Kurde und Ramzes. Für die moderne Sportpferdezucht setzte man die Anglo-Araber-Hengste Inschallah, Kallistos und Matcho ein.

Nicht nur bei den Warmblütern, sondern auch in der anspruchsvollen Ponyzucht hinterließen Anglo-Araber ihre Spuren. So vertraute man im Zuchtgebiet Weser-Ems auf die Hengste Caid, Aviso und Florist. Der aus England stammende Nazim verwirklichte sich in der westfälischen Reitponyzucht.

▶ 25-Prozent-Klausel

Das Stutbuch der Anglo-Araber erkennt nur Anglo-Araber an, die mindestens 25 Prozent arabische Vorfahren in der vierten Ahnenreihe haben. Es darf sich dabei sowohl um Vollblutaraber als auch um Shagya-Araber handeln. Alle anderen Ahnen müssen reinrassige Englische Vollblüter oder Anglo-Araber sein.

Die Vielfalt der Ausgangsrassen führt zu einem variablen Erscheinungsbild des Anglo-Arabers. Während Reitpferdetypen nicht selten bis zu 75 Prozent Vollblutaraber-Anteil aufweisen, überwiegt bei Renntypen der Einfluss des Englischen Vollblutes.

Auch die Vielseitigkeit liegt Anglo-Arabern einfach im Blut.

▶ Schöne Sportler

Name:	Anglo-Araber
Ursprung:	Frankreich
Stockmaß:	155–165 cm
Farben:	alle
Körper:	lange, schräge Schulter; deutlicher Widerrist; kräftiger, kurzer Rücken
Kopf:	edel
Hals:	gut geformt
Hufe:	klein, hart

Arabisches Halbblut

Eigentlich handelt es sich beim Arabischen Halbblut um keine eigenständige Rasse. Da das Interesse an Kreuzungen aus Arabern und anderen Rassen aber wächst, führte der Verband der Züchter und Freunde des Arabischen Pferdes (VZAP) die Rubrik „Arabisches Halbblut" als Rassegruppe ein. Bei Freizeit- und Sportreitern sind Arabische Halbblüter gleichermaßen beliebt. Sie vereinen – im Idealfall – die positiven Eigenschaften ihrer unterschiedlichen Ausgangsrassen.

Robustheit, Härte, Ausdauer, Langlebigkeit und Fruchtbarkeit machen ein Pferd für viele Reiter und Züchter attraktiv. Diese Eigenschaften sind das traditionelle Erbe arabischer Pferde, und deshalb werden sie immer wieder in andere Rassen eingekreuzt.

Die Basis der Arabischen Halbblut-Zucht bilden überwiegend Pferde, die aus der Verpaarung von Vollblutaraber-Hengsten mit Stuten anderer Rassen entstanden. Oft ist bei den zur Zucht eingesetzten Stuten bereits ein gewisser Anteil arabischen Blutes vorhanden. Gerne werden Reitponystuten genommen, wobei natürlich alle anderen Rassen ganz und gar nicht ausgeschlossen sind. Pintos, Appaloosas, Quarter Horses, Deutsche Warmblüter und viele andere können zur Zucht herangezogen werden. Und von dieser Möglichkeit wird häufig Gebrauch gemacht.

Ganz schön bunt

Die Züchter Arabischer Halbblüter waren in der Tat sehr experimentierfreudig: Inzwischen gibt es unter anderem Araber-Pintos (Schecken x Araber), Araappaloosas (Appaloosa x Araber), Quarabs (Quarter Horse x Araber) und in den USA auch Pintabians (Pintos x Araber). All dies sind Kreuzungen, die sich besonders im Westernbereich vieler Freunde erfreuen. Trotz dieser Vielfalt, die der Verband der Züchter und

▶ Zuchtziel

Ganz gleich, ob es sich um den klassischen Reitsport oder um Westerndisziplinen handelt: Rittigkeit ist immer ein wesentliches Kriterium der Zucht. Deshalb wird auch beim Arabischen Halbblut auf ein korrektes Fundament und gute Gänge geachtet.

Aber auch das Wesen spielt eine wichtige Rolle für die Freunde Arabischer Halbblüter. Man ist bemüht, Pferde zu züchten, die dem Menschen vertrauen, nicht zu Hysterien neigen und alle Voraussetzungen mitbringen, die ein gutes Freizeit- oder Sportpferd braucht. Es soll einfach Spaß machen, mit diesen Pferden umzugehen. Und die Eleganz des arabischen Pferdes darf dabei natürlich nicht verloren gehen.

Freunde des Arabischen Pferdes (VZAP) nüchtern als „Gebrauchskreuzung ohne Anspruch auf Einheitlichkeit" zusammenfasst, kristallisieren sich inzwischen aber ganz klar zwei Zuchtrichtungen heraus: die der arabisch geprägten Sportpferde und die der bunten oder westerngeprägten Arabischen Halbblüter. Im Sportpferdebereich kommen überwiegend Deutsche Warmblüter zum Zuchteinsatz.

Mehr Kontrolle

Viele Züchter Arabischer Halbblüter haben solide Prinzipien und sehnen sich deshalb sogar nach mehr Kontrolle von Seiten der Verbände. Sie bemängeln, dass es innerhalb der Zucht zu viel Wildwuchs gebe. Dem müssten die Verbände mit mehr Kontrollinstanzen begegnen.

Es wäre gut, die Züchter vermehrt dazu zu bringen, ihre Pferde vorzustellen. Mehr Zuchtschauen, Fohleneintragungen und –bewertungen würden helfen, die Zucht in geregelte Bahnen zu bringen. Solange das nicht der Fall ist, wird die Rassegruppe „Arabisches Halbblut" auch weiterhin eine „Gebrauchskreuzung ohne Anspruch auf Einheitlichkeit" bleiben. Einige Verbände haben auf diesen Wunsch der Züchter mittlerweile auch reagiert und zum Beispiel unterschiedliche Sektionen für das Arabische Halbblut eingerichtet.

Arabische Halbblüter könnten – unter den richtigen Voraussetzungen – das Angebot an Sport- und Freizeitpferden durchaus bereichern. Und zwar mit einer höchst attraktiven und ansehnlichen Variante: Vielen Rassen verleiht die Einkreuzung arabischen Blutes mehr Pepp und Schick. Ein gutes Sportpferd darf durchaus auch ein edles, feines Köpfchen haben. Dem Dressur- oder Springpotenzial muss eine verbesserte Optik schließlich nicht schaden.

Arabische Halbblüter stehen oft im Warmbluttyp.

Berber

Die einen behaupten, reinrassige Berber würden nicht mehr existieren, andere sind ganz anderer Ansicht. In den nordafrikanischen Staatsgestüten werden jedenfalls nach wie vor Berber gezüchtet. Außerdem haben sich einige Privatzüchter – unter anderem in Deutschland und Frankreich – dieser alten Rasse angenommen. Berber gelten als zäh, ausdauernd und leistungsstark. Eigenschaften, die sie für Robusthaltung, Distanzsport und Wanderritte prädestinieren.

Viele werfen Berber mit Arabern in einen Topf, dabei sind Berber eine eigenständige Rasse. Diese unterlag zwar arabischem Einfluss, das aber erst nach einer langen, eigenen Entwicklungsgeschichte.

Typische Berber unterscheiden sich sogar stark von Arabern: Ihre Köpfe sind meistens ramsnasig und nicht konkav. Auch tragen sie ihren Schweif nicht erhoben, sondern fallen eher durch einen tiefen Schweifansatz auf. Das Gangwerk von Berbern ist markant: Es zeigt extrem viel Raumgriff, verläuft flüssig

bei schöner Knieaktion und überzeugt in jeder Gangart durch Schnelligkeit und Trittsicherheit. Manche Berber sind Naturtölter.

Eine der ältesten Pferderassen

Berber sollen neben Vollblutarabern eine der ältesten Pferderassen überhaupt sein. Ihre Heimat ist der Norden des afrikanischen Kontinents. Dort kann man ihre Spuren angeblich bis zur Eiszeit zurückverfolgen. Ähnlichkeiten mit Sorraias und iberischen Pferderassen wie Andalusiern und Lusitanos sind kein Zufall. Es hat bereits in den ersten Jahrhunderten nach Christus einen regen Austausch zwischen Nordafrika und Spanien gegeben. Erst im 7. Jahrhundert nach Christus gelangten arabische Pferde auf die iberische Halbinsel.

Es spricht einiges dafür, dass Nomaden wie die Touareg eine Berber-Reinzucht betrieben. Die edlen Pferde scheinen die Entwicklung der iberischen Rassen maßgeblich beeinflusst zu haben. Dieser Einfluss intensivierte sich erneut, als die Mauren in Spanien einfielen und das Land schließlich eroberten.

Abgesehen von Spanien gelangten Berberpferde von den afrikanischen Häfen aus mit Schiffen in viele Teile der Welt. Dort veredelten sie weitere Rassen. Einer der berühmtesten Berberhengste war Godolphin Barb, der die Zucht des Englischen Vollbluts prägte.

Die lange Schulter ermöglicht Berbern raumgreifende Gänge.

Eine Berber-Stute mit Fohlen im tunesischen Staatsgestüt

Gibt es noch Reinzucht?

Obwohl sich heute in fast allen Landschlägen Nordafrikas Berberblut findet, ist die Reinzucht überwiegend auf die Staatsgestüte beschränkt. In Marokko, Algerien, Libyen und Tunesien sind viele Berber-Araber-Kreuzungen zu finden, die oftmals „Barbarabe" genannt werden. Diese Pferde gelten als hart und ausdauernd. Sie zeigen einen deutlichen Arabereinfluss, der sich im konkaven Profil und in einem feinen Körperbau niederschlägt.

Manche behaupten, es gebe keine reinrassigen Berber mehr. Die Einkreuzungen anderer Rassen seien zu massiv gewesen. Dennoch gibt es Freunde der Rasse, die von

▶ Zähe Nordafrikaner

Name:	Berber
Ursprung:	Nordafrika
Stockmaß:	durchschnittlich 150 cm
Farben:	meistens Schimmel, aber auch Füchse, Braune und Rappen
Körper:	lange Schulter, kurzer Rücken, tiefer Schweifansatz
Kopf:	mittelgroß, oft ramsnasig
Hals:	kräftig, gerade
Hufe:	ausgezeichnete Qualität

Bei Beduinen sind Berberpferde im traditionellen Ornat zu sehen.

der Existenz reinrassiger Berber überzeugt sind. Die Weltorganisation des Berberpferdes (OMCB), die es seit 1988 gibt, hat sich den Erhalt der Rassebestände auf die Flaggen geschrieben. Die Ursprungsländer des Berbers machen sich stark, um die Reinzucht zu bewahren und der Rasse eine neue Basis zu verschaffen.

Englisches Vollblut

Sie beherrschen die Rennbahnen und gelten als edelste und schnellste Pferderasse überhaupt: Englische Vollblüter haben weltweit unzählige von Fans. Während die einen gerne auf den heißblütigen Rössern reiten, verwetten andere ihr Hab und Gut auf Vollblüter. Denn wenn es um Galopp- und Flach- oder Trabrennen geht, kann keine andere Rasse mit dem Englischen Vollblut mithalten. Aber auch im Jagdsport und in anderen Disziplinen überzeugen Vollblüter.

In den letzten Jahren haben immer mehr Freizeitreiter die galoppierfreudigen Pferde für sich entdeckt. Englische Vollblüter sehen nicht nur edel aus, sondern sind auch vielseitig. Ein guter Ausbilder kann sie durchaus bis zu den schwersten Klassen der Dressur ausbilden. Auch ein anspruchsvoller Spring-Parcours ist eine willkommene Herausforderung. In der Vielseitigkeit haben Vollblüter die Gelegenheit, die Galoppierfreude gepaart mit Springvermögen auszuleben.

Die Zeiten, in denen man Vollblüter nur hinter den grünen Hecken internationaler Rennbahnen sah, sind vorbei. Sie tragen mitunter sogar Westernsättel und machen dabei keine schlechte Figur. Ihre Menschenbezogenheit und ihr hervorragendes Lernvermögen sind beste Voraussetzungen für viele Sparten der Reiterei und auch für den Fahrsport. Denn vor der Kutsche finden sich die wunderschönen Pferde ebenfalls hervorragend zurecht. Es gibt allerdings auch eine

Englische Vollblüter sind nicht nur schnell, sondern auch sehr gelehrig.

▶ Pfeilschneller Adel

Name:	**Englisches Vollblut**
Ursprung:	Großbritannien
Stockmaß:	durchschnittlich 160 cm
Farben:	Braun, Schwarzbraun, Rappen, Füchse; keine Falben, Isabellen oder Schecken
Körper:	hoher Widerrist, bemuskelter Rücken
Kopf:	klein bis mittelgroß, trocken, gerades Profil
Hals:	lang, gut angesetzt und getragen
Hufe:	groß, gut geformt, rund

Einschränkung: Vollblüter haben viel Temperament und sind sensibel. Damit kann und möchte auch nicht jeder umgehen müssen. Obwohl es Ausnahmen gibt, sind Vollblüter nicht die typischen Anfänger- und Verlasspferde, sondern brauchen einen guten und einfühlsamen Reiter.

Stars der Rennbahn

Englische Vollblüter gelten als die schnellsten Pferde der Welt. Das war schon immer so, und deshalb sind ihrem außerordentlichen Leistungsvermögen schon ganze Herrscher-Dynastien erlegen: die Tudors, die Stuarts, das Englische Königshaus, die Dubaier Herrscher-Familie Maktoum ... Diese Liste ließe sich von der Vergangenheit bis in die Gegenwart schier endlos verlängern.

Kenner raunen bewundernd, wenn die Namen der großen Rennpferde-Vererber Darley Arabian, Byerley Turk, Godolphin Barb (Berber) oder Curwen Bay Barb fallen. Die Nachzucht dieser legendären Hengste machte auf den Rennbahnen der Welt Furore. Großbritannien, Irland, die USA und Frankreich gelten heute als Hochburgen der Vollblut-Zucht.

Tradition und Wetteifer

Die Anfänge der Zucht gehen bis auf die Zeit der römischen Besatzung zurück. Schon damals sollen die Bewohner der Britischen Inseln Pferde gegeneinander laufen lassen haben.

Inzwischen haben sich zwei Zuchtlinien herausgebildet: Zum einen recht große Vollblüter, die eher für Langstreckenbahnen prädestiniert sind, zum anderen kleinere, extrem bemuskelte Vollblüter, die in den USA entstanden und über gute Sprinter-Qualitäten verfügen.

Die Zucht Englischer Vollblüter liegt traditionell in privater Hand. Das Gebiet um Newmarket ist nach wie vor eine Hochburg des Zuchtgeschehens. Hier gibt es zahlreiche Gestüte, die alle nicht weit voneinander entfernt liegen. In Newmarket ist auch das British National Stud beheimatet.

Obwohl die Englische Vollblut-Zucht traditionell „strictly british" war, werden heute in über 50 Ländern die schnellsten Pferde der Welt gezüchtet. Das ist nicht zuletzt dem menschlichen Wetteifer zu verdanken, ohne den es Pferderennen nicht geben würde.

Bei Jagdreitern sind die edlen Vollblüter aufgrund ihres Temperaments und ihres Laufvermögens beliebt.

Shagya-Araber

Sie sind deutlich größer als Vollblutaraber und beeindrucken mit Reitpferdepoints. Als Erbe der k.u.k.-Monarchie faszinieren Shagya-Araber aber nicht nur Traditionalisten. Ihre Intelligenz, ihr Leistungswille und ihre Eleganz haben schon so manchen Warmblut-Fan fremdgehen lassen. Die bildschönen Pferde wurden über 200 Jahre lang in den Militärgestüten der österreichisch-ungarischen Monarchie auf der Basis alter orientalischer Blutlinien gezüchtet.

Die allermeisten Shagya-Araber sind Schimmel. Also ist intensives Putzen angesagt.

▶ Kaiserliches Erbe

Name:	**Shagya-Araber**
Ursprung:	Gebiet der k.u.k.-Monarchie
Stockmaß:	155–165 cm
Farben:	meistens Schimmel, selten Rappen, Füchse oder Braune
Körper:	kurze, steile Schulter; kurzer Rücken, ausgeprägter Widerrist
Kopf:	trocken, gerade oder leicht konkav
Hals:	geschwungen
Hufe:	hart

Wenn es um anspruchsvollen Dressur- und Springsport geht, laufen Shagya-Araber ihren vollblütigen Verwandten ganz klar den Rang ab. Ihr Exterieur vereint viele Qualitäten, die schwungvolle Gänge, Rittigkeit und Springvermögen fördern. Man sieht Shagyas auch im Distanzsport, wo sie Ausdauer und Härte unter Beweis stellen. Und in der Vielseitigkeit, bei der sie mit Galoppiervermögen, Kondition und Leistungswillen überzeugen. Selbst vor der Kutsche und im Jagdfeld machen die edlen Pferde eine gute Figur.

Als Freizeitpferde sind die Schätze der k.u.k.-Monarchie ebenfalls längst sehr begehrt. Schließlich sind Shagya-Araber nicht nur hübsch, sondern auch menschenbezogen und ausgesprochen vielseitig. Ihre robuste Gesundheit ermöglicht das ganze Jahr über Offenstall-Haltung. Das heißt allerdings: viel putzen! Die meisten Shagya-Araber sind Schimmel.

Der Bestand an Shagya-Arabern ist rückläufig. Dabei eignen sich diese menschenbezogenen Pferde für viele Sparten der Reiterei.

Warmblut-Veredler

Kein Wunder, dass manch einer vom Warmblutlager zu den Shagya-Freunden wechselt. Schließlich haben Letztere auch zur Veredelung der Warmblutzucht beigetragen: Gazal VII ShA und Bajar ShA sind in den Pedigrees berühmter Sportpferde wie zum Beispiel dem Dressur-Crack Rembrandt zu finden.

Während aber die Warmblut-Szene zurzeit fröhlich boomt, steht es um die Shagya-Araber gar nicht so gut. Momentan gibt es circa 2 000 Pferde dieser Rasse, und das ist wahrlich nicht viel.

Lag die Zucht früher vor allem bei den Nationalgestüten, haben inzwischen überwiegend private Züchter die Verantwortung übernommen. Die Internationale Shagya-Araber Gesellschaft koordiniert die internationalen Stutbücher.

▶ Legendäre Gestüte

Die Rassebezeichnung Shagya existierte noch nicht, als Ende des 18. Jahrhunderts schwere Landstuten mit Vollblutaraber-Hengsten verpaart wurden. Kaiserin Maria Theresia mangelte es an genügsamen Remonten für die Armee. Also förderte sie Zucht-Programme, um diese Lücke zu schließen. Damals nannte man die beliebten Reit- und Wagenpferde einfach „Araberrasse". Shagya-Araber heißen die rittigen Pferde erst seit 1978, als sich die internationalen Zuchtverbände schließlich darauf einigten. Natürlich gab es hierfür ein lebendes Vorbild: Shagya war der Name eines 1836 nach Bábolna importierten Araberhengstes, einem hervorragenden Vererber. Der Schimmelhengst Shagya wurde vom Beduinen-Stamm Bani Saher erworben. Das Gestüt Bábolna gehörte neben den Gestüten Kotzmann (später in Radautz umbenannt) und Mezöhegyes zu den wichtigsten Begründern und Bewahrern der Rasse.

Auf den Gestüten im heutigen Ungarn, Rumänien und der ehemaligen Tschechoslowakei wurde konsequent in einzelnen Stämmen gezüchtet. Deshalb gibt es noch heute Stuten-linien, die sich bis ins 18. Jahrhundert zurückverfolgen lassen.

Vollblutaraber

Für manche sind sie die schönsten Pferde der Welt. Vollblutaraber vereinen Adel, Exotik und Anmut. Als Distanzpferde und bei Flachrennen machen sie Furore. Im Schauring bezaubern die temperamentvollen Geschöpfe die begeisterten Zuschauer. Und nicht zuletzt glänzen sie auch als Freizeitpferde. Sie sind menschenbezogen, intelligent und gelehrig. Außerdem vereinen die „Trinker der Lüfte" Härte mit Leichtfuttrigkeit und einer hohen Lebenserwartung.

Vollblutaraber verstehen es, Show zu machen. Dabei sind sie im Umgang eher unproblematisch, wenn man sie einfühlsam behandelt.

Vollblutaraber gelten als eine der ältesten Pferderassen der Welt. Die Vorfahren der inzwischen weltweit beliebten Rasse lebten auf der arabischen Halbinsel, wo die Tradition der Vollblutaraberzucht nach wie vor einen hohen Stellenwert hat. In den arabischen Ländern sind es vor allem Herrscherhäuser, die sich Gestüte leisten können, was im 19. Jahrhundert auch in Europa der Fall war. Hier hat sich die Situation allerdings längst verschoben und Vollblutaraber sind quer durch alle sozialen Schichten verbreitet.

Distanz- und Rennsport

Im Distanz- und Rennsport kann der Vollblutaraber seine Ausdauer, Härte und Geschwindigkeit unter Beweis stellen. Aber auch als vielseitiges Freizeitpferd ist er beliebt. Das Gerücht, Vollblutaraber seien übernervös, ja hysterisch, bestätigt sich nicht, wenn sie artgerecht gehalten und gut ausgebildet werden. Im Gegenteil: Sie erweisen sich als ausgesprochen menschenbezogen, problemlos im Umgang und zuverlässig.

Wenn es um den großen Turniersport geht, laufen ganz klar andere Rassen dem Vollblutaraber den Rang ab. Es gibt zwar immer wieder einzelne Vollblutaraber, die in schweren Klassen der Dressur und beim Springen bestehen, doch sie sind Ausnahmen. Eine solide Ausbildung in Dressur und Springen bis Klasse L ist in der Regel jedoch möglich. Vorausgesetzt, die reiterlichen Fähigkeiten reichen hierfür aus.

Extreme

Ein kleines, feines Köpfchen mit der charakteristischen Einbuchtung der Nasenlinie (auch Dish genannt) gilt als typisch für Vollblutaraber. Dabei haben längst nicht alle einen Dish. Der ist vor allem bei Schaulinien ausgeprägt und erreicht mitunter Extreme,

die der Gesundheit des Pferdes nicht zugute kommen. Bei Pferden, die für den Distanz- oder Rennsport gezüchtet werden, zählen andere Qualitäten: zum Beispiel ein korrekter Körperbau, stabile Beine und ein belastbarer Rücken. Kriterien, die in der Schauszene oft zu kurz kommen.

Edel sollen sie sein

Abgesehen vom konkav geprägten Kopf, gilt auch der hohe Schweifansatz als arabertypisch. Wenn sich Vollblutaraber aufregen oder Hengste einer Stute imponieren wollen, richten sie ihren Schweif hoch auf. Es sieht schon edel aus, wenn ein Vollblutaraber über

die Weide galoppiert und sein feines Langhaar wie ein Feuerschweif im Gegenlicht aufflammt. Dieser Eindruck wird noch durch die großen, ausdrucksvollen Augen verstärkt, denen in der Schauszene oft mit Schermaschine und Kosmetik Nachdruck verliehen wird. Auch die fein modellierte Nüsternpartie wird mithilfe von Babyöl auf Hochglanz gebracht. In den USA werden Schauarabern sogar die Tasthaare abrasiert, hierzulande ist das verboten. Die Gier nach Schauerfolgen geht so weit, dass manche Pferdebesitzer ihre Tiere sogar illegalen chirurgischen Eingriffen unterziehen, um dem Schönheitsideal näher zu kommen. Dabei haben Vollblutaraber all das nicht nötig, um ihre Einzigartigkeit zu entfalten.

▶ Wüstenkinder

Name:	Vollblutaraber
Ursprung:	arabische Halbinsel
Stockmaß:	148–156 cm
Farben:	Schimmel, Braune, Füchse und Rappen; keine Schecken
Körper:	quadratisch
Kopf:	klein, oft konkaves Profil
Hals:	hoch angesetzt, geschwungen
Hufe:	klein

Kaltblüter

Freiberger

Nicht nur Western-Altmeister Jean-Claude Dysli hat auf ihnen seine ersten Reitstunden genommen. Freiberger sind die optimalen Einsteigerpferde für jeden, der lernen möchte, worauf es beim Reiten ankommt. Die Trittsicherheit der Schweizer Rasse ist legendär. Deshalb werden Freiberger so gerne für Wanderritte eingesetzt. Aber auch beim Westernreiten halten die mittelschweren Pferde sehr gut mit. Sie haben Temperament, sind aber gutmütig.

Es wäre schön, wenn mehr Freizeitreiter die Qualitäten der Freiberger für sich entdecken würden. Das könnte vielleicht dazu beitragen, dass nicht zwei Drittel aller in der Schweiz geborenen Freiberger-Fohlen im Alter von sechs Monaten geschlachtet würden. Genau das ist aber leider der Fall.

Diese tragische Entwicklung ist relativ neu. Früher wurden Freiberger von Bergbauern als Arbeitspferde genutzt, und auch die eidgenössischen Gebirgstruppen vertrauten auf die stabile Rasse. Man setzte sie überwiegend als Pack- und Zugtiere ein, manchmal aber auch als Reitpferd.

▶ Geländegängig

Name:	Freiberger, Franches Comtes
Ursprung:	Schweiz
Stockmaß:	150–160 cm
Farben:	meistens Braune, manchmal Füchse; selten Schecken
Körper:	kräftiger Rücken; abschüssige Kruppe
Kopf:	edel, leicht
Hals:	mäßig lang
Hufe:	fest, gesund

Freizeit- und Sportpferd

Seit den 60er-Jahren des letzten Jahrhunderts konzentriert sich die Zucht verstärkt auf den Reitpferdetyp. Ein schwedisches Warmblut und ein polnisch gezogener Araber brachten mehr Adel in die Rasse. Freiberger sind seitdem leichter geworden und tendieren eher in Richtung Warmblut. Mit Erfolg, denn als Freizeit- und Sportpferd hat die Rasse längst Karriere gemacht.

Freiberger-Züchter gibt es in der gesamten Schweiz. Ursprünglich war die Rasse jedoch direkt an der französischen Grenze, der Franche Comte des Schweizer Juras, angesiedelt. Deshalb werden Freiberger auch Franches Comtes oder Jurarasse genannt.

Begeisterungsfähig

Mit einer durchschnittlichen Größe von 150 bis 160 Zentimetern sind Freiberger nicht nur für Kinder und Jugendliche, sondern auch für Erwachsene geeignet. Ihre Vielseitigkeit kennt keine Grenzen: Die hübschen Schweizer lassen sich in Dressur und Springen ebenso ausbilden wie als zuverlässiges Gelände-Reitpferd. Ganz gleich, ob es zur Jagd, einem Geschicklichkeits-Turnier oder einem Seminar über Zirkuslektionen geht – Freiberger sind mit Begeiste-

Freiberger sind eine robuste Freizeitrasse. Sie eignen sich als Freizeit-, Wanderreit- und Kutschpferd.

rung bei der Sache. Sogar als Therapie-Pferde machen sie Furore. Hierbei kommt ihr umgängliches Wesen gut zur Geltung. Ihr Nervenkostüm ist stabil, aber trotzdem kommt mit ihnen nie Langeweile auf. Dazu sind sie wiederum zu rege.

Die meisten Freiberger sind braun, aber es gibt auch Füchse. Und manchmal sieht man sogar Schecken. Das sind aber echte Raritäten, die sich besonders gut unter dem Westernsattel machen. Ein toller Hingucker mit Trail-Potenzial!

▶ Unkomplizierte Robustrasse

Was die Haltung angeht, sind Freiberger ebenfalls denkbar unkompliziert. In einem ordentlich geführten Offenstall mit Herdenanschluss fühlen sie sich pudelwohl. Hochwertiges Heu und Stroh stellen die Nahrungsgrundlage der leichtfuttrigen Rasse dar. Kraftfutter wird in der Regel nur in kleinen Mengen gegeben.
Wie bei anderen leichtfuttrigen Rassen auch ist während der Weidesaison auf Hufrehe zu achten. Freiberger schlagen sich gerne den Bauch voll, und zuviel Gras kann sie krank machen. Zu Beginn der Weidesaison empfiehlt sich deshalb besonders langsames Aufweiden. Mit einer halben Stunde angefangen, die man im Laufe von drei Wochen auf ganztägigen Weidegang ausdehnt, kann eigentlich auch beim Freiberger nicht viel schiefgehen.

Italienisches Kaltblut

Tiro Pesante Rapido heißen Italienische Kaltblüter in ihrer Heimat. Übersetzt heißt das soviel wie „Zieht viel und ganz schnell". Das ist nicht übertrieben, denn die mediterranen Wuchtbrummen sind unglaubliche Muskelpakete. Dabei sind sie nicht schwerfällig, sondern erstaunlich beweglich, was sie zu beliebten Zug- und Fahrpferden macht. Es gibt auch Reiter, die sich für die Kolosse erwärmen, aber klassische Reitpferdepoints haben die süßen Dicken nicht.

Ähnlichkeiten mit Bretonen sind ganz und gar nicht zufällig. Die italienische Kaltblutzucht wurde lange Zeit von französischen Kaltblütern beeinflusst. Hierdurch entwickelte sich ein mittelschweres Arbeitspferd, das nicht nur Bauern begeisterte, sondern auch oft als Stangenpferd der Artillerie zu sehen war. Das ist heute seltener der Fall, aber Italienische Kaltblüter haben nichts von ihrer Robustheit verloren.

Freundlich und fleißig

Die üppigen Italiener sind einfach liebenswert. Das liegt an ihrem freundlichen Wesen und an der Art, wie sie mit fröhlichen Augen zwischen dem Schopfhaar hindurchlugen. Zum Glück sind die Tiro Pesante Rapido bei all ihrer Energie mit einem recht ruhigen Temperament gesegnet. Ansonsten dürfte es abenteuerlich sein, eine Tonne Lebendgewicht kontrollieren zu müssen.

Dank ihrer Umgänglichkeit sind die Italienischen Kaltblüter ausgezeichnete Kutschpferde für Freunde schwergewichtiger Kaliber. Ihr Zugvermögen ist gigantisch. Ob es um Bierwagen oder Planwagen voller Touristen geht – die mächtigen Rösser empfinden all das nur als Fliegengewicht. Aber auch Freizeitfahrer haben Freude an den schweren Jungs. Und den Reitplatz kann man mit ihrer Hilfe auch gleich abziehen...

In den Adern vieler Kaltblutrassen fließt auch italienisches Blut.

Einzigartig

Tiro Pesante Rapido sind die einzige italienische Kaltblutrasse. Das Hauptzuchtgebiet liegt im Norden Italiens. Das Hengstdepot in Ferrara galt lange als bedeutend; inzwischen sind die meisten Hengste in der Gegend um Verona zu finden. Einmal jährlich treten zweieinhalbjährige Hengste bei der Zugleistungsprüfung gegeneinander an. Der zuständige Zuchtverband ist ebenfalls in der berühmten Opernstadt untergebracht.

Wer sich einen Eindruck von den schwergewichtigen Rössern machen möchte, kann sie auf der Fieracavalli, der ältesten Pferdemesse der Welt, in Verona erleben. Jedes Jahr im November stellt der Zuchtverband dort seine Prachtexemplare vor.

Schlachtfohlen

Leider ist das Einsatzgebiet der kaltblütigen Gesellen inzwischen stark eingeschränkt. Die Landwirtschaft vertraut längst auf motorbetriebene Helfer und auch in der Maultierzucht benötigt man die Zugpferde nicht mehr. Früher wurden Tiro Pesante Rapido gerne mit Maultieren verpaart, um kräftige Tragtiere für die Gebirgstruppen zu züchten.

Der Grund, weshalb man trotzdem noch immer von einem regen Zuchtgeschehen sprechen kann, ist ein trauriger: Italienische Kaltblüter dienen heute fast ausschließlich der Erzeugung von Schlachtfohlen. In Nord- und Süditalien ist Pferdefleisch – und vor allem das zarte Fohlenfleisch – sehr beliebt. Um diese Nachfrage zu befriedigen, werden den Kaltblutstuten ihre wenigen Wochen alten Fohlen entrissen. Die Kleinen werden zusammengepfercht, auf Transporter getrieben und auf Schlachthöfen getötet. Anstatt ihre Lebensfreude auf einer großen Weide auszutoben, endet ihr Leben allzu früh. Wenn mehr Kaltblut-Fans ihre Leidenschaft für italienische Schwergewichtler entdecken, könnte sich diese Situation vielleicht ändern.

Die italienischen Kraftpakete wurden lange Zeit als Zugpferde eingesetzt.

▶ Mediterrane Muskelpakete

Name:	**Tiro Pesante Rapido, Italienisches Kaltblut**
Ursprung:	Italien
Stockmaß:	152–158 cm
Farben:	Dunkelfüchse mit blondem Langhaar, Füchse und Braune
Körper:	gut gelagerte Schulter; breite, muskulöse Brust; kurzer, kräftiger Rücken
Kopf:	relativ klein, breite Stirn
Hals:	gut aufgesetzt, muskulös
Hufe:	mittelgroß, rund, sehr gute Hornqualität

Polnisches Kaltblut

Sie sind wahrlich keine Raritäten: Polnische Kaltblüter machen die größte Gruppe der in Polen lebenden Pferde aus. Das hat einen Grund: In Polen werden nach wie vor riesige Landwirtschaftsflächen bewirtschaftet und aus Kostengründen sind dort mehr Pferde als Traktoren im Einsatz. Doch man muss kein Bauer sein, um Freude an einem Polnischen Kaltblut zu haben: Auch Fahrsport-Fans finden Geschmack an den genügsamen Muskelpaketen.

Es muss ja nicht unbedingt gleich die schwerste Ausführung des Polnischen Kaltbluts sein. Schließlich gibt es auch leichtere Typen, und die sind noch stark genug, wenn es um das Ziehen von Kutschen oder richtig schweren Lasten wie Baumstämmen geht.

Wer Polnische Kaltblüter kennt, schätzt ihre Begabung, ganz schnell zu lernen. Von wegen stur oder gar dumm: Sie begreifen flotter als so manches, durchaus höher im

Blut stehende Pferd. Und was sie einmal gelernt haben, ist für immer präsent und abrufbar. Sogar nach vielen Jahren erinnern sich die Schwergewichte sofort an Dinge, die man ihnen vor langer Zeit beigebracht hat.

Ihre Arbeit verrichten sie stets mit Feuereifer. Ablenkungen gibt es nicht. Polnische Kaltblüter haben ihr Ziel ganz klar vor Augen und arbeiten konzentriert und mit echter Begeisterung mit.

Leichte Polnische Kaltblüter machen sich gut als Passgespann vor der Kutsche.

Ganz schön stark

Name:	Polnisches Kaltblut
Ursprung:	Polen
Stockmaß:	148–160 cm
Farben:	überwiegend Füchse und Braune, auch Fuchs- und Braunschimmel
Körper:	deutlicher Widerrist; kräftiger, kurzer Rücken, breite abschüssige Kruppe
Kopf:	trocken, ausdrucksvoll
Hals:	gut aufgesetzt, mittellang
Hufe:	hart, sehr gute Form

Eine kräftige, melonenrunde Kruppe ist ein Muss für Polnische Kaltblüter.

Hart im Nehmen

Bei allem Arbeitseifer begeistern die osteuropäischen Muskelprotze aufgrund ihrer Gutmütigkeit. Der Umgang mit ihnen ist so problemlos, dass man kein Rittmeister sein muss, um mit ihnen zurechtzukommen. Diese Pferde nehmen ihren Menschen so gut wie nichts übel, was natürlich kein Freibrief für schlechte Behandlungen sein sollte.

Trotz ihrer opulenten Größe benötigen Polnische Kaltblüter verhältnismäßig wenig Kraftfutter. Wenn sie täglich hochwertiges Heu und gutes Futterstroh vorfinden, reicht das fast aus, um sie in Form und Kondition zu halten.

Uneinheitlich

Zurzeit ist die Zucht recht uneinheitlich, was der polnische Pferdezüchterverband sehr bedauert. Er kämpft gegen die unkontrollierte Einkreuzung anderer Rassen – vor allem der von Warmblütern.

Erklärtes Ziel ist die Bewahrung eines schweren Kaltbluttyps. Hierzu wird mit belgischen Kaltblutrassen geliebäugelt. Als ideal gilt der Schweden-Ardenner-Typ. Ein typvolles Polnisches Kaltblut ist edler und drahtiger als französische und belgische Kaltblüter. Aber es ist trotzdem mächtig und hat viel Fleisch auf den Knochen.

Schicksalhaft

Der Wunsch nach möglichst schweren, fleischigen Typen kommt leider auch bei dieser Rasse nicht von ungefähr. Polnische Kaltblüter teilen sich mit anderen schweren Rassen – wie zum Beispiel den Italienischen Kaltblütern – ein Schicksal, das Pferdefreunden einen Schauer über den Rücken jagt. Immer mehr Züchter konzentrieren sich auf die Produktion von Schlachtfohlen. Ein einträgliches Geschäft, das für die Fohlen in tagelangen Schlachttransporten Richtung Frankreich endet.

Diese Entwicklung wird sich vermutlich fortsetzen, weil immer mehr polnische Betriebe auf motorisierte Hilfsmittel umsteigen. Da bieten die Schlachtpferde einen attraktiven Zusatzverdienst.

Es wäre schade, wenn sich das Kapitel des Polnischen Kaltblutes auf diese Weise schließt. Denn die vielen Lokalschläge stellen einen wertvollen Genpool der Pferdezucht dar. Außerdem haben sie wirklich gute Voraussetzungen, um auch in Freizeitreiterkreisen einen festen Platz zu finden.

Shire Horse

Alles an Shire Horses ist x-large: Mit einem Stockmaß von 170 bis 195 Zentimetern sind sie die größten Pferde der Welt. Einige Shires überschreiten sogar die Zwei-Meter-Grenze. Wie mag man da nur hinaufkommen? Und doch schaffen es einige Reiter, die Sättel der Pferderiesen zu erklimmen. Shire Horses haben viele Fans und die reiten ihre Lieblinge oder spannen sie vor Kutschen. Auch vor Brauereiwagen sind die Giganten oft zu sehen.

Shire Horses sind die größten Pferde der Welt. Und anscheinend haben sie auch die stabilsten Nerven.

Im Mittelalter schworen etliche verwegene Rittersleute auf Shire Horses. Bei Wettkämpfen donnerten sie mit den vierbeinigen Riesen über das Turniergelände und lehrten ihre Gegner das Fürchten. Allerdings dürften Shire Horses damals nicht ganz so groß gewesen sein, wie sie es heute sind.

Die planmäßige Zucht der Rasse begann erst im 18. Jahrhundert mit Robert Bakewell, der 1760 Leiter des Gestüts Dishley in Leicestershire wurde. Er konzentrierte sich zwar in den ersten Jahren vorrangig auf die Schaf- und Rinderzucht, verlegte sich aber schon bald auf Shire Horses. Mit großem Erfolg.

Arbeitspferde

Die schier unermessliche Kraft der Shire Horses wurde schon bald wirtschaftlich genutzt. Die gutmütigen Riesen zogen Lasten, transportierten dabei die unterschiedlichsten Waren und ließen Menschen Wetten abschließen. Wer hatte das größte, wer das kräftigste Pferd?

Ab dem 19. Jahrhundert wurden Shires sozusagen zu Verkehrsmitteln. Sie zogen die Vorgänger der Straßenbahnen und kutschierten Passagiere quer durch die Stadt.

▶ Gentle Giants

Name:	**Shire Horse**
Ursprung:	England
Stockmaß:	170–195 cm, manche auch noch größer
Farben:	überwiegend Rappen und Dunkelbraune, selten Schimmel
Körper:	Widerrist reicht weit in den Rücken hinein; bemuskelter, kurzer Rücken; gut geformte, abschüssige Kruppe
Kopf:	groß, lang gestreckt
Hals:	gute Länge, schön geschwungen
Hufe:	groß, rund, weit

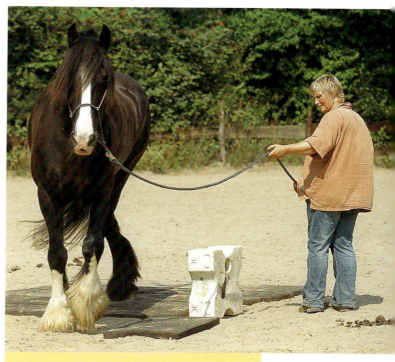

Einige Freizeitreiter haben ihr Herz an die charmanten Riesen verloren.

Abwärts-Trend

Offensichtlich blieb bei aller Nützlichkeit die Qualität der Rasse irgendwann auf der Strecke. Hervorragende Shire Horses verließen England, weil sie Käufer aus anderen Ländern erworben hatten. Oder sie standen auf einmal in Schottland, weil man sie dort für den Aufbau der Clydesdale-Zucht einsetzte. All das führte dazu, dass typvolle Shire Horses plötzlich Mangelware wurden.

▶ Erfolgreiche Zuchtgeschichte

Offensichtlich schöpfte Bakewell aus dem westfriesischen Pferdebestand, der mit niederländischen Kriegsgefangenen nach England gekommen war, und setzte ausgesuchte Stuten regionaler Herkunft ein. Es wird auch behauptet, Bakewell habe sogar selbst Pferde in Westfriesland erworben. Auch ein schwarzer Deckhengst aus Leicestershire soll seinen Beitrag zur Reinzucht der Shire Horses geleistet haben. Dies war der Auftakt zu einer erfolgreichen Zuchtgeschichte.

Die 1878 gegründete Shire Horse Society erkannte das Problem und kämpfte für die Reinzucht. Sie trug nur Pferde ein, die dem Ideal entsprachen. Die Industrielle Revolution versetzte der Rasse dann einen weiteren Schlag: Die imposanten Shire Horses drohten auszusterben.

Brauerei-Pferde

Das verhinderten Privatzüchter und Betreiber großer Brauereien, die Shires nach wie vor für ihre Brauereiwagen einsetzten. Noch heute sind die Riesen mit dem üppigen weißen Fesselbehang vor solchen Wagen zu sehen. Allerdings weniger bei der täglichen Arbeit als zu Showzwecken, die Groß und Klein begeistern. Die Londoner Brauereien Whitbread & Co. Ltd. und Young Co's Brewery Ltd. haben hervorragende Gentle Giants in ihren Stallungen stehen. Der Shire Horse Society, die auch heute noch eng mit den Brauereien zusammenarbeitet, ist es ebenfalls zu verdanken, dass die größte Kaltblutrasse der Welt noch immer die Herzen der Pferdefreunde erobert.

Service

Kleines Lexikon

Aalstrich   Dunkler Streifen, der sich vom Mähnenkamm bis zur Schweifrübe des Pferdes zieht.

Abreiten   Das Aufwärmen des Pferdes unter dem Sattel, um die Gelenke, Muskeln und Sehnen auf die erhöhte Belastung vorzubereiten.

Absetzer   Ein Saugfohlen, das von seiner Mutter getrennt wird und sich zukünftig nicht mehr von Milch, sondern von Saft-, Rau- und Kraftfutter ernährt.

Abteilungsreiten   Das Ausüben von Dressurlektionen in einer Gruppe von Reitern und Pferden.

Abzeichen   Angeborene, unveränderliche, meist weiße Stellen an Kopf und Beinen des Pferdes.

Aktion   Horizontaler und vertikaler (Tritthöhe) Raumgriff der Pferdebeine.

Albinismus   Pigmentmangel von Haut, Haaren und Augen.

Allel   Ausprägungsform einer Erbanlage, eines Gens.

Ankaufsuntersuchung   Ein unabhängiger Tierarzt überprüft vor dem Kauf den Allgemeinzustand, das Atemsystem und die Gliedmaßen des Pferdes im Ruhezustand und nach der Belastung.

Anlehnung   Eine stete, weich federnde Verbindung zwischen Pferdemaul und Zügelhand.

Atmung   Ein Pferd atmet im Ruhezustand durchschnittlich neun bis 16 Mal pro Minute, bei Belastung bis zu 70 Mal pro Minute.

Axthieb   Unschöne Einbuchtung am Halsansatz, kurz über dem Widerrist.

Ballen   Bereich oberhalb der Rückseite des Hufes, ist nicht mit Hufhorn geschützt, sondern von Haut und Fell überzogen.

Bandmaß   Pferdegröße, gemessen mit einem Maßband, vom Boden bis zum Widerrist.

Behang   Sammelbegriff für Langhaar, oft ist aber nur der Kötenbehang gemeint.

Beritt   Das professionelle Training eines Pferdes durch einen Bereiter.

Beschäler   Ein Hengst, der staatlich gekört wurde.

Biegung   Seitwärtsbewegung der Pferdewirbelsäule in den Wirbelgelenken; im Hals und Lendenbereich ist mehr Biegung, im Brustbereich (Sattellage) weniger möglich.

Cutting   Westernsport-Disziplin, bei der es um Rinderarbeit geht.

Deckhaar Längeres, oft sehr festes Haar, das den Körper des Pferdes vor Witterungseinflüssen schützt.

Dish Charakteristische Einbuchtung der Nasenlinie beim Vollblutaraber.

Dominant Eigenschaft eines Allels, ein anderes (rezessives) Allel zu überdecken.

Doppelmähne Üppiges, zu beiden Seiten des Halses fallendes Langhaar.

Dornfortsatz Nach hinten gerichtete Verlängerung des Wirbels – einem knöchernen Element der Wirbelsäule.

Durch-lässigkeit Gehorsames und zwangloses Annehmen der Reiterhilfen.

Durch-parieren Anhalten

Einstreu Weicher, saugfähiger Belag in der Pferdebox, z.B. Stroh, Späne, Strohhäcksel, Hanfeinstreu, Holzpellets usw.

Equidenpass "Personalausweis" des Pferdes. Er enthält Angaben zur Abstammung des Tieres, zu Farbe, Fellmerkmalen und Impfungen. Der Equidenpass ist Eigentum des ausstellenden Verbandes und muss nach dem Tod des Pferdes zurückgegeben werden.

Exterieur Das äußere Erscheinungsbild des Pferdes. Damit ein Pferd Papiere erhält, muss das Exterieur den Anforderungen des entsprechenden Zuchtverbandes genügen.

Falscher Knick Unkorrektes Abkippen des Pferdes im Hals.

Fischauge Helles, glasiges – meistens blaues – Auge.

Flanke Hinter den Rippen liegender Bereich zwischen Hüfthöcker und Bauchunterseite. Meistens bilden die Flanken eine leichte Grube.

Flankenschlag Schnelles Heben und Senken der Flanken, meistens nach körperlichen Anstrengungen.

Flehmen Hochstülpen der Oberlippe mit gleichzeitigem Nach-oben-Strecken von Hals und Kopf, oft ausgelöst durch bestimmte Duftstoffe wie z.B. durch den Körpergeruch rossiger Stuten.

Fluchttier Ein Tier, das sofort flieht, wenn es Gefahr wittert. Verteidigung und Angriff erfolgen in der Regel nur dann, wenn es keine andere Möglichkeit der Konfliktlösung gibt.

FN Abkürzung für Fédération Equestre Nationale, die Deutsche Reiterliche Vereinigung. Hierbei handelt es sich um den Bundesverband für Pferdesport und -zucht mit Sitz in Warendorf. Die FN ist der Dachverband aller Züchter, Reiter, Fahrer und Voltigierer in Deutschland.

Fohlen Ein noch nicht ausgewachsenes Pferd.

Fundament Gliedmaßen des Pferdes und ihre Knochenstärke sowie Stellung.

Ganaschen-freiheit Weiter Abstand der Unterkieferäste.

Gangpferde Pferde, die neben den Grundgangarten Schritt, Trab und Galopp noch über weitere Gangvarianten wie Tölt und Pass verfügen.

Ganze Bahn Beim Kommando „Ganze Bahn" reitet man entlang der Bande um die gesamte Bahn.

Geruchssinn	Pferde haben eine feine Nase. Sie nehmen Gerüche sehr differenziert wahr – sogar, wenn die Duftquelle weit entfernt ist.	**Halbblut**	Ein Pferd, das aus der Verpaarung eines Warmbluts mit einem Vollblut hervorgeht.
Geschlechts-reife	Der Zeitpunkt, an dem Stute und Hengst fortpflanzungsfähig werden, tritt durchschnittlich im Alter von anderthalb bis zweieinhalb Jahren ein.	**Handwechsel**	Der Wechsel beim Reiten in der Bahn von der linken auf die rechte Hand oder umgekehrt.
Gestüt	Zuchtstätte für Pferde, staatlich oder privat.	**Hauptgestüt**	In einem Hauptgestüt gibt es Zuchtstuten, Zuchthengste und auch Fohlenaufzucht, wogegen Landgestüte reine Hengstdepots sind.
Gewichts-hilfen	Signale durch Gewichtsverlagerung des Reiters im Sattel.	**Hechtkopf**	Die Nasenlinie verjüngt sich extrem zu den Nüstern hin.
Glasauge	Eine hell wirkende Iris, die aufgrund mangelnder Pigmente (Farbstoffe) eine leicht bläuliche bis ockerfarbene Farbe hat.	**Hengst**	Männliches Pferd
		Hilfen	Kommunikation mit dem Pferd mittels Zügel, Gewicht, Schenkeln und Stimme.
Gnadenbrot	Die Finanzierung eines behaglichen Lebensabends für ein betagtes Pferd, das nicht mehr geritten oder anderweitig genutzt werden kann.	**Hilfszügel**	(Zügel-)Verschnallungen zwischen Gebiss und Sattel/Reiterhand, die es dem Reiter erleichtern sollen, das Pferd in korrekter Haltung zu reiten.

Hinterhand	Begriff für die Gesamtheit von Kruppe, Schweif und Hinterbeinen des Pferdes.		auf denen sich die Urpferde fortbewegten.
Hirschhals	Stark bemuskelter Unterhals, meistens in Verbindung mit einem hoch erhobenen Kopf.	**Kastration**	Entfernung des Hodens. Hengste werden durch diesen operativen Eingriff unfruchtbar. Kastrierte Hengste nennt man Wallach.
Hörvermögen	Die Fähigkeit, akustische Signale wahrzunehmen. Bei Pferden ist das Hörvermögen sehr gut ausgeprägt.	**Keilkopf**	Ein Kopf mit breitem Ansatz, gerader Profillinie und spitz zulaufender Maulpartie.
Huf	Eine von einem Hornschuh umkleidete Laufzehe.	**Kinnbart**	Lange Grannenhaare an der Unterseite des Pferdekopfes.
Huf-Grip	Eine Gummieinlage zwischen Huf und Eisen. Sie wird vom Schmied angebracht, um die Stollenbildung beim Reiten im Schnee zu verhindern.	**Kleben**	Eine Unart des Pferdes, die es erschwert, das betreffende Pferd von Artgenossen wegzuführen oder wegzureiten.
Imponiergehabe	Verhalten des Hengstes, wenn er eine Stute oder einen anderen Hengst beeindrucken möchte, ausgedrückt durch z.B. einen gewölbten Hals, weit geblähte Nüstern und einen schwungvollen Gang.	**Kolik**	Ein allgemeiner Begriff für starke Bauchschmerzen.
		Konkav	Nach innen gewölbt
		Konvex	Nach außen gewölbt
Innen	Die hohle Seite des gebogenen Pferdes, unabhängig davon, wo die Innenseite der Bahn liegt.	**Koppen**	Eine Verhaltensstörung, bei der das Pferd Luft schluckt.
Interieur	Charaktereigenschaften eines Pferdes, z.B. Wesen, Temperament, Arbeitswille	**Krötenmaul**	Rosafarbene Hautstellen am Pferdemaul, die durch eine schwache Pigmentierung zustande kommen.
Jährling	Ein Jungpferd, das mindestens zwölf Monate und höchstens 24 Monate alt ist.	**Kruppe**	Der Bereich zwischen Lende und Schweifansatz.
Kadenz	Das Maß, wie weit ein Pferd in der Bewegung seine Hufe vom Boden löst	**Kuhhessig**	Fehlerhafte Beinstellung: Die Hinterbeine des Pferdes stehen – von hinten betrachtet – nach außen gebogen.
Kaliber	Das Verhältnis von Gewicht zu Körpergröße des Pferdes.		
Kardätsche	Feine Bürste mit Handschlaufe, aus Naturhaar.	**Langhaar**	Mähne und Schweif des Pferdes.
Karpfenrücken	Der Rücken ist im hinteren Bereich wie ein Buckel aufgewölbt	**Laufstall**	Eine Stallanlage, in der Pferde ihr natürliches Bewegungsbedürfnis ausleben können.
Kastanie	Hornige Fläche an der Innenseite der Vorderbeine und an den Hinterbeinen. Kastanien sind Überbleibsel von den ursprünglich fünf Zehen,	**Leichter Sitz**	Eine Sitzvariante, die den Rücken des Pferdes entlastet.
		Leichttraben	Der Reiter steht bei jedem zweiten Tritt des Pferdes kurz aus dem Sattel auf.

Leithengst/ Leitstute	Das ranghöchste Pferd einer Herde. Der Leithengst schützt seine Herde vor Angreifern, die Leitstute führt die Herde zu Futter- und Wasserstellen.
Mähnenkamm	Die obere Halskante des Pferdes, aus der die Mähne wächst.
Mehlmaul	Ein spezielles Abzeichen im Kopfbereich. Das Fell rund um den Maulbereich ist heller als das restliche Fell.
Mittelhand	Pferdekörper zwischen Schulter und Lende – der tragende Teil. Analoger Begriff zu Vor- und Hinterhand.
Nachschwitzen	Viele Pferde schwitzen nicht nur während körperlicher Anstrengung, sondern vor allem auch danach.
Nüstern	Die Nasenlöcher des Pferdes.
Offenstall	Ein dreiseitig geschlossener, für die Pferde frei zugänglicher Unterstand mit angrenzenden Auslaufflächen, Tränken und Futterstellen.
Paraden	Kombination aus treibenden Gewichts- und Schenkelhilfen sowie annehmenden Zügelhilfen. Einmalig gegeben zur Vorbereitung auf neue Aufgaben oder zum Verringern von Tempo und zum Gangartenwechsel (halbe Parade) oder mehrmals in Folge zum Anhalten (ganze Parade).
Pony	Kleines Pferd unter 1,48 cm Stockmaß.

Quadratpferd	Rückenlänge zwischen Brust und Hinterhand ist gleich dem Stockmaß.
Rahmen	Pferde mit viel Rahmen haben ein von groß proportionierten Körperformen geprägtes Gesamtbild.
Ramsnase	Eine nach außen gewölbte Nasenlinie.
Rangordnung	Hierarchie innerhalb eines Herdenverbands, die über Respekt und Unterordnung entscheidet.
Rasse	Eine Gruppe von Pferden, die allesamt dieselben oder ähnliche Merkmale besitzen.
Raufutter	Heu und Stroh
Rechteckformat	Ein Pferd, dessen Verhältnis zwischen Rumpflänge und Stockmaß einem Rechteck entspricht.
Rechteckpferd	Rückenlänge zwischen Brust und Hinterhand ist größer als das Stockmaß.
Rezessiv	Eigenschaft eines Allels, sich durch ein anderes Allel überdecken zu lassen.
Riechen	Riechen ist für das Pferd ausgesprochen wichtig. Es kann so die Genießbarkeit von Wasser und Futter überprüfen oder Kontakt zu Artgenossen aufnehmen.
Rittigkeit	Willigkeit des Pferdes, auf Hilfen unmittelbar und richtig zu reagieren.
Röhrbein	Die Knochenpartie zwischen Vorderfußwurzelgelenk und Fesselgelenk.
Rosse	Der für die Fortpflanzung ausschlaggebende Zeitraum des Sexualzyklus der Stute.
Säbelbeinig	Weit unter den Pferdekörper gestellte Hinterbeine.
Saftfutter	Nahrung mit hohem Feuchtigkeitsanteil wie z.B. Gras, Äpfel und Möhren.

Satteldruck	Eine durch einen schlecht sitzenden Sattel verursachte gesundheitliche Beeinträchtigung des Pferdes.
Sattellage	Tragfähige Partie der (Brust-)Wirbelsäule zwischen Schulter und einer gedachten Linie zwischen dem Ende des Rippenbogens und der Wirbelsäule
Schweiß-messer	Pflegeutensil, mit dem man Feuchtigkeit aus dem Fell des Pferdes streichen kann.
Senkrücken	Nach unten durchhängender Rücken
Stellung	Horizontal gebogene Halswirbelsäule zwischen Schulter und Genick.
Stockmaß	Größe des Pferdes vom Boden bis zum Widerrist, gemessen mit einem senkrecht stehenden Stock und einem waagerechten Messarm.
Striegel	Putzgerät zum Aufrauen des Fells und zum Lockern von Schmutz.
Stutbuch	Stammbuch einer Pferderasse, in das alle Zuchtstuten eingetragen werden, die dem gewünschten Zuchtziel entsprechen.
Stute	Weibliches Pferd
Tasthaare	Lange, stabile Haare, die rund um Maul und Nüstern wachsen.
Trächtigkeit	Zeitraum zwischen der Befruchtung der Eizelle und der Geburt des Fohlens.
Überbaut	Die Kruppe liegt höher als der Widerrist des Pferdes.
Übergänge	Zulegen und Zurückführen des Tempos in einer Gangart mit deutlichen Tempounterschieden oder Gangartenwechsel.
Vernageln	Falsches Einschlagen des Hufnagels mit Verletzung der Huflederhaut.
Verziehen	Manuelles Ausdünnen des Mähnenhaares.

Volte	Kreis zwischen sechs und zehn Metern Durchmesser.
Vorhand	Alle Körperteile des Pferdes zwischen Schulter und Kopf (vor der Reiterhand).
Wallach	Hengste werden zwischen dem ersten und vierten Lebensjahr vom Tierarzt kastriert. Wallache sind ruhiger als Hengste und können gemeinsam mit Stuten in einer Gruppe gehalten werden.
Weben	Verhaltensstörung, bei der das Pferd mit Kopf und Hals ständig von einer Seite zur anderen schaukelt.
Widerrist	Übergang vom Hals zum Rücken.
Wurmkur	Chemische Bekämpfung von Würmern.
Zirkel	Kreislinie mit dem Durchmesser der Länge der kurzen Seite.
Zucht-verband	Vereinigung, die sich für den Fortbestand und die Verbesserung einer bestimmten Pferderasse einsetzt.

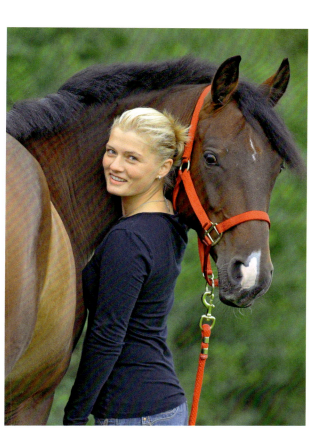

Zum Weiterlesen

Alles über Pferde

Metz, Gabriele: **Pferde** A-Z; KOSMOS 2009
Um die Fachbegriffe aus der Pferdesprache
verstehen und richtig benutzen zu können, ist manchmal ein gutes Nachschlage-
werk gefragt. Dieses Buch erklärt über
500 Stichworte von A bis Z, ist aufwendig
bebildert und lädt ganz nebenbei auch
zum Schmökern ein.

Pferderassen

Behling, Silke: **Pferderassen**; Die 100 bekanntesten Pferderassen, KOSMOS 2010
Ein praktisches und kompaktes Nach-
schlagewerk. 106 Pferderassen, vorgestellt
in informativen Texten und mit vielen
Farbfotos.

Haller, Martin: **Der neue Kosmos-Pferdefüh-
rer**; Mit allen Pferde- und Ponyrassen der
Welt, KOSMOS 2003, 2009
Der Pferderassen-Klassiker! Erfahren Sie
Wissenswertes rund um Herkunft, Cha-
rakter und Körperbau von über 250 Pfer-
derassen aus aller Welt. Ein umfassender
Überblick mit Bildern zu jeder Rasse.

Alles übers Reiten

Giffels, Ruth: **Klassisch barockes Reiten**;
Grundlagen des Reitens, der Arbeit an der
Hand und am langen Zügel, KOSMOS
2008
Die klassisch-barocke Reiterei strebt feines Reiten mit minimalen Hilfen an. Hier
erklärt die Autorin die Grundlagen dieser
klassischen Reitkunst leicht verständlich.
Simmungsvolle Bilder zeigen genau,
worauf es ankommt.

Higgins, Gillian mit Stefanie Martin: **Anatomie verstehen – besser reiten**; Bewegungsabläufe sichtbar gemacht, KOSMOS
2010
Bewegung sichtbar gemacht! Das Pferd
bemalt mit Skelett und Muskeln, so ist es
leicht, Bewegungsabläufe und Trainings-
aufbau zu verstehen.

Holm, Juliane: **Islandpferdereiten**; KOSMOS
2009
Schritt, Trab und Galopp sind wohl jedem
Pferd bekannt – doch Islandpferde begeistern zusätzlich mit Tölt und Pass. Juliane
Holms Einsteiger-Reitlehre zeigt, wie
man taktklar, harmonisch und im Gleichgewicht töltet.

Kreinberg, Peter: **Der Freizeitreiterkurs**;
Grundausbildung für entspanntes Reiten,
KOSMOS 2005, 2011
Wem Spaß am Reiten und der Umgang
mit dem Pferd wichtiger sind als Turniererfolge, der bekommt mit diesem Buch
die Grundlagen für ein entspanntes und
sicheres Reiten.

Metz, Gabriele: **Klaus Balkenhols Reitschule**;
Reiten lernen, Reiten verstehen, KOS-
MOS 2010
In diesem Buch werden Reitlehrerkommandos und die Hilfengebung übersicht-
lich erklärt. Damit Einsteiger und Fortgeschrittene endlich nicht nur verstehen,
wie sie auf dem Pferd sitzen sollen, sondern auch, welcher Sinn dahinter steckt.

Metz, Gabriele: **Reiten A-Z**; KOSMOS 2010
Kompakt und kompetent erklärt dieses
Lexikon über 700 Begriffe rund ums Rei-
ten. So spannend kann Nachschlagen sein.

Meyners, Eckart: **Übungsprogramm im Sattel**; Losgelassenheit, Beweglichkeit und Koordination verbessern, KOSMOS 2009
Eckart Meyners stellt über 60 Übungen auf dem Pferd vor, die Reitern zu einem besseren Sitz verhelfen. Auch Stress und Verspannungen werden durch die einfachen Übungen gelöst. Reiter und Pferd kommen zu neuer Harmonie und höherer Leistung.

Schmid, Andrea: **Westernreiten**; KOSMOS 2009
Westernreiten erfordert eine gute Ausbildung von Pferd und Reiter. Übungen aus der Praxis erleichtern den Weg zu perfekten Spins, Stops und anderen Lektionen.

Stern, Horst: **So verdient man sich die Sporen**; KOSMOS 2005, 2011
Unzählige Reiter haben mit diesem Buch auf höchst amüsante Weise das Reiten gelernt. "Mit dem Hintern geschrieben" habe er dieses Buch, für das Horst Stern zum ersten Mal selbst in den Sattel stieg. Die Bestseller-Reihe, jetzt zum Jubiläumspreis inklusive Hörbuch.

Reitabzeichen

Hölzel, Petra: **Basis-Pass Pferdekunde**; Das Prüfungswissen der FN in Frage und Antwort, KOSMOS 2000, 2010
An diesem Buch kommt niemand vorbei: Der Basispass ist Voraussetzung für jeden Reiter und Pferdesportler, der sein erstes offizielles Abzeichen ablegen möchte! Die optimale Vorbereitung.

Hölzel, Petra / Hölzel, Wolfgang: **Der Reitpass**; Prüfungswissen der FN für Theorie und Praxis, KOSMOS 2000, 2010
Heute schon wissen, was die Prüfer morgen fragen – bessere Prüfungsvoraussetzungen kann man sich nicht verschaffen.

Putz, Michael: **Die Reitabzeichen**; Prüfungswissen für alle Reitabzeichen der FN in Theorie und Praxis, KOSMOS 2010
Dieser Ratgeber zu den Reitabzeichen ist auf dem neuesten Stand der APO und liefert das Wissen zur praktischen und theoretischen Prüfung.

Pferde verstehen

Binder, Sybille L.: **Was denkt mein Pferd?**;
Pferdeverhalten auf einen Blick,
KOSMOS 2006
Pferde senden viele Körpersignale aus
und wer sie richtig deutet, ist auf dem
besten Weg zu einer verständnisvollen
Partnerschaft! Zahlreiche Bilder helfen,
typisches Pferdeverhalten richtig zu
erkennen und zu verstehen.

Schöning, Dr. Barbara: **Pferdeverhalten**;
Körpersprache und Kommunikation,
Probleme lösen und vermeiden,
KOSMOS 2008
Diese moderne Verhaltenslehre erklärt
fundiert und für jedermann verständlich,
wie und warum Pferde ein bestimmtes
Verhalten zeigen und welche Konsequen-
zen dies für einen artgerechten Umgang
hat.

Thiel, Ulrike: **Die Psyche des Pferdes**; Sein
Wesen, seine Sinne, sein Verhalten,
KOSMOS 2007
Ein Blick in die Psyche des Pferdes ver-
mittelt überraschende Einsichten und be-
antwortet viele Fragen: Warum lassen sich
Pferde nicht belügen? Warum sieht das
Pferd den Reiter auch als Raubtier?
Warum ist Balance für Pferde lebensnot-
wendig? Lernen Sie, die Welt mit den
Augen des Pferdes zu sehen!

Thiel, Ulrike: **Geritten werden**; So erlebt es
das Pferd, KOSMOS 2011
Empfindet das Fluchttier Pferd den Reiter
auf seinem Rücken als unterstützenden
Partner oder als dominantes Raubtier?
Ulrike Thiel beleuchtet die klassische
Ausbildung und den modernen Dressursport aus Pferdesicht und lässt den Leser
den Prozess des Gerittenwerdens phy-
sisch und psychisch miterleben. Ein Buch
das für Diskussionen sorgt.

Umgang, Erziehung und Pflege

Behling, Silke: **Wie erziehe ich mein Pferd**;
Richtiger Umgang mit Pferden,
KOSMOS 2007

Dieser Ratgeber zeigt einfach und über-
sichtlich den richtigen Umgang mit dem
Pferd, der für die Harmonie zwischen
Mensch und Tier wahre Wunder wirkt!

Dauth, Michael: **Wer ist der Chef?**; Wie domi-
nante Pferde zu Partnern werden, KOS-
MOS 2010
Humorvoll, provokant, selbstkritisch und
klug beschreibt der Pferdeneuling Michael Dauth, wie er sich zur verlässlichen
Führungskraft gegenüber seiner Stute
entwickelt und ihr Vertrauen und somit
auch ihre Kooperation gewinnt.

Metz, Gabriele: **So pflege ich mein Pferd**; Die
besten Tipps für Fell, Mähne, Styling,
KOSMOS 2008
Wohlfühlpflege stärkt das Selbstvertrauen
des Pferdes und sorgt für eine harmonische Beziehung zwischen Pferd und Reiter. Dieses Buch zeigt Ihnen Schritt für
Schritt, worauf es beim täglichen Putzen,
aber auch beim Styling für Shows und
Turniere ankommt.

Schöning, Barbara Dr.: **Das Kosmos Erzie-
hungsprogramm Pferde**; Pferdeverhalten
verstehen, Verhaltensprobleme vermeiden
und lösen, Pferde richtig motivieren,
KOSMOS 2004
Das kleine Einmaleins des guten Benehmens für Pferde und wie Sie es auch mit
Ihrem Pferd spielerisch und mit Freude
erreichen.

Schöning, Dr. Barbara: **Trainingbuch Pferdeerziehung**; Schritt für Schritt zum gut erzogenen Pferd, KOSMOS 2010
Jedes Pferd kann und muss Regeln lernen! Wie dies systematisch und ohne Stress zu erreichen ist, zeigt Dr. Barbara Schöning Schritt für Schritt in diesem Buch. Sie macht Schluss mit dem alten Kopf "Dominanz" und zeigt den Weg zum gefahrlosen Umgang mit dem Partner Pferd.

Bodenarbeit

Schöpe, Sigrid: **Bodenarbeit mit Pferden**; KOSMOS 2010
Hier lernen Einsteiger Schritt für Schritt, wie Bodenarbeit funktioniert. Die Basis-Übungen, aber auch einfallsreiche Variationen bis hin zu Zirkustricks trainieren das Pferd wirkungsvoll und bringen Abwechslung in den Alltag.

Pferdegesundheit

Bartz, Dr. med. vet. Jürgen: **Bis der Tierarzt kommt**; Erste Hilfe für Pferde, KOSMOS 2008
Dieser Erste-Hilfe-Ratgeber gibt Antworten auf alle dringlichen Fragen. Klar strukturierte Krankheitsporträts ermöglichen auch im Notfall schnellen Zugriff. Über die Erste-Hilfe-Maßnahmen hinaus erfährt der Leser Wissenswertes zu den Krankheitsbildern, so dass er zum kompetenten Ansprechpartner des Tierarztes wird.

McEwen, John: **Das Kosmos Buch Pferdekrankheiten**; Probleme erkennen und einschätzen, Diagnose unter Behandlung, Gesundheitsvorsorge, KOSMOS 2006
Dieser Ratgeber gibt kompetente Antwort auf alle Fragen der Pferdegesundheit. Zahlreiche Infokästen ermöglichen einen schnellen Überblick zu Diagnose, Behandlungsmethoden und möglicherweise anfallenden Tierarztkosten.

Wittek, Cornelia: **Von Apfelessig bis Teebaumöl**; Hausmittel und Naturheilkräfte für Pferde, KOSMOS 1999, 2005, 2011
Es gibt über 80 Haus- und Heilmittel, die Pferden schonend helfen, wenn es Probleme mit der Gesundheit gibt. Ob Ackerschachtelhalm, Ingwer oder Teebaumöl, hier finden Sie das richtige Heilmittel.

Wittek, Cornelia: **Stallmeisters Hausapotheke**; Bewährtes Wissen zur Pferdegesundheit, KOSMOS 2009
Darmprobleme, Husten, Hufrehe – es gibt kaum etwas, wofür die Hausapotheke kein Mittelchen parat hätte. Dieser Ratgeber ist ideal für alle, die das Wohlbefinden und die Gesundheit des Pferdes auf natürliche Weise fördern und erhalten wollen.

Geschenktipps für Pferdefreunde

Brannaman, Buck: **Pferde, mein Leben**; vom Lassokünstler zum Pferdeflüsterer, KOSMOS 2009
Buck Brannaman, einer der gefragtesten Pferdeflüsterer der USA, erzählt seine bewegende Lebensgeschichte. Erfahren Sie, wie er durch die Hilfe der Pferde lernte, seine durch Gewalt und Angst geprägte Kindheit zu verarbeiten und eine neue Sicht auf das Leben zu gewinnen.

Bührer-Lucke, Gisa: **Expedition Pferdekörper**; KOSMOS 2010
In den Tiefen des Pferdekörpers gibt es so manches Wunder zu entdecken. Die Autorin erklärt meisterhaft anschaulich die Abläufe und Funktionsweisen im gesunden Pferdekörper, zeigt aber auch, was bei typischen Erkrankungen im Pferd vor sich geht.

Gohl, Christiane: **Was der Stallmeister noch wusste**; KOSMOS 1998, 2004, 2008, 2011

Kein Wunder, dass dieses Buch ein Bestseller ist! Die Ausflüge in eine Zeit, in der das Reiten kein Hobby, sondern ein wichtiger Teil des Lebens war, bringen ungeahnte Schätze ans Licht: Kurioses, Amüsantes und vor allem erstaunlich Nützliches.

Hubert, Marie-Luce / Klein, Jean-Louis: **Mustangs**, Pferde in Freiheit; KOSMOS 2009

Wunderschöne Aufnahmen preisgekrönter Fotografen nehmen Sie mit zu den letzten Wildpferden Amerikas. Die Autoren begleiteten die stolzen Pferde über fünf Jahre. Ihre Reportage ist spannend und unglaublich berührend. Ein außergewöhnlicher Bildband.

Rashid, Mark: **Pferde suchen einen Freund**; ...denn Pferde suchen Sicherheit, KOSMOS 2010

In diesem Buch erzählt Pferdetrainer Mark Rashid, wie er nach einem Sturz vom Pferd mit Hilfe der Lehren seines alten Pferdemannes lernt, die Energie des Pferdes aufzunehmen, sie mit der eigenen zu verschmelzen und so zum inneren Gleichgewicht zurückzufinden.

Resnick, Carolyn: **Tochter der Mustangs**; Mein Leben unter Wildpferden, KOSMOS 2007

Bewegende Erlebnisse einer Frau, die das Vertrauen einer Wildpferdeherde erlangt. Dieses Buch stillt die Sehnsucht nach tiefer Verbundenheit mit den Pferden und zeigt einen Weg, sich partnerschaftlich mit ihnen auszutauschen.

Adressen

Deutsche Reiterliche Vereinigung (FN)
Freiherr-von-Langen-Str. 13
D – 48231 Warendorf
Tel. +49-(0)2581-63620
Fax +49-(0)2581-62144
www.pferd-aktuell.de

**Bundesfachverband für
Reiten und Fahren in Österreich (BFV)**
Geiselbergstr. 26 – 35/Top 512
A-1110 Wien
Tel. +43-(0)1-7499261-13
Fax +43-(0)1-7499261-91
e-mail: office@fena.at
www.fena.at

**Schweizerischer Verband für
Pferdesport (SVPS)**
Papiermühlestr. 40 H
Postfach 726
CH-3000 Bern 22
Tel. +41-(0)31-335 43 43
Fax +41-(0)31-335 43 58
e-mail: info@fnch.ch
www.fnch.ch

**Vereinigung der Freizeitreiter und -fahrer
in Deutschland (VFD)**
Auf der Hohengrub 5
D – 56355 Hunzel
+49-(0)6772-9630980
+49-(0)6772-9630985
www.vfdnet.de

FS Test Zentrum Reken
Frankenstr. 37
D-48734 Reken
Tel. +49-(0)2864-2434
Fax +49-(0)2864-5860
e-mail: fs.reitzentrum@t-online.de
www.fs-reitzentrum.de

TTEAM Deutschland
Bibi Degn
Hassel 4
D – 57589 Pracht
Tel. +49-(0)2682-8886
Fax +49-(0)2682-6683
e-mail: gilde@tteam.de
www.tteam.de

TTeam Österreich
Martin Lasser
Spitalgasse 7
A-2540 Bad Vöslau/Gainfarn
Tel. +43-(0)664-12 50 252
e-mail: tteam.office@aon.at
www.tteamoffice.at

TTeam Schweiz
TTeam- Gilde für die Schweiz
c/o Maya Conoci
Bruster 5
CH – 8585 Langrickenbach
Tel. +41-(0)71-6400175
e-mail: Gilde@tteam-ttouch.ch
www.tteam-ttouch.ch

T.T.E.A.M.® News International – der
Newsletter von Linda Tellington-Jones mit
vielen aktuellen Informationen und Artikeln
zu TTouch und TTeam erscheint 4x im Jahr
und kann über www.tteam.de bestellt und
abonniert werden.

Zu Seminaren, Lehrgängen und Prüfungen
rund ums Pferd besuchen Sie die Homepage
der **Kölner Pferde-Akademie:**
www.koelnerpferdeakademie.de

Register

Bildnachweis

Bildnachweis:

Lynne Blazer: S. 181

Jean Christen/Kosmos: S. 31, 135 o., 136 u.l., 136 u.M., 136 u.r., 165, 196 u.

Felix von Döring/Kosmos: S. 18 o., 37 o., 38 u., 64 o., 190 u., 191 o., 197 o.

Ramona Dünisch: S. 8 o., 8 u., 9, 12 o., 12 u., 13 l., 13 r., 14 o., 14 u., 15 l., 15 r., 16 u., 17 l., 17 r., 20 u., 22 o., 22 u., 23 o., 23 u., 24 o., 24 u., 25 u., 26 o., 26 u., 27 l., 27 r., 33 u., 34 u., 35 u., 42 o., 42 u.l., 42 u.r., 43, 44 o., 46 o., 47, 49, 54 u., 56 o., 60 o., 60 u., 63 o., 70 o., 71 o., 72 u., 73 r., 75 o., 76 u., 77 o., 78 u., 79 o., 79 u., 80 o., 80 u., 81 l., 87 u., 88 u., 89 o., 91 o., 91 u., 105 u., 115 o., 116 o., 117, 118 o.l., 118 o.r., 119 o., 119 u., 121, 122 o., 127, 128 u., 134 u., 135 u., 149 o., 154 o., 155 u., 157, 158 u., 162 u.l., 174 u.l., 174 u.r., 175, 177, 182 M., 183 o., 183 u., 192 u., 194 u., 196 o., 198 u., 199, 334, 336

Ramona Dünisch/Kosmos: S. 25 o.l., 37 u., 55 o., 62 o., 67 u., 85 M., 85 o.l., 85 o.r., 96 o., 98/99, 100 o., 102 o., 102 u., 103, 129, 130, 133 o., 184 o., 190 o., 191 u., 192 o., 198 o.

Michael Fuchs: S. 126

Klaus-Jürgen Guni/Kosmos: S. 6/7, 21, 25 o.r., 32 u., 40/41, 46 u., 52 o., 57 r., 68/69, 74 u., 152 o., 194 o.

Lothar Lenz/Kosmos: S. 45 l., 63 u., 66 u., 67 o., 100 u.l., 100 u.M., 100 u.r., 101 u.l., 101 u.M., 101 u.r., 104 u., 106 o., 108 o., 109 l., 109 r., 115 u., 116 u., 118 u., 123, 125, 134 o., 140 u.r., 142 o., 143 u., 147 o., 147 u., 151 o., 151 u., 164 o., 182 o., 185

Marianne Lins/Kosmos: S. 187

Gabriele Metz: S. 202-331, 342, 343

Julia Rau/Kosmos: S. 48 u., 50/51, 61, 140 o., 141 l., 141 M., 141 r., 143 o., 143 M.

Christof Salata/Kosmos: S. 20 o., 32 o., 33 o., 35 o., 36 u., 38 o., 44 M., 44 u., 45 r., 48 o., 56 u., 59 o., 71 u., 74 o., 84 o., 85 u., 89 u., 92 o., 105 o., 112 o., 138 u., 140 u.l., 152 M., 152 u., 153 o., 153 u., 156 u., 162 o., 162 u.r., 164 o., 166 o., 173 o., 173 u., 176 o., 182 u., 184 u., 186 u., 188/189, 193, 195, 197 u.

Edgar Schöpal: S. 180 o.

Christiane Slawik/Kosmos: S. 186 o.

Horst Streitferdt/Kosmos: S. 1, 10/11, 16 o., 16 u., 17 o., 17 u., 28/29, 30 o., 30 u., 34 o., 36 o., 52 u., 53, 54 o., 55 u., 57 l., 58 o., 58 u., 59 u., 62 u., 64 u., 65, 66 o., 70 u., 72 o., 73 l., 75 u., 76 o., 77 u., 78 o., 82/83, 84 o., 86 o., 86 u., 87 o., 88 o., 90 o., 90 u., 92 u.l., 92 u.M., 92 u.r., 93, 94 o., 94 u.l., 94 u.M., 94 u.r., 95, 96 u.l., 96 u.r., 97 l., 97 r., 101 o., 104 o., 106 u., 107 o., 107 u., 108 u.l., 108 u.r., 110 o., 110 u., 111 o., 111 u., 112 u., 113 o., 113 u., 114 o., 114 u., 120 o., 120 u., 122 u., 124, 128 o., 132 o., 132 u., 133 u., 136 o., 137, 138 o., 139 o., 139 u., 142 u., 144/145, 146 o., 146 u., 148 o., 148 u.l., 148 u.r., 149 u., 150 o., 150 u., 154 u., 155 o., 156 o., 158 o., 159 o., 159 u., 160, 161 o., 161 M., 161 u., 163, 166 u., 167, 168 o., 168 u.l., 168 u.r., 169 o., 169 u., 170 o., 170 u., 171 o., 171 u., 172 o., 172 u., 174 o., 176 u., 178/179, 180 u., 200/201, 332/333, 335, 338, 339, 341, 344, 347, 348

Ute Tietje/Kosmos: S. 81 r.

Illustrationen: Cornelia Koller

Impressum

Umschlaggestaltung von eStudio Calamar unter Verwendung eines Farbfotos von Christiane Slawik (U1) und eines Farbfotos von Horst Streitferdt (U4).

Mit 550 Farbfotos und 12 Illustrationen.

Unser gesamtes lieferbares Programm und viele weitere Informationen zu unseren Büchern, Spielen, Experimentierkästen, DVDs, Autoren und Aktivitäten finden Sie unter **www.kosmos.de**

Gedruckt auf chlorfrei gebleichtem Papier

© 2011, Franckh-Kosmos Verlags-GmbH & Co. KG, Stuttgart.
Alle Rechte vorbehalten
ISBN: 978-3-440-12427-7
Redaktion: Birgit Bohnet
Produktion: Claudia Kupferer
Printed in Germany / Imprimé en Allemagne

FSC
www.fsc.org
MIX
Papier aus ver-
antwortungsvollen
Quellen
FSC® C004592

KOSMOS.
Lesen. Wissen. Reiten.

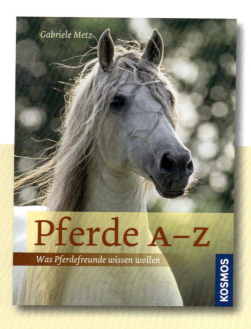

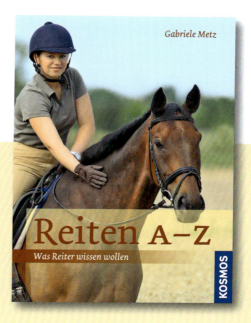

Gabriele Metz | **Pferde A–Z**
192 S., 212 Abb., €/D 19,95
ISBN 978-3-440-11515-2

Gabriele Metz | **Reiten A–Z**
192 S., 201 Abb., €/D 19,95
ISBN 978-3-440-11372-1

Alles rund um Pferde

Das Lexikon für Pferdefreunde! Einsteiger, aber auch erfahrene Reiter bekommen durch gezieltes Nachschlagen anschaulich erklärte Informationen. Mit über 500 Stichwörtern aus den Bereichen Körperbau, Rassen, Gestüte, Haltung und vielen weiteren Themengebieten.

Umfassend und aktuell

Reiterjargon verständlich gemacht! Hier werden die gängigen Reitlehrerkommandos ebenso erklärt wie die verschiedenen Disziplinen des Reitsports, alle denkbaren Varianten an Sätteln und Zäumungen und noch vieles mehr. Mit über 500 Begriffen rund ums Thema Reiten.

www.kosmos.de/pferde

KOSMOS.
Sehen wie es richtig geht.

Behling • Binder
Der richtige Umgang mit Pferden
192 S., 298 Abb., €/D 9,95
ISBN 978-3-440-12854-1

Sigrid Schöpe | **Bodenarbeit mit Pferden**
80 S., 144 Abb., €/D 9,95
ISBN 978-3-440-11335-6

Pferde verstehen

Der Foto-Ratgeber für das harmonisches Miteinander. Pferde kommunizieren sehr deutlich mit uns Menschen – wir müssen nur genau hinschauen. Erkennen Sie auf den ersten Blick, ob Ihr Pferd müde, ängstlich oder in Spiellaune ist? Schulen Sie Ihr Auge und versuchen Sie, Ihr Pferd noch besser zu verstehen und zu erspüren, was es fühlt und wie es reagiert. Dann ist es auch viel leichter, dem Pferd gute Manieren beizubringen.

Abwechslungsreich

Egal ob Warmblut, Araber oder Shetland-Pony – Bodenarbeit gymnastiziert jedes Pferd, schafft Vertrauen und bringt Abwechslung in den Alltag von Pferd und Reiter. Bereits mit einfachen Basis-Übungen wird das Pferd effektiv trainiert. Es entwickelt ein besseres Körpergefühl und wird zum aufmerksamen, selbst-sicheren Partner. Für Fortgeschrittene gibt es außerdem eine Vielzahl an Variationen, damit keine Langeweile aufkommt.

www.kosmos.de/pferde